AWS 클라우드 기반의 DJANGO 웹 애플리케이션

신성진 저

DIGITAL BOOKS
디지털북스

AWS 클라우드 기반의
DJANGO
웹 애플리케이션

| 만든 사람들 |

기획 IT · CG 기획부 | 진행 천송이 | 집필 신성진
표지 디자인 D.J.I books design studio · 원은영 | 편집 디자인 디자인 숲 · 이기숙

| 책 내용 문의 |

도서 내용에 대해 궁금한 사항이 있으시면,
디지털북스 홈페이지의 게시판을 통해서 해결하실 수 있습니다.

디지털북스 홈페이지 : www.digitalbooks.co.kr
디지털북스 페이스북 : www.facebook.com/ithinkbook
디지털북스 카페 : cafe.naver.com/digitalbooks1999
디지털북스 이메일 : digital@digitalbooks.co.kr
저자 블로그 : http://onikaze.tistory.com
저자 이메일 : oniamano@gmail.com

| 각종 문의 |

영업관련 hi@digitalbooks.co.kr
기획관련 digital@digitalbooks.co.kr
전화번호 02 447-3157~8

그저 개인 블로그에 올렸던 몇 개의 글이 계기가 되어서 책을 쓰게 되었기 때문일까요. 사람들이 많이 들어오지도 않는 블로그일 뿐이지만, 제가 평소에 관심을 가지고 개인 역량을 조금이라도 늘려보고자 독학으로 해 왔던 여러 가지 지식을 올리다 보니 책을 저술할 수 있는 기회를 가지게 된 것이라고 생각합니다.

필자는 Python, Django 전문가라고 하기에는 해당 언어와 프레임워크를 다룬 기간이 길지도 않으며, AWS 역시 기본적인 지식만 가지고 있는 평범한 개발자일 뿐입니다. 다만 컴퓨터를 대학원 석사 과정까지 전공을 해 왔던 덕분에, 평소에 잘 다루지 않는 프로그래밍 언어나 웹 서비스를 독학하여 익히는 데에는 큰 어려움은 없었습니다. 그렇기에 책을 통해서 독자들과 만나게 되더라도 필요할 때 도움은 드릴 수 있을 것으로 기대합니다.

최근 몇 년 사이에 IT는 놀라울 정도의 큰 변화가 있었습니다. 대부분은 빅데이터, AI 등을 떠올리겠지만, 사실 가장 크게 변화된 것은 IT 자원 제공환경으로, 최근에는 AWS와 같은 클라우드 기반의 서비스 형태로 제공하고 있습니다. 기업 입장에서는 서버 및 스토리지 장비를 구매하기 위해서 별도의 공간을 마련하지 않아도 되고, 유지보수를 위해서 24시간 관리자가 매달려 있지 않아도 되며, 애플리케이션 개발을 위한 공간의 제약에서 벗어날 수 있습니다. 개인 입장에서의 변화는 더더욱 다양합니다. 클라우드 서비스를 사용하여 IT 자원 관리에서부터 개발, 배포까지 모든 것을 혼자서 할 수 있기 때문에 1인 개발이 한층 용이해졌으며, 프로그래밍을 독학하거나 혹은 프로젝트 그룹을 형성하는 데 있어서도 자유도가 한층 높아졌습니다.

Python 언어와 Django 프레임워크는 웹 애플리케이션 개발에 많이 사용되는 개발 환경 중 하나로 널리 잘 알려져 있습니다. Django 공식 홈페이지에서는 다양한 Reference와 예제를 자세히 제공하고 있기 때문에 공식 홈페이지의 학습서만 보더라도 웹 애플리케이션을 개발할 수 있습니다. 하지만 앞서 언급한 클라우드 환경에서 웹 애플리케이션을 개발하기 위해서 환경을 설정하고 실제로 개발 및 배포를 하기 위한 자료는 인터넷 상에 존재하는 수많은 홈페이지를 참고해야만 알 수가 있습니다. AWS와 관련된 서적을 보더라도 대부분은 IT 자원을 이용하기 위한 기술서가 주를 이루고 있고, Django 개발과 관련된 서적 역시 로컬 (Local) 혹은 온프레미스(On-Premise) 환경에서 개발하는 것을 전제로 하고 있습니다.

필자 역시 이 책을 집필하기 전, AWS 환경에서 웹 애플리케이션을 구축했을 때 AWS와 Django 관련 자료를 번갈아서 찾아보았고 그로 인한 여러 가지 불편함을 감수했었습니다. 하지만 이 책을 통해서 필자와 같은 고민을 하고 계신 분들에게 도움을 줄 수 있을 것으로 기대하며, 클라우드 환경에서 웹 애플리케이션을 구축하고자 할 때 어떤 방식으로 어떻게 구축하면 좋을 것인지를 위한 하나의 참고가 될 수 있을 것입니다.

이 책은 크게 3개의 Part로 나누어집니다. 첫 번째는 AWS에 대한 소개와 어떻게 이용하는지에 대한 부분입니다. 일반적인 AWS 서적과는 다르게, 이 책에서는 AWS의 모든 서비스를 다루지 않고 소규모의 Django 웹 애플리케이션 구축을 위해서 필요한 최소한의 요소를 중점적으로 나타냈습니다.

두 번째로는 Django 개발환경 구축을 위한 Python, MySQL DB 설정 및 Django 구조 및 문법입니다. 웹 애플리케이션을 처음 개발하는 사람들도 쉽게 개발할 수 있도록 이 파트를 구성하였습니다. Django 웹 애플리케이션을 구축하기 위해서 사전에 준비하고 알아야 하는 문법 및 구조에 대한 이해만 갖추어진다면 실제 코드를 작성도 용이해질 수 있습니다.

세 번째로는 실전 웹 애플리케이션 개발 및 AWS 환경 배포까지의 순서로 진행됩니다. 이 책에서는 게시판 기능을 갖춘 단순한 웹 애플리케이션을 개발하는 것으로 하며, 이를 위해서 회원관리, 게시판 기능을 구현하였습니다. Ajax를 사용하여 실시간으로 내용이 갱신되거나 댓글, 추천하는 부분도 구현했는데, 이는 실시간으로 내용이 갱신되고 표시되는 게시판 트렌드에 맞춰가야 할 필요성에 의한 것입니다. 비록 회원관리 및 게시판이 강력한 기능을 제공하지는 않더라도 어떤 흐름으로 데이터를 주고받으면서 화면에 표시가 이루어지는지를 중심으로 보시면 될 것입니다. 그리고 마지막 장인 웹 애플리케이션 배포는 개발 환경에서 AWS 배포 환경으로 이전하기 위한 절차와 도메인을 어떻게 연결하는지를 나타내는 부분입니다. 필자가 처음 책을 집필하게 된 계기가 된 블로그 게시물이 Django 웹 애플리케이션 배포 방법을 다루었다는 점에서, 이 책이 만들어지게 된 가장 중요한 챕터로 볼 수 있습니다.

필자는 글재주가 뛰어나지도 않고, 첫 집필이다 보니 다소 부족한 부분도 있습니다. 하지만 AWS 클라우드 환경에서 Django 웹 애플리케이션을 구축하기 위한 전체적인 흐름이 무엇인지를 중심으로 본다면 좋은 참고서가 될 수 있을 것입니다.

이 책을 쓸 수 있도록 제 블로그에 관심을 가져주시고 먼저 연락해주셔서 집필의 시작과 끝까지 모든 부분에 기여를 해 주신 디지털북스 관계자분들께 감사의 말씀을 전합니다. 또한 육아하느라 힘든데도 불구하고 제가 책을 집필할 수 있도록 도와준 아내와 세상에 빛을 본 지 얼마 되지 않은 딸 원영이에게도 감사하다는 말을 전하고 싶습니다. 그리고 이 책과 직접적인 영감은 없지만, 개발과 관련하여 항상 좋은 영감을 제공해 주시는 직장 내 과장님들과 몸도 안 좋으신데도 저를 많이 생각해주시는 부모님, 처가 부모님들께도 더불어 감사의 말씀을 전해드립니다.

목차

PART 03

Web Application 개발 및 배포

247

PART 01

AWS 환경설정

01 AWS기본 개념

CHAPTER

001. AWS의 등장과 클라우드 컴퓨팅

2006년 아마존(Amazon)에서는 클라우드 컴퓨팅 형태의 웹 서비스를 각 기업에 제공하기 시작하였다. 기존에 서버를 확장하기 위해서는 신규 서버를 구매하고 해당 서버를 IDC(Internet Data Center)에 입주시켜야 했기 때문에 많은 비용과 오랜 시간을 투자해야만 했다. 이와 달리 클라우드 컴퓨팅은 미리 서비스 제공사에서 대량의 서버를 미리 보유하고, 해당 서버를 각 기업 및 개인에게 제공하여 사용량과 기간에 따라 요금을 부과하는 형태로 구성되어 있다. 그래서 서비스를 이용하고자 하는 고객은 간단한 절차만 거치면 즉시 서비스를 이용할 수 있고, 사용하지 않는 서비스에 대한 불필요한 지출을 최소화할 수 있게 되었다.

현재 AWS는 현재 전 세계 190개 국가의 수십만 개 기업에서 사용되고 있으며, 클라우드 컴퓨팅 시장에서 최고의 자리를 차지하고 있다.

클라우드 컴퓨팅이란 각각의 데이터베이스, 스토리지, 애플리케이션 등 IT 서비스를 이용하고자 할 때 필요한 성능이나 용량, 기간을 인터넷을 통하여 고객 주문형으로 제공되는 서비스이다. 이는 IT 인프라 자원을 이용하는 데 있어서 거대한 서버를 직접 관리하는 번거로움을 줄이고 많은 시간을 투자하지 않아도 된다. 또한 사용하고자 하는 서비스를 필요한 만큼만 사용하고 그에 따른 비용이 청구되기 때문에 저비용(Low-cost) 및 유연하다(Flexible)는 특징을 가지고 있다.

각 기업에서는 자사의 IT 서비스를 운영하기 위해서 운영 서버 및 네트워크 담당자와 프로그램 개발자 그리고 서비스 운영자 등이 있는데, 클라우드 컴퓨팅 역시 IT 서비스 운영을 위한 서비스를 제공하고 있다.

클라우드 컴퓨팅은 크게 세 가지 모델을 제공하고 있으며, 다음과 같이 구분된다.

• **Infrastructure as a Service (IaaS)**: IaaS는 기본적인 IT 인프라 자원에 대한 서비스로, 컴퓨터, 스토리지, 네트워크 등을 제공하는 서비스를 뜻한다. IaaS는 기존에 각 기업에서 보유 중인 IT 인프라 자원과 최대한 유사한 환경의 IT 인프라를 제공할 수 있도록 높은 수준의 유연성(Flexibility)과 관리 제어 (Management Control)를 서비스한다.

• **Platform as a Service (PaaS)**: PaaS는 애플리케이션 개발 및 관리에 집중할 수 있는 서비스로, 하드웨어 및 운영체제에 대해 별도 관리를 하지 않아도 된다. 즉 애플리케이션 가동과 관련한 여러 제반 작업에 대한 부담을 줄이고 효율적 관리를 가능하게 한다.

- **Software as a Service (SaaS)**: SaaS는 고객에게 제공되는 애플리케이션, 즉 소프트웨어를 제 공하는 서비스를 뜻한다. SaaS는 개발방법이나 구성 및 백업 방법 등과 같은 IT 인프라 환경을 알지 않아도 되고 소프트웨어를 사용하는 것에만 초점을 둘 수 있다.

AWS는 각 기업 및 개인의 요구에 맞는 다양한 형태의 서비스를 제공하고 있다. AWS 서비스를 이용하기 위한 방법은 대표적으로 아래와 같은 형태로 구성된다.

- **AWS Management Console**: 인터넷상에서 사용자 UI에 맞는 관리 도구를 제공하며, 스마트 폰을 통해서도 제공하는 서비스이다.
- **AWS Command Line Interface (CLI)**: AWS 서비스를 이용하기 위한 독자적인 플랫폼으로, 명 령어 등의 스크립트를 사용하여 여러 AWS 서비스를 컨트롤할 수 있다.
- **Software Development Kits**: 프로그래밍 언어를 통한 개발을 수행할 때, AWS를 사용할 수 있 도록 각각에 맞는 API를 제공한다.

AWS에서 제공하는 서비스의 유형은 다음과 같다. 다만 이 책에서 전체 서비스를 모두 다루지 는 않는 대신, AWS 환경에서 Django 웹 애플리케이션을 개발하기 위해 필요한 서비스 중심으 로 다룬다.

- 컴퓨팅 서비스(Compute): EC2 등 서버 자원
- 스토리지(Storage)
- 데이터베이스(Database)
- 마이그레이션(Migration): 서버, DB 등 마이그레이션 도구
- 네트워크(Networking and Content Delivery)
- 개발 도구(Developer Tools)
- 관리 도구(Management Tools)
- 보안 도구(Security, Identify, and Compliance)
- 분석 도구(Analytics)
- 인공지능(Artificial Intelligence)
- 모바일 서비스(Mobile Service)
- 애플리케이션 서비스(Application Service)
- 메시징(Messaging)
- 기업 생산성(Business Productivity)
- 실시간 스트리밍(Desktop & App Streaming)
- 사물인터넷(Internet of Thins)
- 게임 개발(Game Development)

002. 계정 생성 및 리전 선택

1. 계정 생성

AWS를 사용하기 위해서는 먼저 AWS 홈페이지에서 계정을 생성해야 한다. AWS 홈페이지는 https://aws.amazon.com이며, 현재 사용 중인 지역에 따라 언어가 자동으로 표시된다.

[그림 1-1] AWS 홈페이지 초기화면

AWS 홈페이지에서는 AWS 계정 생성 및 10분 자습서, AWS 프리 티어에 대한 설명 및 링크를 제공하여 AWS를 처음 사용하는 사람들을 위한 편의를 제공하고 있다.

가운데의 '무료 계정 생성' 또는 우측 상단의 'AWS 계정 생성'을 클릭하여 다음 절차와 같이 AWS 계정을 생성한다.

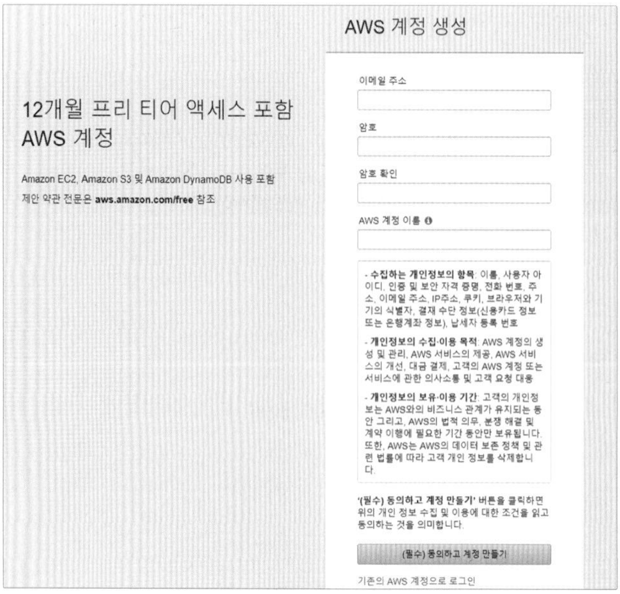

[그림 1-2] AWS계정 생성 기본 정보

AWS 계정 생성을 클릭하면 '12개월 프리 티어 액세스 포함 AWS 계정'이라는 문구가 있다. 이는 AWS 계정을 생성하면 AWS의 주요 서비스를 12개월 동안 무료로 이용할 수 있으며, 12개월이 지나면 이용하는 서비스에 따라 사용량만큼 요금이 청구된다.

[그림 1-3] AWS 계정 생성을 위한 연락처 정보

계정 생성을 위해서는 연락처 정보를 입력해야 한다. 계정 유형을 선택할 때 회사, 교육기관 및 조직에서 사용할 용도면 '프로페셔널'을 선택하며, 그렇지 않을 경우 '개인'을 선택한다. 프로페셔널을 선택할 경우 회사명을 입력하는 필드가 추가로 나타나며, 그 외의 입력 항목은 모두 동일하다. 필드 입력은 모두 필수로 입력해야 하며, 한글로 입력할 경우에는 오류 메시지를 발생하므로 영문으로 입력해야 한다.

[그림 1-4] AWS 계정과 연결되는 결제 카드 정보

다음은 결제 정보이다. AWS 계정을 생성하면 12개월 동안 주요 서비스를 무료로 사용할 수 있지만, 12개월이 초과하거나 또는 서비스별 무료 용량을 초과할 경우에는 추가 요금을 부과한다. 그렇기 때문에 결제정보는 반드시 입력해야 한다. 결제정보 입력이 완료되면 인증비용으로 USD 1.00가 결제되므로, 계정 생성 시 유의한다.

[그림 1-5] AWS 계정 전화 인증 번호

다음은 전화번호 확인으로, 입력된 전화번호가 실제 사용자 전화가 맞는 지 ARS 인증을 하고 있다.

[그림 1-6] 전화인증 완료 메시지

ARS 인증이 완료되면 정상 확인되었다는 메시지가 나오며, 다음 절차로 이동한다.

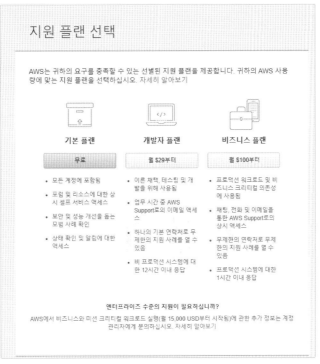

[그림 1-7] AWS 계정별 지원 플랜 선택 화면

다음은 지원 플랜 선택이다. 기본 플랜은 AWS의 기본 서비스를 이용하기 위한 플랜이다. 개발자 플랜 및 비즈니스 플랜은 AWS에서의 특정 시스템을 개발 및 관리하거나 기업체에서 시스템을 관리하고, 이에 대한 기술 지원을 상시로 AWS로부터 받기 위한 플랜이다. 처음 이용하는 사용자의 경우는 '기본 플랜'을 선택하는 것을 권장하며, 용도를 더욱 확장해서 사용할 것이라면 '개발자 플랜' 또는 '비즈니스 플랜'을 선택한다.

[그림 1-8] AWS 계정 생성 완료 화면

이제 모든 계정 생성이 완료되었다. 계정 생성이 완료되면 '콘솔에 로그인'을 통해서 로그인을 수행한 후, AWS의 다양한 서비스를 이용한다.

[그림 1-9] AWS Management Console 메인 화면

AWS Console에 처음 로그인하면 추천 솔루션 및 최근 방문한 서비스나 모든 서비스를 볼 수 있고, 여러 구축 사례를 통해 AWS의 서비스의 이용방법도 제공하고 있다.

2. 리전(Region)

AWS는 전 세계를 대상으로 클라우드 컴퓨팅 서비스를 제공하고 있다. 여기서 짚고 넘어갈 부분은, 전 세계를 대상으로 서비스를 제공하기 위해서는 AWS의 서비스 제공 영역 또한 전 세계 각지에 널리 분포되어 있어야 한다는 사실이다. AWS는 이러한 서비스 제공을 위한 영역을 리전(Region)이라는 명칭을 통해서 전 세계에 서비스를 제공하고 있으며, 리전은 물리적 지역별로 분포되어 있다.

리전은 크게 지리적 리전과 로컬 리전으로 구분된다. 지리적 리전은 클라우드 컴퓨팅 서비스를 제공하는 지리적 위치별로 존재하는 데이터 센터를 뜻하며, 로컬 리전은 지리적으로 넓은 범위로 서비스를 제공해야 할 때 애플리케이션을 복제해야 하는 고객을 위한 단일 데이터 센터로, 다른 AWS 리전과 격리되어 운영된다. 현재 로컬 리전은 한 곳으로, 일본 오사카에 구성되어 있다.

또한 각 리전별로는 여러 개의 가용 영역(Availability Zones)이 존재한다. 가용 영역이란 하나의 리전에서 서비스를 제공할 때 내결함성, 확장성, 가용성 등을 향상시키기 위해서 서비스를 분산시키기 위한 영역을 나타내며, 가용 영역은 리전별로 각각 다르게 분포되어 있다.

2018년 9월 기준 AWS에 현재 존재하는 리전은 총 19개(지리적 리전 18개, 로컬 리전 1개)와 55개 가용 영역을 운영하고 있으며, AWS 계정을 통해서 일반적으로 사용 가능한 리전은 16개가 있다. 일반적으로 사용 가능한 리전 및 가용 영역은 [표 1-1]과 같다.

[표 1-1] AWS 리전 및 가용 영역

구분	리전	코드	가용영역 수
미국 동부	버지니아 북부 오하이오	us-east-1 us-east-2	6 3
미국 서부	캘리포니아 북부 오레곤	us-west-1 us-west-2	3 3
아시아 태평양	도쿄 서울 오사카(Local) 싱가포르 시드니 뭄바이	ap-northeast-1 ap-northeast-2 ap-northeast-3 ap-southeast-1 ap-southeast-2 ap-south-1	4 2 1 3 3 2
유럽	프랑크푸르트 아일랜드 런던 파리	eu-central-1 eu-west-1 eu-west-2 eu-west-3	3 3 3 3
캐나다	중부	ca-central-1	2
남아메리카	서울	sa-east-1	3

그 외에도 AWS는 3개의 리전을 [표 1-2]와 같이 추가로 보유하고 있으나, AWS 계정으로는 이용이 불가능하다.

[표 1-2] 특수 용도의 AWS 리전

구분	리전	특징
미국 서부	GovCloud	미국 정부 서비스 전용으로 사용
중국	베이징 닝샤	중국 Sinnet에서 서비스 제공 중국 NWCD에서 서비스 제공

특히 중국은 중국 정부 정책에 따라 자국 전용 서비스로 이용할 수 있고, AWS 계정 또한 중국 전용 계정을 별도로 생성한 후 서비스 이용할 수 있다.

3. 리전 이용

앞서 언급한 바와 같이 AWS 계정 생성 후 이용 가능한 리전은 현재 16개이며, 리전은 계정별로 종속되는 것은 아니다. 다시 말해 한 계정으로 여러 리전에서 여러 서비스를 동시에 이용하는 것이 가능하며, 이는 서비스 제공 대상 고객이 어느 지역에 분포하였는가를 검토하여 결정할 수 있다.

예를 들어서 AWS에서 웹 서비스를 구축하여 고객에게 제공하였을 때, 주 고객이 대한민국 사람이라면 리전을 서울(ap-northeast-2)로 선택하여 서비스를 이용할 수 있고, 반대로 유럽 시장 진출을 위해서 유럽 사람들을 대상으로 하는 웹 서비스를 제공하고자 할 때는 리전을 유럽 런던(eu-west-2) 등으로 선택하여 서비스를 이용할 수 있다.

또한 AWS의 특정 서비스의 경우에는 특정 리전에서만 구축이 가능한 경우도 있다. 예를 들어서 EC2, VPC 등의 서비스는 모든 리전에서 서비스 이용이 가능하나, Alexa for Business, AWS IoT 등의 AWS에 특화된 일부 서비스의 경우는 리전별로 이용이 제한되어 있다. (일례로 Alexa for Business는 미국 버지니아 북부 리전에서만 이용이 가능하지만, AWS IoT는 캐나다, 남미 리전 등에서는 사용할 수 없으나 서울 리전은 사용할 수 있다.)

이 책에서는 서울 리전(ap-northeast-2)에서 모든 서비스를 구축 및 개발한다. 서울 리전은 2016년 추가된 AWS의 4번째 아시아 리전으로, 기존에는 대한민국에서 AWS를 이용하려면 일본 도쿄 리전(ap-northeast-1)을 이용하였으나, 이제는 서울 리전에서 대부분의 AWS 서비스를 이용할 수 있다. 이 책에서 다루는 AWS 서비스는 서울 및 모든 리전에서 사용이 가능하므로 참고하도록 한다.

003. AWS MANAGEMENT CONSOLE

AWS Management Console은 AWS의 서비스를 이용하고 관리하기 위한 인터페이스로, AWS Management Console 홈페이지에서 이용할 수 있다.

AWS Management Console은 PC, 모바일 모두 이용이 가능하다. PC는 AWS Management Console 홈페이지(https://console.aws.amazon.com)에 접속해서 이용할 수 있고, 모바일은 AWS Console 앱을 다운로드해서 실행할 수 있다.

1. AWS Management Console - PC

[그림 1-10] AWS Management Console 대시보드 전체화면

PC 화면에서는 최근 방문한 서비스 및 전체 서비스 메뉴, 그리고 서비스 구축을 위한 여러 가이드를 제시하고 있으며, 그 외에도 계정 정보, 결제 정보, 고객 지원 등을 이용할 수 있다.

또한 AWS의 서비스를 이용하기 위해서는 PC 화면의 홈페이지 상에서 해당 서비스로 접속한 후, 해당 서비스 '시작'을 통해서 이용할 수 있다.

[그림 1-11]은 EC2 서비스로 들어간 후 나온 화면으로, 화면 가운데 '인스턴스 시작'을 통해서 신규 서비스를 이용할 수 있으며, 다른 모든 서비스도 해당 서비스 홈페이지로 접속하여 시작할 수 있다.

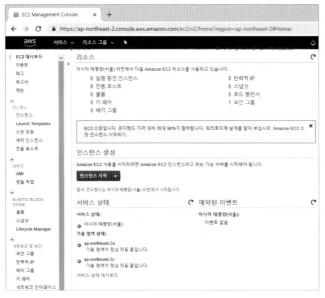

[그림 1-11] AWS EC2 대시보드 예제 화면

2. AWS Management Console - 모바일

AWS Management Console은 모바일 앱을 지원하며, 앱을 실행하면 로그인 절차를 거치면 PC 버전과 동일하게 모든 기능을 수행할 수는 없지만, 현재 사용 중인 서비스에 대한 조회 및 관리를 할 수 있다.

[그림 1-12]는 대시보드 탭으로, 현재 이용 중인 서비스에 대한 경보 및 AWS 서비스 상태, 청구 현황 등을 조회할 수 있다. [그림 1-13]은 현재 이용 중인 서비스 현황을 나타내며, 클릭 시 서비스에 대한 상세 내역을 확인 할 수 있다.

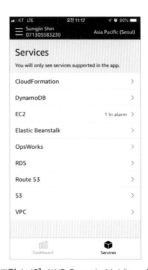

[그림 1-12] AWS Console Mobile – 대시보드   [그림 1-13] AWS Console Mobile – 서비스

모바일 앱에서는 서비스별로 구체적인 설정을 변경하는 것은 불가능하지만, 서비스 가동 및 중지 등의 기본적인 동작은 수행할 수 있다. [그림 1-14]는 EC2 인스턴스에 대한 상태 변경을 하기 위한 예제로, 모바일 앱에서 수행 가능한 동작을 나타낸다.

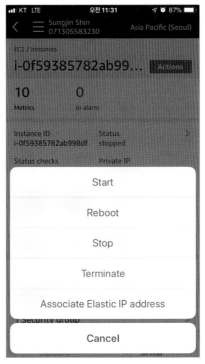

[그림 1-14] AWS Console Mobile – EC2 인스턴스 상태 변경 예제

02 가상 서버 - EC2 instance
CHAPTER

001. EC2 Instance 시작하기

Amazon EC2(Elastic Compute Cloud)는 AWS의 가장 대표적인 서비스로, 개발자가 클라우드 컴퓨팅 작업을 할 수 있도록 설계된 서비스이다. EC2는 가상화된 서버를 하나의 인스턴스 형태로 제공하며, 컴퓨팅 요구사항에 맞게 용량을 조정할 수 있다.

Amazon EC2는 리눅스, 윈도우즈 등 다양한 운영체제를 가지고 인스턴스를 가동하고, 이를 바탕으로 애플리케이션 개발 및 로드가 가능하며, 네트워크 권한 관리도 가능하다.

Amazon EC2는 서버 인스턴스를 기본 단위로 하며, 리전에 따라 다수의 EC2 인스턴스를 생성할 수 있다. EC2 인스턴스를 생성하기 위해서는 AWS Management Console을 통해서 생성할 수 있다.

1. EC2 인스턴스 시작하기

EC2 인스턴스를 시작하기 위해서는 서비스 목록의 컴퓨팅에서 선택하거나 서비스 검색을 EC2로 입력하고 선택한다.

[그림 2-1] EC2 인스턴스 선택 창

EC2를 선택하고 들어가면 다음과 같은 초기화면이 나온다. EC2 대시보드를 통해서 현재 운영 중인 EC2 인스턴스 및 서비스에 대한 상태를 조회할 수 있고, 인스턴스, 이미지, 네트워크, 로드밸런싱, Auto Scaling 등의 리소스별 상태도 관리할 수 있다.

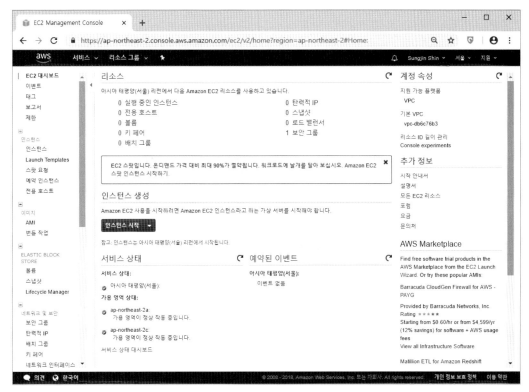

[그림 2-2] EC2 인스턴스 대시보드

EC2 인스턴스를 시작하기 위해서는 먼저 현재 AWS Management Console 상의 리전부터 확인한다. 위 사진에서는 우측 상단과 같이 '서울' 리전이 현재 EC2의 리전으로 나타나며, 리전 변경을 원할 경우에는 해당 부분을 클릭하여 즉시 변경할 수 있다.

리전 확인이 완료가 되면, 화면 가운데 '인스턴스 시작'을 클릭하여 생성한다.

2. EC2 인스턴스 생성 절차

1) 1단계: AMI(Amazon Machine Image) 선택

AMI는 운영체제, 애플리케이션 서버, 애플리케이션이 포함된 서버 템플릿으로, 다음과 같이 여러 다양한 서버 템플릿을 선택할 수 있다.

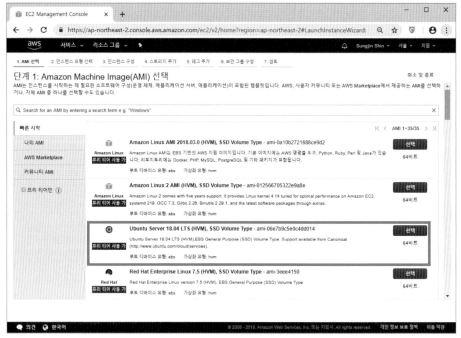

[그림 2-3] Ubuntu Server Image 선택

AMI는 리눅스, 윈도우즈 서버군을 포함하고 있다. 리눅스의 경우 Amazon 사에서 AWS에 최적화된 형태로 개발된 Amazon Linux를 포함하여 모든 리눅스 제품군을 선택할 수 있으며, 윈도우즈의 경우에도 윈도우즈 서버를 제공하고 있다.

위 그림에서는 빠른 시작, 나의 AMI, AWS Marketplace, 커뮤니티 AMI 탭을 통해서 AMI를 선택할 수 있도록 하였다. '빠른 시작'은 서버를 처음 구축하거나 서버 구축에 익숙하지 않은 분들을 위해 범용적으로 제공하는 서버 환경이다. '나의 AMI'는 이미 구축했던 서버 환경을 복제해서 또 다른 EC2 인스턴스를 생성할 때에 사용되는 탭이다. 그리고 'AWS Marketplace', '커뮤니티 AMI'는 각 OS별로 전문화된 애플리케이션 서버 환경 및 다른 사용자들이 개별적으로 구축한 환경을 제공하는 서비스로, 이 부분은 서버 구축에 전문성을 가진 사용자들이 주로 선택하는 AMI이다.

기업 내 서버 환경(On-Premise)을 마이그레이션(Migration)하거나 특정 서버에 대한 전문 지식을 보유한 경우라면 특정 서버를 선택하는 것이 좋지만, 서버 구축에 대한 전문 지식이 부족하거나 신규 서버를 구축할 때에는 범용성이 뛰어난 서버를 선택하는 것이 효율적이다. 그렇기 때문에 이 책에서는 Ubuntu Linux를 선택하고 해당 서버 환경을 기반으로 Django 웹 애플리케이션을 구축하도록 한다.

2) 2단계: 인스턴스 유형 선택

인스턴스 유형에서는 CPU, 메모리, 스토리지, 최적화 및 네트워크 성능 사양을 정할 수 있다. 프리 티어 사용자는 t2.micro를 선택하면 1년 동안 주어진 용량 내에서 무료로 사용할 수 있다.

[그림 2-4] EC2 인스턴스 유형 선택

인스턴스 유형은 어떤 것을 선택하더라도 애플리케이션 서버를 구축하는 것에는 전혀 영향이 없으므로 사용자들이 원하는 유형을 선택하면 된다. 여기에서는 12개월 무료 이용자들을 위한 서비스인 t2.micro로 선택한다.

3) 3단계: 인스턴스 세부 정보 구성

3단계는 인스턴스 생성을 위한 세부 정보를 입력하는 부분으로, 인스턴스 개수 및 네트워크, 계정 보안 등을 설정할 수 있다.

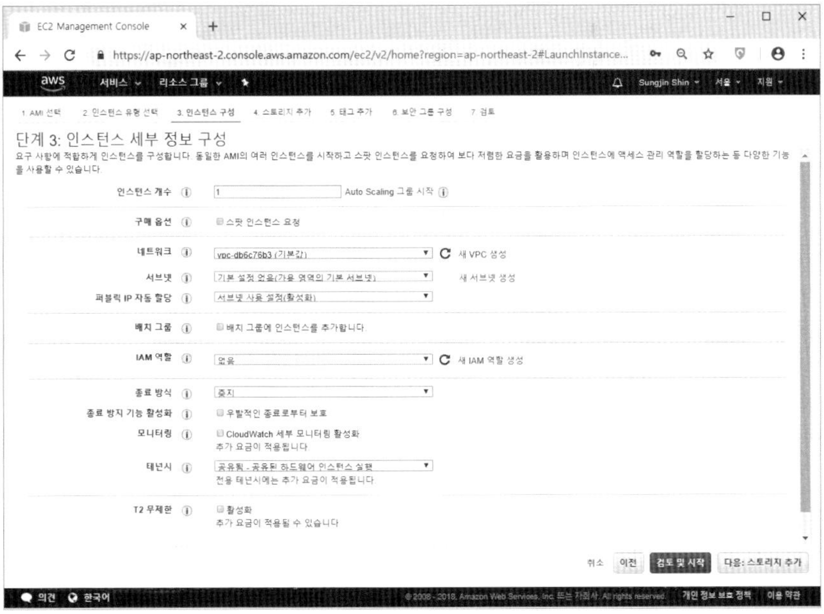

[그림 2-5] EC2 인스턴스 세부 정보

EC2 인스턴스는 다중 인스턴스를 생성하거나 여러 가용 영역 등을 직접 지정하여 변경할 수 있지만, 이 단계에서는 기본 항목만으로도 EC2 인스턴스를 생성할 수 있다. 여기에서는 기본값을 유지한 상태로 다음 항목으로 이동한다.

4) 4단계: 스토리지 추가

스토리지의 용량 및 유형, 개수를 지정하는 부분이다.

[그림 2-6] EC2 인스턴스 스토리지 추가

프리 티어는 최대 30GB의 EBS 범용(SSD) 규격의 스토리지 사용이 가능하므로 프리 티어 사용자는 이 점을 참고해서 스토리지의 규격을 설정하면 된다. 여기에서는 기본값인 8GB를 사용한다.

5) 5단계: 태그 추가

태그 추가는 EC2 인스턴스 내 메타데이터를 관리하기 위한 고유 명칭을 지정하는 부분이다. 임의의 값을 지정할 수 있으며, 지정하지 않아도 EC2 인스턴스 생성에 문제는 없다.

[그림 2-7] EC2 인스턴스 태그 추가

6) 6단계: 보안 그룹 구성

보안 그룹은 EC2 인스턴스에 대한 트래픽을 제어하는 방화벽을 뜻한다.

[그림 2-8] 보안 그룹 구성

보안 그룹은 특정 PC나 네트워크 대역별로 허용하거나 차단할 보안 유형을 지정할 수 있으며, 기존에 동일한 보안 그룹이 있을 경우 기존 유형을 선택할 수 있다. 반면 동일한 보안 그룹이 없을 경우에는 신규 보안 그룹을 동시에 생성한다. 보안 그룹은 EC2 인스턴스 생성 이후에도 추가 및 변경이 가능하므로 여기에서는 기본값을 유지한 후 다음 단계로 이동한다.

7) 7단계: 인스턴스 시작 검토

앞서 1단계부터 6단계까지 지정했던 설정을 다시 보여주는 부분으로, 이상이 있을 경우 전 단계로 이동하여 수정할 수 있다.

[그림 2-9] EC2 인스턴스 내용 확인 및 검토

재검토가 모두 완료될 경우 '시작'을 눌러서 이동한다.

3. EC2 인스턴스 키 페어 선택 및 생성

키 페어는 SSH를 비롯하여 EC2 인스턴스에 접속할 때 사용되는 보안 키를 뜻한다. 쉽게 설명하자면 국내 은행 서비스 이용 시 사용되는 공인인증서와 비슷한 개념이다. 다른 EC2 인스턴스에서 사용 중인 키 페어를 동일하게 사용할 수도 있고 신규로 키 페어를 만들어서 사용할 수도 있다.

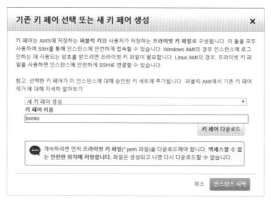

[그림 2-10] 키 페어 선택 및 생성

신규로 키 페어를 생성할 경우에는 pem 확장자의 키 페어 파일을 생성하고 다운로드 경로를 제공하며, 다운로드가 완료될 경우에만 인스턴스를 시작한다. 다운로드된 pem 파일은 보안 유지를 위해서 관리가 잘 되어야 하며, 두 번 이상 다운로드를 할 수 없기 때문에 신중한 파일 보관이 필요하다.

4. EC2 인스턴스 생성

서버 생성이 완료된 경우 즉시 서버가 생성되어 사용자에게 제공되며, '인스턴스 보기'를 통해서 현재 생성된 서버의 관리 및 모니터링이 가능하다.

[그림 2-11] EC2 인스턴스 생성 시작

EC2 인스턴스 생성이 완료되면 대시보드가 나타나며, 방금 생성된 인스턴스의 명칭 및 상태를 확인할 수 있다. 향후에도 AWS Management Console에 접속해서 EC2를 선택한 후 실행 중인 인스턴스를 선택하면 [그림 2-12] 형태의 인스턴스의 상태를 조회할 수 있다.

[그림 2-12] 생성된 EC2 인스턴스 대시보드

다음은 EC2 인스턴스에 연결하는 방법과 대시보드에서의 설정 및 관리하는 방법을 살펴본다.

002. EC2 Instance 연결하기

하나의 웹 애플리케이션을 구축하기 위해서는 애플리케이션 구축을 위한 환경 구축이 선행되어야 한다. EC2 인스턴스는 AWS에서 제공하는 가상화 서버로, AWS에서 웹 애플리케이션을 구축하기 위한 환경을 제공한다.

EC2 인스턴스 연결을 위해서는 먼저 운영체제가 무엇인지를 확인하고, 접속 단말의 운영체제 및 사용 용도를 확인한다. EC2 인스턴스의 운영체제는 리눅스 기반 운영체제 및 윈도우즈 서버가 있다. 이 책에서는 Ubuntu를 EC2 인스턴스의 운영체제로 사용하므로 리눅스 운영체제의 EC2 인스턴스를 연결하는 것으로 한다.

리눅스 운영체제의 EC2 인스턴스를 연결하기 위해서는 연결 용도가 무엇인지를 먼저 결정해야 한다. 연결 용도는 매우 다양하지만, 웹 애플리케이션 구축을 위한 연결 형태는 다음과 같다.

- 터미널 환경에서의 서버 연결
- 파일 전송을 위한 연결
- 프로그램 개발 도구 사용을 위한 원격 연결

대표적인 EC2 인스턴스 연결 형태는 서버 환경 설정을 위한 연결이다. 시스템을 구축하기 위해서는 프로그램 개발이 선행되어야 하고, 프로그램을 개발하기 위해서는 해당 프로그램이 가동되는 서버 구축이 선행되어야 한다. 그리고 이러한 서버 구축을 위해서는 EC2 인스턴스 연결을 통해서 세부 환경을 구축할 수 있어야 한다.

1. 터미널 환경에서의 서버 연결

터미널 환경에서의 서버 연결은 일반적인 서버 연결 형태로, 기본 연결 형태는 SSH를 사용한다. 이에 따라 서버 연결을 위해서는 먼저 EC2 인스턴스의 접속 주소를 알아야 하고, SSH 포트에 대한 외부 접속이 허용되어 있는가를 확인해야 한다.

1) AWS Management Console 확인

서버 주소는 AWS Console에서 EC2 인스턴스를 생성했으면 바로 확인할 수 있다. EC2 대시보드에서 인스턴스의 퍼블릭 DNS(IPv4) 주소가 도메인 주소이며, 서버 연결 역시 해당 주소로 연결하면 된다.

단, 서버 주소 확인 시에는 한 가지 주의해야 할 사항이 있다. EC2 인스턴스는 AWS에서 가상 서버 개념으로 사용자에게 인스턴스를 분배하는데, 이는 임의의 IP 주소 및 도메인을 할당하는 방식이다. 그래서 서버가 가동 중일 때에는 해당 IP 주소가 유지되지만, 서버를 종료한 후 다시 부팅할 경우에는 IP 주소 및 도메인 주소가 변경된다. 그러므로 서버 접속 시에는 해당 사항에 유의하여 접속한다.

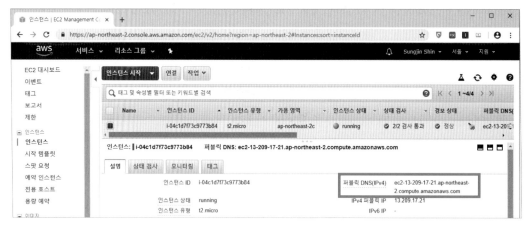

[그림 2-13] EC2 인스턴스 접속 주소(IPv4) 확인

다음은 SSH 포트에 대한 외부 접속 허용 여부 확인이다.

EC2 인스턴스는 각 인스턴스별로 보안 그룹을 가지고 있으며, 보안 설정 역시 보안 그룹을 단위로 이루어진다. 앞서 생성했던 EC2 인스턴스에서 보안 그룹을 구성하였으며, SSH에 대해서는 외부 접속을 허용하였다. 그래서 SSH를 통한 접속은 가능하지만, 이의 확인 또는 변경을 위해서는 AWS Console에서 다음 작업을 수행한다.

① EC2 대시보드에서 보안 그룹 확인

[그림 2-14] EC2 인스턴스 보안 그룹 확인

② 보안 그룹 클릭 후 '인바운드' 확인

[그림 2-15] 보안 그룹 인바운드 규칙 중 SSH 사용 가능여부 확인

이미 EC2 인스턴스 생성 시 보안 그룹을 생성했고 SSH에 대한 접근 권한도 부여해서, SSH 역시 생성된 것으로 확인되었다. 하지만 추후에 해당 권한을 필요로 하지 않을 경우에는 AWS Console에서 해당 권한을 편집하여 제거하거나 변경할 수 있다.

서버 연결을 위해서 EC2 인스턴스의 서버 도메인 주소 및 SSH 포트 외부 접속 허용 여부까지 완료하였다. 하지만 이것만으로 EC2 인스턴스 접속을 위한 모든 준비를 마친 상태는 아니다. AWS는 단순히 SSH 만으로는 연결이 불가능하며, 앞서 생성한 접속 인증 키 페어를 사용해야만 접속이 가능하다. 터미널 환경에서의 서버 연결 역시 해당 키 페어 파일은 반드시 가지고 있어야 한다.

터미널 환경에서의 EC2 인스턴스 연결은 전용 클라이언트 프로그램을 사용하여 연결이 이루어지며, 이 책에서는 대표적인 프로그램인 SSH 클라이언트와 Putty를 사용한 연결 방법을 소개하고자 한다.

2) SSH 클라이언트를 사용한 연결

SSH 클라이언트는 리눅스 운영체제에 일반적으로 설치가 되어있는 프로그램 중 하나이다. 즉, SSH를 사용한 연결은 리눅스 운영체제에서 EC2 인스턴스에 연결하는 데 일반적으로 사용되는 방법으로 볼 수 있다. EC2 인스턴스 연결을 위해서는 먼저 키 페어 파일에 대한 권한 설정한 후 SSH로 연결한다. 또한 키 페어 파일 권한은 파일이 함부로 수정되는 일이 없어야 하므로 사용자만 읽을 수 있도록 설정한다.

SSH 클라이언트를 사용한 EC2 인스턴스 연결 순서는 다음과 같다.

① 키 페어 파일의 권한을 사용자만 읽을 수 있는 권한으로 설정

명령어는 아래와 같이 'chmod 400 [키 페어 파일 경로]'로 실행한다.

```
> chmod 400 keypath/books.pem
```

[그림 2-16] 일반 리눅스에서의 키 페어 파일 권한 설정

② SSH 명령어를 사용하여 EC2 인스턴스에 연결

EC2 인스턴스가 Ubuntu일 경우, 기본 사용자 명은 ubuntu를 사용한다. 명령어는 위와 같이 'ssh -i [키 페어 파일 경로] [사용자명@서버 주소]'의 형태로 한다.

```
> ssh -i keypath/books.pem ubuntu@ec2-13-...amazonaws.com
```

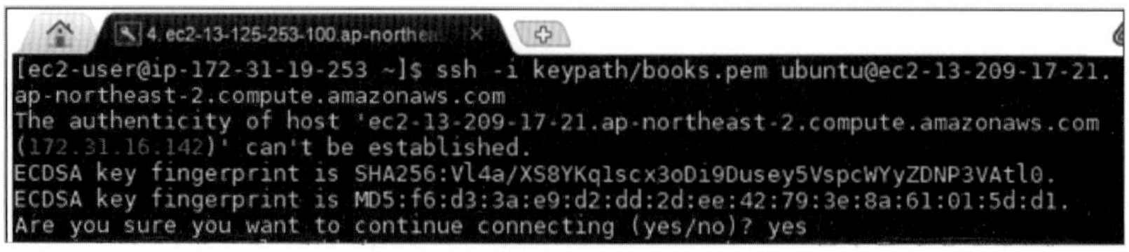

[그림 2-17] SSH 명령어를 사용한 EC2 인스턴스 연결

최초 접속 시에는 위와 같이 메시지가 나타난다.

> 현재 사용 중인 호스트(ec2-13-209-17-21)에 대한 신뢰성을 확인할 수 없으며, ECDSA 키 지문을 다음과 같이 사용합니다. 접속하시겠습니까? (yes/no)

'yes'로 입력하면 접속이 되며, 최초 1회 접속을 성공하면 다음 접속부터는 별도의 추가 인증 없이 연결이 이루어진다.

```
Are you sure you want to continue connecting (yes/no)? yes
Warning: Permanently added 'ec2-13-209-17-21.ap-northeast-2.compute.amazonaws.co
m,172.31.16.142' (ECDSA) to the list of known hosts.
Welcome to Ubuntu 18.04.2 LTS (GNU/Linux 4.15.0-1033-aws x86_64)

 * Documentation:  https://help.ubuntu.com
 * Management:     https://landscape.canonical.com
 * Support:        https://ubuntu.com/advantage

  System information as of Sat Mar 23 11:30:04 UTC 2019

  System load:  0.05              Processes:           163
  Usage of /:   74.4% of 7.69GB   Users logged in:     0
  Memory usage: 49%               IP address for eth0: 172.31.16.142
  Swap usage:   0%

 * Ubuntu's Kubernetes 1.14 distributions can bypass Docker and use containerd
   directly, see https://bit.ly/ubuntu-containerd or try it now with

    snap install microk8s --channel=1.14/beta --classic

  Get cloud support with Ubuntu Advantage Cloud Guest:
    http://www.ubuntu.com/business/services/cloud

 * Canonical Livepatch is available for installation.
   - Reduce system reboots and improve kernel security. Activate at:
     https://ubuntu.com/livepatch

88 packages can be updated.
0 updates are security updates.


*** System restart required ***
Last login: Sat Mar 23 03:51:15 2019 from 221.151.29.31
(ve) ubuntu@ip-172-31-16-142:~/awsdjango$
```

[그림 2-18] EC2 인스턴스 연결 성공 확인

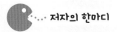 저자의 한마디

※ 주의사항: 위 순서에서 키 페어 파일의 권한은 반드시 사용자만 읽기 가능한 권한(400)을 사용해야 한다. 그 이유는 키 페어 파일 권한을 다르게 할 경우에는 EC2 인스턴스 인증 시 AWS에서 접속을 거부하기 때문이다. 만약에 권한을 일반적인 권한(644)으로 부여했을 경우에는 접속을 거부하므로 참고하도록 한다.

3) Putty를 사용한 연결

Putty는 무료 SSH 클라이언트 프로그램으로, 윈도우즈에서 일반적으로 사용하는 SSH 클라이언트 프로그램이다. 물론 리눅스에서도 Putty를 사용해서 연결할 수는 있지만, 리눅스는 이미 SSH 등을 사용해서 더욱 간편한 연결이 가능하므로, Putty를 사용한 연결은 대부분 윈도우즈에서 사용되는 방법으로 볼 수 있다.

Putty를 사용한 EC2 인스턴스 연결 방법은 키 페어 파일을 Putty에서 사용할 수 있도록 먼저 신규 키 페어 파일을 생성한 후, 해당 파일을 사용하여 EC2 인스턴스에 접속하는 절차로 이루어진다.

① Puttygen을 사용한 신규 키 페어 파일 생성

앞서 생성했던 키 페어 파일은 .pem 확장자의 파일로, Putty에서는 해당 파일을 지원하지 않는다. 대신에 Putty를 설치하면 Puttygen이라는 프로그램도 같이 설치가 되며, Puttygen을 통해서 .pem 파일을 .ppk 파일로 변환해서 신규 생성을 할 수 있다.

② Puttygen 실행 후 'Load'로 .pem 파일 로드

Puttygen을 통한 변환 방법은 다음과 같다.

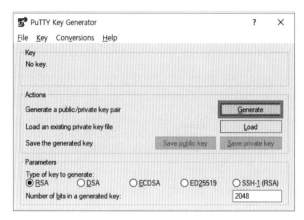

[그림 2-19] PuttyGen으로 .pem 로드

③ .pem 파일 로드를 위한 확장자 변경 후 Load

Puttygen은 기본적으로 .ppk 파일을 지원하므로 불러오는 파일 역시 기본 확장자가 .ppk이다. 하지만 여기에서는 .pem 파일을 .ppk로 변환하는 것이기 때문에 .pem 파일을 불러올 수 있도록 확장자를 모든 파일로 변경해서 .pem 파일을 로드한다.

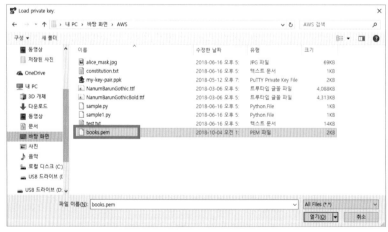

[그림 2-20] PuttyGen용 .ppk 파일 생성을 위한 .pem 파일 로드

④ .pem 파일 로드 여부 확인 및 .ppk 저장

아래 사진과 같이 Putty에서 사용하려면 private key로 저장해야 하므로 .ppk 파일 저장 역시 'Save private key'를 사용해서 저장해야 한다.

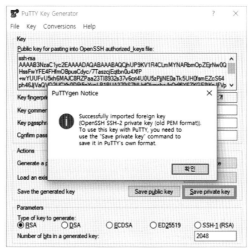

[그림 2-21] PuttyGen 용 .ppk 생성 완료

저장이 완료되었을 경우에는 아래와 같이 .pem 파일 및 .ppk 파일이 모두 생성된다.

[그림 2-22] books.pem 및 books.ppk 파일 생성 확인

⑤ Putty 접속

.ppk 파일 생성이 완료되었으면 이제 Putty를 사용하여 접속한다. Putty 접속은 처음에 실행하면
Host를 입력하는 부분이 나온다. Host 이름은 앞서 언급했던 EC2 인스턴스의 DNS 주소를 입력
한다. 만약 EC2 인스턴스가 Ubuntu일 경우 기본 사용자 명은 ubuntu이므로 ubuntu@[서버 주소
명] 의 형태로 입력한다.

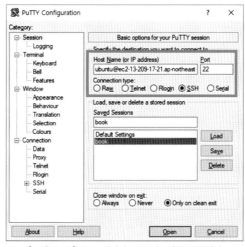

[그림 2-23] Putty에서의 EC2 인스턴스 주소입력

다음은 EC2 인스턴스 연결을 위한 키 페어 파일 설정이다. .pem 파일로는 Putty 접속을 위한 키 페어 파일로 사용할 수 없으므로 PuttyGen에서 생성한 .ppk 파일을 키 페어 파일로 사용한다. 키 페어 파일 설정은 Connection 〉 SSH 〉 Auth에 들어가서 설정할 수 있으며, 다음 사진과 같이 파일을 불러온다.

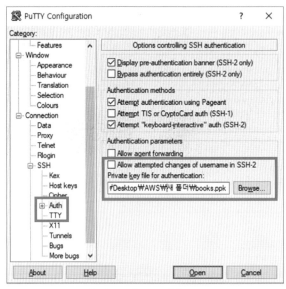

[그림 2-24] .ppk 파일 로드

이제 모든 설정이 끝났으면 'Open'을 눌러서 접속한다. 첫 접속 시에는 [그림 2-25]와 같은 메시지가 나타나며, 리눅스의 SSH를 사용한 첫 접속과 유사하게 SSH-ED25519 키 지문을 다음과 같이 사용하여 접속하는지를 물어본다. '예(Y)'를 선택하여 진행한다.

[그림 2-25] EC2 인스턴스 최초 접속 확인

접속을 위한 모든 인증 절차를 마쳤으면 정상적으로 접속할 수 있다. 접속 완료 메시지는 [그림 2-26]과 같은 메시지가 나타난다.

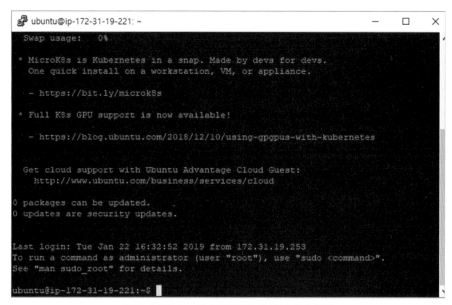

[그림 2-26] Putty를 사용한 EC2 인스턴스 접속 확인

4) MobaXterm을 사용한 연결

MobaXterm은 Mobatek에서 개발한 SSH 클라이언트 프로그램으로, X11 Server 환경을 제공하는 다양한 기능을 가진 프로그램이다. MobaXterm은 http://mobaxterm.mobatek.net에 접속하면 다운로드를 받을 수 있다.

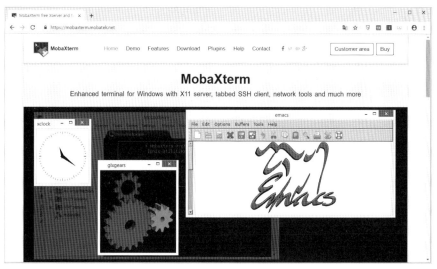

[그림 2-27] MobaXterm 홈페이지

[그림 2-27]에서 상단의 'Download'를 누르면 다운로드를 받는 화면이 나오며, [그림 2-28]에서 'Home Edition'을 선택하면 무료 다운로드가 가능하다. 'Professional Edition'은 유료 라이선스

를 필요로 하나, 'Home Edition'으로도 원하는 기능을 사용할 수 있으므로 'Home Edition'으로 다운로드한다.

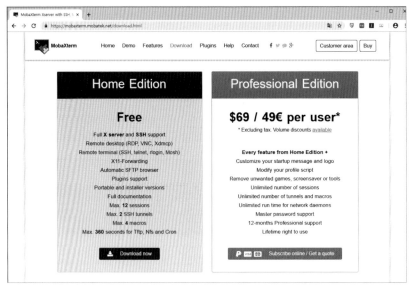

[그림 2-28] MobaXterm Download 화면

다운로드는 어떤 것을 선택해도 문제가 없다. [그림 2-29]는 설치 버전(Installer Edition)을 사용할 것인지 비설치(Portable Edition) 버전을 사용할 것인지를 나타내는 화면이다. 이 책에서는 설치 버전으로의 다운로드를 진행한다.

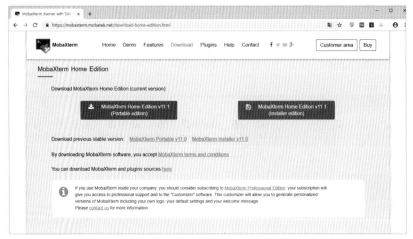

[그림 2-29] MobaXterm Home Edition 다운로드 화면

프로그램 설치를 완료한 후 실행하면 [그림 2-30]과 같이 화면이 나타난다.

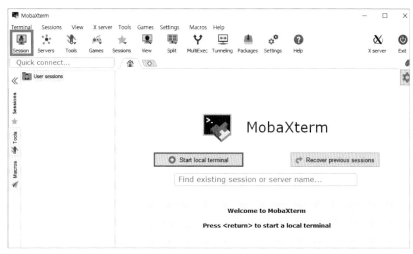

[그림 2-30] MobaXterm Home Edition 실행 화면

다음은 EC2 인스턴스 연결 설정을 진행한다. 먼저 좌측 상단의 'Session'을 누르면 신규로 연결하기 위한 새 창이 나타난다.

[그림 2-31] MobaXterm Session 창

여기에서 'SSH'를 누르면, 신규 SSH 연결을 위한 화면이 나타난다. 'Remote host'에는 EC2 인스턴스 주소를 입력하고, 'Specify username'은 체크 후 사용자명인 'ubuntu'를 입력한다.

[그림 2-32] MobaXterm Session - SSH 기본 창

다음은 'Advanced SSH settings'를 누른 후 설정을 확인한다. 'X11-Forwarding'에 체크가 되어 있는지를 먼저 확인한 후, 'User private key'를 체크하고 키 페어 파일을 입력한다. 키 페어 파일은 EC2 인스턴스 생성 시 다운로드한 books.pem 파일을 선택한다.

[그림 2-33] MobaXterm Session – Advanced SSH Settings

모든 선택이 완료되었으면 'OK'를 누른 후 접속 결과를 [그림 2-33]과 같이 볼 수 있고, 접속이 정상적으로 이루어진 것을 확인할 수 있다.

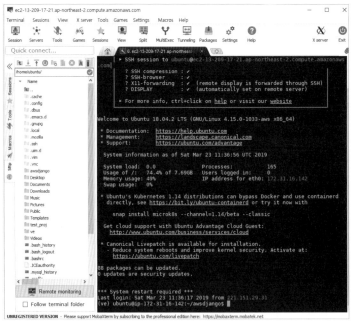

[그림 2-34] MobaXterm SSH 접속 확인 화면

2. 파일 전송을 위한 연결

터미널 환경에서의 EC2 인스턴스 연결은 서버 환경 설정을 위한 대부분의 작업을 할 수 있다. 하

지만 경우에 따라서는 특정 파일을 전송해야 하는 경우도 있다. 이 때 파일 전송 클라이언트를 사용하면 해당 작업을 원활히 수행할 수 있다.

파일 전송은 일반적으로 FTP 프로토콜을 사용하지만, EC2 인스턴스 연결은 FTP 프로토콜이 아닌 SCP(Secure Copy Protocol)를 사용한다. SCP는 리눅스 운영체제에서는 SCP 클라이언트를 사용하며, 윈도우즈 운영체제에서는 WinSCP 클라이언트를 사용하여 접속할 수 있다.

1) 리눅스 운영체제 연결

리눅스에서의 SCP 클라이언트를 사용한 연결은 SSH 클라이언트를 사용한 연결 방법과 유사하며, SSH와 동일하게 키 페어 파일을 사용한다. SCP 연결을 위한 키 페어 파일은 SSH와 동일하게 파일 권한 설정을 400으로 변경 후 키 페어 파일을 사용한다.

연결 명령어는 'scp -i [키 페어 파일 경로] [전송 파일 경로] [사용자명@서버 주소]:[대상 디렉토리]'의 형태로 사용한다.

아래 예제는 test.txt 를 EC2 인스턴스의 사용자 루트 디렉토리(~)로 파일을 업로드 하는 명령어이다.

```
$ scp -i books.pem test.txt ubuntu@ec2-...amazonaws.com:~
```

[그림 2-35] 리눅스 운영체제의 SCP 클라이언트를 사용한 파일 업로드

SCP 클라이언트에서는 파일 업로드 뿐만 아니라 다운로드도 가능하며, 다운로드를 하기 위해서는 명령어 순서를 위와 반대로 입력하면 된다. 다운로드 명령어는 'scp -i [키 페어 파일 경로] [사용자명@서버 주소]:[대상 파일 경로] [호스트 파일 경로]'의 형태로 입력한다.

아래 예제는 EC2 인스턴스의 사용자 루트 디렉토리(~)에 있는 test.txt 파일을 현재 경로의 test2.txt로 다운로드하는 명령어이다.

```
$ scp -i books.pem ubuntu@ec2-...amazonaws.com:~/test.txt test2.txt
```

[그림 2-36] 리눅스 운영체제의 SCP 클라이언트를 사용한 파일 다운로드

2) 윈도우즈 운영체제 연결

WinSCP는 SSH 프로토콜 기반으로 호환되는 파일 전송 클라이언트다. 리눅스의 SCP와 동일한 형태로 파일 전송을 수행하며, GUI 기반으로 구성되어 있다.

WinSCP접속 방법은 다음과 같이 새 사이트를 실행한 다음 호스트 이름 및 사용자 이름을 입력한다.

[그림 2-37] WinSCP 클라이언트 실행

다음은 키 페어 파일도 입력해야 한다. 로그인을 하기 앞서서 먼저 '고급'을 실행한 다음, SSH 〉 인증으로 가서 '개인키 파일'에 키 페어 파일을 입력한다. 키 페어 파일은 PuttyGen에서 생성한 파일인 .ppk 파일을 불러온다.

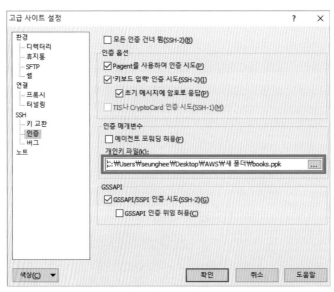

[그림 2-38] WinSCP 키 페어 파일 로드

키 페어 파일을 입력하면 별도의 비밀번호는 입력하지 않아도 되며, 로그인을 진행한다. 첫 로그인을 하면 Putty와 동일하게 SSH-ED22519 키 지문 입력 여부를 물어본다. '예'를 눌러서 진행한다.

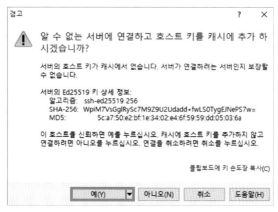

[그림 2-39] SCP로 첫 연결 시 메시지

모든 입력이 완료되면 WinSCP를 사용하여 EC2 인스턴스 연결이 완료된다. GUI 기반의 프로그램이므로 쉽게 파일 업로드 및 다운로드를 할 수 있다.

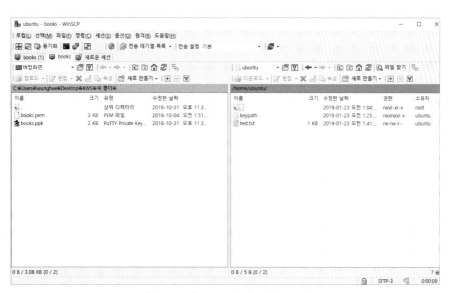

[그림 2-40] WinSCP 접속 후 GUI 화면

3. 프로그램 개발 도구 사용을 위한 원격 연결

웹 애플리케이션 구축을 위해서 프로그램 개발은 반드시 필요하다. 하지만 지금까지 소개된 터미널 클라이언트를 사용한 연결이나 파일 전송을 통한 EC2 인스턴스 연결만으로는 프로그램을 개발하고 이를 배포하는 데 어려움이 있다. 그렇기 때문에 IDE 도구 또는 소스 코드 개발 도구를 사용해서 프로그램을 개발하고, 원격 접속을 통해서 이를 실시간으로 반영할 수 있어야 한다.

EC2 인스턴스 접속은 키 페어 파일을 필요로 하기 때문에, 프로그램 개발 도구 역시 SSH 기반의 키 페어 파일을 사용하는 기능이 포함되어 있어야 한다. 현재는 다양한 기능을 지원하는 프로그램 개발 도구가 다수 존재하기 때문에 SSH 키 페어 파일 지원이 가능한 개발 도구라면 사용하는 데에는 문제가 없다. 그중에서도 대표적으로 사용되는 개발 도구를 예로 들도록 한다.

이 책에서는 Python 언어 기반 Django 웹 애플리케이션 구축을 목적으로 하므로 Python 개발 도구를 중심으로 다루도록 한다. 이 책에서는 소스 코드 작성을 위한 텍스트 에디터인 EditPlus, 그리고 범용적으로 가장 많이 사용하는 IDE인 Eclipse를 예제로 소개하고자 한다. 그리고 그 외 다른 개발 도구를 사용할 때에도 키 페어 파일을 지원하는 클라이언트라면 동일 방식으로 연결할 수 있다.

1) EditPlus를 이용한 연결

EditPlus는 대표적인 프로그래밍 소스 코드 입력을 위한 윈도우용 문서 편집기 프로그램이다. 단, 쉐어웨어라는 점에서 무료로는 30일 평가판만 이용이 가능하며, 정식 버전을 위해서는 구매를 별도로 진행해야 하는 단점이 있다. 하지만 무료 평가판에서는 모든 기능은 이용이 가능한 점에서 평가판 이용을 통해서 사용 후 구매 여부를 결정하면 된다.

Editplus는 'FTP 설정' 메뉴를 통해서 원격 서버에 접속할 수 있다. 물론 실제 접속은 FTP 프로토콜이 아닌 SSH 프로토콜을 사용하여 접속하는 방식으로 되어 있으며, 접속은 다음과 같이 이루어진다.

① 파일 〉 FTP 〉 FTP 설정 메뉴를 들어간 후, 서버 추가

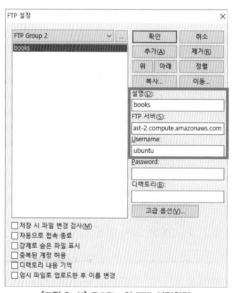

[그림 2-41] EditPlus의 FTP 설정화면

설명에는 접속할 사이트 명칭을 입력하고, FTP 서버는 EC2 인스턴스 도메인 주소를 입력하며, Username은 접속할 유저 명인 ubuntu를 입력한다. 입력이 완료되었으면, '고급 옵션'에 세부 정보를 입력한다.

② 고급 FTP 설정

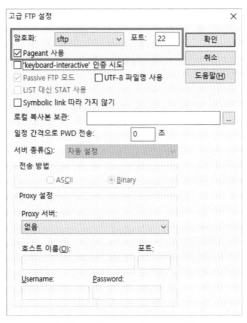

[그림 2-42] EditPlus의 SFTP 설정

고급 FTP 설정에서는 암호화에 'sftp' 선택, 포트는 SSH 포트 번호인 '22', 그리고 'Pageant 사용'을 반드시 체크한다. 모든 설정이 완료되었으면 '확인'을 누른 후 설정을 마친다.

③ Pageant 실행

키 페어 파일을 사용하기 위해서는 Pageant를 사용해야 한다. Pageant는 Putty 설치 시 같이 설치되며, Putty 외 다른 프로그램에서 SSH 키 페어 파일을 사용하기 위해서 키 페어 파일을 로드하는 프로그램이다. Pageant 사용 방법은 다음과 같다.

[그림 2-43] Pageant 실행

Pageant를 실행하면 윈도우 백그라운드로 프로그램이 실행된다.

④ 우클릭 후 'Add Key'를 실행하여 키 페어 파일 선택

[그림 2-44] Pageant 키 페어 파일 선택

'Add Key'를 실행하면 키 페어 파일을 선택하는 부분이 나오며, PuttyGen에서 생성한 파일인 .ppk 파일을 선택한다.

⑤ 원격 접속

EditPlus에서 모든 설정이 완료되었으면 설정한 서버에 접속한다. FTP 업로드, 원격 열기, 원격 저장 등을 통해서 서버 접속이 가능하다. 그 중에서 원격 열기를 실행한 후 앞에서 저장한 'books'를 선택하면 다음과 같이 EC2 인스턴스의 원격 파일이 표시된다.

[그림 2-45] EditPlus 원격 접속 실행

원격 열기로 표시된 파일은 불러와서 편집할 수 있으며, 저장할 때에도 역시 EC2 인스턴스에 즉시 저장하여 별도의 FTP 업로드 및 다운로드 없이도 텍스트 형태의 소스 코드 파일 편집을 원격 작업할 수 있다.

이 책에서는 EditPlus 프로그램을 이용해서 원격 접속하는 방법에 대해서 다루었다. Editplus가

아닌 다른 텍스트 에디터에서도 EC2 인스턴스를 접속하기 위해서는 다음 기능이 포함되어있는 지를 확인해야 한다.

- SSH / sftp 접속을 위한 원격 접속 가능 여부 확인
- 키 페어 파일 불러오는 기능 포함 여부 또는 Pageant 연동 가능 여부 확인

키 페어 파일은 .pem 또는 .ppk 파일을 불러올 수 있는지 여부를 확인해야 하며, 그것이 안된다면 외부 키 페어 파일 연동 프로그램인 Pageant 사용 가능 여부를 확인해야 한다. 둘 중 하나라도 불러올 수 있어야 EC2 인스턴스에 연결해서 프로그래밍 작업을 수행할 수 있다.

2) Eclipse를 이용한 연결

Eclipse는 대표적인 프로그래밍 IDE Tool이다. Eclipse에서는 Java를 포함한 다양한 프로그래밍 언어를 사용할 수 있으며, EditPlus와 같이 단순한 소스 코드만 개발하는 프로그램이 아닌 대형 프로젝트 단위의 개발도 가능하다. 또한 Eclipse는 무료로 사용할 수 있으며, 수많은 플러그인과의 연동을 통해서 추가 확장성까지도 유연하게 제공하고 있다.

Eclipse에서는 SSH 접속을 위한 플러그인으로 Remote System Explorer (RSE)를 제공하고 있다. 하지만 현재 버전인 Eclipse 2018-09 버전에서는 SSH가 기본 제공되어 있지 않으므로 플러그인 추가 설치가 필요하다.

초기 화면이 나오면 먼저 우측 상단 'Workbench'를 선택한다.

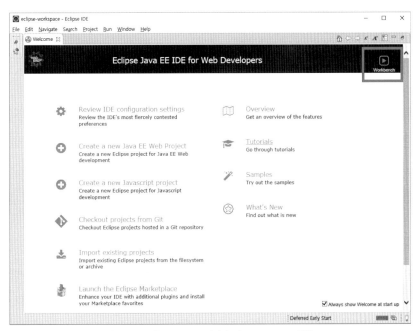

[그림 2-46] Eclipse 초기화면 및 Workbench 실행

다음은 Help 〉 Install New Software를 선택한다.

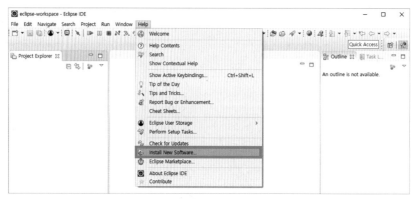

[그림 2-47] SSH 설치를 위한 Install New Software 선택

Work with 부분에 화살표를 누르면 아래 기본 제공 사이트가 나오며, 여기에서는 Eclipse 2018-09 버전이므로 '2018-09'를 선택한다. 만약 현재 사용 중인 Eclipse 버전이 다른 버전일 경우, 현재 배포 중인 버전에 해당되는 플러그인을 선택한다.

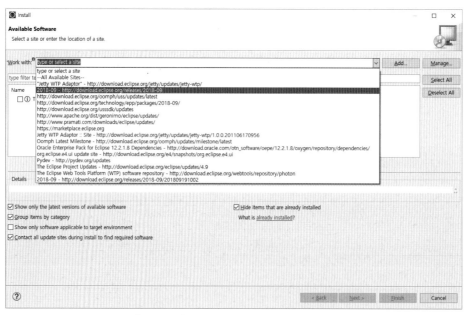

[그림 2-48] Eclipse Plug-in Software Site 선택

검색어에 SSH를 입력하면 다음과 같이 결과가 나타나며, 'Remote System Explorer End-User Runtime'을 선택한다.

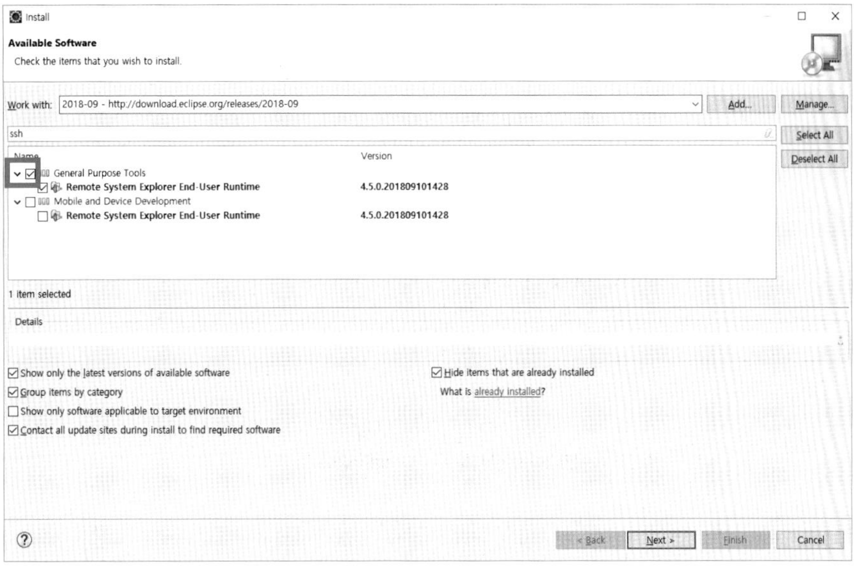

[그림 2-49] Remote System Explorer End-User Runtime 체크

세부 내용 확인 후 설치를 진행한다.

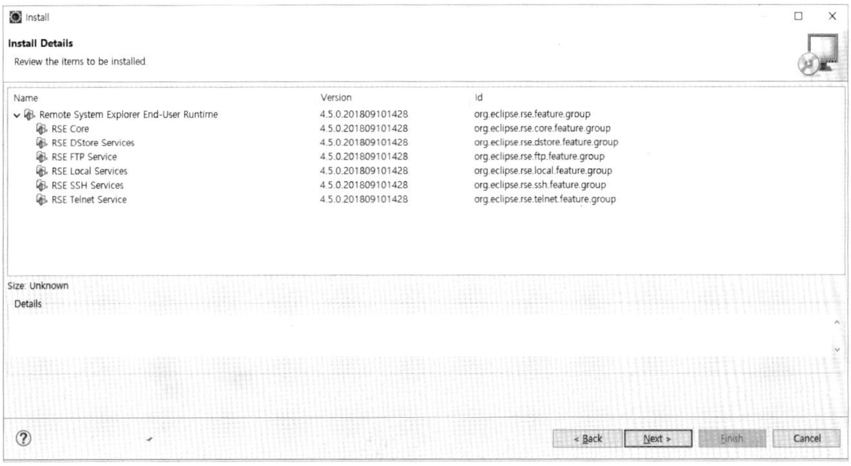

[그림 2-50] Remote System Explorer End-User Runtime 설치

Eclipse 재시작 메시지가 나오면 재시작을 한다.

[그림 2-51] Eclipse 재실행

RSE를 사용하기 위해서는 RSE Perspective를 먼저 연다. 아래와 같이 Perspective 〉 Open Perspective 〉 Other… 를 선택한다.

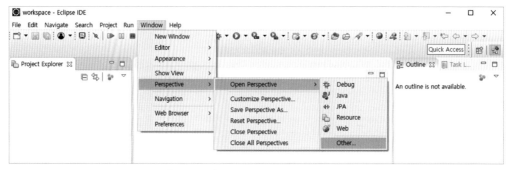

[그림 2-52] Eclipse Perspective 추가 메뉴

Remote System Explorer를 입력 후 'Open'을 누른다.

[그림 2-53] Perspective 유형 선택

RSE Perspective를 열었으면, 첫 번째 아이콘을 선택하여 연결 설정을 한다.

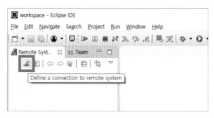

[그림 2-54] Eclipse RSE Perspective 추가

SSH로 접속할 예정이므로 'SSH Only'를 선택한다.

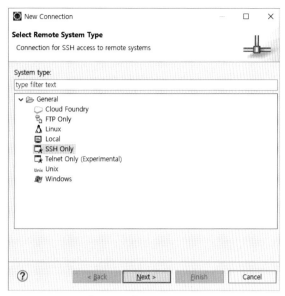

[그림 2-55] RSE 유형 선택

Host Name에 접속하려는 EC2 인스턴스 주소를 입력한다. Connection Name은 Host Name이 입력되면 자동으로 입력된다. 여기에서는 'Next'나 'Finish'를 누르지 말고, 그 전에 'Configure proxy settings'를 눌러서 키 페어 파일을 선택한다.

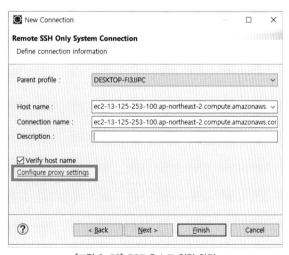

[그림 2-56] RSE 호스트 입력 화면

Configure proxy settings를 들어가면 다음 메뉴가 나오며, 여기에서 Network Connection 〉 SSH를 선택한다.

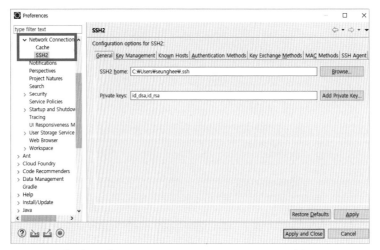

[그림 2-57] Eclipse Preference - SSH2 Private Key 선택화면

Private keys 항목에 'Add Private Key'를 선택 후 키 페어 파일을 선택한다.

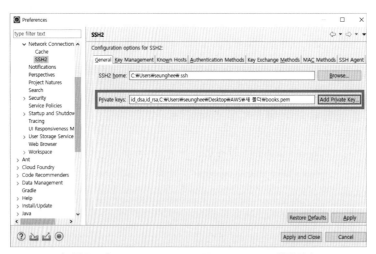

[그림 2-58] Eclipse Preference - SSH2 Private Key 선택 결과

적용이 모두 끝났으면 'Apply and Close'를 누른 후, 'Finish'를 눌러서 설정을 마친다. 설정을 다 마쳤으면 접속을 진행한다. 왼쪽 메뉴의 'Root'가 아닌 'My Home'을 누르면 다음과 같이 로그인 창이 나오며, 접속 사용자 이름인 'ubuntu'를 입력한다.

[그림 2-59] RSE의 SSH2 접속

모든 접속을 위한 준비가 완료되었으면 정상적으로 접속되는 것을 확인할 수 있다.

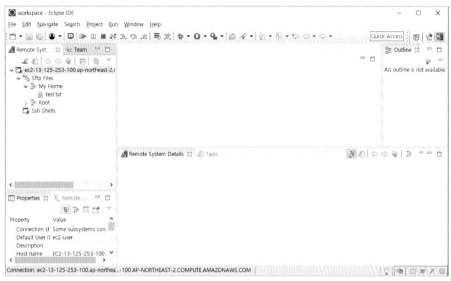

[그림 2-60] RSE 접속 완료 화면

이 장에서는 EC2 인스턴스 연결을 위한 방법에 대해서 다루었으며, 여러 운영체제 및 환경, 목적에 따른 연결 방식을 소개하였다. EC2 인스턴스 연결 유형은 여러 가지가 존재하지만, 모두 SSH 프로토콜을 사용해서 연결하였다. 또한 키 페어 파일을 사용하여 연결하는 것을 확인할 수 있었다.

위에서 소개된 프로그램 외에도 EC2 인스턴스에 접속할 수 있는 프로그램은 다수 존재하지만, 어떤 프로그램을 사용하더라도 SSH 프로토콜 기반의 키 페어 파일을 사용해야 접속할 수 있으므로 이에 유의한다.

003. EC2 Instance 설정 및 관리

EC2 인스턴스 환경 설정 방법은 크게 두 가지가 있다. 첫 번째는 AWS Management Console을 통해서 GUI 환경에서 설정하는 방법이고, 두 번째는 AWS CLI(Command Line Interface)를 사용해서 커맨드 창에서의 명령어를 통해서 설정하는 방법이다. 이 책에서는 EC2 인스턴스 환경 설정을 AWS Management Console을 사용하여 다루는 방법에 대해서 소개한다.

1. 대시보드 조회

EC2 인스턴스 생성 후 대시보드를 보면 다음 현황이 조회된다.

[그림 2-61] EC2 인스턴스 대시보드 현황

여기에서 생성된 EC2 인스턴스는 1개지만, 단순히 인스턴스만 생성된 것이 아니라 볼륨, 키 페어 및 보안 그룹도 동시에 생성되었다. 볼륨은 EC2 인스턴스 생성 시 동시에 생성했던 스토리지의 볼륨을 나타내는 것이며, 키 페어는 EC2 인스턴스 연결을 위해 생성했던 키 페어이다. 보안 그룹은 2개가 나오는데, 이는 EC2 인스턴스 생성 시 네트워크(VPC: Virtual Private Cloud)에 대한 보안 그룹과 EC2 인스턴스에 대한 보안 그룹으로 구성되어 있다.

2. 인스턴스 상태 조회

먼저 인스턴스를 누르면 인스턴스에 대한 상태를 조회할 수 있다.

[그림 2-62] EC2 인스턴스 조회

여기에서는 인스턴스 유형, 가용 영역, 현재 상태, 보안 그룹, 도메인 주소 (IPv4), IP 주소 등 EC2 인스턴스의 상태 및 구성을 조회한다.

현재 보유 중인 EC2 인스턴스에 대한 특정 작업을 수행하기 위해서는 작업을 수행할 EC2 인스턴스를 먼저 선택한다. 그 다음 '작업'을 눌러서 다음과 같이 상태, 설정 등의 작업을 수행한다.

아래 [그림 2-62]는 현재 실행 중인 EC2 인스턴스에 대한 상태를 변경할 때 다루는 화면이다. '중지' 및 '재부팅'은 가상 서버의 전원을 내리거나 재부팅할 때 사용되는 메뉴이며, '종료'는 서버 자체를 더 이상 운영하지 않고 삭제가 필요할 때 사용하는 메뉴이다.

[그림 2-63] EC2 인스턴스 작업 수행 화면

다음으로 '볼륨'을 누르면 EC2 인스턴스가 사용되는 스토리지를 간단히 조회할 수 있으며, 크기, 볼륨 유형 및 스냅샷 등에 대한 정보를 볼 수 있다.

[그림 2-64] EC2 인스턴스 볼륨 조회

현재 보유 중인 EC2 인스턴스의 볼륨 관련 작업을 수행하기 위해서는 역시 해당 볼륨 선택 후 '작업'을 눌러서 수행한다. 볼륨 작업은 [그림 2-64]와 같이 볼륨 이름 및 용량 수정, 분리 등의 작업을 수행할 수 있다.

[그림 2-65] EC2 인스턴스 볼륨 작업 수행 화면

3. 보안 그룹 설정

다음은 보안 그룹이다. 보안 그룹은 EC2 인스턴스가 사용되는 네트워크 (VPC)에 대한 보안 그룹과 EC2 인스턴스의 보안 그룹 2개가 있다.

보안 그룹은 대부분 EC2 인스턴스 한 개당 하나의 보안 그룹을 가지고 있다. 그러나 여러 EC2 인스턴스가 같은 네트워크에 위치해 있으며, 같은 보안 규칙을 사용할 경우에는 1개의 보안 그룹에 여러 EC2 인스턴스를 연결할 수 있다.

보안 그룹은 보안 그룹이 속한 네트워크(VPC) 및 그룹 이름, 설명 등의 정보를 조회할 수 있으며, 각 네트워크에 대한 인바운드/아웃바운드 규칙을 설정할 수 있다.

[그림 2-66] EC2 인스턴스 보안 그룹 조회

'인바운드'는 외부에서 내부로 접속을 요청할 때 사용되는 보안 규칙이다. 유형, 프로토콜, 포트 범위, 소스 등을 나타내며, 초기에 EC2 인스턴스 생성 시 SSH에 대한 접근 권한만 허용할 경우 아래 사진과 같이 SSH에 대한 접근 권한만 표시된다.

보안 그룹의 인바운드는 기본적으로 모든 외부로부터의 접속을 차단하게 되어 있으나, 특정 포트 및 특정 IP에 대한 접속을 허용할 경우에는 아래 사진과 같이 항목을 입력함으로써 접속을 허용한다.

[그림 2-67] EC2 인스턴스 보안 그룹 – 인바운드 설정

'아웃바운드'는 반대로 보안 규칙을 사용하는 EC2 인스턴스 내부에서 외부로의 접속을 요청할 때 사용되는 규칙이다. 기본값은 모든 트래픽 및 모든 IP 주소(0.0.0.0/0)에 대한 외부 접속을 허용한다. [그림 2-67]은 모든 트래픽/프로토콜/범위/주소에 대한 접속 허용을 위한 규칙을 나타낸다.

[그림 2-68] EC2 인스턴스 보안 그룹 – 아웃바운드 설정

EC2 인스턴스에 연결된 보안 그룹에 대한 작업을 수행하기 위해서는 '작업'을 눌러서 나오는 메뉴를 수행한다. 인바운드 및 아웃바운드 규칙은 각 탭에서 편집이 가능하기 때문에 보안 그룹을 삭제하거나 새로 복사할 경우에 작업을 수행할 수 있다.

[그림 2-69] EC2 인스턴스 보안 그룹 작업 수행 화면

그 외에도 로드 밸런싱, Auto Scaling에 대한 설정도 조회 및 작업을 수행할 수 있다. 로드 밸런싱, Auto Scaling은 EC2 인스턴스를 모니터링하고 사용량을 자동으로 조절한다. 이 책에서의 EC2 인스턴스는 개발 환경 구축을 위한 용도로 사용되므로 자세한 설명은 생략하도록 한다.

03 관계형 데이터베이스 - RDS
CHAPTER

001. RDS 소개 및 시작하기

Amazon RDS(Relational Database Service)는 AWS 환경에서 관계형 데이터베이스를 설정 및 운영할 수 있는 서비스이다. RDS는 범용적으로 사용되는 MySQL, SQL 서버, Oracle, PostgreSQL, MariaDB 등을 선택해서 사용할 수 있으며, MySQL 및 PostgreSQL과 호환되며 Amazon 클라우드에 최적화된 DB인 Amazon Aurora도 제공하고 있다.

RDS는 다른 AWS 환경과 마찬가지로 사용 비용에 따라 그에 맞는 용량을 제공하고 있으며, 빠른 성능, 고가용성 및 보안 제공을 지원하고 있다.

1. DB 인스턴스 시작하기

RDS를 시작하기 위해서는 서비스 목록의 데이터베이스에서 선택하거나 서비스 검색을 RDS로 입력하고 선택한다.

[그림 3-1] RDS 선택 창

RDS 를 선택하고 들어가면 다음과 같은 초기화면이 나오며, RDS대시보드를 통해서 현재 운영 중인 RDS에 대한 상태를 조회할 수 있다.

[그림 3-2] RDS 대시보드 및 리전 조회

RDS 역시 EC2 인스턴스와 동일하게 먼저 현재 AWS Management Console 상의 리전부터 확인한다. 위 사진에서는 우측 상단과 같이 '서울' 리전이 현재 EC2의 리전으로 나타나며, 리전 변경을 원할 경우에는 해당 부분을 클릭하여 즉시 변경할 수 있다.

리전 확인이 완료가 되면, 화면 가운데 '데이터베이스 생성'을 클릭하여 생성한다.

1) 1단계: 엔진 선택

엔진은 크게 Amazon Aurora, MySQL, MariaDB, PostgreSQL, Oracle, MS SQL 서버를 제공하며, DB 엔진을 선택한 다음에 '다음 단계'로 이동한다. 이 책에서는 MySQL 기반의 DB 구축 후 애플리케이션 구축에 사용할 예정이므로 'MySQL'을 선택한다.

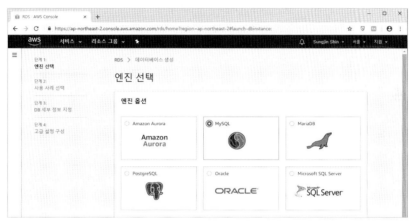

[그림 3-3] RDS엔진 선택

Amazon Aurora 역시 PostgreSQL과 MySQL이 호환되는 DB 엔진으로, AWS에 최적화가 되어 있고 MySQL보다도 더욱 뛰어난 성능을 한다. 하지만 프리 티어에서는 Amazon Aurora를 사용할 수 없다. 엔진 선택 시 하단의 'RDS 프리 티어에 적용되는 옵션만 사용'을 체크하면 Amazon Aurora가 비활성화되고 관련된 메시지가 추가로 나타나는 것을 확인할 수 있다.

[그림 3-4] RDS 프리티어 적용 옵션 체크 시 엔진 선택 화면

MySQL 선택이 완료되었으면 '다음 단계'로 이동한다.

2) 2단계: DB 세부 정보 지정

DB 생성을 위한 인스턴스 사양 및 설정을 입력하는 부분이다. 인스턴스 사양에서는 라이선스 모델, DB 엔진 버전, DB 인스턴스 용량 및 성능을 지정할 수 있고, 설정에서는 DB 식별자, 계정 이름, 비밀번호를 입력할 수 있다.

[그림 3-5] RDS 세부 정보 입력 화면 - DB 엔진 선택

MySQL의 라이선스는 GPL(General Public License) 한 가지만 선택할 수 있으므로 GPL을 그대로 유지하고, DB 엔진 버전은 MySQL 5.7 또는 MySQL 8.0 버전으로 선택한다.

[그림 3-6] RDS 세부 정보 입력 화면 - DB 인스턴스 유형 및 계정 설정

프리 티어를 선택하면 DB 인스턴스 및 스토리지는 t2.micro(1 CPU, 1GB RAM), 20 GB 용량으로 제한되므로 해당 부분은 그대로 둔다. 다중 AZ 는 가용 영역(Availability Zone)이 여러 개일 경우 다른 가용 영역에 복제본을 생성하고 백업을 용이하게 할 것인지를 물어보는 부분이다. 위 사진에서는 별도의 가용 영역을 설정하지 않았기 때문에 비활성화되어 있지만, 만약 여러 개의 가용 영역을 설정하였다면 해당 항목을 선택할 수 있다.

설정은 DB 생성 시 일반적으로 사용되는 정보로, DB 인스턴스 식별자 및 사용자 이름, 암호를 입력한다. DB 인스턴스 식별자는 DB 인스턴스의 명칭을 입력하고, 마스터 사용자 이름 및 암호는 DB 인스턴스 접속 시 필요한 계정이므로 반드시 상기하고 있어야 한다.

3) 3단계: 고급 설정 구성

네트워크, 보안, 백업, 유형 등 다양한 고급 설정을 구성하는 부분이다.

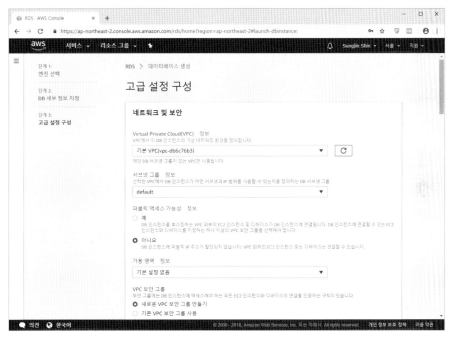

[그림 3-7] RDS 고급 설정 구성 - VPC 및 보안 그룹

가장 먼저 나오는 부분은 VPC 네트워크 구성과 관련된 설정이다. '퍼블릭 액세스 가능성' 부분은 DB 접속을 외부에서 수행할 것인지, 내부에서 수행할 것인지를 나타내는 부분이다. '아니오'로 선택되어 있다면, RDS 인스턴스에 지정된 VPC 내에서 DB 접속이 가능한 반면 외부 네트워크에서 DB를 접속할 수 없다. 하지만 '예'로 선택되어 있다면, RDS 인스턴스에 지정된 VPC 외의 외부 네트워크를 통해서 접속할 수 있다. 이와 관련된 자세한 예제는 아래의 RDS - MySQL 연결하기 부분에서 자세히 다룬다.

VPC 보안 그룹은 EC2 인스턴스 생성에 따른 보안 그룹과 같은 개념으로, RDS에 대한 인바운드, 아웃바운드 규칙 등을 설정할 수 있다. 여기에서는 기존에 생성된 RDS 및 보안 규칙이 없는 관계로 '새로운 VPC 보안 그룹 만들기'를 선택한다.

[그림 3-8] RDS 고급 설정 구성 - DB 명칭 및 포트, 파라미터 그룹 등 설정

데이터베이스 옵션은 첫 번째 DB 이름 및 접속 포트, 파라미터 그룹, IAM DB 인증을 설정한다. 첫 번째 DB 이름을 입력하지 않더라도 데이터베이스 생성 후 특정 이름의 DB를 생성할 수 있으므로, 선택적으로 입력할 수 있다. 파라미터 그룹은 MySQL 환경 설정에 사용되는 파라미터 그룹을 나타내는 것으로, 파라미터 그룹을 생성하면 AWS Console를 통해서 해당 DB에 대한 파라미터를 설정한다. IAM DB는 DB 접속 시 추가 인증 정보 설정 여부를 나타내는 것으로, IAM부분에서 자세히 다룬다.

암호화 부분은 DB 엔진에 따라 설정할 수 있으나, MySQL에서는 암호화를 지원하지 않으므로 생략한다.

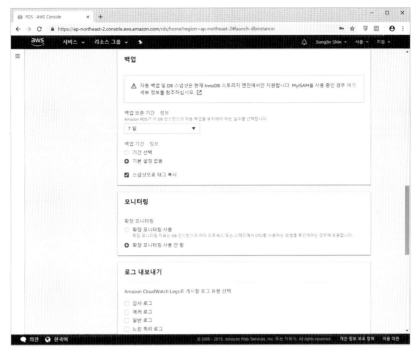

[그림 3-9] RDS 고급 설정 구성 – 백업 및 모니터링 설정

백업은 RDS에 대한 자동 백업을 설정하는 부분이고, 확장 모니터링은 CPU, 메모리 등 50개 이상의 측정치 정보를 얻는 기능으로, DB에 대한 세부 모니터링이 가능하다. 로그 내보내기는 AWS의 모니터링 서비스인 CloudWatch 서비스로 DB 로그를 내보내는 기능으로, 4가지 유형의 로그를 내보낼 수 있다.

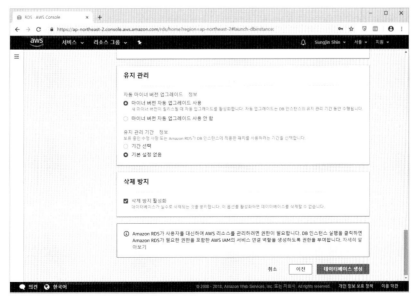

[그림 3-10] RDS 고급 설정 구성 – 유지 관리 및 삭제 방지

유지 관리는 마이너 버전이 출시(Release)될 때마다 AWS에서 자동으로 업그레이드를 수행하는 지를 물어보는 옵션이며, 삭제 방지는 DB가 실수로 삭제되는 것을 방지하는 기능이다.

위와 같이 고급 설정까지 모두 마쳤으면 '데이터베이스 생성'을 눌러서 DB 생성을 진행한다.

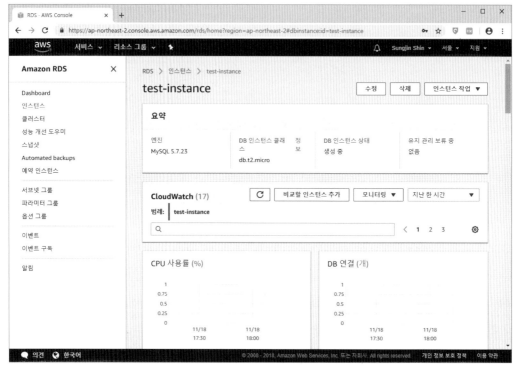

[그림 3-11] RDS 대시보드 화면

모든 생성 절차를 마치면 DB 생성이 진행되며, 몇 분 정도의 시간이 지나면 생성이 완료된다.

002. RDS 설정 및 관리

RDS 생성이 완료된 후에는 생성된 인스턴스에 대한 요약 및 모니터링 정보를 AWS Console에서 확인할 수 있다.

1. DB 인스턴스 요약 정보

DB 인스턴스를 생성한 후, 대시보드를 들어가면 다음 현황이 조회된다.

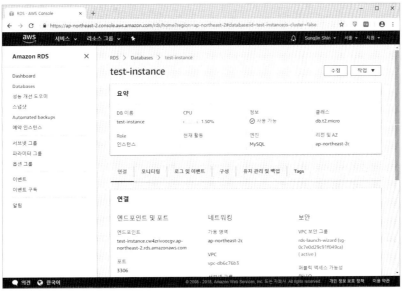

리소스

Asia Pacific (Seoul) 리전에서 사용 중인 Amazon RDS 리소스 정보(사용량/할당량)

DB 인스턴스 (1/40)	파라미터 그룹 (1)
할당된 스토리지 (20.00 GB/100.00 TB)	기본값 (1)
여기를 클릭하여 DB 인스턴스 한도 높이기	사용자 지정 (0/100)
예약 인스턴스 (0/40)	옵션 그룹 (1)
스냅샷 (24)	기본값 (1)
수동 (0/100)	사용자 지정 (0/20)
자동화 (5)	서브넷 그룹 (1/50)
최근 이벤트 (4)	지원되는 플랫폼 VPC
이벤트 구독 (0/20)	기본 네트워크 vpc-db6c76b3

[그림 3-12] RDS 인스턴스에 대한 리소스 정보

여기에서 생성된 DB 인스턴스는 1개이고, 하나의 인스턴스에 연결된 파라미터 그룹, 옵션 그룹, 서브넷 그룹 역시 각각 1개씩 생성되어 있다. 이에 반해 스냅샷, 최근 이벤트는 1개 이상이 있는데, 이는 DB 인스턴스를 생성할 때 DB 백업본인 스냅샷을 7일 주기로 자동 생성하기로 함에 따라 스냅샷 및 이벤트가 자동으로 생성되기 때문인 것에 기인한다.

먼저 DB인스턴스를 누르면 인스턴스 목록이 나오며, 각 인스턴스를 누를 경우 인스턴스에 대한 세부 정보가 나타난다. DB 인스턴스는 EC2 인스턴스와는 달리 웹 브라우저별로 다르게 표시되며, 이 책에서는 Chrome과 Internet Explorer(IE) 2가지 브라우저에서 조회하는 방법을 간단히 다룬다.

[그림 3-13] Chrome 브라우저에서의 RDS 대시보드

Chrome에서는 인스턴스를 조회하면 요약, 연결, 모니터링, 로그 및 이벤트, 구성, 유지 관리 및 백업, Tags와 같은 7가지 유형 정보를 한 눈에 볼 수 있다.

[그림 3-14] IE 브라우저에서의 RDS 대시보드

반면 IE에서는 각 항목을 크게 3개의 탭으로 구분하여 나타내고 있으며, 상단의 '모니터링 표시'를 눌러서 모니터링 세부 내역을 조회할 수 있다.

첫 번째 탭에서는 경보 및 최근 이벤트, 모니터링 주요 항목을 나타내며, 두 번째 탭에서는 구성 세부 정보, 세 번째 탭에서는 복제를 나타낸다. 또한 상단의 모니터링 표시를 누르면 다음과 같이 모니터링 그래프 및 세부 내용이 표시된다.

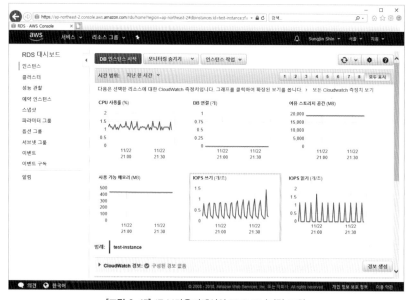

[그림 3-15] IE 브라우저에서의 RDS 모니터링 조회

DB 인스턴스에 대한 특정 작업을 수행하기 위해서는 '작업' 버튼(IE는 '인스턴스 작업' 버튼)을 눌러서 수행할 수 있으며, 수행 내용은 중지 및 재부팅, 복제본 생성, 복구, 스냅샷 생성, 마이그 레이션 등이 있다.

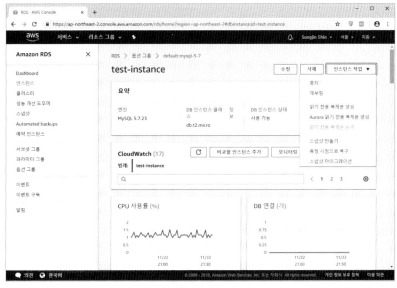

[그림 3-16] Chrome 브라우저에서의 RDS 작업 수행 화면

다음은 스냅샷 부분이다. 스냅샷은 DB 인스턴스 생성 시 스냅샷을 자동 생성할 경우 선택된 주기 별로 DB 백업을 생성하며, 스냅샷을 통해서 특정 시점으로 복구할 수 있다.

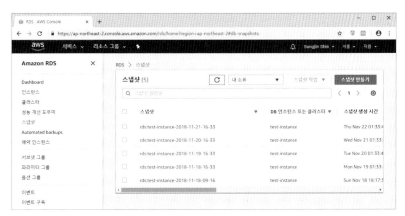

[그림 3-17] RDS 스냅샷 화면

2. RDS 파라미터 그룹

그룹은 크게 서브넷 그룹, 파라미터 그룹, 옵션 그룹으로 구분된다. 서브넷 그룹은 DB 인스턴스 가 속한 네트워크의 서브넷 설정을 위한 용도이다. 파라미터 그룹은 DB 인스턴스의 DB 환경 설

정을 위한 파라미터를 지정하고 설정하는 그룹이며, 옵션 그룹은 DB 인스턴스의 강화된 보안 설정을 위한 그룹이다. 이 책에서는 파라미터 그룹에 대한 부분만 간단히 다룬다.

[그림 3-18] RDS 파라미터 그룹 메인 화면

파라미터 그룹을 들어가면 DB 생성 시 기본 생성된 파라미터 그룹이 있다. 하지만 기본 설정과 다른 환경을 설정하고 싶을 경우에는 추가 파라미터 그룹 생성을 해야 한다. AWS에서는 DB 환경 설정을 위한 기본(Default) 파라미터 그룹을 보유하게 되어 있으며, 기본 파라미터 그룹은 변경 자체가 불가능하므로 신규 환경 설정을 위해서 임의의 이름을 가진 파라미터 그룹을 생성한다.

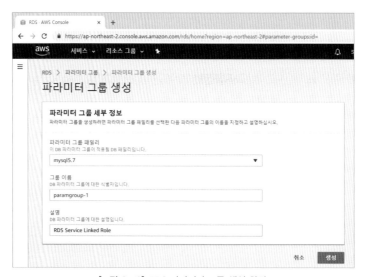

[그림 3-19] RDS 파라미터 그룹 생성 화면

파라미터 그룹 생성은 그룹 패밀리, 이름, 설명을 입력하게 되어 있다. 기본 파라미터 그룹은 DB 인스턴스 생성 시 자동으로 생성되지만, 신규로 생성되는 파라미터 그룹은 DB 인스턴스와는 독립적으로 구성할 수 있다. 그래서 신규로 생성되는 파라미터 그룹은 같은 유형의 DB 인스턴스 여러 개에 동시 적용할 수 있다.

위와 같이 파라미터 그룹 패밀리는 MySQL 5.7, 그룹 이름 및 설명은 원하는 이름 및 설명으로 작성한다. 만약 그룹 패밀리를 다른 DB 또는 버전으로 입력할 경우에는 앞서 생성했던 DB 인스턴스가 아닌 다른 유형의 DB 인스턴스에만 적용되므로 이에 유의한다. 파라미터 그룹 이름 생성 시에는 영문자 및 숫자, 하이픈(-)으로만 생성되므로 이 점도 더불어 유의한다.

신규 파라미터 그룹이 생성되면, 다음과 같이 신규 생성된 파라미터 그룹을 조회할 수 있다.

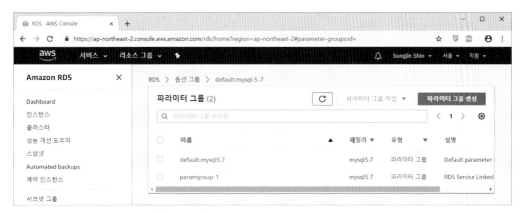

[그림 3-20] RDS 신규 생성 파라미터 그룹 조회 화면

파라미터 그룹을 들어가면 DB에서 사용되는 모든 파라미터를 관리할 수 있으며, MySQL 5.7 기준으로는 총 404개의 파라미터를 관리할 수 있다.

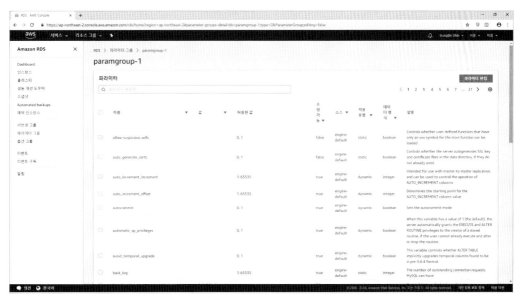

[그림 3-21] RDS 파라미터 그룹 생성 및 편집

파라미터를 생성하고 편집하는 방법은 다음과 같다. 먼저 생성하고자 하는 파라미터 명을 검색한 후, '파라미터 편집' 버튼을 눌러서 설정 값을 입력한다. 이 책에서는 예제로 생성된 DB 인스턴스의 Character Set을 모두 'UTF-8'로 설정하기 위한 예제를 간단하게 진행한다.

- 검색어에 'character_set'을 입력하면 해당 문자가 들어간 파라미터 이름이 조회된다. 검색 결과는 총 6개가 조회된다.

[그림 3-22] RDS 파라미터 그룹 편집을 위한 'character_set' 검색

- 다음 '파라미터 편집'을 눌러서 편집 모드로 변환한다.

[그림 3-23] RDS 파라미터 그룹 편집

- 모든 검색 결과에 나타난 '값' 부분에 'UTF-8'을 선택한다.

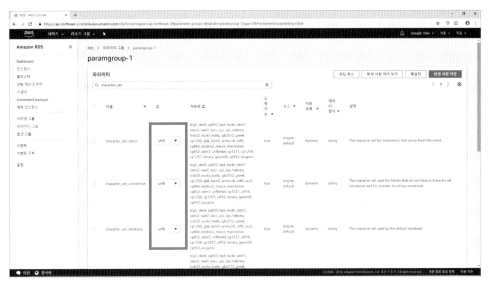

[그림 3-24] RDS 파라미터 그룹 변경 내용 입력

- 그런 다음 '변경 사항 저장'을 눌러서 신규 등록된 파라미터를 저장한다.

파라미터 그룹은 저장된다고 즉시 적용되는 것이 아니다. 앞서 언급했듯이 파라미터 그룹은 DB 인스턴스와는 독립적으로 관리되므로, 신규 생성된 파라미터 그룹을 DB 인스턴스에 적용하기 위해서는 해당 인스턴스에서 사용하고자 하는 파라미터 그룹을 지정해야 한다.

파라미터 그룹 지정은 다음과 같다. 먼저 사용하고자 하는 DB 인스턴스를 선택한 후, 인스턴스 수정을 선택한다.

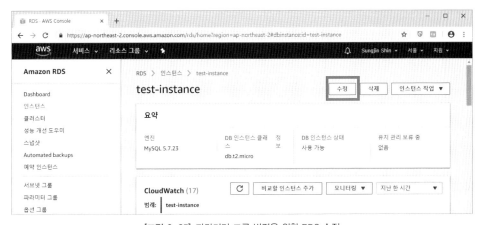

[그림 3-25] 파라미터 그룹 변경을 위한 RDS 수정

인스턴스 수정 후 '데이터베이스 옵션' 탭을 가면 'DB 파라미터 그룹' 부분이 있으며, 해당 부분을 방금 생성했던 파라미터 그룹으로 지정한다.

[그림 3-26] 파라미터 그룹 변경

수정이 완료되면 하단의 '계속'을 눌러서 진행하고 DB 적용 시기를 지정한다. 만약 DB 적용을 즉시 할 때 해당 DB를 다른 곳에서 사용 중이라면 해당 정보가 모두 손실될 수 있으므로 DB 적용 여부는 신중히 결정해서 진행한다.

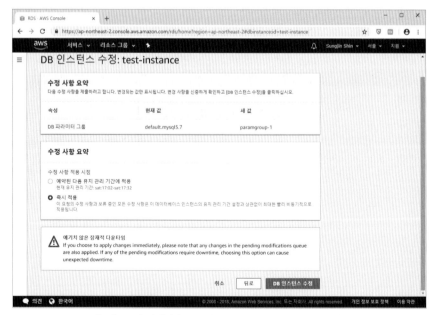

[그림 3-27] 파라미터 그룹 변경에 따른 DB 인스턴스 수정 화면

지금까지 RDS 설정 및 관리에 대해서 간단히 다루었다. 이 책에서는 AWS 환경 구축부터 웹 애플리케이션 개발을 위한 기본적인 내용을 다루므로 일부 항목은 다루지 않는다.

003. RDS - MySQL연결하기

DB 인스턴스 연결은 생성된 DB 엔진에 따라서 연결 방법 또한 다르다. 예를 들어서 Oracle DB의 경우에는 Toad, PL/SQL Developer 등의 프로그램을 사용하여 연결하지만, MySQL의 경우에는 MySQL Workbench 등의 프로그램을 사용한다. 이 책에서는 MySQL을 사용하므로 공식 사이트에서 무료로 배포되는 프로그램인 MySQL Workbench를 사용한 연결 방법을 다루도록 한다.

1. MySQL Workbench 설치 및 실행

먼저 MySQL Workbench는 MySQL 홈페이지 (https://www.mysql.com/ products/workbench)에서 무료로 다운로드 받을 수 있다.

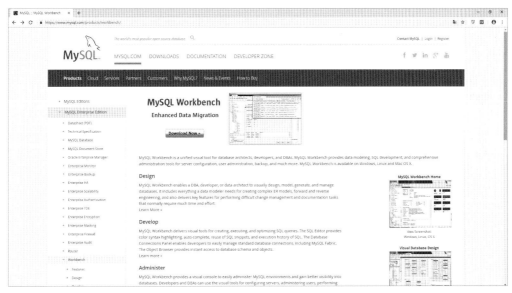

[그림 3-28] MySQL Workbench 홈페이지

다운로드 페이지로 들어가면 로그인(Login)하거나 가입(Sign Up)하는 버튼이 나오는데, 가입하지 않고 다운로드를 받으려면 아래의 'No thanks, just start my download.'를 선택하면 즉시 다운로드할 수 있다.

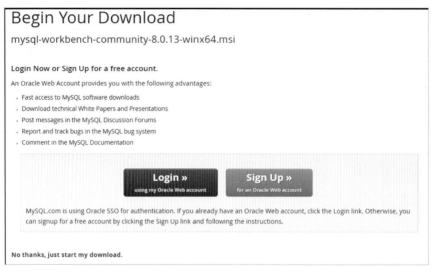

[그림 3-29] MySQL Workbench 다운로드

다운로드는 기본 설정을 유지한 채로 설치한다.

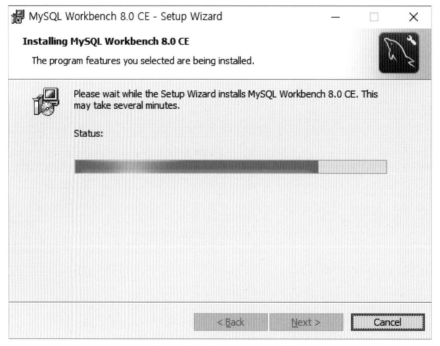

[그림 3-30] MySQL Workbench 설치

설치가 완료되면 실행이 가능하며, 실행 후에는 서버를 등록해야 한다. 서버 등록은 가운데 'MyS-QL Connections' 옆 '+' 기호를 누르면 가운데와 같이 새 창이 나온다.

[그림 3-31] MySQL Workbench 실행 화면

새 창이 나오면 DB 인스턴스 주소, 포트, 그리고 사용자 계정 및 비밀번호를 입력한다. DB 인스턴스의 주소 및 포트는 RDS 설정 및 관리 부분의 DB 인스턴스에서 엔드포인트 주소를 참조하며, 사용자 계정 및 비밀번호는 DB 인스턴스 생성 시에 입력했던 마스터 사용자 이름 및 암호를 입력한다.

[그림 3-32] MySQL Workbench 접속을 위한 엔드포인트 주소

엔드포인트 및 포트 입력은 [그림 3-32]를 참고하며, 마스터 사용자 이름(Username)은 DB 인스턴스 생성 시 입력했던 계정을 입력한다.

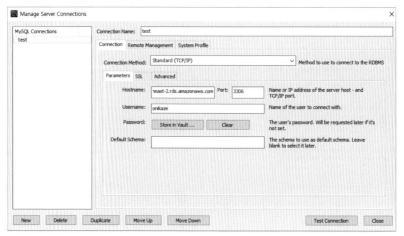

[그림 3-33] MySQL Workbench 접속을 위한 엔드포인트 주소 및 사용자 입력

모든 입력이 완료되고 접속을 시도하면 비밀번호를 입력하는 창이 나온다. 비밀번호는 DB 인스턴스 생성 시 입력했던 마스터 암호를 입력한다.

[그림 3-34] MySQL Workbench 비밀번호 입력

암호 입력까지 마친 후, 접속 확인을 위해서 'Test Connection'을 눌러서 확인한다. 테스트 결과가 성공한다면 다음 [그림 3-35]와 같은 메시지가 나타난다.

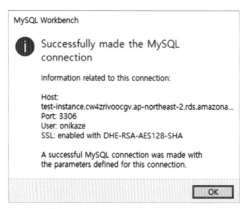

[그림 3-35] MySQL Workbench 접속 성공 창

모든 세팅을 마친 후, 새로 생성한 입력 정보를 선택하면 즉시 연결 및 사용이 가능하다.

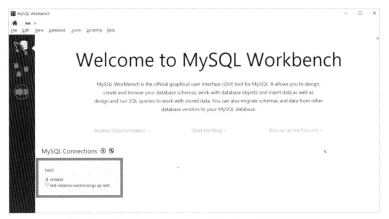

[그림 3-36] MySQL Workbench 입력 정보 조회 및 직접 연결

연결이 올바르게 이루어졌다면, 다음과 같이 경고 및 에러 메시지 없이 메인 화면이 나타나는 것을 확인할 수 있다.

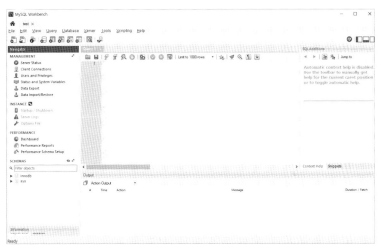

[그림 3-37] MySQL Workbench 접속 완료 및 메인 창

MySQL Workbench를 통한 AWS의 MySQL DB 인스턴스 연결은 엔드포인트 주소 및 포트, 마스터 계정 및 비밀번호를 사용하면 쉽게 연결할 수 있으며, MySQL에서의 SQL 작업을 할 수 있다.

2. DB 인스턴스 설정에 따른 연결 범위 제한 및 해결

하지만 모든 경우에 MySQL 연결이 이루어지는 것은 아니다. 앞서 3.1단원의 RDS 소개 및 시작하기 부분에서는 '퍼블릭 액세스 가능성'에 따라 연결 범위가 달라질 수 있는 점을 언급하였다. '퍼블릭 액세스 가능성'이 '예'로 설정되어 있다면, 위 예제와 같이 문제없이 연결이 가능하지만,

'아니오'로 설정되어 있을 경우에는 'Test Connection' 시 [그림 3-38]과 같은 메시지가 나타난다.

[그림 3-38] MySQL Workbench 접속 실패 화면

이는 RDS 인스턴스를 연결하는 데 있어서 외부 네트워크를 통한 접속이 차단된 상태이기 때문에 접속이 이루어지지 않는 것이며, 이를 수정하기 위해서는 RDS 인스턴스를 수정해야 한다.

DB 인스턴스 수정은 3.2단원의 파라미터 그룹 변경과 같이 '수정'으로 들어가서 변경할 수 있다.

[그림 3-39] RDS 상태 수정

인스턴스 수정 후 '네트워크 및 보안' 탭으로 가면 '퍼블릭 액세스 가능성'이 '아니오'로 나타난 것을 확인할 수 있다.

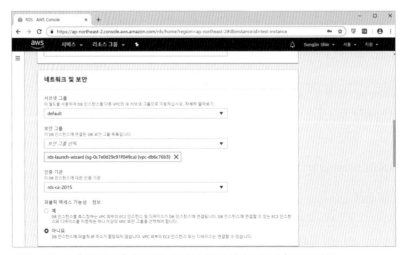

[그림 3-40] RDS 인스턴스의 '퍼블릭 액세스 가능성' 부분 조회

이 부분을 '예'로 변경한 후, '계속'을 누르고 'DB 인스턴스' 수정을 통해서 수정을 진행한다. 만약 다른 수행 중인 작업이 없을 경우에는 '즉시 적용'을 선택하고, 그렇지 않을 경우에는 '예약된 다음 유지 기간에 적용'을 선택한다. 즉시 적용을 선택하더라도 RDS 인스턴스의 재부팅 후 적용이 이루어지므로, 몇 분의 시간을 기다린 후 적용된 것을 확인할 수 있다.

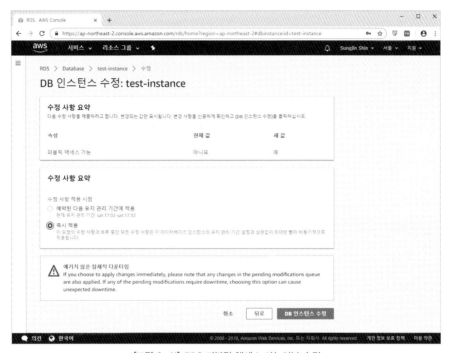

[그림 3-41] RDS 퍼블릭 액세스 가능여부 수정

하지만 RDS 인스턴스의 퍼블릭 액세스 가능성을 무조건 '예'로 하는 것은 보안에 취약하다는 문제가 있으므로 신중한 고려가 필요하다. 외부로부터의 접속이 가능한 경우에는 원격으로 DB 작업을 수행할 수 있지만, RDS 인스턴스도 외부에 노출되어 있기 때문에 해킹 및 보안 위험성도 높은 상태이기 때문이다.

이를 보완하기 위한 방법은 크게 두 가지가 있다.

첫 번째는 '퍼블릭 액세스 가능성'을 '아니오'로 선택한 다음, 같은 VPC 네트워크를 사용하는 EC2 인스턴스 등을 접속한 후 내부에서 RDS 인스턴스에 접속하는 방법이다. 하지만 이 방법은 사용하는 데 많은 제한이 따르므로 상황에 따라서 신중히 고려해야 한다.

두 번째는 IAM(Identify and Access Management) DB 인증이다. IAM DB 인증을 사용할 경우에는 AWS 계정 내에 별도의 사용자를 생성하고, 사용자별로 RDS 인스턴스에 대한 권한을 부여할 수 있으므로, 더욱 세분화된 보안 관리가 가능하다.

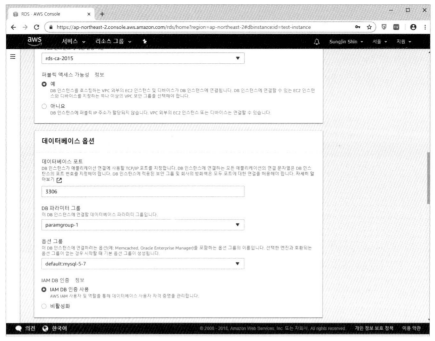

[그림 3-42] DB 인스턴스 접속 보안을 위한 인증 방식 확인

EC2 인스턴스는 키 페어 파일을 가지고 인스턴스를 연결하므로 일정 수준의 보안을 보장할 수 있다. 하지만 RDS 인스턴스는 '퍼블릭 액세스 가능성'에 대한 보안이 다소 취약한 면이 있기 때문에, 이를 있는 그대로 사용하는 것보다는 외부 접속을 차단하거나 IAM DB 인증을 사용하여 보완할 수 있어야 한다.

04 애플리케이션 플랫폼 서비스 - Elastic Beanstalk
CHAPTER

001. 개요

1. 개요

AWS Elastic Beanstalk는 AWS의 인프라와 상관없이 애플리케이션을 신속하게 배포하고 관리할 수 있는 서비스이다. 애플리케이션을 업로드하면 이에 대한 용량 조정, 로드 밸런싱, 애플리케이션 상태 등에 대한 모니터링을 통해서 배포된 서비스에 대한 안정성 및 확장성을 제공한다.

Elastic Beanstalk를 이용하기 위해서는 서비스 목록 컴퓨팅에서 선택한다.

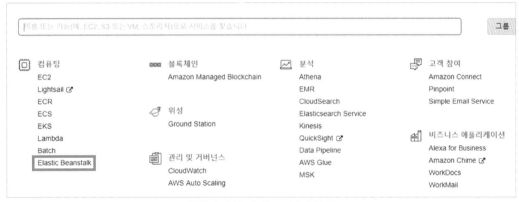

[그림 4-1] Elastic Beanstalk 선택 창

Elastic Beanstalk를 들어가면 신규 애플리케이션 생성을 위한 화면을 제공한다. 여기에서는 기존 보유 중인 애플리케이션 배포 및 신규 애플리케이션 생성이 가능하다. 시작하기를 눌러서 애플리케이션 생성을 진행한다.

2. Sample App 생성

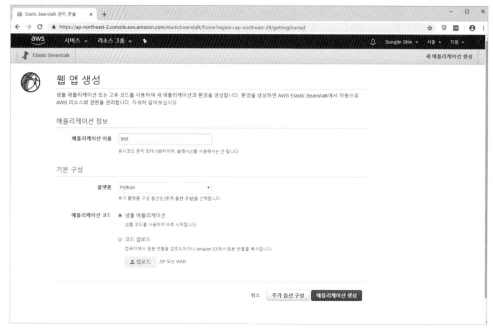

[그림 4-2] Elastic Beanstalk의 웹 애플리케이션 생성 화면

애플리케이션 생성은 몇 분이 걸리며, 모든 진행을 마치면 애플리케이션이 정상적으로 생성된다.

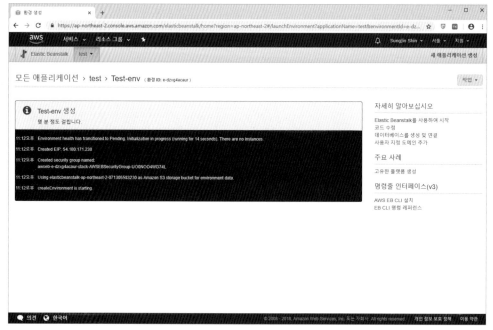

[그림 4-3] Elastic Beanstalk 웹 애플리케이션 생성 진행 창

애플리케이션 생성이 완료되면 다음과 같이 애플리케이션에 대한 상태를 조회할 수 있다.

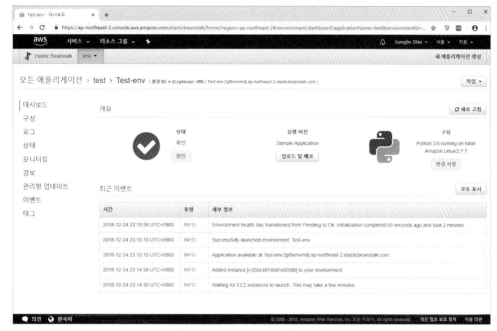

[그림 4-4] Elastic Beanstalk 대시보드 화면

애플리케이션 생성이 완료되었으면, Test-env의 URL 주소를 눌러 들어가고 해당 주소로 들어가면 다음과 같은 샘플 웹 애플리케이션 화면을 조회할 수 있다.

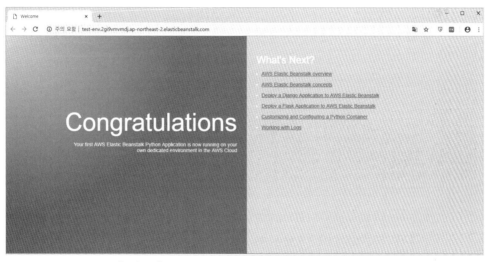

[그림 4-5] Elastic Beanstalk 웹 애플리케이션 홈페이지 첫 화면

002. AWS Console에서의 구성 및 환경 설정

AWS Elastic Beanstalk의 구조는 크게 환경과 애플리케이션으로 구분된다. 애플리케이션을 AWS Console에서 생성할 경우에는 기본적으로 '환경명-env'라는 이름으로 생성되는데, 이 이름은 추후 변경 가능하다. 위에서 생성된 애플리케이션을 예로 들면 'test'라고 된 부분은 애플리케이션 환경이고, 'test-env'는 애플리케이션으로, 하나의 환경에는 여러 개의 애플리케이션을 생성할 수 있다. 앞서 생성한 애플리케이션의 경우에도 'test' 환경에 'test-env'를 동시에 생성하였지만, 'test' 환경에는 다른 애플리케이션을 생성하고 관리할 수 있다.

애플리케이션을 들어간 후, '구성' 탭을 누르면 다음과 같은 애플리케이션 설정 화면이 나타난다.

[그림 4-6] Elastic Beanstalk 구성

Elastic Beanstalk 애플리케이션을 생성하면, 생성된 애플리케이션에 대한 EC2 인스턴스와 EC2 인스턴스에 연결되는 보안 그룹도 더불어 자동으로 생성된다. 이는 웹 애플리케이션의 생성과 배포를 위해서 생성된 가상 서버이다. 가상 서버는 초기에 환경 및 애플리케이션을 생성할 당시의 내용을 기반으로 하여 EC2 인스턴스 및 보안 그룹을 생성하고 해당 애플리케이션에 할당하는 역할을 하는데, 이를 프로비저닝(Provisioning)이라고 한다.

구성 탭의 '인스턴스' 부분을 보면, 인스턴스 유형 및 이미지 등 여러 정보가 기재되어 있다. 해당 인스턴스는 애플리케이션 생성 시 프로비저닝된 EC2 인스턴스에 대한 정보로, EC2 인스턴스에서는 웹 애플리케이션에 대한 서버 관리 및 모니터링 등을 수행할 수 있다. 애플리케이션에 대한 모니터링 역시 모니터링 서비스인 AWS CloudWatch를 통해서 이루어진다.

[그림 4-7] 웹 애플리케이션에 대한 CloudWatch 모니터링 화면

모니터링은 CloudWatch를 통해서 5분마다 모니터링된 결과를 Elastic Beanstalk에서도 볼 수 있게 하였으며, CPU 사용률, 네트워크 입출력 등의 결과를 조회할 수 있다.

앞에서 수행한 예제에 따라 현재까지는 샘플 애플리케이션을 생성하고 배포하는 부분을 다루어 보았다. 하지만 Django 웹 애플리케이션을 개발 및 배포하기 위해서는 직접 개발한 소스 코드 또는 프로그램을 기반으로 배포가 이루어져야 한다.

이에 따라 개발 환경에서 개발된 웹 애플리케이션을 배포하기 위해서, AWS Management Console이 아닌 AWS CLI(Command Line Interface) 및 AWS EB CLI (Elastic Beanstalk Command Line Interace)를 사용하여 배포하는 방법을 Chapter 22에서 구체적으로 다룬다.

05 AWS 계정 보안 관리 -IAM

CHAPTER

001. IAM 개요 및 소개

IAM(Identify and Access Management)는 AWS에서 생성 및 관리하고 있는 모든 서비스를 안전하게 제어하기 위한 계정 관리 서비스이다.

IAM을 이용하기 위해서는 서비스 목록의 보안, 자격 증명 및 규정 준수에서 선택하거나 서비스 검색을 IAM으로 입력하고 선택한다.

[그림 5-1] IAM 선택 창

IAM 대시보드에는 현재 접속한 계정의 보안 상태가 조회된다. 별 다른 변경사항이 없다면 루트 액세스 키 삭제에는 체크가 되어 있고, 나머지는 체크가 되어 있지 않다는 것을 확인할 수 있다. 각 항목에 대해서는 아래 내용을 통해서 살펴본다.

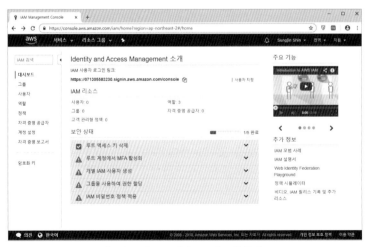

[그림 5-2] IAM 대시보드 및 보안 상태

002. 루트 액세스 키 삭제 및 MFA 활성화

1. 루트 액세스 키 삭제

루트 액세스 키 삭제는 신규로 계정을 생성하면 기본적으로 체크가 되어 있다. 하지만 이는 루트 액세스 키 자체를 처음부터 생성하지 않았기 때문에 삭제 상태로 표시가 된 것이다.

AWS 계정 생성 시 입력했던 이메일 주소 및 비밀번호는 루트 계정으로, AWS의 모든 권한에 접근할 수 있다. 또한 루트 액세스 키를 생성하면 누구든지 AWS를 쉽게 접근할 수 있다. 이러한 루트 액세스 키는 AWS에 대한 계정 및 서비스 관리를 위해서만 일시적으로 생성하는 용도로 사용되어야 하며, 해당 작업을 모두 마치고 나면 다시 삭제하는 것이 루트 액세스 키를 관리하는 올바른 방법이 될 수 있다.

2. 루트 계정에서 MFA 활성화

MFA(Multi-Factor Authorization)는 인증 할 때 여러 매체를 활용하는 인증 방식이다. 즉, 로그인 시 이메일 주소 및 비밀번호를 사용한 인증에 그치지 않고, 추가 인증 수단을 이용한 인증 방식이다. MFA를 활성화하기 위해서는 먼저 'MFA 관리'로 들어간다.

[그림 5-3] IAM의 MFA 활성화를 위한 'MFA 관리' 선택

중간에 보안 자격 증명 관련 메시지가 나타나는데, 이는 AWS에 대한 별도 사용자를 만들지 않았기 때문에 나타나는 메시지이며, 사용자 생성과 관련해서는 아래에서 별도로 다룬다. 해당 문구

에 대해서는 'Continue to Security Credentials'를 선택하여 계속 진행한다.

[그림 5-4] IAM 사용자 계정 미생성에 따른 경고 문구

보안 자격 증명에서 'MFA 활성화'를 선택한다.

[그림 5-5] IAM 보안 자격 증명 방법 화면 – 'MFA 활성화'

MFA 디바이스는 가상 MFA 디바이스, U2F 보안 키, 다른 하드웨어 및 MFA 디바이스가 나온다. U2F 보안키나 다른 하드웨어 및 MFA 디바이스는 Yubico 및 Gemalto에서 제공하는 보안 키로, 제품에 따라 최소 $12.99, 최대 $40.00에 제공된다. 반면 가상 MFA 디바이스는 무료로 제공된다. Google Authenticator 앱을 다운받아서 사용할 수 있으며, 안드로이드 및 아이폰 모두 호환 가능하다.

[그림 5-6] MFA 디바이스 관리 화면

가상 MFA 디바이스를 선택하면 아래와 같이 QR코드 및 MFA 코드를 입력하는 부분이 나타난다. 이 부분은 Google Authenticator를 실행해야 하므로, 앱을 다운로드 받는다.

[그림 5-7] 가상 MFA디바이스 설정을 위한 QR코드 스캔 및 입력 화면

다운로드는 Google Play Store나 App Store에서 다운로드가 가능하다.

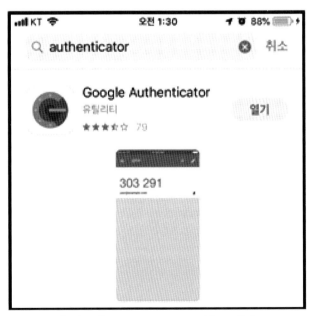

[그림 5-8] Google Authenticator 다운로드 화면

Authenticator를 실행하면 시작하기 화면이 나타나며, '바코드 스캔'을 선택한다.

[그림 5-9] Google Authenticator 초기 실행 화면

바코드 스캔을 선택하면 카메라로 찍는 화면이 나타나며, QR코드를 스캔한다. 스캔이 완료되면, Authenticator 앱에 6자리 숫자가 나타난다. OTP와 같은 개념으로 일정 시간이 지나면 숫자가 갱신되므로 연속된 MFA 코드를 입력한다.

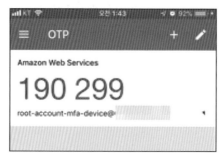

[그림 5-10] Google Authenticator - 6자리 MFA 코드 조회

모든 등록이 완료되면 아래와 같이 가상 MFA 할당이 완료된다.

[그림 5-11] 가상 MFA 디바이스 등록 완료 화면

MFA 할당이 완료되면 로그인을 할 때마다 아이디와 비밀번호 입력 후, MFA 코드를 입력해야
한다.

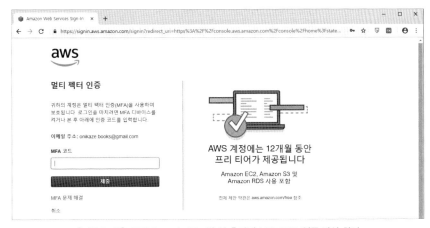

[그림 5-12] AWS Console 로그인 시 추가된 MFA 코드 인증 방식 화면

MFA 코드는 Authenticator 앱을 실행하면 바로 확인할 수 있으며, 해당 코드를 입력하면 로그인
이 완료된다.

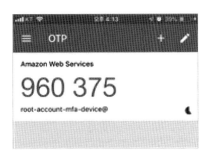

[그림 5-13] Google Authenticator를 사용한 MFA 코드 조회

로그인이 완료되면 메인 화면으로 진입할 수 있으며, AWS의 서비스를 기존과 동일하게 이용할 수 있다.

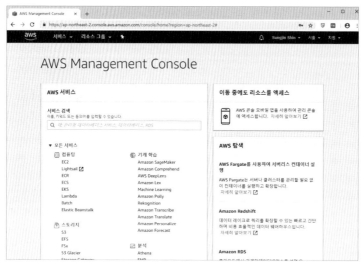

[그림 5-14] 정상 로그인 완료 후 메인 페이지 대시보드 화면

003. 개별 IAM 사용자 생성 및 비밀번호 정책

1. 개별 IAM 사용자 생성

AWS 계정 생성 후 IAM에서 별 다른 사용자 설정을 하지 않았으면, AWS 계정에 대한 루트(Root) 계정으로 모든 서비스를 이용할 수 있다. 물론 루트 계정 서비스는 개인 혼자서 프로그램 개발, 서버 관리 및 서비스 제공 등 모든 부분을 담당한다면 루트 계정만으로 모든 서비스를 엑세스 할 수 있다. 그러나 AWS 계정이 단일 사용자가 아니라 여러 사용자 또는 비즈니스에서 사용하는 계정일 경우에는 루트 계정으로 모든 서비스를 액세스하는 것은 보안상 문제가 생길 수 있다.

그러므로 AWS에서는 각 서비스에 대한 권한별로 IAM 사용자를 생성해서 필요한 권한만 부여하는 것을 권장하고 있으며, 이에 따른 사용자 생성 역시 필요하다.

개별 IAM 사용자 생성은 IAM 대시보드에서 '사용자 관리'를 눌러서 설정할 수 있다.

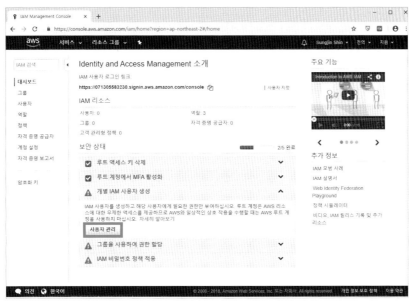

[그림 5-15] 개별 IAM 사용자 생성을 위한 '사용자 관리' 선택

처음에는 생성된 사용자가 없기 때문에 빈 화면이 나올 것이다. '사용자 추가'를 눌러서 사용자를 생성한다.

[그림 5-16] IAM의 사용자 추가 메인 화면

사용자 이름 및 액세스 유형 및 비밀번호, 재설정 필요 부분을 설정한다. 액세스 유형은 프로그래밍 개발 도구 상에 필요한 액세스 키를 부여받은 후 로그인하는 방식과 AWS Management Console 액세스 방식 두 가지가 있으며, 필요에 따라서 모두 설정할 수 있다.

비밀번호 재설정의 경우에는 사용자 생성 시 임의의 비밀번호를 만든 후 해당 사용자가 처음에 로그인 할 때 비밀번호를 직접 생성하도록 유도하는 방식이다.

[그림 5-17] IAM의 사용자 추가 – 세부 정보 설정 화면

다음은 권한 설정이다. 사용자 권한을 설정하기 위해서는 같은 유형의 사용자를 나타낼 수 있는 그룹을 생성하는 것을 AWS에서 권장하고 있다. 기존 생성된 그룹이 있을 경우에는 사용자 속성에 따라 그룹에 사용자를 추가하면 된다. 만약에 생성된 그룹이 없거나 새로운 그룹이 필요할 경우에는 '그룹 생성'을 통해서 그룹을 생성한다.

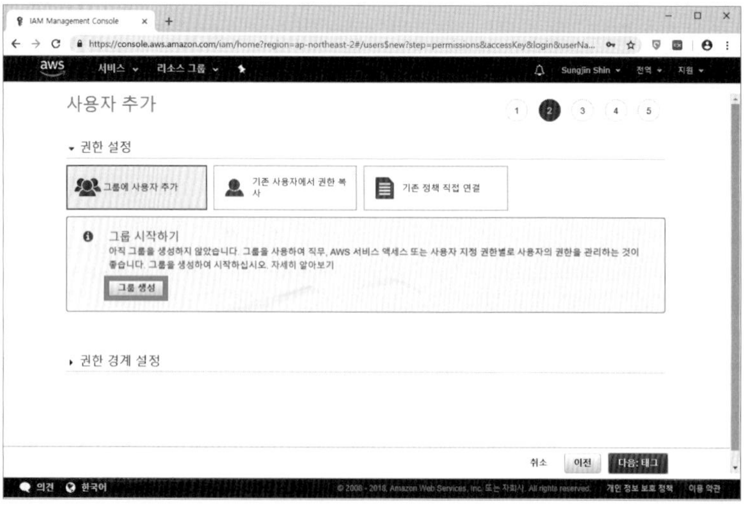

[그림 5-18] IAM의 사용자 추가 – 권한 설정

그룹 생성은 그룹 이름을 입력하고, 해당 그룹이 AWS에서 사용할 수 있는 권한을 나타낸다. 루트 계정과 동일하게 모든 서비스에 액세스 하기를 원한다면 'AdministratorAccess'를 선택하고, 서비스별 액세스가 필요할 경우에는 정책 이름 및 유형, 설명을 확인하여 그에 맞는 서비스를 선택한다. 지금 예제에서는 루트 계정과 동일한 관리자 계정 생성을 할 예정이므로 'AdminstratorAccess'를 선택 후 그룹을 생성한다.

[그림 5-19] IAM 그룹 생성 - 그룹별 정책 선택

그룹 생성이 완료되면 생성된 그룹이 목록에 나타나며, 해당 그룹 선택 후 다음 단계로 이동한다.

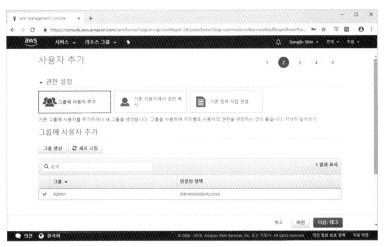

[그림 5-20] IAM 사용자 추가 - 신규 추가 그룹 선택

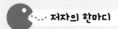

저자의 한마디

그룹에 사용자 추가 외 다른 기능

• 기존 사용자에서 권한 복사: 같은 권한을 가진 사용자를 생성할 때 사용되는 기능으로, 이미 여러 유형의 사용자가 존재하고 해당 사용자 중 한 명과 같은 권한을 부여하고자 할 때 사용되는 기능이다.
• 기존 정책 직접 연결: 그룹 생성 시 권한 생성하는 부분과 동일하게 서비스별로 설정된 정책에 대한 액세스 권한을 선택하는 부분이다. 그룹과는 별개로 AWS 내의 특정 권한을 부여하고자 할 때 선택한다.

태그는 선택 사항이며 사용자에 대한 추가 정보를 Key-Value 형태의 태그로 입력하고자 할 때 사용한다.

[그림 5-21] IAM 사용자 추가 - 태그 추가

모든 사항 입력이 완료되면 사용자 생성을 수행한다.

[그림 5-22] IAM 사용자 추가 - 입력 내용 검토 및 요약

사용자 추가가 완료되면 특정 사용자에 대한 정보가 요약된 형태로 나타난다. 해당 사용자는 루트 계정과는 별개의 계정 및 주소를 사용하여 로그인이 가능하다.

[그림 5-23] IAM 사용자 추가 완료

AWS Management Console 액세스 권한도 추가 부여하였으며, 해당 사용자는 사용자 추가에 나타난 주소를 사용하여 액세스가 가능하다. 로그인 시도는 [그림 5-23]에 나타난 'https://071305583230.signin.aws.amazon.com/console' 링크를 클릭하여 로그인을 시도한다. 해당 주소로 들어가면 기존과 동일한 로그인 화면이 나오지만, '계정' 부분이 새롭게 추가된 것을 확인할 수 있다. 이는 각 AWS 계정별 고유 계정 번호로, 고유 계정 번호 및 사용자 이름, 암호 입력이 모두 이루어져야 정상적으로 로그인할 수 있다.

[그림 5-24] IAM 사용자 추가에 따른 로그인 화면 - 계정별 고유번호 추가

사용자를 생성했을 때 '비밀번호 재설정 필요'를 체크했다면, 비밀번호 변경을 위한 화면이 추가로 나타난다. 루트 계정에서 사용자를 생성했을 때에는 사용자가 루트 계정 관리자가 지정한 비밀번호로 최초 액세스가 가능하다. 하지만 향후에는 해당 사용자가 직접 사용해야 할 계정이므로 사용자가 직접 비밀번호를 설정 후 관리하도록 한다.

[그림 5-25] IAM 사용자 첫 로그인 시 비밀번호 변경 화면

사용자 계정으로의 로그인이 완료되면 AWS Management Console 메인 화면이 나타나며, 부여된 권한별로 서비스를 이용할 수 있다.

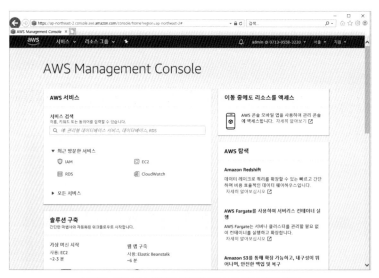

[그림 5-26] IAM 사용자 로그인 완료 후 메인 화면 이동

2. 그룹을 사용한 권한 할당

그룹은 개별 IAM 사용자 생성 시 사용자별로 같은 권한을 나타낼 수 있는 그룹을 뜻한다. IAM 사용자 생성 시 그룹 생성도 동시에 진행하였다면, 그룹을 사용한 권한 할당도 이미 이루어졌을 것이다. 반대로 별도의 그룹 생성을 하지 않았을 경우에도 직접 그룹을 생성할 수 있으므로 동일하게 그룹 관리가 가능하다.

[그림 5-27] IAM 대시보드의 그룹 권한 할당 체크 확인 화면

3. IAM 비밀번호 정책 적용

사용자별 비밀번호에 대한 정책을 나타내는 부분으로, IAM에서는 이에 대한 세부 항목별로 정책을 적용할 수 있다.

[그림 5-28] IAM 비밀번호 정책 화면

지금까지 IAM에서 제공하는 주요 서비스에 대해서 알아보았다. IAM을 사용하면 계정 관리를 더욱 체계적이고 안전하게 수행할 수 있으며, 계정에 대한 권한 및 액세스 방식을 설정하여 더욱 강화된 보안으로 서비스를 수행할 수 있다. 단일 사용자 계정이라도 기본적인 보안 정책 적용은 필요하지만, 다중 사용자 또는 기업체에서 사용할 계정이라면 사용자 및 그룹 권한 설정은 필수로 수행해야 하며 비밀번호 정책도 주기적으로 관리할 수 있어야 한다.

06 AWS 주요 서비스
CHAPTER

001. 스토리지 관리 서비스 - S3

1. 개요

S3(Simple Storage Service)는 AWS의 스토리지 관리를 위한 대표적인 서비스이다. AWS에서는 S3를 '어디서나 원하는 양의 데이터를 저장하고 검색할 수 있도록 구축된 객체 스토리지'로 정의하였으며, 내구성, 보안, 유연한 데이터 관리 등을 강력한 장점으로 꼽았다. S3를 이용하기 위해서는 서비스 목록의 스토리지에서 선택하거나, 서비스 검색을 S3로 입력하고 선택한다.

[그림 6-1] S3 선택 창

S3를 들어가면 하나의 버킷이 나온다. 버킷(Bucket)은 사전적 의미로는 양동이를 뜻하지만, '여러 가지 사물을 하나에 담는다'는 뜻으로도 많이 사용된다(예: 버킷 리스트). AWS에서의 S3는 이 의미를 차용하여 버킷을 단위로 하는, 수많은 리소스를 저장하는 공간으로도 볼 수 있다.

[그림 6-2] S3 버킷

버킷은 리전 단위로 존재하며, 반대로 하나의 리전에는 여러 버킷을 생성하고 관리할 수 있다. AWS의 주요 서비스 및 환경 설정을 하면 S3 버킷은 최소 1개 이상은 자동으로 생성되어 있다.

2. 버킷 생성

기존에 존재하는 버킷이 아닌 새로운 버킷을 생성하기 위해서는 '버킷 만들기'를 사용하여 생성할 수 있으며, 버킷 생성을 위한 첫 화면은 다음 [그림 6-3]과 같다.

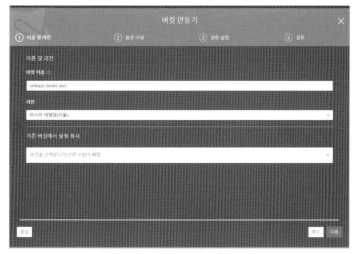

[그림 6-3] S3 버킷 만들기 - 이름 및 리전

첫 번째 화면은 이름 및 리전을 지정하는 부분이며, 이미 존재하는 버킷과 같은 설정으로 버킷을 복사할 수 있다. 특히 버킷 이름은 본인 계정뿐만 아니라 모든 AWS 동일 리전 내에서는 같은 이름을 사용하면 안 되므로, 가능하면 도메인 형태로 버킷을 생성하여 차별을 두는 것을 권장한다.

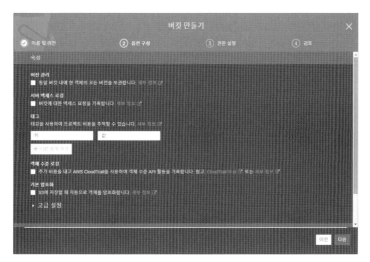

[그림 6-4] S3 버킷 만들기 - 버전 관리 및 옵션 설정

다음 부분은 버킷 옵션을 구성하는 부분이다. '버전 관리'를 통해서 객체에 대한 모든 버전을 자동 보관할 수도 있고, 버킷에 대한 액세스 요청을 기록할 수 있다. 그 외에도 태그, 로깅, 암호화 등도 설정할 수 있다.

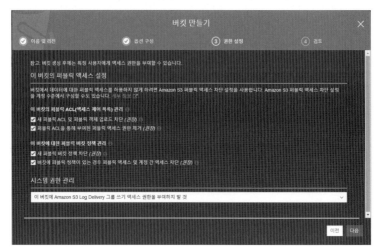

[그림 6-5] S3 버킷 만들기 - 권한 설정

세 번째는 버킷에 대한 권한 설정을 나타내는 부분이다. 버킷에는 모든 객체를 저장할 수 있다. 그렇기 때문에 일부 필요에 따라 보안이 요구되는 자료를 저장하고 관리하기 위해서는 버킷에 대한 액세스 설정도 확인 후 액세스 여부를 결정할 수 있어야 한다.

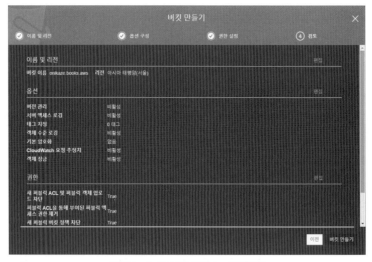

[그림 6-6] S3 버킷 만들기 - 최종 확인

마지막은 버킷 생성을 위한 정보를 확인하는 부분으로, 문제가 없으면 '버킷 만들기'를 눌러서 버킷 생성을 완료한다. 버킷이 생성되면 버킷 목록에 신규로 생성된 버킷이 나타난다.

[그림 6-7] S3 버킷 생성 후 확인 화면

3. 버킷 파일 업로드

선택된 버킷을 들어가면 다음과 같이 업로드를 권장하는 화면이 나타난다. 비록 버킷은 생성되었지만, 버킷 내에 아직 어떠한 객체도 없는 상태이므로 업로드를 진행하도록 한다.

[그림 6-8] S3 신규 생성 버킷 - 빈 화면 및 안내

객체 업로드는 일반 파일 업로드와 마찬가지로 파일을 선택하여 업로드를 진행할 수 있다. 하지만 일반 업로드와는 달리, 해당 파일에 대한 액세스 권한을 부여하고 보관 기관, 암호키 부여 등의 기능도 더불어 수행한다.

버킷 내 객체 업로드가 완료되면 일반 파일 탐색기와 유사한 유형으로 조회되며, 버킷 속성 변경 및 파일 이동, 삭제 등의 기능을 사용할 수 있다.

[그림 6-9] S3 버킷 내 파일 업로드 후 저장된 파일 조회

S3를 이용하면 단순히 파일 및 객체를 저장하는 기능뿐 아니라 각 객체에 대한 보안 및 액세스 설정, 로그 저장, 스냅샷 저장을 위한 기능도 지원한다.

이 장에서는 S3에 대한 개념 및 관리 방식에 대해서 간단히 다루었다. 하지만 Django 웹 애플리케이션을 구축하는 데 있어서 S3는 다양한 용도로 활용이 이루어진다. S3는 Elastic Beanstalk을 활용한 Django 웹 애플리케이션 배포 시 배포 파일을 관리는 용도로 사용되고, 게시판 구축에 사용되는 첨부 파일을 저장하는 용도로 사용된다. 배포 및 파일 저장 시 S3의 활용 방법에 대해서는 Chapter 22에서 다시 살펴본다.

002. 도메인 관리 서비스 - Route 53

1. 개요

Route 53은 클라우드 DNS 서비스로, 신규 도메인 등록이나 기존에 보유 중인 도메인과 AWS 자원 연결, 도메인에 대한 트래픽 및 모니터링을 수행하는 DNS 관련 종합 서비스를 뜻한다.

Route 53은 서비스 목록의 네트워킹 및 콘텐츠 전송에서 선택한다. 하지만 전체 서비스의 하단에 있기 때문에 서비스 목록에서 선택하는 것보다는 검색창에 Route 53을 입력하고 선택하는 것을 권장한다.

[그림 6-10] Route53 선택 창

Route 53은 크게 네 가지 기능이 있으며, 이는 다음과 같다.

- **DNS Management**: Route 53에 등록된 도메인 주소 관리
- **Traffic Management**: 라우팅에 대한 트래픽 시각도구 및 정책 관리
- **Availability Monitoring**: 가용성 및 상태 검사, 장애 조치 모니터링
- **Domain Registration**: 신규 도메인 등록 및 호스팅 서비스

여기에서 주로 사용되는 것은 DNS Management로, 이미 등록된 도메인을 어떠한 형태로 관리하고 있는지를 나타낸다.

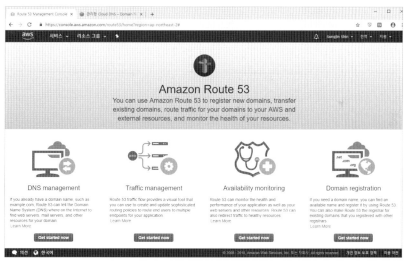

[그림 6-11] Route53 초기 화면

이 장에서는 현재 운영 중인 도메인에 대한 관리 부분을 다루며, 웹 애플리케이션 구축이 완료된 후 도메인을 등록하는 부분은 Chapter 22에서 다시 다루도록 한다.

2. 도메인 관리

도메인 관리는 호스팅 영역을 기준으로 관리되며, [그림 6-12]와 같이 나타낸다.

[그림 6-12] Route53 - 도메인 호스팅 영역 관리 화면

도메인 주소를 클릭하면, 호스팅 영역 내에서 해당 도메인에 대한 세부 구성 형태가 나타나 있다.

[그림 6-13] Route53 - 도메인 호스팅 영역 세부 구성 형태

여기에서 Type이란 도메인 유형을 나타낸 것으로, 처음에 호스팅 영역을 생성하면 기본적으로 NS(Name Server)와 SOA(Start Of Authority)가 자동으로 생성된다. NS는 호스팅 영역에 대한 신뢰할 수 있는 네임서버를 나타내며, SOA는 도메인에 대한 기본 식별 정보를 나타낸다.

또한 Type 'A'는 IPv4 형태의 AWS 자원에 대한 엔드포인트 주소를 직접 연결하는 항목으로, 위 사진에서는 세 가지 도메인을 각각의 주소로 연결되어 있다고 나타내고 있다.

Domain Registration을 통해서 도메인을 구매하였다면 모든 절차는 다 마친다. 하지만 외부 도메인을 AWS에 등록하는 경우에는 Route 53에 나타난 네임서버를 DNS 제공 업체의 네임서버로 등록하여야 한다. 만약 네임서버 등록이 되지 않을 경우에는 Route 53의 DNS 주소를 제대로 사용할 수 없으므로, 이 점을 주의하여 사용한다.

003. AWS 가상 네트워크 서비스 - VPC

1. 개요

VPC(Virtual Private Cloud)는 가상 네트워크를 제공하는 서비스이다. 사용자 계정별로 내부 네트워크 설정을 위한 IP 주소 할당, 서브넷 설정, 보안 설정 등의 기능을 수행하며, 외부 네트워크와의 연결을 위한 여러가지 관리 기능도 수행한다. VPC는 AWS 계정 생성 후 EC2 인스턴스 등의 서비스 자원을 생성하면 기본적으로 생성되며, AWS의 모든 서비스 자원은 사용자별로 VPC에 할당이 되어 서비스가 이루어진다.

VPC를 이용하기 위해서는 서비스 목록의 네트워킹 및 콘텐츠 전송에서 선택한다. 하지만 전체 서비스의 하단에 있기 때문에 서비스 목록에서 선택하는 것보다는 검색창에 VPC를 입력하고 선택하는 것을 권장한다.

[그림 6-14] VPC 선택 화면

2. VPC 주요 구성

VPC 초기화면을 들어가면 다음과 같이 VPC 서비스가 조회된다.

[그림 6-15] VPC 대시보드 화면

리전별 리소스와 같이 VPC를 직접 생성한 적은 없었지만, 이 책에서는 현재까지 EC2 인스턴스와 RDS 인스턴스를 생성하였다. AWS 서비스를 생성함으로써 VPC, 라우팅 테이블 등의 기본 네트워크 역시 1개 이상씩 생성된 것도 더불어 확인할 수 있다. 여기에서는 서브넷과 보안 그룹에 대한 부분만 추가적으로 확인한다.

서브넷은 다른 요소와는 다르게 2개로 나타난다. 이는 서울 리전(ap-northeast-2)의 가용 영역이 2개이기 때문에 서브넷 또한 두 개로 나타나는 것이다. 서브넷 부분의 세부 내용을 보면 다음과 같이 IP 영역대별로 서브넷도 구분되어 있음을 확인할 수 있다. 물론 이는 기본 설정이며, 사용자가 네트워크를 구성함에 따라 추가 서브넷을 생성하고 관리할 수 있다.

[그림 6-16] VPC 서브넷 화면

보안 그룹 역시 1개가 아닌 3개로 되어 있는 것도 확인할 수 있다. 하지만 보안 그룹은 EC2 인스턴스 RDS 인스턴스를 생성함에 따라서 각각의 보안 그룹이 생성되었고 VPC 생성 시 기본 보안 그룹도 보유하고 있으므로, 총 3개의 보안 그룹이 조회된다.

[그림 6-17] VPC 보안 그룹 화면

이들 보안 그룹은 각 인스턴스가 삭제되더라도 자동으로 같이 삭제되는 것은 아니며, 여러 인스턴스에 대해서 하나의 보안 그룹을 사용할 수도 있다. 그러므로 AWS의 인스턴스를 생성하고 관리할 때 보안 그룹을 어떻게 할당할 것인가에 대해서도 고려할 수 있어야 한다.

VPC는 네트워크를 전문적으로 수행하는 사람들을 위한 AWS의 서비스이다. 이 책에서는 VPC에 대한 서비스 종류 및 구성에 대해서만 간략하게 언급하며, 세부 설정이 필요할 경우에는 관련된 기술 문서를 참조하도록 한다.

## PART 02

Django 개발환경 구축

07 Python Programming

001. Python 설치 및 사용

1. Python 소개 및 설치

1) 개요

Python은 인터프리터 방식의 객체 지향을 사용하는 고급 프로그래밍 언어 중 하나로, 1991년에 개발되었는데도 불구하고 현재까지 가장 많이 사용되는 프로그래밍 언어 중 하나로 꼽히고 있다.

Python은 크게 Python 2.x 버전과 3.x 버전으로 구분된다. 2.x 버전은 2.7 버전을 가장 많이 사용하는 반면, Python 3은 3.4 버전부터 2018년 7월 출시한 3.7 버전까지 범용적으로 많이 사용되고 있다.

Python 2.x 버전은 2020년 기술 지원을 완전히 중단할 예정으로 알려져 있으며, 기존에 Python과 호환되는 패키지 및 애플리케이션도 Python 3 버전에서 현재는 모두 호환된다. 이 책에서는 Python 3.6을 사용하여 Django 웹 애플리케이션을 구축하며, 다른 Python 3.x에서도 호환되므로 웹 애플리케이션 개발 시 참고한다.

2) Python 3 설치

AWS EC2 인스턴스는 초기 생성 시 범용적으로 사용되는 버전으로 설치가 이루어지기 때문에, 초기에는 EC2 인스턴스 업데이트 및 업그레이드를 진행해야 한다. EC2 인스턴스 생성 초기에는 Python3가 설치되어 있지 않지만, 업데이트를 진행하면 Python3(이하 Python)가 생성된다. Ubuntu 패키지 관리자인 apt에 대한 업데이트 및 업그레이드를 먼저 진행한 후, 모두 완료되었으면 'python3' 명령어를 실행하여 정상적으로 동작하는지 확인한다.

```
$ sudo apt-get update
$ sudo apt-get upgrade
...
$ python3 --version
```

10. ec2-54-180-119-184.ap-north
ubuntu@ip-172-31-24-47:~$ python3 --version
Python 3.6.7
ubuntu@ip-172-31-24-47:~$

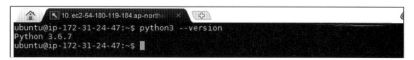

[그림 7-1] APT 업데이트 완료 후 Python3 버전 확인

Python 설치가 완료되었으면 Python이 올바르게 설치되었는지에 대한 확인을 위한 예제 프로그램을 만들어 본다. 예제 프로그램으로는 대표적으로 사용되는 'Hello World'를 출력하는 파일을 만들어 보며, 예제는 다음과 같다.

```
$ vi hello.py

# 파일 내용은 아래와 같이 작성한다.
print('hello world')

$ python3 hello.pyhello world
```

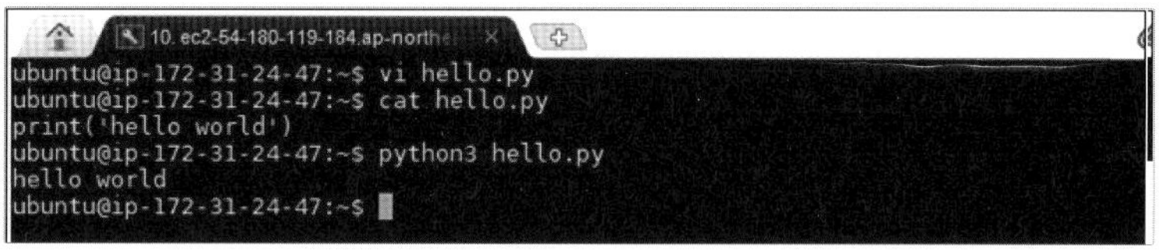
10. ec2-54-180-119-184.ap-north
ubuntu@ip-172-31-24-47:~$ vi hello.py
ubuntu@ip-172-31-24-47:~$ cat hello.py
print('hello world')
ubuntu@ip-172-31-24-47:~$ python3 hello.py
hello world
ubuntu@ip-172-31-24-47:~$

[그림 7-2] Python3 예제 프로그램 실행

위의 예제 결과와 같이 'Hello World'가 올바르게 출력됨을 확인할 수 있다.

Python은 Shell 기능을 제공하여 Python에서 제공하는 기능을 실행할 수 있다. 그래서 위의 예제와 같이 Python 파일 생성에 앞서서 필요한 테스트를 수행할 수 있다. Python Shell은 리눅스 운영체제에서는 'python3' 명령어를 수행함으로써 곧바로 실행되며, 윈도우즈 운영체제에서는 Anaconda를 설치하여 Python의 기능을 수행할 수 있다. 이 책에서는 AWS EC2 인스턴스의 운영체제를 Ubuntu Linux로 사용하므로, Anaconda 설치 및 사용 등의 과정은 생략한다.

```
$ python3
>>> print('hello world')
hello world
>>>
```

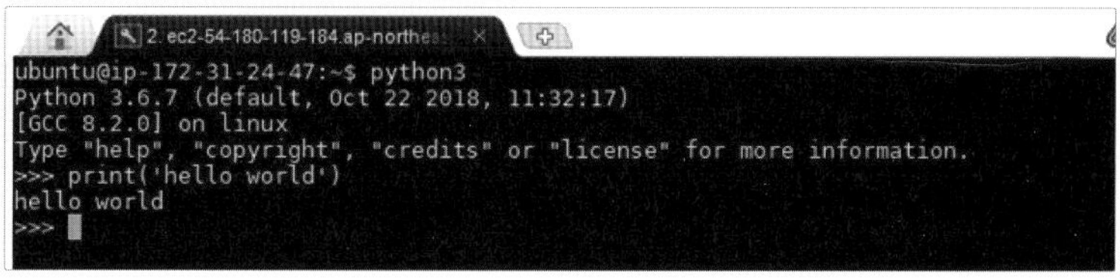
2. ec2-54-180-119-184.ap-northe
ubuntu@ip-172-31-24-47:~$ python3
Python 3.6.7 (default, Oct 22 2018, 11:32:17)
[GCC 8.2.0] on linux
Type "help", "copyright", "credits" or "license" for more information.
>>> print('hello world')
hello world
>>>

[그림 7-3] Python3 Shell에서의 예제 코드 실행

2. Python 패키지 관리 - pip

pip는 Python Package Index(PyPI)에서 제공하는 Python 패키지 설치 관리자 프로그램이다. Django 프레임워크도 PyPI에서 제공되는 패키지 중 하나이며, 시스템 추가 기능 구현을 위해서는 반드시 pip도 설치되어 있어야 한다.

Python3용 pip 설치를 확인하기 위해서는 pip3 명령어를 통해서 확인 할 수 있다. pip3는 apt 업데이트를 진행해도 설치되어 있지 않으므로, Ubuntu 패키지 관리자인 apt 명령어를 사용하여 pip 다운로드를 진행한다.

```
$ pip3 —version
```

[그림 7-4] pip 설치여후 확인

pip3 설치가 완료된 후 다시 버전을 확인하면 [그림 7-5]와 같이 Python 3.6용 pip가 설치된 것을 확인할 수 있다.

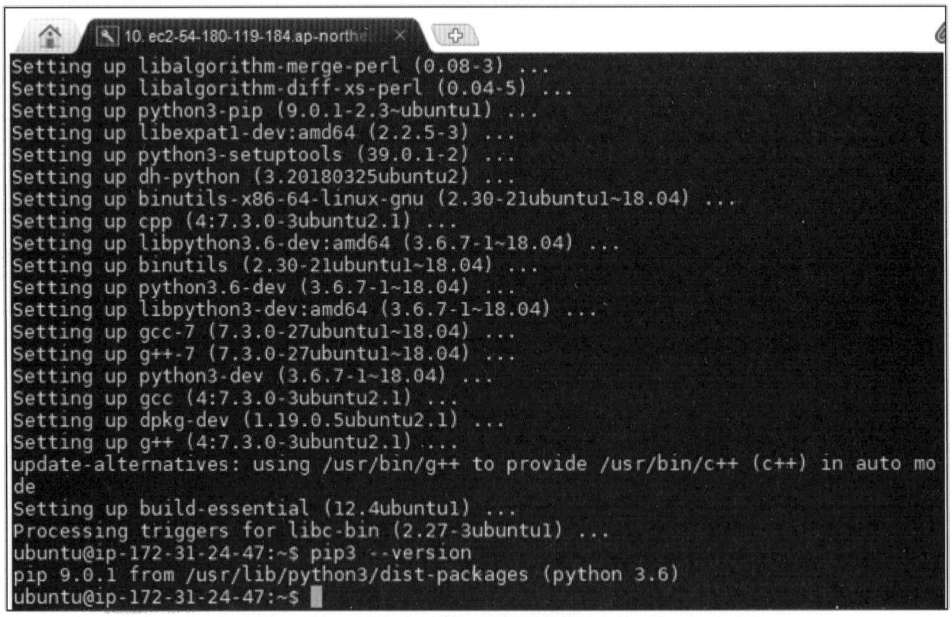

[그림 7-5] pip3 설치 진행결과

3. Django에서의 Python 사용

이 책은 Python 기반의 Django 웹 애플리케이션을 구현하는 것을 주제로 하고 있으므로, Python 언어에 대한 전반적인 사항을 다루기보다는 Django에서 사용되는 Python 언어의 사용 방법을 중심으로 다룬다.

Django에서 사용되는 주요 Python 파일은 다음과 같으며, Chapter 11에서 각 파일에 대해서 자세히 다룬다.

- **models.py**: 모델 클래스 정의
- **views.py**: 웹페이지 구성을 특정 기능 정의
- **urls.py**: URL 지정
- **settings.py**: Django 환경 설정

여기에서 models.py, urls.py, settings.py 파일은 Django 웹 애플리케이션 구현을 위한 설정 및 요소를 정의하는 용도로 사용되며, views.py 파일은 클래스 또는 함수를 단위로 하여 웹페이지 주요 기능을 정의한다.

002. 기초 문법

Python 프로그래밍은 앞서 작성한 예제 프로그램과 같이 확장자가 .py인 파일을 생성하여 화면에 출력하는 방법이 있고, Python Shell을 실행하여 직접 프로그램을 개발하는 방법도 있다. Shell을 사용할 경우에는 실시간으로 디버깅이 이루어지므로 올바르게 코드를 작성하였는지 여부를 확인할 수 있다. 반면에 코드가 너무 길거나 하나의 독립된 파일로 관리해야 할 때에는 .py 파일을 생성하여 관리하는 것을 권장한다.

이 책에서는 Python 프로그래밍 예제를 Python Shell에서 진행하며, Python 언어의 전반적 기능보다는 Django에서 사용할 수 있는 문법 중심으로 제시한다.

1. 기본 문법

1) 패키지 및 모듈 선언

Python에서는 수많은 패키지(Package) 및 모듈(Module)을 제공하고 있으며, Django에서도 기본으로 제공하는 패키지가 존재한다. 특정 함수 및 클래스는 패키지나 모듈을 선언해야 사용할 수 있으므로, Python 파일의 최상단에 어떤 패키지 및 모듈을 사용할 것인지를 기입해야 한다.

모듈 사용은 'import [모듈명]'의 형태로 선언한다.

```
>>> import math
>>> math.ceil(10.3)
11
>>>
```

math는 Python에서 기본 제공하는 모듈로, ceil 함수를 사용하기 위해서는 math 모듈 사용을 위와 같이 선언해야만 사용할 수 있다.

모듈 내 특정 클래스, 함수, 변수 등을 사용하기 위해서는 'from [모듈명] import [클래스명]' 등의 형태로 사용되며, 이때는 클래스명 앞에 모듈명 을 붙이지 않아도 사용할 수 있다.

```
>>> from math import ceil
>>> ceil(10.3)
11
>>>
```

Django에서는 Python 언어 기반의 패키지를 포함하고 있으며, 또한 사용자가 정의한 다른 Python 파일의 클래스 및 모듈을 사용할 수 있다. 패키지 사용은 모듈과 동일한 방법으로 사용하며, 다음 예제와 같다.

```
>>> from django.shortcuts import render, redirect
>>> from boardapp.models import *
```

django.shortcuts 패키지는 Django에서 제공하는 패키지 중 하나로, 그 중에서 render, redirect 클래스를 사용할 때 선언한다. boardapp.models 패키지는 Django에서 생성한 boardapp 앱의 models.py 파일을 사용할 때 선언되며, 여기서 '*'은 boardapp.models에서 선언된 모든 구성요소를 사용할 때 쓰인다.

2) 블록

블록이란 Python에서 수행하는 여러 명령어를 하나의 구역으로 설정하는 단위를 뜻한다. 블록 설정을 프로그래밍 언어 별로 다르게 정의되어 있다. 일반적으로는 중괄호({})를 묶어서 하나의 블록을 형성하는 형태로 되어 있지만, Python에서는 중괄호를 사용하지 않고, 콜론(:)과 탭(Tab) 문자를 통해서 블록을 구분한다.

다음 예제는 Java로 구현된 코드와 Python으로 구현된 코드를 비교하는 문장을 나타낸다.

Java 코드 예제

```java
public class HelloWorld {
  public static void main(String args[]) {
    System.out.println("Hello World");
  }
}
```

Python 코드 예제

```python
>>> def HelloWorld():
...    print("Hello World")
```

위 예제를 살펴보면, Java는 중괄호로 묶어서 블록을 표현하지만 Python은 콜론과 탭 문자를 사용하여 블록을 표현하도록 되어 있다. Java 코드에서도 탭 문자를 사용하였지만 프로그램을 실행할 때에는 탭 문자를 사용하지 않아도 정상적으로 코드가 수행된다. 반면에 Python에서는 탭 문자를 사용하지 않으면 해당 코드가 블록에 속해있지 않는 것으로 간주하게 되므로 주의해야 한다.

Python 조건문 예제에서는 블록을 더욱 자세히 나타낸다.

Python 조건문 코드 예제

```python
>>> if a > 0:
...    print("양수")
... else:
...    print("0 또는 음수")
...
0 또는 음수
>>>
```

예제에서는 if-else 조건문을 사용하여 블록이 어떻게 형성되어 있는지를 확인할 수 있다. 먼저 첫 번째 print 문은 if 조건을 만족할 경우에 해당되는 블록의 내용을 표현하며, 두 번째 print 문은 else 에 해당되는 블록의 내용이다.

그리고 Python에서는 문장을 끝내는 세미콜론(;) 또는 콤마(,) 등의 기호도 사용하지 않으므로 이에 유의한다.

3) 주석

주석이란 코드에 대한 설명 등을 나타내는 것으로, 실제 코드 수행에 영향을 미치지 않는다. 주석을 나타내는 방법은 여러 가지가 있지만, 이 책에서는 가장 일반적으로 사용하는 방법인 샵

(#) 기호에 대해서 설명한다. 샵 기호 주석은 한 줄을 주석 처리할 때 사용되며, 샵 기호 이후에 들어가는 내용은 모두 주석으로 나타난다. 아래 예제처럼 '#출력하는 부분입니다'라는 구문이 주석을 나타낸 것이다.

```
>>> print("Hello World") #출력하는 부분입니다
Hello World
>>>
```

4) 화면 출력(print)

화면 출력은 print문을 사용하며, Python 3부터는 괄호를 붙여야만 올바른 결과를 확인할 수 있다.

```
>>> print "hello world"
SyntaxError: Missing parentheses in call to 'print'. Did you mean print("hello world")?
>>> print("hello world")
hello world
>>>
```

Python Shell에서는 print문을 사용하지 않아도 변수나 상수 등의 값을 입력하면 해당 값에 대한 결과를 바로 출력한다. 하지만 Python 파일을 사용하여 프로그램을 개발할 때에는 입력된 결과를 직접 출력하지는 않으므로 이에 유의한다.

Python 기본 문법은 위에 언급된 부분을 바탕으로 구현되며, 세부 문법에 대해서는 아래에 이어서 다룬다.

2. 변수(Variable) 및 기본 자료형

1) 변수의 기본 사용

변수는 특정 값을 저장하고, 저장된 값을 사용하기 위한 개체로, 일반적으로 영문자로 시작하고 숫자와 혼합해서 사용할 수 있다.

```
>>> a=10
>>> b="test"
>>> print(a)
10
>>> print(b)
test
```

```
>>>
```

C언어, Java 등의 프로그래밍 언어에서는 변수를 사용할 때 변수의 유형을 지정해서 사용해야 하지만, Python에서는 별도의 변수 선언 없이도 입력되는 값의 유형에 따라서 자동으로 변수 유형이 결정된다. 또한 값을 변경할 때에도 자유롭게 변경할 수 있다.

```
>>> a=10
>>> a="test"
>>> print(a)
test
>>>
```

하지만 한 번 선언된 변수는 값을 변경하기 전까지는 지정된 값의 유형으로 사용되므로, 비교 또는 연산을 할 경우에는 이에 유의한다.

```
>>> a="1"
>>> b=a+1
Traceback (most recent call last):
  File "<stdin>", line 1, in <module>
TypeError: must be str, not int
>>>
```

2) 기본 자료형과 유형 변환

변수는 일반적으로 정수형(int), 실수형(float), 문자열(str), 불리언 형(boolean, true/false) 등을 사용하며, 하나 이상의 값이 들어가는 리스트(List), 튜플(Tuple), 딕셔너리(Dictionary) 형의 복합 자료형 변수도 사용할 수 있다. 기본 자료형과 복합 자료형이라는 명칭이 정해져 있는 것은 아니지만, 자료형 유형을 구분하기 위해서 이 책에서는 위와 같이 사용하므로 참고하도록 한다.

Python에서는 변수 값을 변경하지 않은 상태로 유형 변환(Type Casting)을 할 수 있으며, 유형 변경은 아래 예제와 같이 int(), float(), str() 등을 사용하여 간단하게 사용할 수 있다.

```
>>> a=10.5
>>> b=10
>>> int(a)
10
>>> float(b)
10.0
>>> str(a)
```

```
10.5
>>>
```

str(a)를 사용했을 때 결과는 a의 값과 차이가 없는 것으로 나타나지만, 문자형으로 유형 변환이 이루어진 것으로 실제 자료를 처리할 때에는 다른 방법으로 사용할 수 있다.

3. 복합 자료형

복합 자료형은 리스트(List), 튜플(Tuple), 딕셔너리(Dictionary)가 있으며, 이들 변수는 단일 값이 아닌 하나 이상의 여러 개의 값을 입력할 때 사용된다.

1) 리스트(List)

① 리스트 사용

리스트는 일반적인 프로그래밍에서의 배열과 유사하다. 하지만 배열은 구성 요소의 자료형이 모두 동일한 반면, 리스트는 구성 요소의 자료형이 동일하지 않아도 문제가 없다는 차이점이 있다.

리스트는 대괄호([])를 사용하여 표현되며, 쉼표(,)를 사용하여 리스트의 요소를 구분할 수 있다. 그리고 리스트에 대한 인덱싱은 0부터 시작하여 원하는 요소의 값을 가져올 수 있다. 다음 예제는 리스트를 사용한 예제이다.

```
>>> a=[1, 'test', 2, 3.5]
>>> a[0]
1
>>> a[1]
test
>>> a[3]
3.5
>>>
```

위 예제에서는 변수 a의 값에 1, 'test', 2, 3.5를 입력하였으며, 입력된 값은 정수형, 실수형, 문자열이 모두 포함되어 있다. 그리고 a[0]과 같이 리스트의 인덱스 번호를 넣을 경우에는 리스트 내에 지정된 인덱스에 해당되는 값을 출력할 수 있다.

② 리스트 변경, 추가, 삭제

리스트의 값을 변경할 때에는 해당 인덱스에 값을 대입하여 간단히 변경할 수 있으며, 다음과 같이 사용한다.

```
>>> a[0]=2
```

```
>>> print(a)
[2, 'test', 2, 3.5]
>>> a[4]=3
Traceback (most recent call last):
  File "<stdin>", line 1, in <module>
IndexError: list assignment index out of range
>>>
```

리스트를 추가할 때에는 append와 insert를 사용한다. append는 요소의 마지막에 추가를 할 때
사용하고, insert는 요소의 특정 위치에 삽입할 때 사용한다.

```
>>> a=[1,2,3,4,5]
>>> a.append(6)
>>> print(a)
[1, 2, 3, 4, 5, 6]
>>> a.insert(2,7)
>>> print(a)
[1, 2, 7, 3, 4, 5, 6]
>>>
```

리스트를 삭제할 때는 pop과 remove를 사용한다. pop은 요소의 마지막에 있는 값을 삭제할 때
사용하고, remove는 요소의 특정 값을 찾아서 삭제한다. 만약 특정 값이 여러 번 나올 경우에는
처음 위치에 있는 요소를 삭제한다.

```
>>> print(a)
[1, 2, 7, 3, 4, 5, 6]
>>> a.remove(3)
>>> print(a)
[1, 2, 7, 4, 5, 6]
>>> a.pop()
6
>>> print(a)
[1, 2, 7, 4, 5]
>>>
```

③ 리스트 정보 확인

리스트의 특정 값을 사용할 때에는 '변수명[인덱스]'의 형태로 사용하지만, 반대로 리스트의 특
정 값을 안 상태에서 해당 값이 어느 인덱스에 위치해 있는지를 알고자 할 때에는 index를 사용
하며, 다음 예제와 같다.

```
>>> print(a)
[1, 2, 7, 4, 5]
>>> a.index(4)
3
>>>
```

현재 리스트의 요소가 몇 개가 있는 지를 확인하기 위해서는 len을 사용하며, 앞에서 사용했던 함수와는 달리 len() 함수의 파라미터로 리스트 변수 또는 자료를 대입한다.

```
>>> a=[1,2,3,4,5]
>>> print(a)
[1, 2, 3, 4, 5]
>>> len([1,2,3])
3
>>>
```

리스트, 튜플은 전체 요소 중 부분 요소를 확인하거나 다른 변수에 입력할 수 있으며, 인덱스를 활용하여 나타낼 수 있다. 다음 예제는 부분 요소를 확인 및 입력하는 방법을 나타낸다.

```
>>> a=[10,20,30,40,50]
>>> b=a[:2]
>>> c=a[2:]
>>> d=a[1:3]
>>> print(b)
[10, 20]
>>> print(c)
[30, 40, 50]
>>> print(d)
[20, 30]
>>>
```

먼저 [:2]는 처음 요소부터 2번 인덱스 이전까지의 값을 나타내는 것이며, 반대로 [2:]는 2번 인덱스부터 마지막 요소를 나타낸다. [1:3]은 1번 인덱스부터 3번 인덱스 전까지의 요소를 나타내는 것으로, 이러한 세 가지 방법을 사용하여 리스트를 표현할 수 있다.

2) 튜플(Tuple)

① 튜플 사용

튜플은 읽기 전용 데이터를 처리할 때 사용되며, 리스트와 유사하게 여러 개의 값을 하나의 변수 형태로 사용할 수 있다. 그러나 리스트는 요소의 값 변경이 자유로운 반면, 튜플은 한번 선언된 값을 변경할 수 없다. 튜플은 리스트와는 다르게 소괄호(())를 사용하여 표현되지만, 요소 구분 및 인덱싱 형태는 리스트와 동일하다. 다음 예제는 튜플을 사용한 예제이며, 튜플의 값을 변경했을 때 나타나는 메시지도 같이 나타낸다.

```
>>> a=(1,2.3,"4")
>>> a[0]=0
Traceback (most recent call last):
  File "<stdin>", line 1, in <module>
TypeError: 'tuple' object does not support item assignment
```

② 튜플 정보 확인

튜플 인덱스 및 요소 개수를 확인하는 방법은 리스트와 동일하며, 다음 예제와 같다.

```
>>> a=(1,2.3,"4")
>>> a.index(2.3)
1
>>> len(a)
3
>>> a[:2]
(1, 2.3)
>>>
```

3) 딕셔너리(Dictionary)

① 딕셔너리 사용

딕셔너리는 리스트, 튜플에서 확장된 변수형으로 key-value의 형태를 가진다. 딕셔너리에서는 각 요소에 대한 이름(key)과 값(value)을 기반으로 하여 자료를 저장한다. 딕셔너리는 중괄호({})를 사용하여 요소를 지정하며, {key:value} 형태로 요소의 값을 나타낸다. 다음 예제는 딕셔너리를 사용한 예제이다.

```
>>> a={"title":"타이틀", "page":1}
>>> print(a)
{'title': '타이틀', 'page': 1}
>>> a["title"]
타이틀
```

딕셔너리의 요소 값(Value)을 나타낼 때 리스트, 튜플과는 달리 인덱스 대신 Key 값을 사용하여 요소의 값을 표현한다.

② 딕셔너리 변경, 추가, 삭제

딕셔너리도 리스트와 같이 변경, 추가, 삭제가 가능하며, 리스트에서 사용된 함수 대신 다른 함수를 사용하여 이를 처리한다.

다음은 딕셔너리의 요소를 변경하는 예제로, 변경 방법은 리스트 변경과 동일하게 요소 값을 직접 대입하여 변경한다.

```
>>> print(a)
{'title': '타이틀', 'page': 1}
>>> a["title"]="변경된 타이틀"
>>> print(a)
{'title': '변경된 타이틀', 'page': 1}
>>>
```

딕셔너리 요소 추가는 여러 가지 방법이 있으며, 이 책에서는 그 중에서 두 가지 방법을 제시한다. 첫 번째는 일반적인 key-value를 대입하는 방법으로, 다음 예제와 같이 딕셔너리 요소 값을 변경하는 것과 같이 추가할 수 있다.

```
>>> print(a)
{'title': '타이틀', 'page': 1}
>>> a['name']='Tom'
>>> print(a)
{'title': '타이틀', 'page': 1, 'name': 'Tom'}
>>>
```

리스트에서는 인덱스 범위를 벗어난 요소를 추가할 때 에러가 발생했지만, 딕셔너리는 key-value 형태로 이루어진 자료형이므로 인덱스 범위가 존재하지 않는다. 그래서 신규 key와 value를 입력하면 딕셔너리에도 해당 값을 그대로 추가할 수 있다.

두 번째는 update를 사용한 방법으로, 다른 딕셔너리 변수 값을 추가할 때 사용한다.

```
>>> a={'title':'타이틀'}
>>> b={'name':'Tom'}
>>> a.update({'page':1})
>>> print(a)
{'title': '타이틀', 'page': 1}
>>> a.update(b)
>>> print(a)
{'title': '타이틀', 'page': 1, 'name': 'Tom'}
>>>
```

update는 딕셔너리 자료를 직접 입력해서 추가할 수도 있으며, 다른 딕셔너리 변수를 입력하여 추가할 수 있다.

딕셔너리 삭제는 요소 삭제와 모든 값을 삭제하는 방법이 있으며, del과 clear를 사용한다. del은 함수가 아닌 단일 명령어로, 'del 변수명[키]'의 형태로 사용하여 딕셔너리 내 선택 요소를 삭제할 수 있고, clear는 모든 값을 지울 때 사용한다. 다음은 딕셔너리 및 요소를 삭제하는 예제를 나타낸다.

```
>>> print(a)
{'title': '타이틀', 'page': 1, 'name': 'Tom'}
>>> del a['page']
>>> print(a)
{'title': '타이틀', 'name': 'Tom'}
>>> a.clear()
>>> print(a)
{}
>>>
```

③ 딕셔너리 요소 개수 및 키(Key) 추출

딕셔너리 요소 개수를 나타내는 방법은 리스트, 튜플과 동일하게 len() 함수를 사용하여 나타낼 수 있고, 키(Key) 추출은 keys() 함수를 사용해 별도로 추출할 수 있다. 다음 예제는 딕셔너리 개수 및 key를 추출하는 방법을 나타낸다.

```
>>> a={'title': '타이틀', 'page': 1, 'name': 'Tom'}
>>> len(a)
3
>>> a.keys()
dict_keys(['title', 'page', 'name'])
>>> b=list(a.keys())
>>> print(b)
['title', 'page', 'name']
>>> c=tuple(a.keys())
>>> print(c)
('title', 'page', 'name')
>>>
```

예제에서는 keys()를 사용하여 딕셔너리 변수 a 요소의 key를 따로 확인할 수 있다. 위 예제에서는 dict_keys 객체 형태로 key를 나타냈지만, 해당 값을 자료형 형태로 사용하기 위해서는 list() 함수 또는 tuple() 함수를 사용하여 표현해야 한다.

4) 자료형의 혼합 사용

리스트, 튜플, 딕셔너리는 앞서 살펴본 것처럼 문자열, 숫자 등 유형에 상관없이 하나 이상의 값을 구성할 수 있으며, 기본 자료형 뿐만 아니라 서로 다른 리스트, 튜플, 딕셔너리도 구성할 수 있다. 다음은 리스트, 튜플, 딕셔너리를 혼합으로 사용한 예제이다.

```
>>> a=[1,2,(3,4)]
>>> b=(1,2,[3,4])
>>> print(a)
[1, 2, (3, 4)]
>>> a[2]
(3, 4)
>>> b[2]
[3, 4]
>>> a[2][0]
3
>>> c=(1,2,{"key":3})
>>> c[2]
{'key': 3}
>>> c[2]["key"]
3
```

이와 같이 리스트 내에 튜플이 들어가거나, 튜플 내에 리스트가 들어가거나, 리스트 내에 딕셔너리가 들어가는 등의 여러 형태로 혼합해서 사용이 가능하다. 복잡한 데이터를 하나의 변수에 입력할 때에도 위와 같이 자료형 형태의 요소를 조합해서 사용할 수 있다.

4. Python 자료 처리

Python 자료 처리는 일반적으로 연산자 및 반복문, 조건문을 사용하여 처리하는 형태로 이루어진다.

1) 반복문(for, while)

반복문은 대표적으로 for문과 while문이 있다. for문은 자료형 데이터 요소를 반복하여 사용하거나 특정 회수만큼 반복할 때 사용하며, while은 특정 조건을 만족하는 경우에만 반복할 때 사용한다.

for문은 자료형 데이터를 대상으로 각 요소를 반복적으로 처리할 때 사용하며, 다음 예제와 같이 나타낸다.

```
>>> a = ['title', 'page', 'name']
>>> for i in a:
...     print(i)
...
title
page
name
>>>
```

while문은 특정 조건을 만족할 경우에만 반복할 때 사용한다.

```
>>> a=[1,2,3,4,5]
>>> i=0
>>> while i < 5:
...     print(a[i])
...     i = i+1
...
1
2
3
4
5
>>>
```

2) 조건문(if)

① 조건문 사용

조건문은 특정 조건을 만족하거나 그렇지 않을 경우의 명령을 수행하는 것으로, if-elif-else로 구분한다. 다음 예제는 if-elif-else를 사용한 예제이다.

```
>>> a=10
>>> if a > 10:
...     print("Over 10")
... elif a > 5:
...     print("Between 5 and 10")
... elif a > 3:
...     print("Between 3 and 5")
... else:
...     print("Under 3")
...
```

```
Between 5 and 10
>>>
```

위 예제에서는 각 조건에 따라 조건 별 블록의 내용을 수행하였으며, elif 구문은 2회가 사용되었다. 예제에서는 a의 값이 10이므로, 첫 번째 elif의 블록을 수행한 것을 확인할 수 있다.

② 조건문 연산자

조건문은 주로 두 개 이상의 값을 비교하기 위한 비교 연산자가 사용되고, 다수의 조건 설정을 위한 and, or 등 논리 연산자도 사용된다. 그리고 Boolean 형 결과값을 비교하기 위해서 True/False를 사용하기도 한다.

다음 예제는 조건문에 사용되는 일반적인 연산자를 나타낸다.

```
if a > b:           # a가 b보다 클 경우
if a == b:          # a와 b가 같을 경우
if a != b:          # a와 b가 다를 경우
if a is False:      # a의 값이 False일 경우
if a:               # a 변수의 값이 빈 값이 아닐 경우
if a is None:       # a 변수의 값이 존재하지 않는 경우
```

예제에서는 None을 사용하였으며, None은 아무것도 없는 값을 뜻하며 다른 프로그래밍 언어에서는 Null로도 사용된다. 예제의 제일 아래 두 줄은 뜻이 전혀 다른데, 이에 대한 차이는 다음과 같이 구분할 수 있다.

```
>>> a=""
>>> if a:
...     print("Not Blank")
... else:
...     print("Blank")
...
Blank

>>> a=None
>>> if a:
...     print("Not Blank")
... else:
...     print("Blank")
...
Blank
>>>
```

```
>>> a=""
>>> if a is None:
...     print("None")
... else:
...     print("Not None")
...
Not None

>>> a=None
>>> if a is None:
...     print("None")
... else:
...     print("Not None")
...
None
```

a의 값이 빈 값일 경우에는 "if a:"를 만족시키지 못하지만, 빈 값으로 존재하므로 "if a is None:"에도 역시 해당되지 않는다. 반대로 a의 값이 None일 경우에는 "if a:"도 만족시키지 못하고 "if a is None:"도 만족시키므로 모두 없는 값으로 처리된다.

조건문은 유사한 조건의 형태로 사용할 수 있지만, 예상되는 값의 형태에 따라서 조건문 역시 그에 맞게 사용할 수 있어야 한다.

3) 예외 처리(try-except)

예외 처리는 특정 상황에서 에러가 발생했을 때 이를 처리하기 위한 용도로 사용된다. 예외 처리 블록은 일반적으로 try-except 블록으로 이루어지며, 필요시에는 예외 발생 여부와 상관없이 항상 실행하는 finally 블록도 동시에 구성해서 사용한다.

다음 예제는 try-except를 사용한 예제이다.

```
>>> a = [1,2,3,4]
>>> try:
...     print(a[2])
...     print(a[4])
... except:
...     print(0)
...
3
0
```

try 블록은 코드 수행 시 일반적으로 수행하는 블록을 뜻한다. try 블록에서 오류가 발생할 경우, except 블록으로 이동하여 명령을 수행한다. 예제에서는 a[2]의 값인 3을 먼저 출력한 후 a[4]의 값을 출력하도록 되어 있으나, 리스트 a에서는 a[4]가 존재하지 않는 인덱스이므로 오류가 발생한다. 이에 따라 except 블록으로 이동하여 0을 출력하는 것을 확인할 수 있다.

Python에서는 다수의 오류 유형이 존재하며, 오류 유형에 따라서 except를 여러 번 사용할 수 있다.

```
... except IndexError:
...     print("인덱스에러")
... except FileNotFoundError:
...     print("미존재 파일 에러")
```

여기에서의 오류 유형은 사전에 정의된 명칭으로, 예상 가능한 오류를 사전에 파악하여 예외 처리를 수행하면 프로그램을 수행할 때 유연하게 처리할 수 있다.

003. 함수와 클래스

1. 함수(def)

1) 정의

함수는 하나 이상의 복합적인 기능을 한 번에 수행하기 위한 기본 구성단위로, 프로그램에서 호출을 할 경우에만 사용된다. 함수는 특정 값을 반환받기 위하여 사용되는 경우도 있으며, 특정 값을 반환받지 않더라도 특정 기능을 수행하기 위하여 사용되기도 한다.

함수는 'def' 명령을 사용하여 함수를 선언하며, 함수의 내용은 함수 선언부 내 블록에서 정의된다. 함수를 선언할 때에는 'def [함수명]([파라미터]):' 형태로, 명은 함수의 이름을 나타내며, 파라미터는 함수에서 사용할 변수를 나타낸다. 파라미터는 여러 개를 사용할 수도 있으며, 사용하지 않는 경우도 있다.

함수 내에서 반환값이 있을 경우에는 'return [반환값]'의 문장을 사용하여 정의할 수 있으며, 반환값이 없을 경우에는 'return' 명령어를 사용하지 않는다. 함수 사용 예제는 바로 아래에 이어서 살펴본다.

2) 함수 사용 예제

다음은 반환값과 파라미터가 없는 간단한 함수 예제를 나타낸다.

```
>>> def helloWorld():
...     print("Hello World!")
...     print("Welcome to Python")
...
>>> helloWorld()
Hello World!
Welcome to Python
>>> helloWorld()
Hello World!
Welcome to Python
>>>
```

예제에서는 helloWorld() 라는 함수를 정의한 후, helloWorld() 함수를 두 번 호출한다. 여기에서는 특정 값을 반환받거나 함수 사용을 위한 파라미터를 정의하지도 않았지만, 함수 내의 내용을 실행하기 위한 용도로 사용됨을 알 수 있다.

다음은 반환값은 없지만, 파라미터가 있는 간단한 함수 예제를 나타낸다.

```
>>> a="Apple"
>>> b="Orange"
>>>
>>> def printFruit(fruit):
...     print(fruit)
...
>>>
>>> printFruit(a)
Apple
>>> printFruit(b)
Orange
>>> printFruit("Banana")
Banana
```

함수의 파라미터는 함수를 호출할 때 입력되는 값을 나타내는 변수를 뜻하며, 파라미터를 사용하여 함수 내의 특정 기능을 수행할 수 있다.

다음은 반환값이 있는 함수 예제를 나타낸다.

```
>>> def exp(number):
...     return number*number
...
>>> a = exp(5)
>>> b = exp(100)
>>> print(a)
25
>>> print(b)
10000
>>>
```

예제와 같이 a 변수는 exp() 함수의 5를 파라미터로 하였고, b 변수는 exp() 함수의 100을 파라미터로 하였다. 이 때 각 변수의 값은 함수에서 반환되는 값으로 대입되며, 함수에서 수행된 결과를 나타낸다.

3) 함수 유형 및 외장 함수

Python에서는 사용 형태에 따라 크게 사용자 정의 함수, 내장 함수, 외부 함수 등으로 구분된다. 사용자 정의 함수는 앞서 나타낸 예제와 같이 사용자가 직접 정의한 함수를 뜻한다. 내장 함수는 Python에서 기본 기능 수행을 위해서 정의한 함수로, print() 함수와 같이 즉시 사용할 수 있다. 외장 함수는 패키지 또는 모듈에서 제공하는 함수로, 특정 기능을 사용하기 위한 함수이다.

외장 함수의 사용 예제는 아래와 같다.

```
>>> print (ceil(10.3))
Traceback (most recent call last):
  File "<stdin>", line 1, in <module>
NameError: name 'ceil' is not defined
>>> import math
>>> print (math.ceil(10.3))
11
>>>
```

ceil() 함수는 외장 함수로, 숫자를 반올림하는 함수이며 math 모듈을 사용해야만 사용할 수 있다. 위 예제와 같이 'import math'와 같은 코드를 삽입하여 math 모듈을 사용하지 않으면 ceil() 함수 실행이 불가능하다.

2. 클래스(Class)

1) 클래스의 개념 및 정의

클래스는 객체 지향 프로그래밍에서 사용되는 대표적인 단위로, 함수가 가지고 있는 한계를 보완하고 복잡한 구조를 다루기 위한 객체(Object)로 볼 수 있다.

클래스는 특정 값을 나타내는 클래스 변수와 특정 동작을 나타내는 메소드(Method)로 구성되어 있다. 그리고 클래스를 실제로 사용하기 위한 변수를 인스턴스(Instance)라고 한다.

클래스와 인스턴스의 차이를 간단히 설명하면 다음과 같다.

```
>>> class Apple:
...     def set_information(self, location, color):
...             self.location = location
...             self.color = color
...
>>> Apple1 = Apple()
>>> Apple1.set_information('seoul','red')
>>> Apple1.location
'seoul'
>>> Apple1.color
'red'
```

'Apple' 클래스는 location(생산지)와 color(색깔)이라는 요소를 가진 하나의 개념을 나타낸다. 여기서 '개념'이라 하는 것은 특정 유형의 객체가 존재할 뿐 실체가 있는 것을 뜻하지는 않는다.

'Apple1' 인스턴스는 이러한 'Apple'이라는 개념을 가진 실체를 뜻한다. Apple 클래스의 set_information() 메소드를 사용하여 생산지와 색깔 정보를 입력하였고, 이에 대한 값도 올바르게 출력되는 것을 확인할 수 있다.

'사과'는 실제로 존재하는 과일로, 노란 사과가 있을 수 있고 빨간 사과가 있을 수도 있으며, 서울에서 생산한 사과도 있고 다른 지역에서 생산한 사과도 있을 수 있다. 즉 과일 중 어떤 특정 과일을 우리는 '사과'라고 일컫지만, '사과'에 대한 실물은 직접 눈으로 확인해야 알 수 있다. 여기에서 '개념'을 클래스라 하고, '실물'을 인스턴스라고 정할 수 있다.

위 예제에서의 'self'는 인스턴스 선언 시 인스턴스에 대한 자기 자신 객체를 나타내는 것으로, 클래스 변수를 다룰 때 사용된다. 메소드를 사용할 때에도 항상 첫 번째 파라미터로 입력된다.

2) 생성자, 상속, 오버라이딩

클래스에는 다양한 기능이 있지만, 그 중에서도 생성자(Constructor), 상속(Inherit), 오버라이딩(Overriding)은 반드시 알아야 하므로 간단하게 살펴본다.

① 생성자(Constructor)

생성자는 인스턴스를 초기 생성할 때 클래스 변수에 값을 대입하거나 특정 기능을 수행하는 역할을 한다. 다음 예제는 위에서 생성한 클래스에 생성자가 들어갔을 때 어떤 형태로 구성되는지를 나타낸다.

```
>>> class Apple:
...     def __init__(self, location, color):
...             self.location = location
...             self.color = color
...
>>> Apple1 = Apple('seoul','red')
>>> Apple1.location
'seoul'
>>> Apple1.color
'red'
```

위 예제와 지금 예제를 비교해보면, 위 예제에서는 'set_information()' 메소드를 선언하여 클래스 변수의 값을 입력했지만, 지금 예제에서는 인스턴스 선언 시 파라미터만 넣고도 클래스 변수의 값을 입력할 수 있다는 차이가 있다.

이러한 생성자는 인스턴스 생성 시 초기 작업을 수행하는 데 유용하게 활용할 수 있다.

② 상속(Inherit)

상속은 클래스를 신규 선언할 때, 다른 클래스로부터 클래스 변수와 메소드를 모두 동일하게 상속받아서 사용하는 것을 뜻한다.

다음 예제는 사람(Human)과 여성(Female)을 나타낸 클래스를 나타낸다.

```
>>> class Human:
...     def __init__(self, name):
...             self.name=name
...     def getName(self):
...             return self.name
...
>>> class Female(Human):
...     def getGender(self):
...             return "Female"
...
>>> girl = Female('Jane')
>>> girl.getName()
'Jane'
>>> girl.getGender()
'Female'
>>>
```

예제에서 'girl'은 Female 클래스로 생성된 인스턴스이며, getGender() 메소드를 사용하여 결과 값도 반환한다. 그러나 Female 클래스에는 생성자도 없고 getName() 메소드가 선언되지 않은 대신, 클래스 선언부에 'class Female(Human)'의 형태로만 선언되어 있다.

여기에서 '클래스명(부모 클래스명)'의 형태로 클래스 선언 시 상속받을 클래스명을 입력하게 되면, 부모 클래스가 가지고 있는 모든 메소드와 클래스 변수를 상속받아서 동일하게 사용할 수 있다. 그러므로 위 예제에서도 Human 클래스의 getName() 메소드를 사용할 수 있고, Human에서 선언된 형태의 생성자로 인스턴스를 생성할 수 있다.

③ 오버라이딩(Overriding)
오버라이딩은 상속에서 확장된 개념으로, 상속받은 클래스의 메소드를 재사용하는 것을 뜻한다. 다음 예제는 상속에서 다루었던 클래스를 일부 변형하여 나타낸다.

```
>>> class Human:
...     def __init__(self, name):
...             self.name=name
...     def getName(self):
...             return self.name
...
>>> class Female(Human):
```

```
...     def getName(self):
...           return "Miss "+self.name
...
>>> girl = Female('Jane')
>>> girl.getName()
'Miss Jane'
>>>
>>> human1 = Human('Unknown')
>>> human1.getName()
'Unknown'
>>>
```

이 예제에서는 부모 클래스인 Human과 자식 클래스인 Female 모두 'getName()' 메소드를 사용하는 것을 확인할 수 있다.

상속에서는 위에 언급된 대로 자식 클래스 선언 시 부모 클래스를 입력하면 부모 클래스로부터 모든 속성을 상속받지만, 부모 클래스의 요소와 같은 이름의 속성을 선언할 경우 자식 클래스의 속성으로 대체된다. 이러한 개념을 오버라이딩이라고 한다. 이렇게 상속과 오버라이딩을 활용하면 클래스를 사용할 때 활용도를 높일 수 있다.

이 장에서는 Python 프로그래밍에 대한 기본 문법 및 구성요소에 대해서 다루었다. Django 웹 애플리케이션은 Python 언어를 기반으로 작성되므로, Python 언어의 모든 부분까지는 아니더라도, 기본적인 문법은 반드시 숙지하는 것이 좋다.

08 Django 웹 애플리케이션 개발 환경 구축
CHAPTER

001. 개요

1. Django 소개

Django는Python 웹 개발을 위한 대표적인 오픈소스 프레임워크이다. MTV(Model-Template-View) 모델 기반의 웹사이트 구축을 지향하고, 속도와 확장성 그리고 범용성이 뛰어나다. 최근에는 많은 기업에서도 Django를 활용한 웹사이트를 구축하는 추세다.

Django는 2003년에 처음 개발된 이후로 1.11버전을 거쳐, 2017년 12월에 2.0 버전 출시, 2018년 8월 2.1버전 출시, 2019년 4월에는 2.2 버전까지 출시한 상태이다. Django의 각 버전은 호환되는 Python 버전이 정해져 있으며, 이는 다음과 같다.

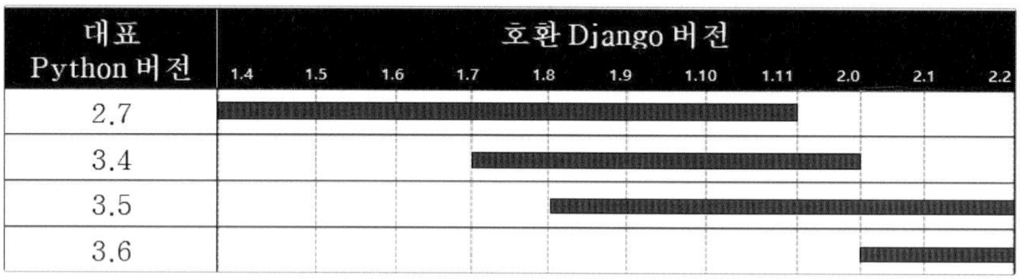

대표 Python 버전	호환 Django 버전										
	1.4	1.5	1.6	1.7	1.8	1.9	1.10	1.11	2.0	2.1	2.2
2.7	■	■	■	■	■	■	■	■			
3.4				■	■	■	■	■			
3.5					■	■	■	■	■	■	■
3.6									■	■	■

[그림 8-1] Python 버전 별 호환되는 Django 버전

이 책에서는 Python 3.6을 기준으로 Python 언어의 기본 버전으로 사용할 예정이고 Django는 Python 3.6과 호환되는 2.1 버전을 기준으로 웹 애플리케이션을 구축한다. 다른 Python 및 Django버전으로 웹 애플리케이션을 구축할 경우에도 [그림 8-1]을 참조하여 호환되는 버전을 참고한다.

2. 웹 애플리케이션 구축 절차

웹 애플리케이션 구축은 일반적으로 [환경 구축 → 프로그램 개발 및 테스트 → 프로그램 배포] 순서로 진행된다.

프로그램 배포란 사용자들에게 정식 버전 및 업데이트 버전을 출시하는 개념으로, 이미 완성된 프로그램을 제공하는 것과도 같다. 프로그램 개발에 있어서 사용자들이 원하는 프로그램을 제공하는 것도 중요하지만, 프로그램 자체가 정상적으로 작동되는 것은 더욱 중요하다. 그렇지 않으면 사용자의 신뢰를 잃어버리기 때문이다. 프로그램의 완성도를 높이기 위해서는 개발 과정에서 여러 차례의 테스트를 거쳐서 프로그램이 정상적으로 작동되는지를 수시로 확인할 수 있어야 하며, 모든 테스트를 올바르게 마치게 되면 그 후에 정식 배포가 이루어지게 된다.

AWS의 웹 애플리케이션 배포는 애플리케이션 플랫폼 서비스인 Elastic Beanstalk를 통해서 이루어진다. Elastic Beanstalk 배포는 앞서 언급했던 내용에 따라 일반적으로 완성된 프로그램을 배포하게 된다. 배포 방식은 압축 파일을 업로드하거나 EC2 인스턴스에서 개발된 웹 애플리케이션의 소스 코드를 업로드하는 방법으로 이루어진다. 로컬(Local)에서 개발을 진행한 후 개발 테스트까지 모두 완료되었다면 압축파일을 업로드하는 방법을 선택할 수 있으며, 반대로 EC2 인스턴스에서 클라우드 환경으로 모든 작업을 수행하여 개발 및 테스트까지 완료하였다면 EC2 인스턴스에서 업로드하는 방법을 선택할 수 있다.

AWS Elastic Beanstalk는 어떤 방식을 선택하더라도 개발자의 개발 환경에 맞게 배포할 수 있는 환경을 제공하고 있기 때문에, 웹 애플리케이션 개발 환경에서는 자유로운 편이다. 하지만 이 책에서는 AWS를 기반으로 개발을 위한 환경 구축 및 개발, 테스트까지 모두 진행할 예정이므로, 이에 따라 클라우드 환경에서 모든 작업을 수행하여 개발 및 테스트, 그리고 배포까지도 모두 다루도록 하겠다.

이 장에서는 EC2 인스턴스에서 Python 및 Django를 설치하고, 클라우드 환경에서의 개발 및 테스트를 진행하는 부분까지 간단히 다루며, 테스트 완료 이후 웹 애플리케이션 작성 및 배포 단계는 다음 장에서 이어서 다룬다. 참고로 이 책에서는 EC2 인스턴스의 클라이언트 터미널 프로그램으로 MobaXterm을 사용하여 나타낼 예정이니 참고하도록 한다.

002. Django 설치 및 실행

1. Python 가상환경 - VirtualEnv

Python 가상환경 구축은 Django 설치에 앞서서 먼저 선행되는 작업이므로, Python 가상환경의 개념과 설치에 대해서 간단히 알아본다.

1) Python 가상환경의 이해

Python 언어를 이용하여 시스템을 구축할 경우에는 배포를 위한 환경 구축도 필요하지만, 개발 및 테스트 환경 구축이 필요한 경우도 있다. 특히 Python 개발을 진행할 때에는 여러 종류의 패키지 및 모듈 설치를 필요로 하는데, 개발 환경에 따라 특정 패키지 또는 특정 버전의 패키지를 설치해야 할 수도 있다. 개발 환경에서는 구축하려는 시스템에 대한 최적의 환경을 테스트할 필요가 있기 때문에, 여러 형태로 패키지를 설치하는 것을 권장한다.

시스템 초기 구축이 완료되어 배포 환경에서 시스템을 오픈하였고 Django 2.0 버전을 사용했다고 가정하였을 때, 이후 Django 2.1 버전이 신규 출시가 되었고 해당 버전으로 업그레이드를 필요로 할 경우 이미 배포된 시스템에서 잘 동작하는지 테스트도 필요하다.

테스트를 하기 위해서는 배포 환경에서 테스트를 할 수는 없다. 이는 배포 환경 자체가 실제 사용자들이 사용하는 환경이라 테스트를 하다가 문제가 발생할 경우에는 사용자들이 해당 시스템을 이용할 수 없기 때문이다. 그러므로 첫 배포가 모두 완료가 되었으면 이후에 개발되는 환경은 테스트를 위한 별도의 개발 환경을 구축해 놓아야 한다. 테스트 개발 환경을 통해서 Django의 신규 버전이 기존 시스템에서 제대로 동작하는지도 테스트를 할 수 있어야 한다.

하지만 여기에서 중요한 것은 테스트 개발 환경이 Django 2.1로 업그레이드 되었다고 해서 배포 환경은 Django 2.1로 동시에 업데이트가 이루어지면 안 된다. 이러한 환경 구축을 위해서는 각각 독립된 환경에서 사용할 수 있어야 한다. Python에서는 이러한 복수의 독립된 개발 환경을 구성하기 위해서 VirtualEnv라는 패키지를 제공하고, VirtualEnv를 통해서 생성된 환경에서 독립적으로 Python 패키지를 설치하고 관리할 수 있다.

2) VirtualEnv 설치

Chapter 7에서는 Python 및 pip 설치까지 완료하였다. VirtualEnv 역시 pip 패키지 관리자를 통해서 설치한다. 설치 방법은 다음과 같다.

```
$ pip3 install —user virtualenv
```

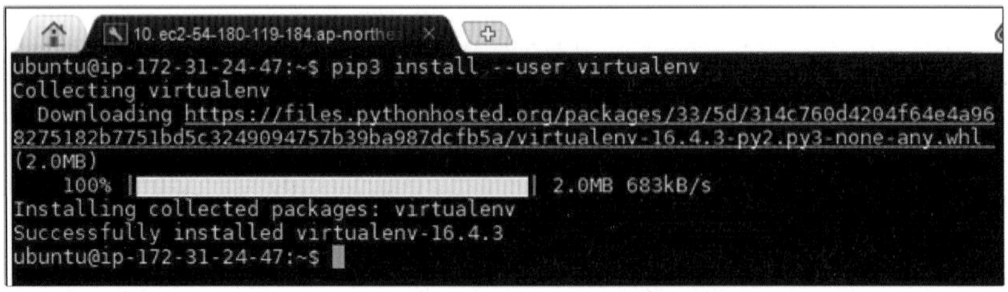

[그림 8-2] VirtualEnv 설치

VirtualEnv 설치 시 '--user' 옵션을 붙이는 이유는 현재 사용자에 대한 설치 권한을 부여하기 위해서 사용되는 것이다. 반대로 VirtualEnv 가상환경 상에서는 가상환경 내에서만 pip 패키지가 사용되므로 '--user' 옵션을 별도로 사용하지 않아도 된다.

VirtualEnv 설치가 완료되었으면 아래 명령어를 실행하여 버전을 확인한다. 만약에 명령어 실행이 안 된다면, '.profile' 파일을 수정하여 '$HOME/.local/bin' 경로를 추가한 후 실행한다.

```
$ cat .profile
$ source ~/.profile$ virtualenv --version
```

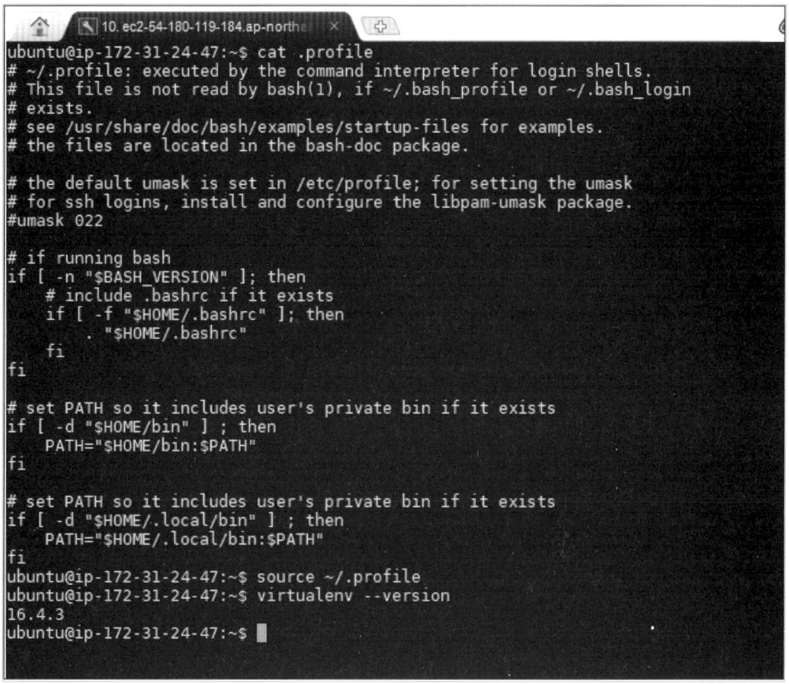

```
ubuntu@ip-172-31-24-47:~$ cat .profile
# ~/.profile: executed by the command interpreter for login shells.
# This file is not read by bash(1), if ~/.bash_profile or ~/.bash_login
# exists.
# see /usr/share/doc/bash/examples/startup-files for examples.
# the files are located in the bash-doc package.

# the default umask is set in /etc/profile; for setting the umask
# for ssh logins, install and configure the libpam-umask package.
#umask 022

# if running bash
if [ -n "$BASH_VERSION" ]; then
    # include .bashrc if it exists
    if [ -f "$HOME/.bashrc" ]; then
        . "$HOME/.bashrc"
    fi
fi

# set PATH so it includes user's private bin if it exists
if [ -d "$HOME/bin" ] ; then
    PATH="$HOME/bin:$PATH"
fi

# set PATH so it includes user's private bin if it exists
if [ -d "$HOME/.local/bin" ] ; then
    PATH="$HOME/.local/bin:$PATH"
fi
ubuntu@ip-172-31-24-47:~$ source ~/.profile
ubuntu@ip-172-31-24-47:~$ virtualenv --version
16.4.3
ubuntu@ip-172-31-24-47:~$
```

[그림 8-3] VirtualEnv 경로 및 버전 확인

가상환경 생성은 아래와 같이 간단하게 가상환경 명을 입력하면 해당 환경에 대한 파일 및 디렉
토리가 생성된다. 가상환경 디렉토리 중 실행파일이 있는 bin 디렉토리의 파일 구조는 [그림 8-4]
와 같다. 디렉토리 및 파일 구조를 조회하는 프로그램은 'tree'로, 만약 설치되어 있지 않으면 apt
패키지 관리자에서 설치한다.

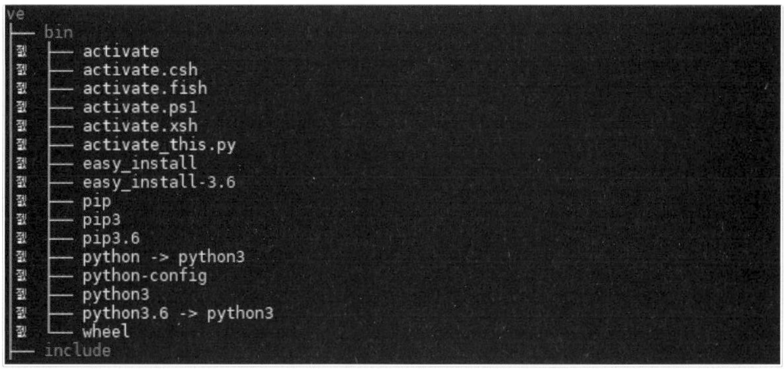

```
ve
└── bin
    ├── activate
    ├── activate.csh
    ├── activate.fish
    ├── activate.ps1
    ├── activate.xsh
    ├── activate_this.py
    ├── easy_install
    ├── easy_install-3.6
    ├── pip
    ├── pip3
    ├── pip3.6
    ├── python -> python3
    ├── python-config
    ├── python3
    ├── python3.6 -> python3
    └── wheel
└── include
```

[그림 8-4] VirtualEnv 가상환경 설정 디렉토리 구조

생성된 가상환경을 실행하기 위해서는 source 명령어를 사용하며, 가상환경 지정 파일은 bin/
activate로 지정한다. 가상환경을 종료하기 위해서는 deactive를 사용하면 된다.

```
$ ve/bin/activate
(ve) $
```

```
(ve) $ deactivate
$
```

[그림 8-5] VirtualEnv 가상환경 실행 및 종료

가상환경 실행까지 모두 마치면, EC2 인스턴스에서의 Python 설치 및 실행은 모두 완료되었다. 이제 설치된 가상환경에서 Django를 설치하고 실습한다.

2. Django 설치

VirtualEnv 가상환경 설치까지 끝났으면 프로그램 개발을 위한 기본적인 준비 과정은 마쳤다고 볼 수 있다. 앞으로의 모든 설치 및 실행은 가상환경에서 진행될 예정이며, 설치된 프로그램은 현재 실행 중인 가상환경 내에서만 적용되고 다른 가상환경에는 적용되지 않으니 참고하도록 한다.

가상환경 구축이 끝났으면 Django 설치는 간단하다. 아래와 같이 pip 명령어를 사용하고 설치할 Django의 버전을 입력하면 모든 절차가 완료된다. Ubuntu에서는 pip를 설치하지 않고 pip3만 설치했기 때문에 pip 명령어가 실행이 안되지만, VirtualEnv 가상환경은 Python3으로 생성된 환경이기 때문에 pip 명령어로도 Python3 패키지를 설치할 수 있다.

```
(ve) $ pip install django==2.1
```

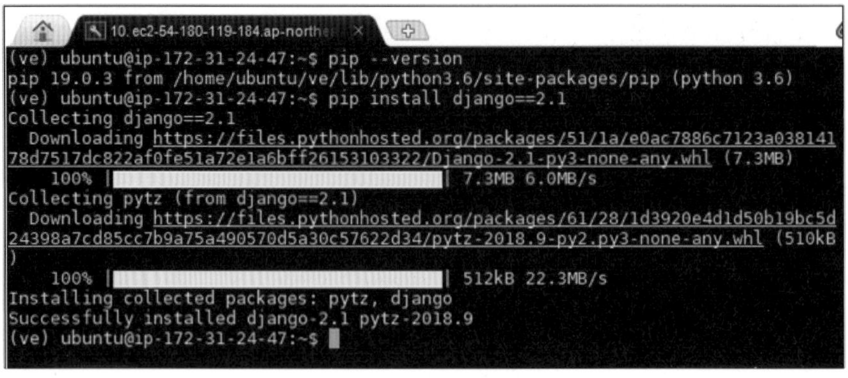

[그림 8-6] Django 설치

[그림 8-6]을 보면, Django가 설치될 때 Pytz도 같이 설치되는 것을 확인할 수 있다. 여기서 Pytz 는 시간대 정의를 위한 패키지로, Olson Timezone Database로부터 나온 세계 표준 시간대에 대한 시간을 모두 정의한 규격을 뜻한다.

Django가 올바르게 설치되었는지를 확인하기 위해서는 다음과 같이 입력하면 간단히 조회할 수 있다.

```
$ pip freeze
```

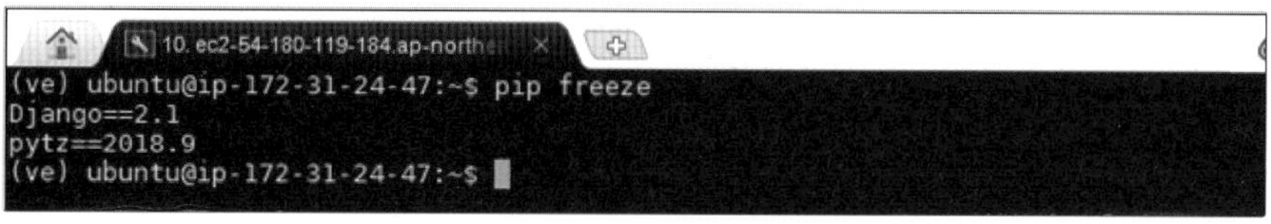

[그림 8-7] Django 및 pytz 설치 확인

Django 설치가 끝났으면 이제 웹 애플리케이션 개발을 위한 Django 프로젝트를 생성해야 한다. 프로젝트 생성은 startproject를 사용하며, 원하는 프로젝트 명을 입력하면 된다.

```
$ django-admin startproject test_proj
```

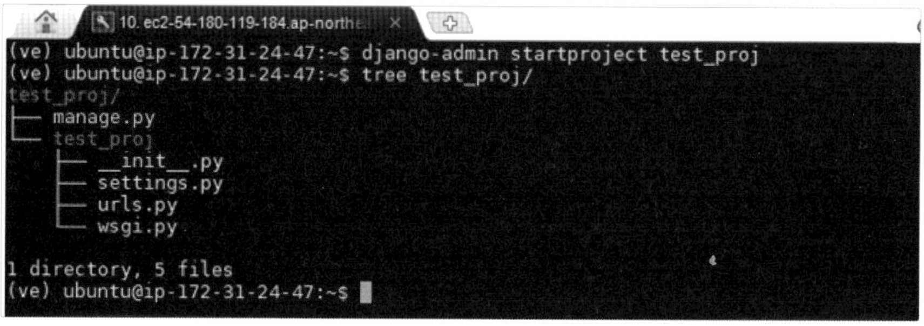

[그림 8-8] Django 프로젝트 생성

프로젝트가 생성되면 [그림 8-8]과 같이 생성된 프로젝트명에 해당하는 디렉터리 및 파일이 생성된다.

3. Django 예제 프로그램 실행

Django 프로젝트를 최초로 생성하면 제일 먼저 해야 할 일은 생성된 프로젝트가 올바르게 작동되는지를 확인하는 일이다. Django 프로젝트를 실행하기 위해서는 애플리케이션을 배포하여 배포 환경에서 실행하는 방법도 있지만, 개발 환경에서 테스트 용도로 사용하기 위해서는 웹 서버를 가동하여 개발된 프로그램을 확인하도록 한다.

웹 서버 가동 명령어는 Python의 manage.py 파일을 사용하여 다음과 같이 실행한다. 여기에서 manage.py 파일은 Django 프로젝트 구동 및 관리를 위한 모든 기능을 수행하는 파일이므로 반드시 알아둔다.

```
$ python manage.py runserver
```

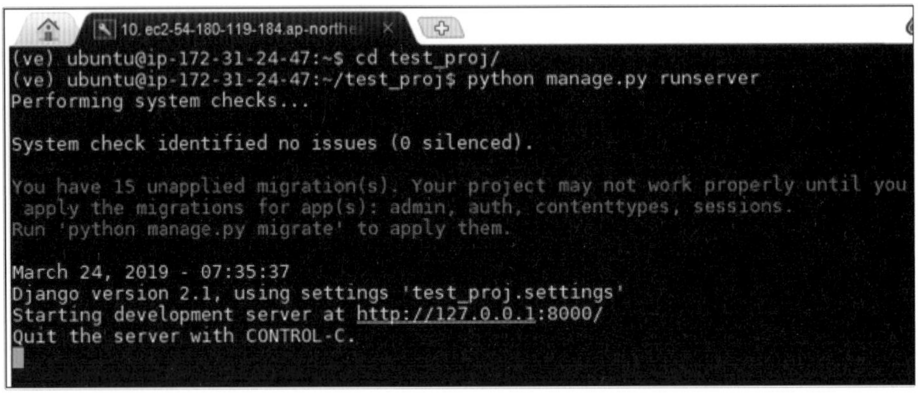

[그림 8-9] 웹 서버 가동

[그림 8-9]에서 가운데 나타난 빨간 메시지는 처음으로 실행했을 때 나타난 메시지로, 'python manage.py migrate' 명령을 실행을 먼저 하는 것을 권장하는 메시지이다.

Django 웹 애플리케이션을 생성한 후 별도의 환경 설정을 변경하지 않았을 경우에는 Django에 내장된 admin, auth, contenttypes, sessions 앱도 같이 실행된다. 이들 앱은 각각의 DB 모델을 가지고 있으며, DB 모델을 반영하지 않고 웹 서버를 가동할 경우에는 위와 같은 경고 메시지를 표시한다.

위 메시지의 'migrate'는 Django 프로젝트가 DB와 연동할 때 연동을 위한 DB 모델을 반영하기 위한 명령어이다. 해당 명령을 사용하면 Django 웹 애플리케이션에서 사용할 앱의 DB 모델을 모두 반영하므로, Django에서 기본 제공하는 앱에 대한 DB 모델도 모두 반영할 수 있다. 이에 따라 'python manage.py migrate' 명령을 사용한 후 다시 재실행하면 경고 메시지가 사라지고 정상적으로 웹 서버를 가동할 수 있다.

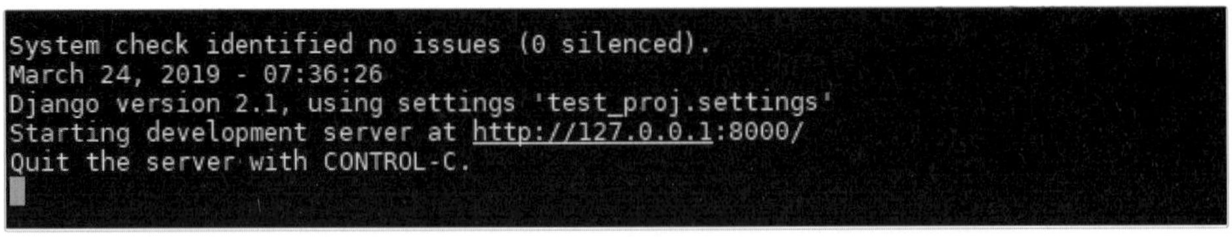

[그림 8-10] Django 기본 앱 적용 후 웹 서버 가동

웹 서버 가동에 따른 실행 화면은 [그림 8-10]의 하단에 명시된 바와 같이 http://127.0.0.1:8000/

에서 확인할 수 있다. 하지만 현재 접속되어 있는 환경은 개발을 현재 진행하려는 PC의 로컬 환경이 아닌, EC2 인스턴스에 접속 중인 클라우드 환경이다. 그렇기 때문에 웹 서버 실행화면 역시 클라우드 환경에서 조회할 수 있어야 한다.

이에 따라 Django 예제 프로그램의 개발 결과를 클라우드 환경에서 조회하기 위한 방법을 이어서 살펴본다.

003. GUI 원격 접속 설정

웹 서버 실행 화면은 웹 브라우저를 통해서 확인할 수 있지만, 웹 브라우저는 GUI 기반의 프로그램이라는 점에서 터미널 화면에서 자체적으로 실행 화면을 조회하는 것은 불가능하다. EC2 인스턴스의 GUI 원격 접속을 위해서는 크게 VNC, RDP를 이용한 X-Windows 데스크톱 환경 원격 접속과 Putty, MobaXterm 등의 터미널 프로그램에서 지원하는 플러그인을 통한 웹 브라우저를 실행하는 방법이 있다.

1. VNC, RDP 원격 데스크톱 접속

일반적으로 VNC(Virtual Network Computing)은 리눅스 서버의 데스크톱 환경을 원격 접속하기 위해서 사용되는 서버로 사용되며, RDP(Remote Desktop Protocol)는 윈도우 서버의 원격 데스크톱을 위한 접속 프로토콜을 뜻한다.

1) EC2 인스턴스와 원격 데스크톱

EC2 인스턴스의 Ubuntu Linux 운영체제에서는 VNC, RDP를 통한 원격 접속을 모두 지원하고 있지만 기본으로 설치되어 있지 않다. 그러므로 데스크톱 환경 구축을 위한 X-Windows 및 VNC Server, RDP Server 등의 패키지를 설치해야 한다.

하지만 이 책에서는 VNC, RDP를 통한 원격 데스크톱 접속을 권장하지 않는다. 만약 VNC, RDP 원격 데스크톱 접속 방식이 리눅스 서버를 개인 또는 기업에서 직접 보유하여 관리하는 형태라면, VNC, RDP를 사용한 원격 데스크톱 환경에서 웹 브라우저를 실행하여 개발 화면을 조회하는 것이 용이할 수 있다. 그러나 AWS EC2 인스턴스를 사용할 경우에는 AWS의 가상 서버를 임대해서 사용하므로, 웹 브라우저 실행을 위해서 X-Windows 데스크톱 환경을 구축하고 원격 접속을 하는 것은 효율이 높지 않다.

그리고 EC2 인스턴스 유형을 무료 사용이 가능한 t2.micro로 선택할 경우에는 고성능의 서버를 사용한다고 보기 어렵다는 점에서 VNC, RDP를 사용하여 원격 접속을 했을 때 속도 저하, 서버

멈춤 등 안정성이 떨어지는 것도 확인되었다. 하지만 상황에 따라 VNC를 통한 접속이 필요한 경우도 발생할 수 있으므로, 이를 위해서 VNC를 사용하여 원격 데스크톱을 사용하는 방법에 대해서 다룬다.

2) VNC Server 설정

원격 제어를 위한 VNC Server는 VNC4Server, TigerVNC, UltraVNC, TightVNC등이 있고 어떤 것을 사용하더라도 큰 차이는 없지만, 이 책에서는 VNC4Server 패키지를 받아서 작동하는 것으로 한다. 또한 데스크톱 환경 구축을 위해서 Ubuntu Desktop, VNC4Server외에도 이와 관련된 여러 패키지를 설치해야 하며, 이에 따른 전체 설치 패키지 목록은 다음과 같다.

- **ubuntu-desktop**: Ubuntu 데스크톱 환경 구축 프로그램
- **VNC4Server**: VNC Server 실행 프로그램
- **gnome-panel**: Ubuntu 데스크톱 환경 내 상/하단 작업 표시줄
- **gnome-settings-daemon**: 데스크톱 환경의 다양한 세팅 환경 제공
- **xfce4**: 경량화 데스크톱 환경, Ubuntu Desktop과 같이 호환되어 사용됨
- **metacity**: GNOME 환경에서 사용되는 기본 창 환경
- **nautilus**: Ubuntu의 기본 File Manager

```
$ sudo apt-get install ubuntu-desktop VNC4Server gnome-panel gnome-settings-
daemon xfce4 metacity nautilus
```

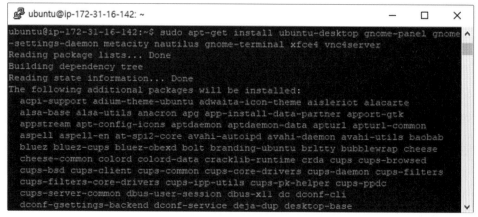

[그림 8-11] Ubuntu Desktop, VNC4Server 등 관련 패키지 설치

설치에는 5분~10분이 소요되며, 설치가 완료되면 vnc서버를 실행한다.

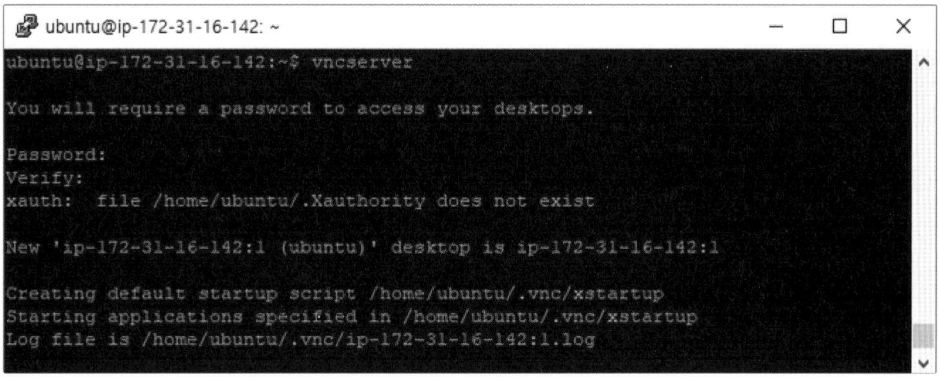

[그림 8-12] vnc서버 최초 실행

vnc서버를 최초로 실행하면 원격 서버 접속을 위한 비밀번호를 입력하게 되어 있으며, 비밀번호 입력이 완료되면 원격 서버가 실행된다. 하지만 [그림 8-12]에서 '/home/ubuntu/.Xauthority does noe exist'와 같은 메시지가 나타난다. 이는 최초로 실행되면 .vnc 디렉토리가 생성되고 xstartup 파일도 같이 생성되면서 vnc서버 실행을 위한 기본 설정값을 불러오도록 구성되어 있다. 하지만 [그림 8-11]의 패키지를 설치할 때 .Xauthority 파일은 생성하지 않기 때문에 이와 같은 메시지가 나타나는 것이다. 이제 [그림 8-11]의 패키지 설정을 적용하기 위해서 .vnc/xstartup 파일을 변경한다. xstartup 파일은 다음과 같이 수정한다.

```
01:    #!/bin/sh
02:
03:    # Uncomment the following two lines for normal desktop:
04:    unset SESSION_MANAGER
05:    unset DBUS_SESSION_BUS_ADDRESS
06:    startxfce4 &
07:
08:    [ -x /etc/vnc/xstartup ] && exec /etc/vnc/xstartup
09:    [ -r $HOME/.Xresources ] && xrdb $HOME/.Xresources
10:    xsetroot -solid grey
11:    vncconfig -iconic &
12:    gnome-panel &
13:    gnome-settings-daemon &
14:    metacity &
15:    nautilus &
16:    gnome-terminal &
```

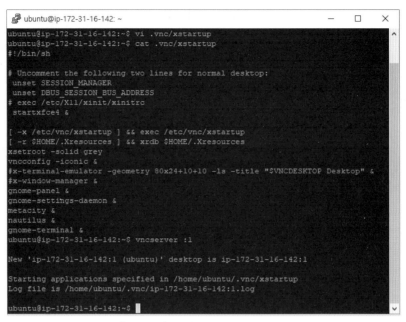

[그림 8-13] vnc서버 설정 변경 후 재실행

xstartup 파일은 vnc서버 실행 시 나타나는 데스크톱 환경의 기본 설정을 나타내는 파일로, 각 행을 요약하면 다음과 같다.

- **4~5행**: Normal Desktop 환경에서 실행할 때 사용, unset 다음 내용에 대한 변수를 해제할 때 사용
- **6행**: xfce4 데스크톱 환경 실행
- **8행**: 데스크톱 환경 실행 시 xstartup 파일의 명령어를 같이 실행하도록 지시
- **9행**: 데스크톱 환경 실행 시 기본 해상도 파일 호출(기본적으로는 미지정됨)
- **10~16행**: 데스크톱 환경 실행 시 같이 실행되는 명령어

이제 변경된 xstartup 파일을 적용하기 위해서 [그림 8-5]와 같이 vnc서버를 다시 실행하며, 처음 실행했을 때와는 달리 이상 없이 실행된다는 것을 확인할 수 있다.

여기까지 이상 없이 실행되었으면 EC2 인스턴스의 데스크톱 환경 구축 및 VNC Server 설정은 모두 마쳤다. 다음으로 클라이언트에서 VNC Server 접속을 위한 설정 및 접속을 수행한다.

3) VNC Client 설정

EC2 인스턴스에서 데스크톱 환경 구축 및 VNC Server 설치까지 모두 완료되었으면, 클라이언트에서는 EC2 인스턴스에 접근할 수 있다. 데스크톱 환경을 통한 원격 제어가 가능하게 되면 그 이후로는 EC2 인스턴스를 사용하는 데 있어서도 터미널 명령어에 의존하지 않고 GUI 환경에서 제어가 가능하므로 더욱 다양한 기능을 편리하게 사용할 수 있다.

EC2 인스턴스는 클라이언트에서 VNC Viewer 프로그램을 사용하여 제어할 수 있다. 이 책에서는 VNC Viewer 중 하나인 RealVNC Viewer를 예로 들어서 원격 제어를 수행하되, VNC Viewer는 어떤 프로그램을 사용하더라도 VNC Server에 대한 원격 접근이 가능하므로 참고한다.

VNC Server에 접속하기 위해서는 접속을 위한 주소 및 포트 그리고 키 페어 파일이 필요하다. SSH를 사용하여 EC2 인스턴스에 제어할 때와 동일한 방식으로 제어하되 SSH와 달리 VNC Server용 포트를 별도로 설정해야 한다.

EC2 인스턴스는 처음 생성되면 기본적으로 SSH 포트에 대한 외부 접근만 허용하므로, VNC Server용 포트에 대한 외부 접근도 허용해야 한다. 포트 접근은 AWS Management Console에서 EC2 인스턴스 보안그룹의 인바운드 보안 규칙에서 설정 가능하므로 사용 포트를 지정한다.

[그림 8-14] VNC Server 접근을 위한 포트 지정

[그림 8-14]에서는 사용 포트를 5901-5902로 하였다. VNC Server 접속 포트는 일반적으로는 5901 또는 5902를 하는 것을 원칙으로 하며, 설정 상태에 따라 포트 번호를 변경할 수 있다.

EC2 인스턴스에서 VNC Server 접속을 위한 포트 권한 추가까지 완료되었으면, 접속을 위해서 RealVNC Viewer 프로그램을 실행시킨다.

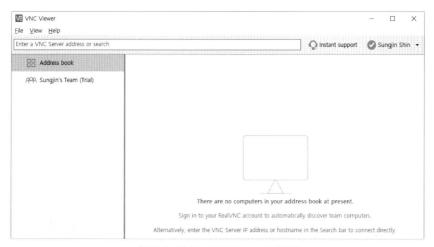

[그림 8-15] RealVNC Viewer 초기화면

RealVNC Viewer를 실행하면 주소를 입력하는 창과 최근에 실행했던 VNC Server 목록이 나타 난다. 주소는 EC2 인스턴스 주소와 포트번호를 입력하는데, VNC Server가 가동 중일 때에만 접 속이 가능하므로 사전에 미리 EC2 인스턴스에서 VNC Server의 가동 여부도 확인한다.

[그림 8-16] VNC Server 접속을 위한 주소 입력

VNC Viewer 프로그램마다 약간의 상이점은 있지만, 접속을 시도할 때에는 VNC Server에 대한 보안 상태를 물어보는 문구가 [그림 8-16]과 같이 나타난다. 특정 문제가 발생하는 경우가 아니 라면 그대로 진행한다.

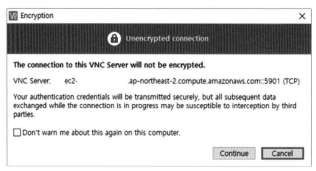

[그림 8-17] VNC Server 접속 시 경고 문구

다음은 비밀번호 입력 화면이다. 이는 모든 VNC Viewer에 공통적으로 있는 부분으로, 처음에 VNC Server를 실행했을 때 입력했던 비밀번호를 입력한다.

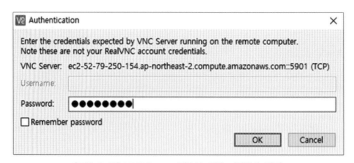

[그림 8-18] VNC Server 접속을 위한 비밀번호 입력

모든 항목을 입력하면 VNC Server가 정상적으로 실행되며, [그림 8-19]와 같이 새 창이 나타나 면서 원격 데스크톱 지원을 할 수 있는 상태로 전환 가능해진다.

[그림 8-19] VNC Server 접속 초기화면

원격 접속은 이와 같이 서버 주소 및 포트를 입력하면 로그인이 정상적으로 이루어진다. 하지만 이러한 방식은 키 페어 파일(.pem)을 사용하지 않기 때문에 보안상 취약점이 생길 수 있고, 일정 시간이 지난 이후에는 VNC Server를 재가동해야하는 경우도 종종 발생한다. VNC Server 관련하여 발생할 수 있는 문제는 원인 규명 및 해결이 가능하지만, 보안 취약 가능성 및 EC2 인스턴스에 대한 안정적인 관리를 위해서는 Putty의 내부 플러그인을 활용하여 VNC Server에 접근하는 방법을 알아보고 해당 방법으로 접속하는 것을 권장한다.

Putty에서는 EC2 인스턴스 접속 시 VNC Server 접속을 위한 터널링(Tunneling) 연결 기능을 제공한다. 터널링 연결은 Client와 Server 양 쪽 모두 포트를 지정하고 해당 포트를 통해서 암호화된 데이터를 통신하는 기능으로, VNC Viewer를 통해서 접속할 경우에도 Ubuntu Desktop의 모든 기능을 터널링을 통해서 사용할 수 있다.

터널링 설정은 Putty 내 Connection 〉 SSH 〉 Tunnels 메뉴를 통해서 관리하며, 이에 대한 화면은 [그림 8-20]과 같다.

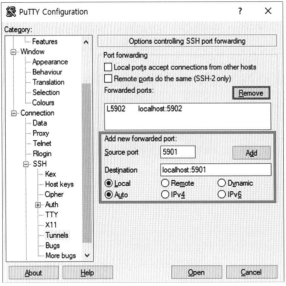

[그림 8-20] Putty의 터널링(Tunneling) 설정을 위한 입력 화면

[그림 8-20]에서 터널링 접속 정보 입력 방법은 Source Port / Destination을 입력한다. 'Source Port'에 클라이언트에서 접속하려는 포트번호를 입력하고 'Destination'에서는 서버 측에서 수신 받기 위한 주소 및 포트번호를 입력한다. 모든 입력이 완료되면 'Add'를 눌러서 추가한다.

EC2 인스턴스 터널링 정보 입력까지 완료되면 VNC Viewer에서 접속하며, 서버에 대한 도메인 주소 또는 IP 주소를 입력하여 원격으로 직접 접속하면서 SSH 터널링 기능을 활용한 보안 기능을 강화한 접속이 가능해진다.

2. 터미널 프로그램 플러그인 사용

앞서 Chapter 2에서는 EC2 인스턴스 연결을 위해서 Putty, MobaXterm을 사용하여 연결하는 부분에 대해서 다룬 바 있었다. Putty는 SSH를 사용한 대표적인 원격 터미널 접속 프로그램이고, MobaXterm은 Putty와 유사하지만 여러 기능을 개선한 터미널 프로그램이다.

1) Putty를 사용한 웹 브라우저 사용

Putty를 사용한 EC2 인스턴스 접속 시 웹 브라우저를 실행하기 위해서는 Xming이라는 프로그램과 연동하여 웹 브라우저 및 GUI 프로그램을 사용할 수 있다. Xming은 https://sourceforge. net/projects/xming/에서 다운로드를 받을 수 있으며, Sourceforge에서 제공하는 오픈소스 소프트웨어이다.

[그림 8-21] Xming 홈페이지

Xming을 다운로드 받고 기본 설정으로 설치한 후 프로그램을 실행하면, [그림 8-22]와 같이 우측 하단에 트레이 아이콘으로 Xming이 실행되고 있음을 확인할 수 있다.

[그림 8-22] Xming 아이콘

Xming과 Putty를 연동하기 위해서는 Putty에서 X11 설정을 해야 하며, X11 설정은 Connection 〉 SSH 〉 X11에서 설정할 수 있다.

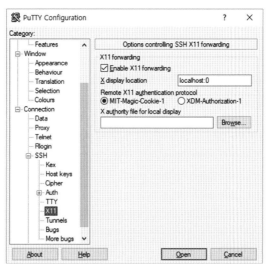

[그림 8-23] Putty - X11 설정

[그림 8-23]에서 'Enabled X11 forwarding'이 체크되어 있지 않으면, 체크 후 설정을 저장한다.

X11 설정까지 완료되었으면 EC2 인스턴스에 접속한 후 웹 브라우저 실행을 위해서 firefox를 설치한다. 그리고 X11 데스크톱 프로그램과 통신을 위한 패키지인 dbus-x11도 같이 설치한다.

```
$ sudo apt-get install firefox dbus-x11
```

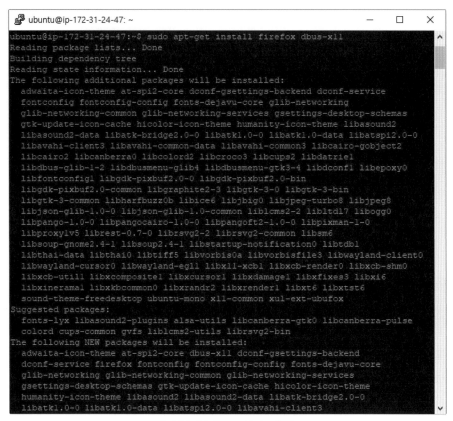

[그림 8-24] Putty - Firefox 설치

설치가 완료되었으면 firefox를 다음과 같이 실행한다. 웹 브라우저가 열려 있는 동안 터미널 작업도 수행해야 하므로, 다음과 같이 '&'를 붙여서 동시 수행을 가능하게 한다.

```
$ firefox &
```

[그림 8-25] Putty - Firefox 실행

정상적으로 실행될 경우 [그림 8-26]과 같이 Firefox 초기화면이 나온다.

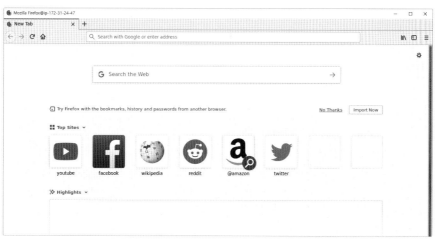

[그림 8-26] Firefox 초기 화면

[그림 8-26]의 Firefox는 클라이언트에서 실행되는 Firefox가 아닌 EC2 인스턴스에서의 Firefox 이므로, Django 개발 결과를 Firefox에서 조회할 수 있다.

2) MobaXterm을 사용한 웹 브라우저 사용

MobaXterm은 Putty의 기능을 추가 확장한 원격 터미널 접속 프로그램으로, Putty와는 다르게 X11 기능이 내장되어 있다. 즉, Putty에서는 웹 브라우저 등 GUI 프로그램 사용을 위해서 Xming 을 추가로 설치해야 하지만, MobaXterm에서는 Xming을 설치하지 않고도 GUI 프로그램을 사용할 수 있다.

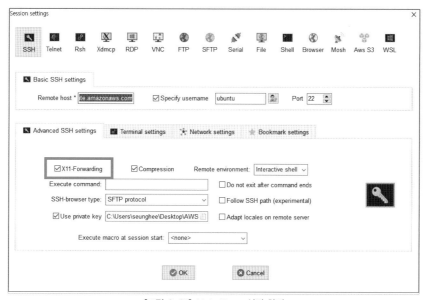

[그림 8-27] MobaXterm 설정 화면

[그림 8-27]과 같이 서버 환경 설정의 'Advance SSH settings' 부분에서 'X11-Forwarding' 체크만 되어 있으면 EC2 인스턴스에서 X11 환경을 사용할 수 있으며, 서버에 접속했을 때 X11 서버 가동 상태도 확인할 수 있다.

ec2-54-180-119-184.ap-northeast-2.compute.amazonaws.com (ubuntu)
Terminal Sessions View X server Tools Games Settings Macros Help
Session Servers Tools Games Sessions View Split MultiExec Tunneling Packages Settin X server Exit
Quick connect...
(ve) ubuntu@ip-172-31-24-47:~/test_proj$
Stop the X11 server (Current DISPLAY=172.30.1.59:0.0)

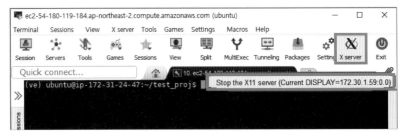

[그림 8-28] MobaXterm - X11 상태 화면

[그림 8-28]과 같이 EC2 인스턴스에 접속하면 우측 상단의 'X server'도 자동으로 실행되고 있음을 확인할 수 있다. 또한 X Server의 가동 및 비가동 여부를 아이콘을 클릭하여 상태를 전환할 수 있다.

이와 같이 MobaXterm에서는 별도의 설정 없이 X server를 즉시 사용할 수 있다. 이에 따라 X11 설정 없이 바로 다음 단계인 웹 브라우저인 firefox와 X11 데스크톱 프로그램과 통신을 위한 패키지인 dbus-x11을 같이 설치한다.

```
$ sudo apt-get install firefox dbus-x11
```

10. ec2-54-180-119-184.ap-northe
(ve) ubuntu@ip-172-31-24-47:~/test_proj$ sudo apt-get install firefox dbus-x11
Reading package lists... Done
Building dependency tree
Reading state information... Done
The following additional packages will be installed:
adwaita-icon-theme at-spi2-core dconf-gsettings-backend dconf-service
fontconfig fontconfig-config fonts-dejavu-core glib-networking
glib-networking-common glib-networking-services gsettings-desktop-schemas
gtk-update-icon-cache hicolor-icon-theme humanity-icon-theme libasound2
libasound2-data libatk-bridge2.0-0 libatk1.0-0 libatk1.0-data libatspi2.0-0
libavahi-client3 libavahi-common-data libavahi-common3 libcairo-gobject2
libcairo2 libcanberra0 libcolord2 libcroco3 libcups2 libdatrie1
libdbus-glib-1-2 libdbusmenu-glib4 libdbusmenu-gtk3-4 libdconf1 libepoxy0
libfontconfig1 libgdk-pixbuf2.0-0 libgdk-pixbuf2.0-bin libgdk-pixbuf2.0-common
libgraphite2-3 libgtk-3-0 libgtk-3-bin libgtk-3-common libharfbuzz0b libice6
libjbig0 libjpeg-turbo8 libjpeg8 libjson-glib-1.0-0 libjson-glib-1.0-common
liblcms2-2 libltdl7 libogg0 libpango-1.0-0 libpangocairo-1.0-0
libpangoft2-1.0-0 libpixman-1-0 libproxy1v5 librest-0.7-0 librsvg2-2
librsvg2-common libsm6 libsoup-gnome2.4-1 libsoup2.4-1 libstartup-notification0
libtdb1 libthai-data libthai0 libtiff5 libvorbis0a libvorbisfile3
libwayland-client0 libwayland-cursor0 libwayland-egl1 libx11-xcb1
libxcb-render0 libxcb-shm0 libxcb-util1 libxcomposite1 libxcursor1 libxdamage1
libxfixes3 libxi6 libxinerama1 libxkbcommon0 libxrandr2 libxrender1 libxt6
libxtst6 sound-theme-freedesktop ubuntu-mono x11-common xul-ext-ubufox

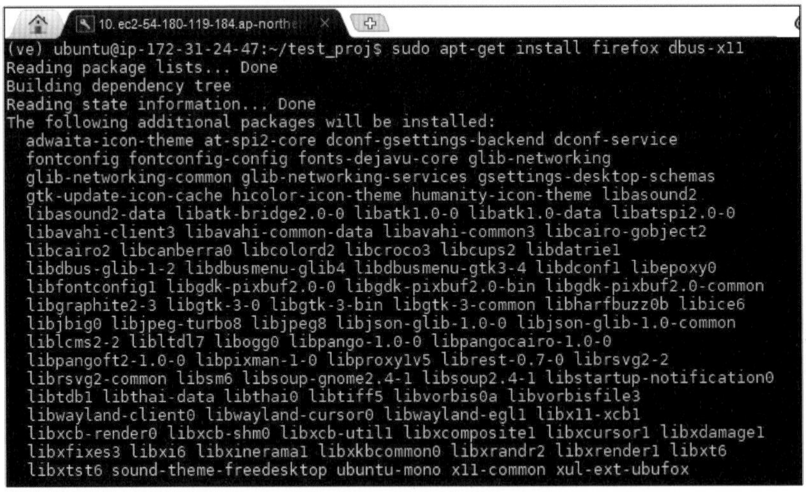

[그림 8-29] MobaXterm - firefox 설치

설치가 완료되었으면 firefox를 다음과 같이 실행한다. 웹 브라우저가 열려 있는 동안 터미널 작업도 수행해야 하므로 다음과 같이 '&'를 붙여서 동시 수행하게 한다.

```
$ firefox &
```

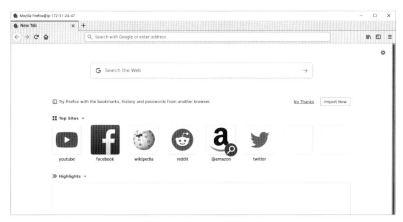

[그림 8-30] MobaXterm - Firefox 실행

정상적으로 실행될 경우 [그림 8-31]과 같이 Firefox 초기화면이 나온다.

[그림 8-31] Firefox 초기 화면

[그림 8-31]의 Firefox는 클라이언트에서 실행되는 Firefox가 아닌 EC2 인스턴스에서의 Firefox 이므로, Django 개발 결과를 Firefox를 통해서 조회할 수 있다.

이와 같이 Putty, MobaXterm 등의 프로그램을 사용하여 Firefox와 같은 웹 브라우저를 설치하고 EC2 인스턴스의 GUI 프로그램 사용을 위한 X11 설정만 하면, 웹 브라우저를 쉽게 사용할 수 있다. VNC, RDP 등 X-Windows 데스크톱 원격 접속과는 달리 서버 부하를 줄일 수 있어서 안정적인 Django 웹 애플리케이션을 개발할 수 있다.

3. Django 예제 프로그램 실행 결과

Django 예제 프로그램 실행 및 결과 조회를 위해서는 Django 웹 서버 실행에 앞서서 Firefox를 먼저 실행한다. 리눅스 서버에서는 다중 프로세스를 위한 명령어를 실행하지 않으면 하나의 접속 환경에서 하나의 프로세스만 실행 가능하므로, Firefox를 먼저 동시에 실행하고 웹 서버를 현재의 접속 환경에서 실행시킨다.

```
$ firefox &
$ python manage.py runserver
```

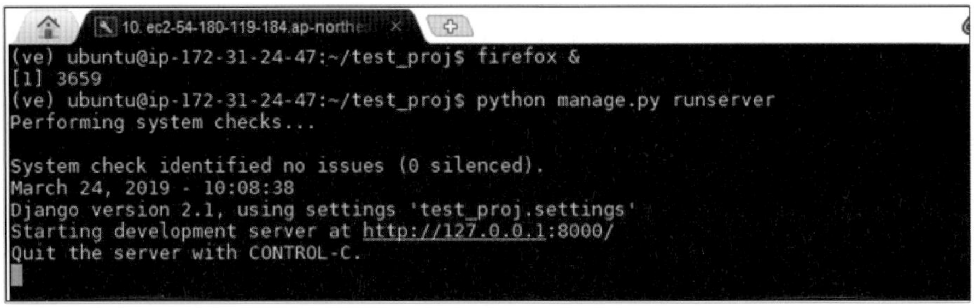

[그림 8-32] Firefox 및 Django 웹 서버 실행

[그림 8-32]와 같이 Firefox 및 Django 웹 서버를 동시에 실행하였으므로, Firefox에서는 http://localhost:8000을 입력한다.

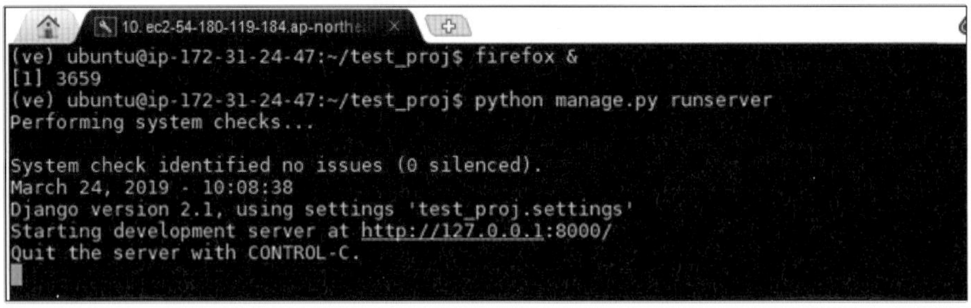

[그림 8-33] Firefox 및 Django 웹 서버 실행

[그림 8-33]과 같이 나타나면 Django 웹 서버가 정상적으로 실행되고 있다는 뜻으로, Django가 정상적으로 가동되고 있음을 확인할 수 있다.

웹 서버 접속 확인까지 완료되었으면, Django 웹 애플리케이션 개발 환경 구축은 모두 마쳤으며, 이어서 Django의 기본 구조 및 환경 설정에 대해서 다룬다.

09 Django 기본 구조 및 설정

CHAPTER

Chapter 8에서는 웹 애플리케이션 개발을 위해서 EC2 인스턴스에서 웹 서버 환경을 구축하고, 클라이언트에서 클라우드 환경으로 작업 수행을 하기 위해서 원격 데스크톱 환경을 구축해서 웹 서버를 실행했을 때 첫 화면을 보여주는 부분까지 진행하였다.

이번 장에서는 Django를 사용한 웹 애플리케이션을 구축에 앞서 Django Framework가 어떠한 구조로 구성되어 있고, 웹 애플리케이션을 어떤 방식으로 구축하는지에 대해 배워 볼 것이다. 그러므로 이 장에서는 Django Framework에 대한 기본 구조를 이해하고, Django 프로젝트 및 앱 생성 시 사용되는 파일에 대한 설명을 하고, 설정 파일을 어떤 방식으로 관리해야 하는지를 다룬다.

001. Django Framework 기본 구조

Django 의 개발 방식은 MTV(Model-Template-View) 프레임워크를 사용한다. MTV 프레임워크를 간단히 요약하자면 Model은 DB 상에 저장되어 있는 데이터를 뜻하고, View는 웹페이지를 구성하는 단위로 웹페이지 출력을 위한 기능 및 어떤 HTML 파일을 호출하는지에 대한 부분을 나타낸다. Template는 View에서 나타내고자 하는 웹페이지에 대한 화면의 틀을 제공하는 것으로 HTML 파일로 구성되어 있다.

로그인 기능이 있는 웹페이지를 예를 들어서 설명해 보자. 로그인을 하기 위해서는 사용자가 ID 와 Password를 입력해야 한다. 사용자가 입력한 ID와 Password는 서버로 전송되며, 서버에서는 ID와 Password가 올바른 지를 검증한다.

ID와 Password가 올바른 지 여부를 판단하기 위해서는 DB에 먼저 사용자 ID가 존재하는지를 검증하고, 존재할 경우에는 Password가 일치하는지를 검증한다. 만약 ID가 존재하지 않는다면 '존재하지 않는 ID입니다'라는 결과를 반환하고, ID는 존재하나 Password가 일치하지 않으면 '비밀번호가 일치하지 않습니다'라는 결과를 반환한다. ID와 Password가 모두 일치하면 '로그인이 완료되었습니다'라는 결과를 반환하면서 다음 페이지로 이동하게 된다.

여기에서 Django의 MTV 프레임워크의 각 구성요소 별로 수행하는 역할은 다음과 같다.

- **Model**: 사용자 정보가 올바른 지에 대한 ID, Password를 보관하고 있는 DB 상 데이터
- **Template**: 로그인을 위해서 ID, Password를 입력하고 입력 결과를 전송하기 위한 화면 양식

- **View**: 로그인 기능 수행을 위한 웹페이지를 지정하는 기능과 로그인 정보를 서버로 전송할 때 사용자 정보 DB 데이터를 가져온 후 ID 및 Password가 유효한 지를 검증하고 확인된 결과를 다시 반환하는 기능 수행

Django는 이러한 MTV 프레임워크를 바탕으로 하여 기능별로 분리되도록 구성되어 있으며, 이러한 분리는 웹 애플리케이션 프로젝트를 수행하는 데 있어서 대규모 개발 또는 유지보수를 용이하게 만들 수 있다.

002. Django 기본 파일 구조

Django를 설치했을 때 초기 생성되는 파일은 Django 프로젝트 수행을 위한 필수 파일이다. 그렇기 때문에 프로젝트 개발을 위해서는 먼저 Django 설치 시 초기 생성되는 파일이 어떤 용도의 파일인지를 알아야 하고, 이를 바탕으로 어떻게 개발할 것인 지를 결정할 수 있어야 한다.

1. Django 프로젝트 기본 파일 구조

Django 프로젝트의 기본 파일 구조는 다음과 같다.

```
test_proj/                          Project 포함 디렉토리
    test_proj/                      Project Root 디렉토리
            __pycache__/            Python3 Compile 디렉토리
            __init__.py             Python3 패키지 디렉토리 명시 파일
            settings.py             Django 프로젝트 파일
            urls.py                 Django 프로젝트 URL 명시 파일
            wsgi.py                 Django 웹 서비스 호환 파일
    db.sqlite3                      SQLite DB 파일
    manage.py                       Django 프로젝트 실행 파일
```

- **test_proj/** : Django 프로젝트 생성 시 Project 파일이 포함된 디렉토리로, 프로젝트 파일을 보관 이외의 용도로는 사용되지 않는다.
- **test_proj/test_proj**: Django 프로젝트 수행을 위한 패키지가 저장된 디렉토리이다. 이 디렉토리는 매우 중요하므로, 기본 생성된 파일은 반드시 존재해야 한다.
- **test_proj/test_proj/__pycache__** : Django 프로젝트 생성 시 만들어지는 디렉토리는 아니며, 앞서 다루었던 'python manage.py migrate'와 같이 초기에 'migrate' 명령을 수행했을 때 만들어진다. 이 디렉토리는 Python3 형태로 프로젝트 구동을 위한 컴파일된 파일이 포함되어 있으

며, 디렉토리 내의 파일은 없어도 정상적인 실행이 가능하나 성능이 저하될 수 있으므로 지우지 않고 보존하는 것을 권장한다.

- **__init__.py**: Django 프로젝트에서 현재 __init__.py 파일이 위치한 디렉토리가 Python 패키지 디렉토리임을 명시하는 파일이다. 프로젝트 root 디렉토리에 __init__.py 파일이 존재함으로써 이 파일과 같은 위치에 있는 다른 파일인 settings.py, urls.py, wsgi.py 파일을 다른 파일에서도 'import' 명령어를 사용하여 패키지 형태로 즉시 불러올 수 있다.

- **settings.py**: Django 프로젝트 상의 모든 환경 설정을 관리하는 파일로, 프로젝트에서 가장 큰 비중을 차지하는 파일이다.

- **urls.py**: Django 프로젝트의 URL을 관리하는 파일이다. 추가 앱 생성 시 앱 별로 URL을 지정할 수는 있지만, 프로젝트 root 디렉토리의 urls.py 파일에서 include를 시켜야만 URL을 지정한다는 점에서 이 파일은 웹 브라우저 상에서 관리되는 모든 URL을 관리하는 파일로 볼 수 있다.

- **wsgi.py**: Django 프로젝트의 웹 서비스를 위한 호환 규격(Web Server Gateway Interface: WSGI)을 명시한 파일이다. 이 파일은 별도로 작업하는 데 사용되지는 않지만, 웹 애플리케이션 가동을 위해서는 반드시 필요한 파일이다.

- **db.sqlite3**: Django는 처음 설치되었을 때 SQLite DB를 사용하며, 해당 DB와의 연계를 위해 사용되는 파일이다. 차후 다른 DB를 사용한다면 이 파일은 사용하지 않는다.

- **manage.py**: 웹 서버 실행, DB Model 적용을 위한 Migration 등 웹 애플리케이션 실행 및 관리를 위한 파일로, 이 파일 역시 별도의 작업 없이 서버 구동을 위한 용도로 사용된다.

2. Django 앱 기본 파일 구조

Django 프로젝트 내에는 하나 이상의 Django 앱(App)을 생성 및 관리할 수 있다. Django 앱이란 Django 프로젝트 내에서 어떠한 특정 기능에 따라 구분된 소규모 프로그램 단위로 볼 수 있다. 하나의 프로젝트 내에서 여러 개의 앱을 생성하고 관리하며, 또한 같은 기능을 하는 앱을 다른 이름으로 각각 생성하여 관리할 수 있다.

Django 프로젝트가 단일 기능만 수행하는 단순한 웹 어플리케이션이라면 별도의 앱을 생성하지 않고 프로젝트 내에서 모든 작업을 수행할 수 있지만, 여러 가지 기능을 수행할 경우에는 프로젝트 내에서 앱을 생성하여 기능 별로 구분하여 관리하는 것이 유지보수 및 확장성 면에서 뛰어나다.

Django 앱을 생성하는 방법은 다음과 같으며, 'testapp'이라는 이름으로 신규 앱을 생성한다.

```
(ve)$ python manage.py startapp testapp
```

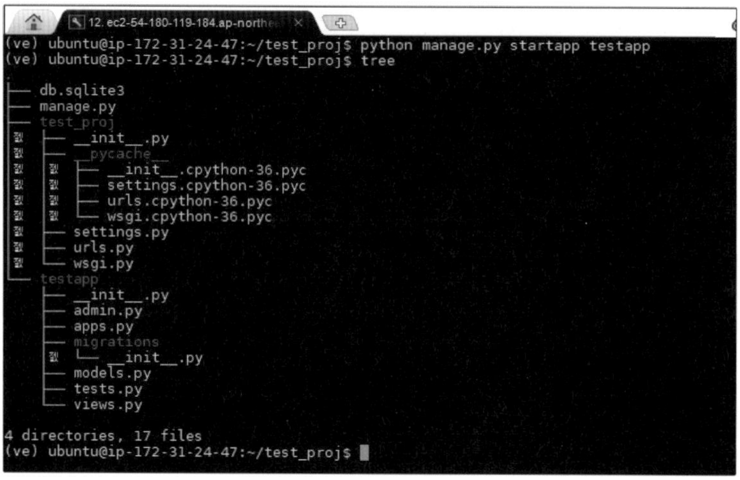

[그림 9-1] Django 앱 생성 후 기본 생성 파일 확인

testapp 앱을 실행하면 기본 생성되는 파일이 다수 존재한다. Django 프로젝트 설치 시 생성된 파일이 Django 기본 설정을 위한 파일이면, Django 앱 생성 시 생성된 파일 역시 Django 앱 개발에 필요한 파일로 볼 수 있다. 다음은 Django 앱 생성에 따라 생성된 파일로, 한번 간단히 살펴본다.

```
testapp/                        앱(App) 루트 디렉토리
    __init__.py                 Python3 패키지 디렉토리 명시 파일
    admin.py                    앱 관리자 페이지 등록 Model 정보
    apps.py                     앱 실행 시 초기 실행 등 설정 파일
    migrations/                 앱 내 Model 갱신 시 사용
    models.py                   앱 Model 정보
    tests.py                    앱 Test 페이지 파일
    views.py                    앱 View 정보
```

- **testapp/**: Django 앱(App) 생성 시 관리되는 루트 디렉토리로, 앱 관리를 위한 파일을 포함하고 있다.

- **__init__.py**: Django 프로젝트 설치 시 생성되는 __init__.py 파일과 동일한 용도로, 현재 __init__.py 파일이 위치한 디렉토리가 Python 패키지 디렉토리임을 명시하는 파일이다.

- **admin.py**: Django 프로젝트는 자체적으로 관리자 페이지를 생성 및 관리하는 기능이 있다. 관리자 페이지는 웹 애플리케이션 상에서 관리되고 있는 데이터를 등록, 조회, 삭제 등의 모든 기능을 수행하기 위한 페이지로, admin.py 파일에서는 관리자 페이지에 들어갈 어떤 데이터가 어떻게 들어갈 것인 지에 대한 정보를 포함하고 있다.

- **apps.py**: Django 앱에 대한 클래스(Class)를 선언 및 정의하는 파일이다. Django 프로젝트 설정 파일에서 특정 Django 앱을 사용하고자 할 때, apps.py 파일에서 선언된 클래스명을 사용하

면 Django 프로젝트에도 해당 앱을 사용할 수 있다.

- **migrations/**: Django 앱에 대한 DB 변경 사항 발생 시 이에 대한 정보를 포함한 파일을 포함하고 있는 디렉토리이다. 최초 생성 시에는 __init__.py 파일만 생성되어 있지만, 변경사항이 발생할 때마다 migrations 디렉토리에 파일이 하나씩 생성됨에 따라 변경사항에 대한 이력을 관리한다.
- **models.py**: DB에 대한 Model을 정의하는 파일이다. Django 프로젝트 상에 연결되어 있는 DB 정보를 토대로 하여, 해당 DB에서 사용하고자 하는 테이블(Table)을 정의 및 관리한다.
- **test.py**: Django 앱 생성 시 테스트 수행을 위해서 자동 생성되는 파일이다.
- **views.py**: Django 앱을 제어하는 View를 정의하는 파일이다. Model 제어 및 Template 요청사항에 대한 구현을 위한 클래스 및 함수 형태로 구현한다.

Django 앱 구현을 위해서 위와 같이 초기에 생성되는 파일도 필요하지만, 웹페이지의 화면상으로 나타나는 Template과 이의 주소를 지정하고 관리하기 위한 URL 파일도 필요하다. 이들 파일은 초기에 생성되는 것은 아니며, Django 앱 구현 시 추가로 필요하다. 이에 대한 자세한 내용은 다음 절에 이어서 다룬다.

003. Django Framework관리

이번 절에서는 Django 환경 설정 및 관리, 파일 배치 등 전반적인 관리 사항을 다루며, 웹 애플리케이션 구축 전에 참고토록 한다.

1. Django 환경 설정 - settings.py

Django 환경 설정은 Django 프로젝트 설치 시 생성되는 파일인 settings.py에서 전체 설정을 관리한다. settings.py 파일에서는 환경 설정에 사용되는 변수를 리스트, 딕셔너리 등의 형태로 구성하고, Django를 실행할 때 이들 변수를 사용하여 웹 애플리케이션이 실행되는 환경을 구성한다. settings.py 파일이 어떻게 구성되어있는지를 한 번 간단히 살펴봄으로써 Django 프로젝트의 전반적인 구성을 파악한다.

■ **파일** - test_proj/settings.py

```
01:   import os
02:
03:   BASE_DIR = os.path.dirname(os.path.dirname(os.path.abspath(__file__)))
04
05:   SECRET_KEY = '.....'   #50글자의 암호화된 값
```

```
06:
07:  DEBUG = True
08:
09:  ALLOWED_HOSTS = []
10:
11:  INSTALLED_APPS = [
12:      'django.contrib.admin',
13:      'django.contrib.auth',
14:      'django.contrib.contenttypes',
15:      'django.contrib.sessions',
16:      'django.contrib.messages',
17:      'django.contrib.staticfiles',
18:  ]
19:
20:  MIDDLEWARE = [
21:      'django.middleware.security.SecurityMiddleware',
22:      'django.contrib.sessions.middleware.SessionMiddleware',
23:      'django.middleware.common.CommonMiddleware',
24:      'django.middleware.csrf.CsrfViewMiddleware',
25:      'django.contrib.auth.middleware.AuthenticationMiddleware',
26:      'django.contrib.messages.middleware.MessageMiddleware',
27:      'django.middleware.clickjacking.XFrameOptionsMiddleware',
28:  ]
29:
30:  ROOT_URLCONF = 'test_proj.urls'
31:
32:  TEMPLATES = [
33:    {
34:      'BACKEND': 'django.template.backends.django.DjangoTemplates',
35:      'DIRS': [],
36:      'APP_DIRS': True,
37:      'OPTIONS': {
38:          'context_processors': [
39:              'django.template.context_processors.debug',
40:              'django.template.context_processors.request',
41:              'django.contrib.auth.context_processors.auth',
42:              'django.contrib.messages.context_processors.messages',
43:          ],
44:      },
45:    },
46:  ]
47:
48:  WSGI_APPLICATION = 'test_proj.wsgi.application'
```

```
49:
50:  DATABASES = {
51:      'default': {
52:          'ENGINE': 'django.db.backends.sqlite3',
53:          'NAME': os.path.join(BASE_DIR, 'db.sqlite3'),
54:      }
55:  }
56:
57:  AUTH_PASSWORD_VALIDATORS = [
58:      {
59:          'NAME': 'django.contrib.auth.password_validation.UserAttributeSimil
                  arityValidator',
60:      },
61:      {
62:          'NAME': 'django.contrib.auth.password_validation.MinimumLengthValidator',
63:      },
64:      {
65:          'NAME': 'django.contrib.auth.password_validation.CommonPasswordValidator',
66:      },
67:      {
68:          'NAME': 'django.contrib.auth.password_validation.NumericPasswordValidator',
69:      },
70:  ]
71:
72:  LANGUAGE_CODE = 'en-us'
73:  TIME_ZONE = 'UTC'
74:  USE_I18N = True
75:  USE_L10N = True
76:  USE_TZ = True
77:  STATIC_URL = '/static/'
```

- **SECRET_KEY(5 Line)**: Django 프로젝트 설정 보안을 위해서 임의로 생성된 암호화된 Key 값
  으로, 외부로부터의 접근 시 해당 Key 값을 모를 경우 접근할 수 없도록 한 값이다. 이 값은 마
  음대로 변경하거나 외부로 노출되면 안 되는 값이므로, 만약에 외부 노출이 이루어졌을 경우에
  는 Key 값 생성 코드 등을 사용하여 변경한다.
- **DEBUG(7 Line)**: 이 부분은 웹 애플리케이션 개발 시 자주 다루게 되는 구문이다. 개발 과정에서
  Django 프로젝트 세팅 또는 Model, View 등의 부분에서 오류가 발생할 때, 'True'로 설정하면
  오류에 대한 세부 내역을 모두 볼 수 있어서 오류에 대한 수정이 용이하다. 반면에 'False'로 설
  정하면 오류에 대한 내역을 일체 볼 수 없는 대신 서버 오류 발생이라는 메시지만 웹페이지 상
  으로 반환한다. 개발이 진행 중일 경우에는 DEBUG를 'True'로 하여 오류 수정을 빠르게 진행

하는 것이 좋으나, 반대로 배포 중인 경우 오류를 공개하면 외부로부터 침입이 쉽다. 그러므로 수정이 완료되거나 운영 중일 경우에는 'False'로 값을 설정한다.

- ALLOWED_HOSTS(9 Line): 외부로부터 허용된 호스트 목록을 나타낼 때 사용한다. 이 부분은 DEBUG가 True일 경우에는 제약 없이 웹페이지를 접근할 수 있으나, False 라면 허용된 호스트만 접근할 수 있다.

- INSTALLED_APPS(11~18 Line): Django 프로젝트를 설치 시 Django 기본 Library를 앱 형태로 제공하고 있다. 그리고 추후에 Django 앱을 생성할 경우, INSTALLED_APPS 부분에 생성된 앱을 추가해야만 Django 프로젝트 내 사용할 수 있다. 그러므로 추후 앱 추가 시 이 부분을 반드시 입력한다.

- MIDDLEWARE(20~28 Line): Django 의 보안 및 세션, 암호화된 자료 통신 시 사용되는 Middleware Component를 기본 제공한다. 이 부분은 변동사항은 거의 없으나, 특정 서비스가 필요할 경우에는 Class 형태의 Middleware를 구현 후 이를 추가하여 사용한다.

- ROOT_URLFCONF(30 Line): Django 프로젝트의 URL 설정하는 파일을 지정하는 부분이다. 기본으로는 '프로젝트명.urls'로 되어 있는데, 이는 프로젝트 명과 동일한 디렉토리 내 urls.py 파일을 가리키는 것으로, 일반적으로 이 값은 변경하지 않는다.

- TEMPLATES(32~46 Line): Django 프로젝트 및 앱의 웹페이지 양식을 저장하기 위한 Template 파일을 포함한 디렉토리를 어떤 형태로 구성할 것인 지에 대한 설정을 나타낸다. 기본 설정은 프로젝트 또는 디렉토리 내 templates 디렉토리 내부에 있을 때에만 유효한 것으로 인식한다. 예를 들면 Django 프로젝트에 대한 웹페이지는 '/프로젝트명/templates/' 디렉토리 내에 있는 파일에 한해서만 URL을 사용하며, Django 앱에 대한 웹페이지는 '/앱명/templates/' 디렉토리 내에 있는 파일에 한해서만 URL을 사용한다. 이 부분에 대한 설정은 Template 파일을 어떤 방식으로 위치할 것인 지 방법을 정한 후 변경할 수 있다.

- WSGI_APPLICATION(48 Line): WSGI(Web Server Gateway Interface)는 Django의 배포 플랫폼으로, 웹 애플리케이션과 서버 간의 인터페이스 규약으로 사용된다. settings.py에서는 WSGI를 어디서 사용하는지 설정할 수 있고, '프로젝트명.wsgi.application'이라 함은 '/프로젝트명/wsgi.py' 파일의 application부분을 WSGI_APPLICATION으로 사용한다는 것을 뜻한다. 이 부분은 별도의 변경 없이 그대로 유지한다.

- DATABASES(50~55 Line): Django에서 사용할 DB를 지정하는 구문이다. 기본 DB는 SQLite를 사용하는 것으로 명시되어 있지만, MySQL을 사용하기 위해서는 해당 구문의 내용을 변경해야 한다. 변경 방법에 대해서는 Chapter 10에서 자세히 다룬다.

- AUTH_PASSWORD_VALIDATORS(57~70 Line): Django 1.9부터 새로 생긴 기능으로, 사용자 비밀번호에 대한 유효성을 관리하는 내용이다. 역시 변경 없이 유지한다.

- LANGUAGE_CODE(72 Line): 기본 언어를 지정하는 부분이다. 한글로 변경을 원할 경우 'ko-kr' 또는 'ko'로 변경한다.

- TIME_ZONE/USE_TZ(73, 76 Line): 표준 시간대 설정부분이다. 기본값은 표준시(UTC)로 설정되어 있으며, 한국 표준시로 변경이 필요할 경우에는 'Asia/Seoul'로 값을 변경하면 된다. USE_TZ는 Time Zone 사용 여부를 나타내는 것으로, 기본값인 True를 유지한다.
- USE_I18N / USE_L10N (74, 75 Line): Django는 다국어 페이지 작성 시 이에 대한 기본 프레임워크를 지원한다. 이 때 국제화(I18N)와 현지화(L10N) 지원 여부를 설정하는 구문으로, 기본값인 True를 유지한다.
- STATIC_URL(77 Line): Static 파일은 홈페이지에서 사용되는 파일 중 웹페이지 내 특정 용도에 따라 사용되는 파일로, 웹페이지 형태와는 무관하게 변경사항이 없이 사용된다는 점에서 이를 정적 파일이라고도 한다. 주로 저장되는 파일은 웹페이지 구성요소인 Javascript, CSS, Image 등 Media 파일이 저장된다. 정적 파일을 저장하는 Static 디렉토리는 기본값으로 '/static/' 디렉토리로 지정되어 있다.

위 설정은 settings.py 파일에서 기본으로 사용하는 설정이며, 추가 설정이 필요할 경우에는 위 코드에 외에도 추가 변수를 생성하여 관리할 수 있다.

2. Django 작동 및 관리 스크립트 파일 - manage.py

Django 프로젝트 설치 시 생성되는 manage.py 파일은 Django Framework를 웹 서버 가동, DB 모델의 변경사항 반영, Django Admin(관리자) 계정 생성 등의 역할을 수행하는 데 사용되는 스크립트 파일이다.

manage.py는 별도의 변경 없이 python에서 수행하는 파일로, 기본 사용방법은 다음과 같다.

```
$ python manage.py [수행 명령어]
```

여기에서 [수행 명령어]라 함은 Django Framework 동작 수행을 위한 명령어로, 대표적으로 사용되는 명령어를 살펴본다.

1) Django Framework 웹 서버 작동 - runserver

```
$ python manage.py runserver
```

Django Framework 의 웹 서버를 작동시키기 위해서는 manage.py 스크립트에 runserver 명령어를 사용한다. Django 웹 서버를 작동시키면 Django 프로젝트가 위치한 디렉토리를 로컬 서버로 인식하고, 8000번 포트를 기본 포트로 사용하므로 http://127.0.0.1:8000 또는 http://localhost:8000으로 접속해서 현재까지 작업한 결과를 확인할 수 있다.

[그림 9-2] Django 웹 서버 실행

[그림 8-2]와 같이 'Starting development server at http://127.0.0.1:8000/'으로 나오면 서버가 정상적으로 실행되는 것으로 확인할 수 있다.

2) Django 앱 생성 - startapp

```
$ python manage.py startapp [앱 이름]
```

startapp은 Chapter 9에서 앱 기본 파일 구조에서 한번 소개된 바 있었으며, Django 프로젝트 내의 Django 앱을 생성할 때 사용된다. 앱 생성 및 삭제는 제한은 없으나, 생성된 앱을 사용하기 위해서는 settings.py의 INSTALLED_APPS에 앱을 등록해야 Django 프로젝트 내에서 사용할 수 있다.

생성 예제 및 settings.py 등록은 다음과 같이 입력한다.

```
$ python manage.py startapp testapp
$ vi test_proj/settings.py
...
INSTALLED_APPS = [    'django.contrib.admin',    'django.contrib.auth',
  'django.contrib.contenttypes',
    'django.contrib.sessions',
    'django.contrib.messages',
    'django.contrib.staticfiles',
    'testapp.apps.TestappConfig',
]
...
```

3) Django DB 모델 생성 - makemigrations

```
$ python manage.py makemigrations [앱 이름]
```

makemigrations는 Django 프로젝트에서 사용하는 모든 앱에서 DB 모델에 대한 변경사항이 있을 경우 이를 하나의 파일로 생성하는 작업을 뜻한다. 변경사항이 있을 경우에는 앱 디렉토리 내

migrations 디렉토리에 신규 파일이 생성된다.

4) Django DB 모델 변경사항 적용 - migrate

```
$ python manage.py migrate
```

migrate는 Django 앱에서 DB 모델에 대한 변경사항을 적용할 때 사용하는 명령어이다. 변경사항 적용은 migrations 디렉토리 내 파일을 참조한다.

5) Django DB 모델 클래스 생성 - inspectdb

```
$ python manage.py inspectdb [테이블 명]
```

inspectdb는 Django에 연결된 DB 모델의 테이블을 클래스(Class) 형태로 가져오는 명령어로, inspectdb 뒤에 테이블 명칭을 붙이지 않으면 DB 내의 모든 테이블을 가져온다. inspectdb 명령어를 사용할 경우에는 클래스 형태로 가져오므로, Django 모델을 관리하는 models.py에 클래스 형태로 기록하기 위해서는 뒤에 '>'를 붙여서 다음과 같이 저장한다.

```
$ python manage.py inspectdb boards_v > testapp/models.py
```

6) Django 관리자 계정 생성 - createsuperuser

```
$ python manage.py createsuperuser
```

createsuperuser는 Django의 관리자 페이지 접속을 위한 사용자를 생성하는 명령어로, 해당 명령을 실행할 경우 관리자 계정에 대한 정보를 입력한다.

```
(ve) ubuntu@ip-172-31-24-47:~/awsdjangoproj$ python manage.py createsuperuser
Username: admin
Last name: administrator
Phone: 010-000-0000
Email: admin@admin.com
Date of birth: 2000-01-01
Password:
Password (again):
/home/ubuntu/ve/lib/python3.6/site-packages/django/db/models/fields/__init__.py:1421
: RuntimeWarning: DateTimeField User.date_of_birth received a naive datetime (2000-0
1-01 00:00:00) while time zone support is active.
  RuntimeWarning)
Superuser created successfully.
(ve) ubuntu@ip-172-31-24-47:~/awsdjangoproj$
```

[그림 9-3] Django 관리자 계정 생성

7) 정적(Static) 파일 배치 - collectstatic

```
$ python manage.py collectstatic
```

Chapter 22의 웹 애플리케이션 배포에서 자세히 다룰 내용으로, 개발 환경에서는 정적 파일을 관리할 때 각 Django의 앱 디렉토리 내부에 '/static/' 디렉토리를 생성하여 앱 별로 정적 파일을 관리한다. 하지만 배포 환경에서는 Django 프로젝트의 루트(Root) 디렉토리로 정적 파일을 모두 배치시킬 때 사용하는 명령어(collectstatic)를 사용한다. 즉, 배포 환경에서는 개발 환경과 달리 정적 파일을 사전에 배치하지 않으면 이들 파일을 적용할 수 없으므로 배포 이전에 사용해야 한다.

[그림 9-4] Django 정적 파일 배치

8) Python 코드 수행 - shell

```
$ python manage.py shell
```

shell은 Python Shell과 동일한 기능을 수행하지만, 현재 사용중인 Django 웹 애플리케이션의 명령을 수행할 수 있는 환경을 제공한다. Django shell 환경에서는 기본적인 Python 명령어를 포함해서 Django에서 제공하는 패키지 및 모듈과 사용자가 정의한 패키지도 사용하여 코드를 개발하는 것과 동일하게 수행할 수 있다. Django에서는 Python 코드가 올바르게 작동하는지를 웹 브라우저를 실행하여 확인해야 하지만, 간단한 명령어의 경우에는 shell을 수행하여 테스트를 수행할 수 있다.

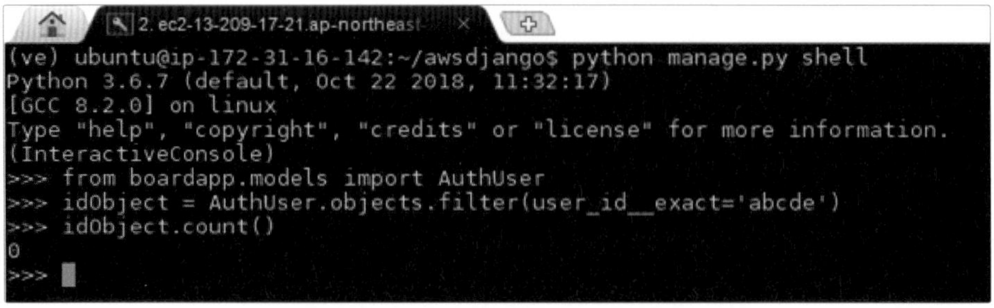

[그림 9-5] Python Shell 명령어 수행 예제

10 CHAPTER
MySQL 환경 구축 및 Django 연동

001. MySQL 환경 설정

MySQL과 관련해서는 앞서 Chapter 3의 RDS 부분에서 한 번 다룬 바 있었다. Chapter 3에서는 MySQL DB 인스턴스를 생성하고 실행까지를 다루었으면, 이 장에서는 MySQL에 대한 환경 설정을 진행하고, MySQL – Django 연동 후 차후 구현할 웹 애플리케이션에 사용될 기본 테이블(Table) 생성 및 적용 예제를 다룬다.

DB 인스턴스 환경변수도 역시 Chapter 3의 파라미터 그룹에서 한 번 소개된 바 있었다. Chapter 3에서는 DB 인스턴스에 대한 신규 파라미터 그룹을 생성한 후, 변경 사항을 DB 인스턴스에 적용하는 방법까지 다루었다. 이 장에서는 구체적으로 어떤 환경변수를 변경 및 관리해야 하는지를 다룬다.

1. 파라미터 그룹 확인

파라미터 그룹 확인은 RDS 데이터베이스 대시보드의 구성 탭에서 확인할 수 있다.

[그림 10-1] RDS 대시보드 – 파라미터 그룹 확인

DB 인스턴스 초기 생성시에는 Default 파라미터 그룹으로 지정되어 있지만, [그림 10-1]에서는 파라미터 그룹이 'paramgroup-1'으로 지정된 것을 확인할 수 있다. 이는 [그림 3-27]에서 파라미터 그룹을 신규 생성 및 적용하였기 때문에 해당 사항이 적용된 것으로 볼 수 있으며, 파라미터 그룹 관리를 위해서 'paramgroup-1'을 확인하도록 한다.

파라미터 그룹은 DB 종류 및 버전에 따라서 사용할 파라미터가 정해져 있으며, MySQL 5.7 기준으로는 총 404개의 파라미터가 있다.

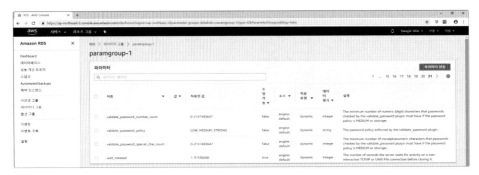

[그림 10-2] RDS 파라미터 그룹

MySQL의 모든 파라미터를 다 이해하는 것은 어려운 일이다. 대부분의 파라미터의 기본값 자체가 사용자에 최적화되게 세팅되어 있기 때문에 반드시 바꿔야 할 파라미터가 아닌 경우에는 가급적이면 바꾸지 않는 것을 권장한다. 하지만 몇몇 설정의 경우에는 변경이 필요한 파라미터도 있다.

사용자가 구축하고자 하는 DB의 성격에 따라 변경이 필요한 파라미터는 차이가 있겠지만, 일반적으로는 캐릭터 셋 및 표준 시간대 설정은 한 번씩 확인해야 한다. 해당 파라미터는 다음 [표 10-1]과 같다.

[표 10-1] MySQL 캐릭터 셋/표준 시간대 파라미터

구분	파라미터	권장 값
캐릭터셋 설정	character_set_client	utf8
	character_set_connection	utf8
	character_set_database	utf8
	character_set_filesystem	binary
	character_set_results	utf8
	character_set_server	utf8
	collation_connection	utf8_general_ci
	collation_database	utf8_general_ci
	collation_server	utf8_general_ci
	init_connect	SET names utf8
표준 시간대 설정	time_zone	Asia/Seoul

2. 캐릭터 셋 기본 설정

웹 프로그래밍 초창기 때에는 한글 표준 규격인 EUC-KR을 많이 사용했지만, 현재는 전 세계 모

든 언어가 호환되는 UTF-8을 표준 규격으로 사용하며, 이 책에서도 UTF-8 규격으로 캐릭터셋을 설정한다. 캐릭터셋 설정은 DB 구축이 완료된 이후 차후에 변경할 수 있지만, 캐릭터 셋 설정이 사전에 되어 있지 않으면 차후 변경 시에 DB의 모든 내용을 변경해야 하는 경우도 생긴다. 그러 므로 DB 구축에 앞서서 사전에 설정하는 것이 좋다.

생성된 MySQL에서 RDS 인스턴스로 파라미터 그룹을 설정하지 않았을 경우, 캐릭터 셋에 대한 기본 파라미터 그룹 값은 [그림 10-3]과 같다. 해당 캐릭터 셋으로 DB를 작성할 경우에는 한글 호 환이 이루어지지 않으므로 이에 대한 확인이 반드시 필요하다.

MySQL 설정값 확인은 MySQL Workbench 등의 프로그램을 통해서 접속한 후 SQL 명령어로 확인하며, 이는 다음과 같다.

```
set variables like '%character%';
set variables like '%collation%';
```

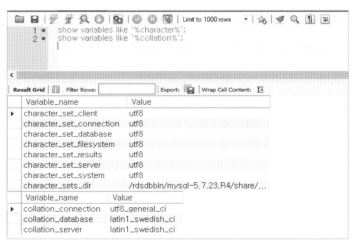

[그림 10-3] MySQL 캐릭터 셋 관련 파라미터 기본값

일부 파라미터에는 'utf8'로 명시가 되어 있지만, 일부 파라미터에는 'latin1'로 기본값이 지정되어 있고, collation_database 및 서버값에는 'latin1_ swedish_ci'로 지정되어 있기도 하다. 물론 라틴어 규격으로 영문 DB를 구축하는 것은 문제는 없지만, 한글을 포함한 다국어에 대한 호환이 이루어지지 않는다. 그러므로 DB 확장성 등을 고려할 때, 캐릭터 셋은 사전에 변경하는 것을 권 장한다.

3. 표준 시간대 기본 설정

캐릭터 셋의 경우에는 데이터베이스 기본 언어가 라틴어로 지정되어 있어서 한글 지원에 문제가 있었던 점을 확인한 바 있었다. 이에 따라 표준 시간대 역시 비슷한 맥락으로의 확인이 필요하며,

표준 시간대 확인은 다음 명령어를 통해서 확인한다.

```
select now( );
```

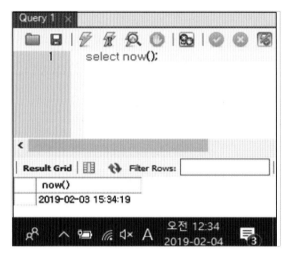

[그림 10-4] MySQL 표준 시간대 확인

[그림 10-4]와 같이, 현재 시각은 오전 12시34분인 데 반해, DB에서는 전일 오후 3시 34분으로 나타나있는데 해당 시간은 GMT+0, 즉 런던시에 해당하는 시간 규격이다.

표준 시간대 역시 캐릭터 셋과 더불어서 기본 시간대하고 차이가 있다. 이는 추후 DB 구축 시 날짜 및 시간을 관리하는 측면에 있어서도 큰 문제를 발생할 수 있으므로 이에 대한 사전 변경이 필요하다.

표준 시간대와 관련된 부분은 time_zone으로 검색하면 결과를 조회할 수 있다. 확인 결과 UTC(Coordinated Universal Time, 협정 세계시)로 설정된 것으로 나타났으며, 캐릭터 셋과 마찬가지로 이에 대한 사전 변경이 필요하다.

```
show variables like '%time_zone%';
```

Variable_name	Value
system_time_zone	UTC
time_zone	UTC

[그림 10-5] MySQL 표준 시간대 파라미터 확인

4. 파라미터 그룹 변경

앞서 확인한 바와 같이 MySQL의 환경 변수는 사용자들이 일반적으로 사용하는 구성에 맞게끔

기본값이 설정되어 있지만, 캐릭터 셋 및 표준 시간대와 관련해서는 변경이 필요하다.

윈도우즈 또는 리눅스 서버에서 MySQL을 자체적으로 구현할 경우에는 환경 변수에 대한 변경 사항을 MySQL 환경설정 파일을 통해서 변경할 값을 입력하고 재시작을 하면 반영된다. 하지만 DB 인스턴스의 경우에는 DB 서버 자체가 별도의 독립된 서버로 구성되어 있기 때문에 특정 파일을 통한 환경 변수 설정이 어렵다. 게다가 DB에 접속해서 SET 명령어를 사용해서 변경하는 것도 DB를 재시작할 경우에는 변경된 값이 사라지기 때문에 제한이 있다.

대신 AWS Management Console에서 제공하는 파라미터 그룹을 통해서 파라미터에 값을 입력하는 형태로 적용하면 환경 변수도 해당 값에 맞게 변경된다. 또한 DB를 재부팅할 경우에도 DB 인스턴스에 설정되어 있는 파라미터 값으로 적용되기 때문에 환경 변수를 사용할 수 있다.

파라미터 그룹 내용 변경은 파라미터 그룹의 '파라미터 편집'으로 들어간 후 변경이 필요한 파라미터에 대해서 값을 입력하고 변경사항을 저장하는 순서로 이루어진다. MySQL 5.7은 파라미터 그룹 내 파라미터가 총 404개이므로 일일이 찾는 것 보다는, 검색어를 입력할 경우 해당되는 결과가 즉시 필터링 되므로 편리하게 변경할 수 있다.

[그림 10-6] DB 인스턴스의 파라미터 그룹 내 파라미터 변경

파라미터 그룹을 변경하고 저장하면 해당 파라미터 그룹에 연결된 DB 인스턴스도 변경사항이 즉시 적용된다. 변경사항이 모두 완료될 경우에는 변경된 값으로 DB 인스턴스를 사용할 수 있다.

[그림 10-7] DB 인스턴스의 파라미터 그룹 변경에 따른 DB 변경 진행

변경이 모두 완료되었으면, DB에 접속해서 환경 변수 변경사항을 확인한다.

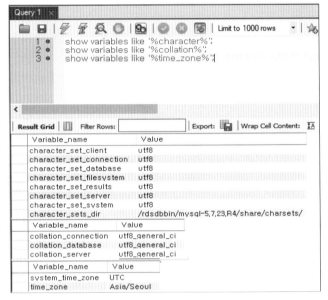

[그림 10-8] DB 접속 후 환경 변수 변경 사항 확인

변경된 내용은 [그림 10-8]과 같이 나타나며, 캐릭터 셋 및 표준 시간대가 변경된 것을 확인할 수 있다.

collation 항목은 캐릭터 셋 관련된 항목 중 하나로, 각 언어 간의 글자에 대해서 비교할 때의 규칙을 정의하는 항목이다. 파라미터 그룹 내 파라미터 변경 시에는 collation_connection, collation_server에 대한 변경만 가능하지만, [그림 10-8]에서는 collation_databse 항목 역시 collation_server 변경에 따라 동일한 값으로 변경되어 있음을 확인할 수 있다.

이와는 반대로 표준 시간대에 해당되는 time_zone은 표준 시간대가 변경되어도 system_time_zone은 변경되지 않음을 확인할 수 있다. system_time_zone 변수는 DB 인스턴스가 최초로 시작될 때 설정되는 시간을 기록한 값으로, 이 값은 최초 1회 설정 후 변경이 불가능한 값이다. 반대로 time_zone 변수는 system_time_zone 변수의 값을 상속받아 초기값이 세팅되지만, 추후 사용자 필요에 따른 변경이 가능한 변수다. 그러므로 DB 인스턴스의 현재 시간은 time_zone 변수의 값에 따라서 결정된다.

표준 시간대 변경 전에는 [그림 10-4]와 같이 컴퓨터 상의 현재 시각(GMT+9)과 DB 인스턴스의 시각(GMT+0)이 다르게 설정된 것을 확인할 수 있었지만, 반대로 파라미터 값 변경 이후 DB 인스턴스의 시각(GMT+9, Asia/Seoul)이 동일하다는 것을 [그림 10-9]와 같이 확인할 수 있다.

[그림 10-9] DB 인스턴스의 현재 시각 확인

파라미터 그룹을 통한 환경 변수 변경이 모두 완료된 후에는 MySQL을 원하는 형태로 이용 가능하므로 참고 바란다. 이와 더불어 사용자 별로 변경 필요한 환경 변수가 존재할 경우에는 DB 인스턴스 시작 후 사전에 변경하는 것을 권장한다.

5. DB 생성

환경설정을 모두 마쳤으면 다음은 사용자 DB를 생성하는 작업을 진행한다. 앞서 [그림 3-8]과 같이, DB 인스턴스 생성 시 DB 이름을 입력하지 않게 되면 DB 인스턴스 생성 후에 별도로 생성할 수 있다. 반대로 DB 이름을 입력하게 되면 사용자의 첫 번째 DB로 인식하고 해당 DB에서 모든 작업을 수행할 수 있다.

DB는 'testdb'라는 이름으로 하고, 다음과 같이 생성한다.

```
create database testdb;
show databases;
```

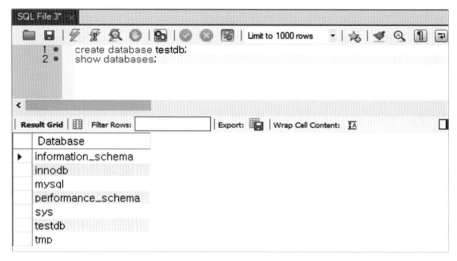

[그림 10-10] DB 인스턴스 내 DB 생성 후 목록 조회

DB 생성이 확인되었으면 다음으로는 생성된 DB를 다음과 같이 사용한다.

```
use testdb;
```

MySQL에 대한 환경 설정이 끝났으면, MySQL과 Django를 연동하는 작업을 진행한다.

002. MySQL - Django 연동

1. MySQL 사용을 위한 Django 세팅파일 변경

Django는 설치 시 기본으로 SQLite DB를 사용하도록 설정되어 있다. 그러므로 MySQL을 사용하기 위해서는 DB 설정을 변경해야 한다. 앞서 Chapter 8에서 다루었던 것과 같이, Django와 연동할 DB는 Django 프로젝트 내 settings.py 파일의 'DATABASES' 항목에서 설정할 수 있다.

다음은 Django 프로젝트 설치 시 settings.py의 기본 DATABASES 항목으로, 기본(default) 부분의 ENGINE과 NAME이 각각 'sqlite3'가 명시되어 있음을 확인할 수 있다.

```
DATABASES = {
    'default': {
        'ENGINE': 'django.db.backends.sqlite3',
        'NAME': os.path.join(BASE_DIR, 'db.sqlite3'),
```

```
        }
}
```

여기에서 MySQL로 변경하기 위해서는, SQLite로 입력된 부분을 지운 후 다음과 같이 입력한다.

```
DATABASES = {
    'default': {
        'ENGINE': 'django.db.backends.mysql',
        'NAME': 'testdb',
        'USER': 'userid',
        'PASSWORD': '123456',
        'PORT': '3306',
        'HOST': 'myinstance.abcdef.ap-northeast-2.rds.amazonaws.com',
        'OPTIONS': {
            'init_command': "SET sql_mode='STRICT_TRANS_TABLES'",
        },
    }
}
```

- **ENGINE**: MySQL 엔진을 사용할 것을 명시하는 부분으로, 기본값인 'django.db.backends.mys-ql'로 입력한다.
- **NAME**: DB 접속 시 사용할 DB 이름을 입력한다.
- **USER**: DB 접속을 위한 사용자 ID를 입력한다.
- **PASSWORD**: DB 접속을 위한 사용자 비밀번호를 입력한다.
- **PORT**: DB 접속 Port를 입력한다.
- **HOST**: DB 접속을 위한 주소를 입력한다. 주소는 AWS Management Console의 DB 인스턴스 내 엔드포인트 주소를 참고한다.
- **OPTIONS**: DB 설정과 관련된 기타 옵션 추가 시 사용된다.
- '**init_command**': "SET sql_mode='STRICT_TRANS_TABLES'" 옵션은 입력 오류 방지를 위한 옵션이다. 만약 이 옵션을 사용하지 않을 경우에는 데이터 입력 시 최대 길이를 넘는 데이터 삽입 시 에러를 일으키지 않고 일부 글자가 잘리는 현상이 발생한다. 하지만 이 옵션을 넣어줌으로써 데이터 입력 오류에 대한 에러를 발생시켜 정확한 데이터를 입력할 수 있게 한다. MySQL 5.7에서는 STRICT_TRANS_TABLE 옵션이 기본 설정되어 있으며, Django DB 설정에도 해당 부분을 추가한다.

2. MySQL 사용을 위한 패키지 설치 및 실행

settings.py 파일의 모든 입력을 완료하고, 다시 Django 웹 서버를 실행하면 [그림 10-11]과 같이 올바르게 실행되지 않을 수도 있다.

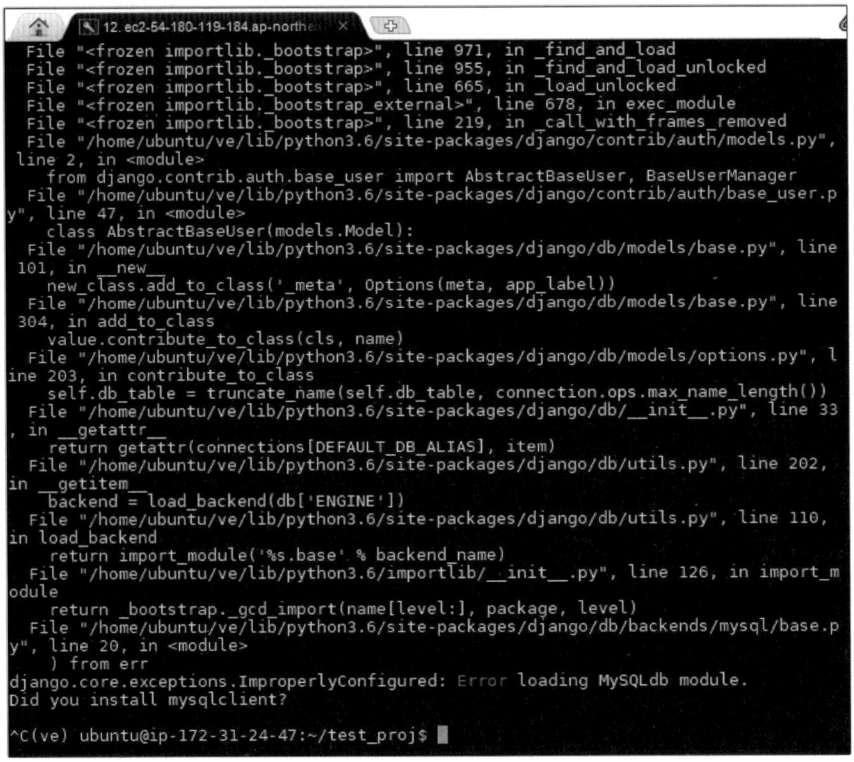

```
  File "<frozen importlib._bootstrap>", line 971, in _find_and_load
  File "<frozen importlib._bootstrap>", line 955, in _find_and_load_unlocked
  File "<frozen importlib._bootstrap>", line 665, in _load_unlocked
  File "<frozen importlib._bootstrap_external>", line 678, in exec_module
  File "<frozen importlib._bootstrap>", line 219, in _call_with_frames_removed
  File "/home/ubuntu/ve/lib/python3.6/site-packages/django/contrib/auth/models.py",
 line 2, in <module>
    from django.contrib.auth.base_user import AbstractBaseUser, BaseUserManager
  File "/home/ubuntu/ve/lib/python3.6/site-packages/django/contrib/auth/base_user.p
y", line 47, in <module>
    class AbstractBaseUser(models.Model):
  File "/home/ubuntu/ve/lib/python3.6/site-packages/django/db/models/base.py", line
 101, in __new__
    new_class.add_to_class('_meta', Options(meta, app_label))
  File "/home/ubuntu/ve/lib/python3.6/site-packages/django/db/models/base.py", line
 304, in add_to_class
    value.contribute_to_class(cls, name)
  File "/home/ubuntu/ve/lib/python3.6/site-packages/django/db/models/options.py", l
ine 203, in contribute_to_class
    self.db_table = truncate_name(self.db_table, connection.ops.max_name_length())
  File "/home/ubuntu/ve/lib/python3.6/site-packages/django/db/__init__.py", line 33
, in __getattr__
    return getattr(connections[DEFAULT_DB_ALIAS], item)
  File "/home/ubuntu/ve/lib/python3.6/site-packages/django/db/utils.py", line 202,
in __getitem__
    backend = load_backend(db['ENGINE'])
  File "/home/ubuntu/ve/lib/python3.6/site-packages/django/db/utils.py", line 110,
in load_backend
    return import_module('%s.base' % backend_name)
  File "/home/ubuntu/ve/lib/python3.6/importlib/__init__.py", line 126, in import_m
odule
    return _bootstrap._gcd_import(name[level:], package, level)
  File "/home/ubuntu/ve/lib/python3.6/site-packages/django/db/backends/mysql/base.p
y", line 20, in <module>
    ) from err
django.core.exceptions.ImproperlyConfigured: Error loading MySQLdb module.
Did you install mysqlclient?

^C(ve) ubuntu@ip-172-31-24-47:~/test_proj$
```

[그림 10-11] Django settings.py 파일 내 MySQL 세팅 후 서버 가동 에러

[그림 10-11]의 에러 메시지는 다음과 같다.

```
...
Did you install mysqlclient?
```

여기에서 mysqlclient는 Python에서 MySQL을 사용할 수 있는 Python 패키지로, 먼저 리눅스 서버에서 MySQL 연결을 위한 패키지를 설치한 후 Django에서 MySQL을 사용할 수 있게 해야 한다. 우선 MySQL 연결 패키지부터 설치를 진행한다. 이 패키지는 가상환경이 아닌 서버 환경에서의 설치이므로 apt-get을 이용하여 설치한다.

```
$ sudo apt-get install default-libmysqlclient-dev
```

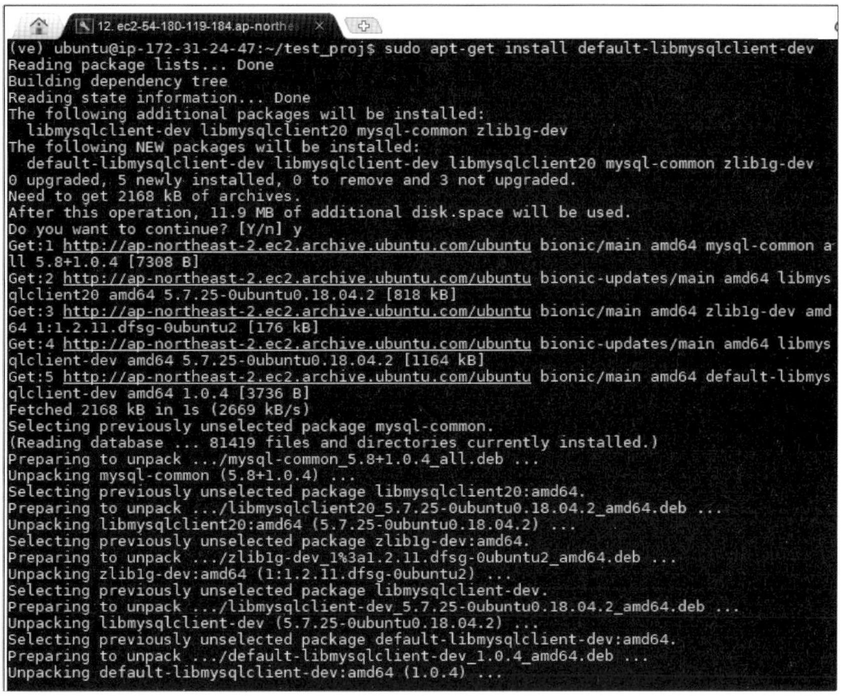

```
(ve) ubuntu@ip-172-31-24-47:~/test_proj$ sudo apt-get install default-libmysqlclient-dev
Reading package lists... Done
Building dependency tree
Reading state information... Done
The following additional packages will be installed:
  libmysqlclient-dev libmysqlclient20 mysql-common zlib1g-dev
The following NEW packages will be installed:
  default-libmysqlclient-dev libmysqlclient-dev libmysqlclient20 mysql-common zlib1g-dev
0 upgraded, 5 newly installed, 0 to remove and 3 not upgraded.
Need to get 2168 kB of archives.
After this operation, 11.9 MB of additional disk space will be used.
Do you want to continue? [Y/n] y
Get:1 http://ap-northeast-2.ec2.archive.ubuntu.com/ubuntu bionic/main amd64 mysql-common all 5.8+1.0.4 [7308 B]
Get:2 http://ap-northeast-2.ec2.archive.ubuntu.com/ubuntu bionic-updates/main amd64 libmysqlclient20 amd64 5.7.25-0ubuntu0.18.04.2 [818 kB]
Get:3 http://ap-northeast-2.ec2.archive.ubuntu.com/ubuntu bionic/main amd64 zlib1g-dev amd64 1:1.2.11.dfsg-0ubuntu2 [176 kB]
Get:4 http://ap-northeast-2.ec2.archive.ubuntu.com/ubuntu bionic-updates/main amd64 libmysqlclient-dev amd64 5.7.25-0ubuntu0.18.04.2 [1164 kB]
Get:5 http://ap-northeast-2.ec2.archive.ubuntu.com/ubuntu bionic/main amd64 default-libmysqlclient-dev amd64 1.0.4 [3736 B]
Fetched 2168 kB in 1s (2669 kB/s)
Selecting previously unselected package mysql-common.
(Reading database ... 81419 files and directories currently installed.)
Preparing to unpack .../mysql-common_5.8+1.0.4_all.deb ...
Unpacking mysql-common (5.8+1.0.4) ...
Selecting previously unselected package libmysqlclient20:amd64.
Preparing to unpack .../libmysqlclient20_5.7.25-0ubuntu0.18.04.2_amd64.deb ...
Unpacking libmysqlclient20:amd64 (5.7.25-0ubuntu0.18.04.2) ...
Selecting previously unselected package zlib1g-dev:amd64.
Preparing to unpack .../zlib1g-dev_1%3a1.2.11.dfsg-0ubuntu2_amd64.deb ...
Unpacking zlib1g-dev:amd64 (1:1.2.11.dfsg-0ubuntu2) ...
Selecting previously unselected package libmysqlclient-dev.
Preparing to unpack .../libmysqlclient-dev_5.7.25-0ubuntu0.18.04.2_amd64.deb ...
Unpacking libmysqlclient-dev (5.7.25-0ubuntu0.18.04.2) ...
Selecting previously unselected package default-libmysqlclient-dev:amd64.
Preparing to unpack .../default-libmysqlclient-dev_1.0.4_amd64.deb ...
Unpacking default-libmysqlclient-dev:amd64 (1.0.4) ...
```

[그림 10-12] libmysqlclient 설치

MySQL 연결 패키지 설치를 완료했으면, 다시 가상환경에 들어온 후 pip 패키지 관리자를 사용하여 mysqlclient를 설치한다.

```
(ve) $ pip install mysqlclient
```

Python 2버전에서는 MySQL-Python 패키지를 사용하였지만, Python 3버전은 mysqlclient 패키지를 설치하여 Python에서 MySQL을 사용할 수 있다. mysqlclient 패키지 설치는 [그림 10-13]과 같다.

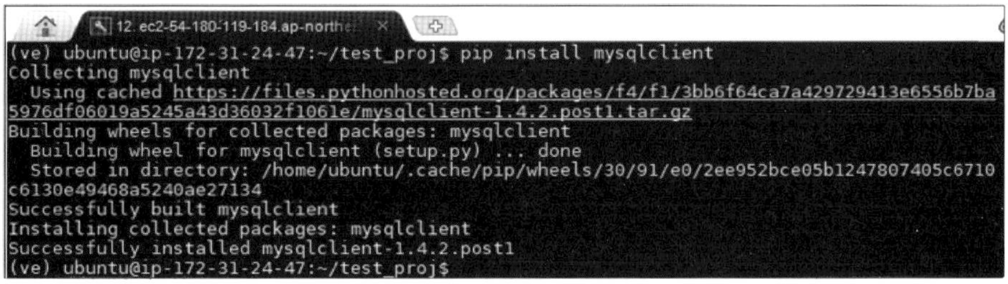

```
(ve) ubuntu@ip-172-31-24-47:~/test_proj$ pip install mysqlclient
Collecting mysqlclient
  Using cached https://files.pythonhosted.org/packages/f4/f1/3bb6f64ca7a429729413e6556b7ba5976df06019a5245a43d36032f1061e/mysqlclient-1.4.2.post1.tar.gz
Building wheels for collected packages: mysqlclient
  Building wheel for mysqlclient (setup.py) ... done
  Stored in directory: /home/ubuntu/.cache/pip/wheels/30/91/e0/2ee952bce05b1247807405c6710c6130e49468a5240ae27134
Successfully built mysqlclient
Installing collected packages: mysqlclient
Successfully installed mysqlclient-1.4.2.post1
(ve) ubuntu@ip-172-31-24-47:~/test_proj$
```

[그림 10-13] mysqlclient 설치

설치 후 서버 가동 명령어를 입력하면 정상 실행되는 것을 확인할 수 있다.

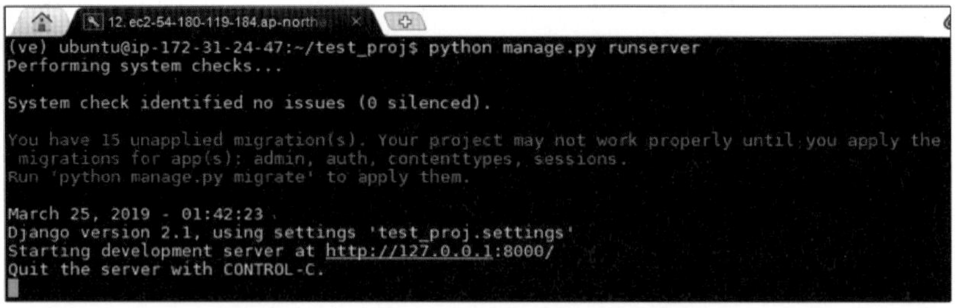

[그림 10-14] MySQL로 DB 변경 후 Django 서버 실행

[그림 10-14]의 가운데 경고 메시지는 Django에 대한 migration을 진행하는 것을 권고하는 메시지이다. 이러한 메시지가 나타나는 이유는 Django 초기 세팅 시 기본 패키지인 admin, auth, contenttypes, sessions 앱 내 DB 모델 변경사항이 반영되지 않았기 때문이다. admin, auth, contenttypes, sessions 앱을 사용하게 되면 Django에서 사용할 DB에도 해당 앱에서 사용할 테이블을 생성하게 된다. 이의 적용을 위해서는 migrate 명령을 실행해야 한다. 반대로 Django의 기본 패키지를 사용하지 않을 경우에는 settings.py의 INSTALLED_APPS에서 해당 부분을 주석 처리를 하여 서버를 실행할 수도 있다. 여기에서는 위 앱을 모두 사용한다고 가정하고, DB 모델 변경사항을 반영하기 위하여 다음과 같이 migrate 명령어를 사용한다.

```
(ve)$ python manage.py migrate
```

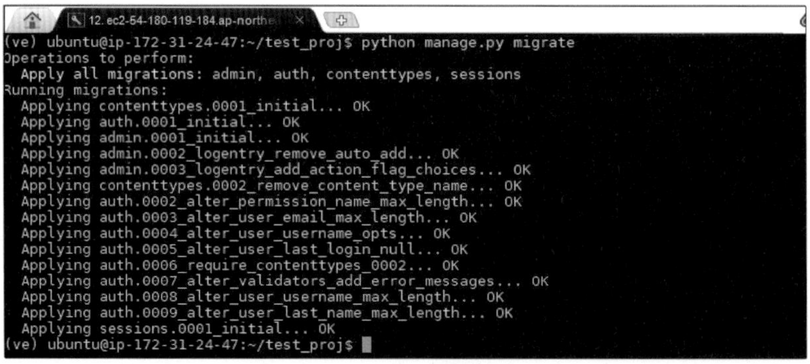

[그림 10-15] MySQL DB 변경사항 반영

003. DB 테이블 설계 및 생성

1. Django 기본 패키지 테이블

MySQL DB 인스턴스를 Django와 연동하는 작업까지 마치면, MySQL DB에는 새로운 테이블이

생성되어 있다. 이들 테이블은 Django 기본 패키지 사용을 위해서 생성된 테이블로, admin, auth, conttenttypes, sessions에 대한 테이블이 생성되었다. 생성된 테이블은 다음과 같다.

```
auth_group
auth_group_permissions
auth_permission
auth_user
auth_user_groups
auth_user_user_permissions
django_admin_log
django_content_type
django_migrations
django_session
```

이 중에서 우리가 사용할 앱은 auth 앱으로, Django 기본 패키지 중 하나다. auth 앱에서 생성된 테이블은 총 5개가 있지만, 이 책에서는 사용자 기본 정보를 포함하고 있는 테이블인 auth_user 테이블을 사용한다.

auth 앱을 사용하여 생성된 auth_user 테이블 구조는 [표 10-2]와 같다.

[표 10-2] 회원관리 테이블

테이블 명: auth_user

Column명	속성	제약사항	내용
id	integer(11)	integer(11) primary key auto_increment	사용자 별 고유 식별번호
password	varchar(128)	not null	사용자 비밀번호
last_login	datetime(6)	default null	최근 로그인 일시
is_superuser	tinyint(1)	not null	관리자 여부
username	varchar(150)	not null	사용자 이름
firt_name	varchar(30)	unique key	이름
last_name	varchar(150)	not null	성
email	varchar(254)	not null	E-mail 주소
is_staff	tinyint(1)	not null	스태프 여부
is_active	tinyint(1)	not null	활성화 여부
date_joined	datetime(6)	not null	사용자 생성일

2. 사용자 정의 테이블 생성

사용자 정의 테이블은 Django 기본 제공 패키지에서 생성한 테이블이 아닌, 사용자가 임의로 필요에 따라 생성한 테이블을 뜻한다. 여기에서는 사용자 정의 테이블 생성을 위한 예제로 SNS 형태의 게시판 테이블을 생성하고, 비슷한 유형의 여러 게시판을 구분할 수 있는 카테고리 테이블을 생성한다.

[표 10-3] 게시판 카테고리 테이블

테이블 명: board_categories

Column명	속성	제약사항	내용
id	integer(10)	primary key	카테고리 고유 식별번호
category_code	varchar(100)	auto_increment	카테고리 코드
category_type	varchar(100)	not null	카테고리 유형
category_name	varchar(100)	not null	카테고리 이름
category_desc	varchar(200)	not null	카테고리 상세 설명
list_count	integer(10)	not null	한 페이지에 표시될 게시물 수
authority	int(1)	default 20	글 작성 권한
creation_date	datetime	default 0	생성일
last_update_date	datetime	default current_timestamp	최근 수정일

[표 10-4] 게시판 테이블

테이블 명: boards

Column명	속성	제약사항	내용
id	integer(10)	primary key auto_increment	게시물 고유 식별번호
category_id	integer(10)	not null foreign key(board_categories)	카테고리 고유번호
user_id	integer(10)	not null foreign key(auth_user)	사용자 고유번호
title	varchar(300)	not null	제목
content	text	not null	내용
registered_date	datetime	**default current_timestamp**	등록일
last_update_date	datetime		최근 수정일
view_count	integer(10)	**default 0**	조회 수
image	varchar(255)	**default null**	**이미지 파일 이름**

테이블 설계가 모두 완료되었으면, MySQL Workbench에서 테이블 생성 작업을 진행한다. 테이블 생성은 다음과 같다.

- board_cateogory 테이블 생성

```
create table 'board_categories' (
  'id' integer(10) not null auto_increment,
  'category_code' varchar(100) not null,
  'category_type' varchar(100) not null,
  'category_name' varchar(100) not null,
  'category_desc' varchar(200) not null,
  'list_count' integer(10) default 20,
  'authority' int(1) default 0,
  'creation_date' datetime default current_timestamp,
  `last_update_date` datetime,
  primary key (`id`)
);
```

- boards 테이블 생성

```
create table `boards` (
  `id` int(10) not null auto_increment,
  `category_id` int(10) not null,
  `user_id` int(10) not null,
  `title` varchar(300) not null,
  `content` text not null,
  `registered_date` datetime default current_timestamp,
  `last_update_date` datetime default null,
  `view_count` int(10) default '0',
  `image` varchar(255) default null,
  PRIMARY KEY (`id`),
  FOREIGN KEY (`user_id`) REFERENCES `board_categories` (`id`),
  FOREIGN KEY (`category_id`) REFERENCES `auth_user` (`id`)
)
```

3. 테이블 값 입력

테이블 생성이 완료되었으면, board_categories, boards 테이블에 다음의 값을 입력한다. DB 테이블의 실제 데이터가 들어가 있어야 제대로 된 테스트가 가능하므로 사전에 입력한다.

```
insert into board_categories (category_code, category_type, category_name,
category_desc) values ('testcategory','board', 'Test','Test Category');
```

```
insert into boards (category_id, user_id, title, content)
 values (1, 1, 'John Test Post','Test Post 1');
insert into boards (category_id, user_id, title, content)
 values (1, 2, 'Anna Test Post','Test Post 2');
```

그리고 앞서 auth 패키지에서 생성되었던 user 테이블에 대해서도 다음과 같이 입력한다.

```
insert into auth_user (username, password, email)
 values ('John','12345','john@gmail.com');
insert into auth_user(username, password, email)
 values ('Anna','12345','anna@gmail.com');
```

위 예제는 특정 컬럼에만 값을 입력하는 예제로, 기본 값이 지정되어 있지 않으면서 필수 입력을 요구하는 컬럼은 오류가 발생하므로 이에 유의하여 입력한다.

데이터 입력까지 모두 마쳤으면 MySQL DB를 연동한 Django 프로그램을 개발할 모든 준비는 마쳤다. 다음 단원에는 Django를 사용하는 기본적인 방법에 대해서 다루고, 이를 바탕으로 간단한 예제 프로그램을 개발한다.

11 Django 주요 기능

001. 개요

앞서 Chapter 8부터 Chapter 10까지는 웹 애플리케이션 환경 구축을 위해서 Django를 설치하고, MySQL DB를 구축한 후 상호 연동하는 작업까지 진행하였다. 이 장에서는 Django 주요 기능을 구현하기 위한 개발 방법을 다루고, 각 요소가 어떤 방식으로 연동되고 가동되는지를 살펴본다. 이들 요소는 Chapter 8에서 생성했던 test_proj 프로젝트의 testapp 앱에서 구현하므로 다음에 나올 모델, 뷰, URL 설정 시에도 이에 유의한다.

Django는 Python 기반 프레임워크이므로 주요 기능은 Python언어를 사용하여 구현한다. 그 외에도 웹페이지 양식을 나타내는 템플릿 파일은 HTML 문서 내에 Python 기반의 Django Template Language로 구성되어 있다.

Django 주요 기능 개발을 위해서는 Python 프로그래밍에 대한 이해가 우선되어야 하지만, Django Framework 내에는 다양한 기능을 지원하고 있다는 점에서 각 기능 별 코드 작성에 대한 이해만 이루어지면 어렵지 않게 구현할 수 있다.

Django에서 구현되는 주요 요소는 다음과 같다.

- **모델(models.py)**: Django의 DB 테이블을 Class 형태로 정의한 파일이다.
- **뷰(views.py)**: 웹페이지를 구성하는 기본 단위로, 클래스 및 함수 단위로 구성되어 있다. 각 웹페이지에는 표시하고자 하는 화면 및 템플릿과 수행해야 할 코드를 포함한다. Django에서 수행하는 실질적인 기능은 이 파일에서 모두 관리된다.
- **URL 설정(urls.py)**: 웹페이지에 대한 URL 및 URL 패턴을 정의한 파일이다.
- **템플릿(template)**: 뷰에서 지정된 화면 양식을 제공하는 모든 파일을 뜻하며 HTML 파일 형태로 표현된다. 일반적으로 템플릿은 '/templates/' 디렉토리 내에 파일을 저장한다.

이 장에서는 모델, 뷰, URL 설정과 관련된 부분을 다루며, 이들 부분은 각각의 Python 파일 내에서 클래스, 함수 형태로 소스 코드를 구성되어 있다. 반면 템플릿은 HTML 파일로 구성되어 있으며, 뷰를 통해서 특정 데이터를 템플릿 파일에서 표현하기 위한 Django Template Language가 별도로 존재한다. Django Template Language와 관련해서는 다음 장에서 다룬다.

002. DB Model 정의 – models.py

1. 모델 클래스 구조

models.py는 Django의 DB 테이블 정보를 포함하는 파일로, 각 테이블은 클래스로 정의되어 있다. models.py 예제를 다음과 같이 살펴본다.

■ **파일** – models.py

```
01:  from django.db import models
02:
03:  class Boards(models.Model):
04:      category = models.ForeignKey('BoardCategories', models.DO_NOTHING)
05:      user = models.ForeignKey('AuthUser', models.DO_NOTHING)
06:      title = models.CharField(max_length=300)
07:      content = models.TextField()
08:      registered_date = models.DateTimeField(blank=True, null=True)
09:      last_update_date = models.DateTimeField(blank=True, null=True)
10:      view_count = models.IntegerField(default=0)
11:      image = models.imageField(upload_to="images/%Y/%m/%d"
12:
13:      class Meta:
14:          managed = False
15:          db_table = 'boards'
```

- **1 Line**: DB Model을 사용하기 위해서는 django.db의 models를 import해야 사용할 수 있다.
- **3~15 Line**: 클래스 선언부로, Django의 models.Model 클래스를 상속받는다. 클래스명칭은 자유롭게 선언할 수 있으나, 일반적으로 DB 테이블 명에서 밑줄('_') 부분을 제거하는 대신 첫 글자 대문자 형태의 클래스명을 사용한다. inspectdb 스크립트를 사용하여 데이터 모델을 자동 생성할 때에도 위의 규칙에 따라 생성된다.
- **4~11 Line**: DB 테이블의 각 컬럼(Column, 열)을 클래스 필드로 사용한다. 일반적으로는 모든 열을 다 불러오게 되어 있으나, 일부 열만 불러와도 문제는 없다. 만약 DB 테이블의 Primary Key가 'id'로 지정되어 있을 경우에는 Boards 모델에서는 id를 별도로 불러오지 않는데, 이는 Django에서는 각 모델에 대한 기본 Primary Key 필드로 'id'를 사용하고 있기 때문이다. 그러므로 모델에서 'id' 필드를 생략하더라도 'id' 필드 역할은 동일하게 수행한다.
- **4~5 Line**: category, use 필드는 AuthUser, BoardCategories 모델의 foreign key로 사용되는 필드로, 각 필드에서 참조하는 모델 전체를 Boards 모델의 필드 형태로 가지고 온다.
- **14 Line**: 모델의 내용을 삽입, 수정, 삭제할 것인지를 결정하는 부분이다. true일 경우 모델 내용 변경이 가능한 반면, false는 변경이 불가능하다.

- **15 Line**: 데이터 모델에서 실제 참조하는 테이블을 지정하는 부분이다.

2. 모델 필드

모델 필드라 함은 앞서 살펴봤던 예제와 같이 하나의 모델이 생성될 때, 모델의 구성요소를 나타내는 부분이다. 모델은 클래스 형태로 구성되어 있으므로, 메소드와 클래스 변수를 동일하게 가지고 있으며, 모델 필드는 클래스 변수의 형태로 구성되어 있다. 모델 필드는 DB 테이블의 컬럼에 매핑되며, 일반적으로 테이블 생성 시 지정된 컬럼의 속성값을 클래스 필드에서도 그대로 사용한다.

1) 모델 필드

모델 필드는 Integer, Char, Text, DateTime 등, File이나 Image의 특수한 경우를 제외하고는 일반적으로 DB 컬럼의 데이터 타입과 일치되는 필드를 사용한다. 대표적인 유형별 모델 필드는 [표 11-1]과 같으며, 그 외에도 Django에서는 총 27개 모델 필드가 있다.

[표 11-1] 유형별 모델 필드

유형	모델 필드
숫자형	IntegerField, FloatField
문자형	CharField, EmailField, TextField, URLField
날짜형	DateTimeField, DateField, TimeField
기타 유형	BooleanField, FileField, ImageField, NullBooleanField, SlugField

2) 필드 속성

필드 속성은 키(Key) 여부, 최대 길이, 생략 가능 여부 등을 포함하고 있으며, 다음 예제를 통해서 설명한다.

```
01:    id = models.IntegerField(primary_key=True)
02:    title = models.CharField(max_length=300)
03:    registered_date = models.DateTimeField(blank=True, null=True)
04:    last_update_date = models.DateTimeField(blank=True, null=True)
05:    view_count = models.IntegerField(default=0)
06:    content = models.TextField()
07:    image = models.imageField(upload_to="images/%Y/%m/%d")
```

- **primary_key**: 모델의 키 값으로 사용할 필드를 나타내는 부분이다. Primary Key가 지정되어 있

지 않다면 반드시 지정해야 하나, DB 테이블에 'id'라는 컬럼의 Primary Key가 있을 경우에는 모델 클래스에서 'id' 필드를 생략해도 기본으로 Primary Key 필드로 설정한다.

- **max_length**: 최대 길이를 설정하는 부분으로, 문자열 필드에서 주로 사용한다.
- **blank, null**: 공백 허용 여부, 미존재 값 여부를 나타내는 부분이다. 생략 가능한 값의 경우에는 이를 true로 허용하는 반면, 생략하면 안되는 값이라면 false로 허용하지 않는다.
- **default**: 모델에 신규 데이터 입력 시 해당 필드에 값을 입력하지 않을 경우 지정할 기본값을 나타낸다.
- **upload_to**: FileField, ImageField 등 파일 관련 필드에서 사용하는 속성으로, 파일 업로드 시 경로를 지정하는 용도로 사용한다.
- **함수 인자 없음**; 모델 필드의 기본값을 그대로 사용할 때에는 아무 인자도 넣지 않는다.

모델은 이와 같이 필드, 변경여부, 참조 테이블 등의 정보로 구성되어 있으며, 뷰에서는 모델에 대한 인스턴스를 생성할 때 모델과 연결된 DB 테이블의 내용을 참조하여 데이터를 처리할 수 있다.

003. 웹페이지 구성요소 - views.py

1. 웹페이지 클래스/함수

뷰(View)는 웹페이지 구성요소로, 클래스(Class) 또는 함수(Function)의 형태로 구성된다. 클래스 형태로 구성된 뷰를 CBV(Class-Based View), 함수 형태로 구성된 뷰를 FBV(Funtion-Based View)라고 한다. 클래스, 함수는 모두 웹페이지 구성 요소로 사용된다. 일반적으로 CBV는 Django에서 제공하는 Generic View로부터 상속받아서 웹페이지를 간단히 구성할 때 사용하며, FBV는 사용자가 직접 모든 기능을 정의한 후 해당 내용을 웹페이지에 표현하고자 할 때 사용한다.

1) Class-Based View(CBV)

Class-Based View(이하 CBV)는 Django에서 제공하는 Generic View를 사용할 때 사용한다. Generic View는 Django에서 웹페이지 구성을 위해서 범용적으로 사용하는 웹페이지의 규칙을 가지고 있는 클래스로, ListView, DetailView, ArchiveIndexView 등 총 16개의 Generic View가 있다.

[표 11-2] CBV 구현을 위한 Generic View

Base View	Generic Display View	Generic Editing View	Generic Date View
View TemplateView RedirectView	ListView DetailView	FormView CreateView UpdateView DeleteView	ArchiveIndexView YearArchiveView MonthArchiveView WeekArchiveView DayArchiveView TodayArchiveView DateDetailView

- **Base View**: Django 웹페이지의 기본적인 형태를 구성한다. 하지만 템플릿 파일 사용, 페이지 전환(Redirection) 등의 비교적 단순한 용도로 사용하는데도 불구하고 코드가 다소 복잡하다. 이에 따라 반드시 필요한 경우가 아니라면 Base View 보다는 FBV(Function-based View)를 사용하는 것을 간소화 및 가독성 측면에서 권장한다.
- **Generic Display View**: Generic View 중 일반적으로 많이 사용하는 View이다. 게시물 목록, 내용 등을 조회할 때 사용된다.
- **Generic Editing View**: 데이터 필드에 대한 양식 전송 및 생성, 수정, 삭제 등의 기능을 수행하는 View이다. Display View에 비해서는 사용 빈도는 높지 않다.
- **Generic Data View**: 년/월/주/일 등 날짜 형태로 게시물 목록을 정렬할 때 사용되는 View이다. Display View와 더불어서 많이 사용되는 View이며, 게시물에 대한 날짜 유형별 정렬 기능까지 제공함으로써 원하는 형태의 View를 사용하여 다양하게 구현한다.

CBV 형태의 Class는 어떤 형태로 구현되는지 다음 예제를 통해서 살펴본다.

■ **파일** – views.py

```
01:  from django.shortcuts import render
02:  from django.views.generic import ListView, TemplateView
03:  from boardapp.models import Boards
04:
05:  class BoardsListClassView(ListView):
06:      model = Boards
07:
08:  class BoardsTemplateClassView(TemplateView):
09:      template_name = "template.html"
10:
11:      def get_context_data(self, **kwargs):
12:        context = super().get_context_data(**kwargs)
13:        context['list'] = Boards.objects.all()
14:        return context
```

- **2 Line**: Generic View를 사용하기 위해서 django.views.generic 패키지의 ListView와 TemplateView를 모두 불러온다.
- **3 Line**: 모델을 사용하기 위해서 models.py 파일을 import 하는 구문으로, models.py에서 생성된 Boards 모델을 불러온다.
- **5~6 Line**: ListView를 상속받은 BoardsListClassView라는 명칭의 클래스를 생성하며, Boards 데이터 모델을 사용한다. ListView에서는 별도의 변수 생성 없이 model에 대한 내용을 'object_list'라는 이름의 변수로 웹페이지로 전달한다. 특정 데이터를 불러오기 위한 별도 조건을 지정하지 않았으므로 위 예제에서는 Board 모델의 모든 데이터를 불러온다.
- **6 Line**: model 변수를 Boards 모델로 한다. 여기에서 model은 클래스에 대한 인스턴스가 아니며, 클래스 내에서 모델을 사용하기 위해서 정의한 클래스 변수이다.
- **8~14 Line**: TemplateView를 상속받은 BoardTemplateClassView라는 명칭의 클래스를 생성한다. 템플릿과 템플릿 파일에서 사용할 변수를 get_context_data() 메소드에서 지정한다. Generic View로부터 상속받은 모든 클래스의 메소드는 오버라이딩된 메소드로, 웹페이지 호출을 위한 주요 기능을 처리하는 데 사용된다.

이처럼 CBV는 각 용도에 따라서 Generic View를 상속받아 구현할 수 있다. 또한 어떤 페이지를 구현할 것인 지를 설계한 후 이에 해당되는 Generic View가 있을 경우에는 해당 사항에 맞춰서 구현한다.

2) Function-Based View (FBV)

Function-Based View(이하 FBV)는 사용자 정의 함수에 의해서 웹페이지를 구성할 때 사용된다. FBV에서는 웹페이지 호출 시 HTTP Request를 받으면 함수 내에서 필요한 기능을 수행하고, render() 등의 함수를 사용하여 표시하고자 하는 웹페이지를 반환한다.

FBV에서는 뷰를 구현하는 방법은 다음 예제를 통해서 살펴본다.

■ **파일** – views.py

```
01:  from django.shortcuts import render
02:  from boardapp.models import Boards
03:
04:  def BoardsFunctionView(request):
05:      boardList = Boards.objects.all()
06:
07:      return render(request, 'boardsfunctionview.html', {'boardList': boardList})
```

- **2 Line** : 모델을 사용하기 위해서 models.py 파일을 import 하는 구문으로, models.py에서 생성된 Boards 모델을 불러온다.

- **4 Line**: BoardsFunctionView() 함수를 선언하는 부분이다. HTTP Request에 의해서 함수가 수행되며, 파라미터로 웹사이트 요청을 나타내는 request 변수를 포함한다.
- **5 Line**: 모델에 대한 인스턴스를 선언하는 부분으로, Boards 모델에 연결된 DB 테이블의 모든 값을 저장한다.
- **7 Line**: 반환값으로 render() 함수를 사용하며, HTTP Request 변수 및 웹페이지로 표시할 템플릿 파일과 템플릿 파일에서 사용될 변수를 반환 값으로 한다.

CBV는 Generic View로부터 상속받은 클래스로 간단한 웹페이지를 구성하고자 할 때 유용하게 사용할 수 있는 반면, FBV는 사용자가 직접 구성해야 하는 기능이 많을 경우에 사용하는 것이 유용하다.

CBV에서는 대부분의 클래스 변수 및 메소드를 Generic View로부터 상속받아 사용하기 때문에 사용자의 필요에 따라서 메소드 오버라이딩을 통해서 추가 기능을 구현할 수 있지만, 코드가 복잡해지고 관리하기가 어려운 측면이 있다. 이에 따라 FBV 역시 많이 사용되므로 웹페이지의 구성 컨셉에 맞게 뷰를 선택해야 한다.

2. 모델 사용

1) 모델 QuerySet 변수

앞서 models.py에서는 DB 테이블을 연결하여 모델 클래스를 생성하였다. 하지만 이들 클래스를 실제로 사용하기 위해서는 인스턴스를 생성해야 한다. views.py에서는 모델을 사용할 때 모델에 대한 인스턴스를 생성하며, 이를 Django에서는 QuerySet 변수라고 한다.

다음 예제는 QuerySet 변수를 신규로 생성하는 예제로, 어떤 방식으로 사용되는지를 나타낸다.

```
>>> board = Board(id=1, name='Tom', title='메뉴', content='스테이크')
>>> print(board.id)
1
>>> print(board.name)
'Tom'
>>> board.name = 'Jane'
>>> print(board.name)
'Jane'
```

위 예제에서와 같이 board라는 이름의 QuerySet 변수를 생성하였으면 board는 Board 모델의 구성요소를 사용한다. 위 예제와 같이 신규 생성 시에는 name, title, content가 포함된 생성자를 사용하여 인스턴스를 구성한다. 위와 같이 선언된 인스턴스는 즉시 사용할 수 있으며, 저장 또는 값 변경을 자유롭게 할 수 있다.

다음 예제는 기존 DB 테이블 데이터를 가지고 오는 예제로, get() 메소드를 사용하여 id=3인 데이터를 가지고 와서 QuerySet 변수로 생성한다.

```
board = Boards.objects.get(id=3)
```

여기에서 objects는 models.Model 클래스에서 상속받은 내장 클래스로, DB 테이블의 데이터를 처리하기 위한 다수의 메소드를 포함하고 있으며 다양한 형태로 데이터를 조회할 수 있다. get() 메소드도 Board 모델의 내장 클래스인 objects의 메소드로, 특정 조건을 입력할 경우 DB 테이블의 값을 가져오는 기능을 수행한다. get() 메소드에 대해서는 Chapter 13에서 이어서 다룬다.

2) 모델 데이터 처리

모델 데이터 처리는 모델에 연결된 DB 테이블의 삽입(Insert), 수정(Update), 삭제(Delete), 조회(Select)를 수행하는 기능으로, 하나씩 살펴본다.

① 삽입(Insert), 수정(Update)

삽입은 신규 데이터를 입력하는 것이고, 수정은 기존에 존재하는 데이터의 내용을 변경하는 것을 뜻한다. DB 테이블에서는 Insert문과 Update문을 사용하여 내용을 입력 및 수정하며, Django에서는 모델의 save() 메소드를 사용한다.

```
board = Boards(id=1, title="제목", content="내용")
board.save()
```

save() 메소드는 입력과 수정을 자동으로 판단하여 DB 테이블의 값을 변경한다. 여기서 판단 기준은 모델의 필수 필드인 Primary Key인 'id'로, id가 이미 DB 테이블에 존재하는 값일 경우에는 수정을 수행하고, 반대로 id가 신규 값일 경우에는 삽입을 수행한다.

그래서 Insert와 Update도 save() 함수를 사용하여 데이터 처리가 이루어진다. save() 함수는 입력된 데이터의 Primary Key의 값을 판단하여 신규 데이터인지, 기존 데이터인 지를 판단한 후 Primary Key 값이 들어있지 않는 경우에는 자동으로 값을 생성하므로 신규 데이터로 입력한다.

② 삭제(Delete)

뷰에서 삭제는 수정과 동일하게 모델에 대한 QuerySet을 생성한 후 해당 데이터를 삭제한다. 그리고 모델에 연결된 DB 테이블에 이미 존재하는 데이터에 한해서만 삭제가 진행된다. 삭제에 대한 예제는 아래와 같으며, Boards 모델의 id=1인 QuerySet을 가져온 후 삭제를 진행한다.

```
board = Boards.objects.filter(id=1)
```

```
board.delete()
```

③ 조회(Select)

앞서 삽입, 수정, 삭제가 DB 테이블의 값을 변경하는 과정이라면, 조회는 DB 테이블의 값을 특정 조건에 의해 조회하는 것을 뜻한다. 앞서 나온 예제에서는 DB 테이블의 데이터를 사용하여 모델에 대한 QuerySet을 생성하는 코드를 수행했었으며, 이러한 기존 데이터를 불러오는 작업도 조회에 해당된다.

데이터 조회는 모델의 objects 클래스에 포함된 메소드를 사용하며, 어떤 방식으로 조회할 것인지에 따라 사용할 메소드가 결정된다. 대표적으로 사용되는 모델의 메소드는 [표 11-3]과 같다.

[표 11-3] 데이터 조회 메소드

함수	내용
all()	테이블에 상의 모든 데이터셋을 가져온다.
filter()	특정 조건에 부합하는 데이터셋을 가져온다.
exclude()	특정 조건을 제외한 데이터셋을 가져온다.
get()	특정 조건에 부합하는 1개의 데이터를 가져온다.
count()	가져올 데이터의 개수를 가져온다.
first()	첫 번째 데이터를 가져온다.
last()	가장 마지막 데이터를 가져온다.
exists()	데이터 유무에 대한 결과(True, False)를 가져온다.
order_by()	특정 필드 순서대로 정렬한다.

count() 등 기본 자료형을 반환하는 몇몇 메소드를 제외하면, 대부분의 데이터 조회는 결과값으로 QuerySet 또는 QuerySet 집합(QuerySets)을 반환한다. get() 메소드와 같이 하나의 데이터를 가져올 때에는 QuerySet 을 반환하지만, all(), filter() 등 대부분의 메소드는 하나의 데이터가 아닌 여러 개의 데이터를 가져오므로, 이 때에는 리스트 형태의 QuerySets 값을 반환한다.

데이터를 조회할 때에는 조회 조건을 추가하기 위해서 메소드를 중첩해서 사용할 수 있다. 다음 예제는 데이터 조회의 간단한 사용 예제이다.

```
Boards.objects.all()
Boards.objects.filter(category_name__exact='free')
Boards.objects.filter(category__category_name='free')
Boards.obejcts.exclude(user_id__exact='test')
Boards.obejcts.get(id=3)
Boards.obejcts.all().count()
```

```
Boards.objects.filter(category_name__exact='free').first()
Boards.objects.filter(category_name__exact='free').last()
Boards.objects.filter(recommanded_count__gt=10).exists()
Boards.objects.all().order_by('id')
```

데이터 조회 결과는 변수에 값을 입력하여 사용하며, 이러한 결과는 템플릿 파일 내 사용 변수 (context)로 반환하여 템플릿 파일에서도 사용할 수 있다.

데이터 조회 함수 문법은 Chapter 13에서 세부적으로 다룬다.

3. 웹사이트 요청 처리

뷰는 클래스, 함수 형태의 웹페이지 구성단위이다. 일반적인 Python 클래스나 함수와 다른 점은 웹페이지를 호출할 경우 이에 대한 응답을 처리하는 구문이 들어가 있다. 아래에 다루게 될 URL 설정에 의해서 웹브라우저에서 특정 주소를 입력할 경우, 해당 주소에 연결된 뷰를 수행하게 되어 있으며, 뷰에서는 요청에 대한 응답을 위한 처리를 진행한다. 이때 웹사이트 요청 처리는 여러 가지 형태가 있으며, 이 장에서는 웹사이트로부터 전송받은 정보 처리 방식과 요청에 대한 응답 방식을 다룬다.

1) 개요

웹브라우저를 통해서 웹사이트에 대한 요청을 할 경우, Django에서는 요청 주소와 연결된 뷰를 호출한다. 뷰를 호출할 때에는 기본적으로 request 변수를 사용하여 요청을 받도록 되어 있다.

```
def board_list(request):
  ...
```

위 예제는 FBV 형태로 웹사이트 정보를 받기 위한 함수 선언부이며, 파라미터로 request 변수가 있는 것을 확인할 수 있다. CBV에서는 request 변수는 명시되어 있지 않지만, Generic View에 내 장된 get(), post(), dispatch() 등의 메소드를 통해서 정보를 받는다.

```
class BoardListView(ListView):
  def dispatch(self, request):
    ...
```

위 예제는 ListView로부터 상속받은 BoardListView의 dispatch() 메소드를 선언하는 부분이다. dispatch()는 Generic View에서 웹사이트 요청을 받는 데 사용되는 메소드로, 기본값으로는 Generic View에 정의된 내용인 템플릿 파일을 보여준다. 위 예제에서는 dispatch() 메소드를 오버라이딩하여 추가 기능을 정의할 수도 있다.

즉, 웹사이트 요청은 FBV, CBV 상관없이 클래스 및 함수를 호출했을 경우 요청에 사용되는 request 변수를 파라미터로 지정하여 요청 정보를 받을 수 있다.

2) 웹사이트 요청 처리

웹사이트 요청은 일반적으로는 웹페이지 접속을 위한 단순 요청만 보낸다. 하지만 회원가입 및 게시물 작성 등을 수행할 때에는 입력된 정보도 전송해야 하며, 전송 대상이 되는 웹페이지 접속 요청과 동시에 입력된 정보를 전송한다. 이 때 전송 정보는 웹사이트 요청뿐만 아니라 정보도 같이 포함되어 있으며, Django에서는 request변수에 요청 정보를 저장한다.

웹사이트 정보 전달 방식은 크게 POST 방식과 GET 방식이 있으며, 이를 Django에서 어떻게 처리하는지를 살펴본다.

① POST 방식

POST 방식은 HTML의 Form으로부터 데이터를 전송할 때 사용되는 방식이다. request 변수의 method 변수에는 'POST' 값이 저장되며, Form으로부터 입력받은 데이터는 POST라는 이름의 딕셔너리형 변수로 저장된다. POST 방식으로 전송받은 데이터 처리는 다음과 같이 이루어진다.

```
def board_list_page(request):
  if request.method == 'POST':
    name = request.POST['title']
```

POST 방식의 데이터를 전송할 때에는 먼저 request.method가 'POST'인지를 확인한 후 데이터를 처리하는 형태로 이루어진다. request.POST['title']의 'title'은 Form에서 입력된 요소 변수로, 값은 Form 내의 변수에 입력된 값(value)이 된다. Django에서는 Form 정보에 대한 모든 값을 문자열로 저장한다.

위 예제는 FBV 형태의 뷰에서 POST를 사용한 예제이며, CBV에서는 Generic View의 post() 메소드에서 웹사이트 요청 정보를 받는다. CBV에서 요청 정보를 받고 추가로 필요한 기능이 있을 경우에는 post() 또는 dispatch() 메소드를 오버라이딩하여 추가 기능을 구현한다.

② GET 방식

GET 방식은 웹사이트 URL에 변수와 값을 입력하여 전송하는 형태이다. HTML의 〈form〉 태그를 사용하여 전송하는 형태가 아니라, URL에 다음과 같이 직접 변수명과 변수값을 붙여서 전송한다.

```
http://localhost:8080/boardapp/board_list/?page=3
```

GET 방식으로 변수를 전송하고 해당 주소의 웹페이지를 요청하면 대상 웹페이지에서는 URL과 뒤에 붙은 변수 정보를 받는다. 뷰에서의 GET 변수 사용은 다음과 같다.

```
def board_list(request):
    page = int(request.GET['page'])
```

GET 방식은 URL에서 입력된 변수를 받는 형태이므로, request.method 등을 통해서 별도로 검증하지 않는다. 대신 request.GET을 사용하여 데이터를 처리한다.

여기에서 주의할 것은 POST, GET 방식 모두 request.POST['key'], request.GET['key']로 요청 정보를 받을 때 'key'라는 이름의 데이터가 존재하지 않을 경우에는 에러를 발생시킨다. 이를 보완하기 위해서는 Python의 try-except 구문을 사용하여 예외 처리를 하거나 혹은 POST, GET의 get() 메소드를 사용하여 "request.POST.get('key')"의 형태로 데이터를 처리한다. 요청 정보에 대한 처리 예제는 다음과 같다.

try-catch를 사용한 처리

```
try:
    page = int(request.GET['page'])
except:
    page = 1
```

request.POST.get() / request.GET.get() 함수를 사용한 처리

```
title = request.POST.get('title')
page = int(request.GET.get('page'))
```

③ File 및 Image 전송

이미지를 포함한 파일을 전송할 때에는 POST 방식으로 전송하도록 되어있지만, View에서는 전송받은 파일을 처리할 때 request.POST가 아닌 request.FILE 변수를 사용한다.

Django에서는 파일을 저장할 때 파일 경로 및 이름을 DB에 저장하고, 첨부 파일은 지정된 Repository에 저장하도록 되어 있다. 그래서 Form으로부터 전송받은 파일은 다른 Form에서 전송받은 데이터와는 다른 방식으로 구성된다.

파일을 View에서 사용한 예제는 다음과 같으며, 이미지 처리와 관련해서는 Chapter 13에서 상세히 다룬다.

```
def board_list_page(request):
    if request.method == 'POST':
        name = request.POST['title']
```

```
image = request.FILE['img_file']
```

3) CSRF (Cross Site Request Forgery) 방지 설정

GET 방식은 주로 간단한 데이터를 서버로 전송하기 위해서 URL에 변수명과 변수값을 붙이는 형태로 이루어진다. 하지만 POST 방식은 Form을 사용하여 중요한 정보를 서버로 전송하는 역할을 한다. 우리가 일반적으로 알고 있는 회원가입 정보만 하더라도 비밀번호 및 개인정보의 전송 모두 POST 방식으로 전송되기 때문에 보안 접근도 역시 필요하다.

웹브라우저에서 HTML 또는 Javascript 소스 코드를 살펴보면, Form을 전송할 때 어떤 주소로 전송되는지는 어렵지 않게 찾을 수 있다. 그렇기 때문에 보안 설정이 이루어지지 않은 웹페이지는 무단 접근이 가능해진다. 이러한 유형의 무단 접근 방식을 CSRF(사이트 간 요청 위조 공격)이라 하며, Django에서는 폼을 구성할 때 이러한 CSRF 방지를 위한 규격을 설정할 수 있다.

CSRF 방지 설정을 위한 절차는 다음과 같다.

- View에서 CSRF 방지 설정을 위한 패키지를 호출한 후, 폼을 사용하는 모든 View에서 CSRF 방지 설정을 사용하고 해당 값을 템플릿의 변수로 반환한다.
- 템플릿 파일은 View에서 반환한 CSRF 방지 설정을 사용하기 위해서 CSRF Token이라는 것을 본문 내에 지정한다.
- 폼 전송 시 csrfmiddlewaretoken이라는 변수의 값을 올바르게 전송할 수 있도록 구성한다.

CSRF 방지 설정은 View에서 해당 패키지를 사용한 후 csrf(request)의 형태로 변수에 CSRF 방지 코드를 생성한다. 그 다음 Template 파일로 변수를 전송하면 Template 파일 내에서는 이에 해당하는 코드를 사용함으로써 CSRF 방지 설정이 이루어진다.

■ 파일 – views.py

```
01:  from django.shortcuts import render
02:  from django.template.context_processors import csrf
03:
04:  def memberRegisterFormPage(request):
05:    args = {}
06:    args.update(csrf(request))
07:
08:    return render(request, 'member_register_form.html', args)
```

- 2 Line: CSRF 방지 설정 패키지인 django.template.context_processors에서 사용되는 CSRF를 선언하는 부분이다.

- **6 Line**: args 변수에 csrf(request) 를 저장한다. 이 함수는 memberRegisterFormPage 웹페이지 접속을 위한 요청이 들어올 경우, 해당 요청에 대한 CSRF 방지 코드를 생성한다.
- **8 Line**: CSRF 방지 코드가 포함된 args 변수를 member_register_form.html 파일에서 사용할 변수로 반환한다.

Template에 대해서는 Chapter 13에서 이어서 다룰 예정이지만, CSRF 방지 코드의 사용은 다음 과 같이 매우 간단하게 표현된다.

■ **파일** – member_register_form.html

```
01:    <form action="" method="POST">
02:        {% csrf_token %}
03:        <input type="hidden" name="id" value="1" />
04:        ...
```

Template에서는 위와 같이 {% csrf_token %}이라는 구문을 명시하면, 해당 부분이 〈input〉의 hidden 속성을 가진 태그로 변경되며 암호화된 값을 가진다. Django에서는 CSRF 변수를 전송할 때 올바른 요청에 의해서 접근하였는지를 판단하고, 그렇지 않을 경우에는 에러를 발생시켜서 보다 올바른 접근을 할 수 있도록 한다.

위 예제는 CSRF 방지 설정을 위해서 뷰에서 CSRF 방지 설정 변수를 제공한 후, 화면에 표시할 웹페이지에서 CSRF 방지 설정 코드를 어떤 형태로 표시하는지를 나타내었다. 하지만 특정 뷰에 서는 CSRF 방지 설정 기능을 이미 내장되어 있어서 뷰에서 csrf(request)를 생략해도 템플릿에 서 즉시 사용할 수 있으며, 이는 다음과 같다.

- 함수 형태의 뷰(FBV)에서 render를 사용하여 응답을 전송할 경우
- Generic View로부터 상속받은 클래스 형태의 뷰(CBV)를 사용할 경우
- django.contrib 패키지를 사용하여 뷰를 구현할 경우

4) 웹사이트 요청 응답 처리

앞서 다룬 내용은 웹사이트 요청이 들어왔을 때 요청 정보를 어떻게 받는지를 나타냈으며, 뷰에 서는 요청에 대한 응답을 처리하여 다시 웹페이지에 처리 결과를 전송해야 한다.

이러한 웹사이트 요청에 대한 응답 처리 방식은 다양하며, 이 책에서는 대표적으로 MVC 모델에 서 사용되는 django.shortcuts 패키지의 render, redirect 함수와 웹사이트 요청 응답에 사용되는 django.http 패키지의 HttpResponse, JsonResponse 함수에 대해서 다룬다.

① render

```
render(request, template_name, context=None, content_type=None, status=None,
using=None)
```

render는 웹사이트 요청 응답 시 웹페이지로 사용할 Template에 대한 파일 이름과 템플릿 파일 내에서 사용할 변수를 지정할 때 사용된다. views.py 파일이 초기 생성될 때 기본으로 가지고 오는 함수이다.

Django 1.10 버전 이전에는 render와 render_to_response를 사용하여 요청에 대한 응답처리를 했지만, render_to_response가 Django 1.10 버전 이후부터 사용이 중단된 관계로 현재는 render를 사용한다. render의 인자는 위와 같이 6개가 있지만, 일반적으로 앞의 request, template_name, context를 사용하며, 사용 예제는 다음과 같다.

■ **파일** – views.py

```
01:  from django.shortcuts import render
02:
03:  def BoardsView(request):
04:      boardList = Boards.objects.all()
05:      return render(request, 'boardsview.html', {'board': board})
```

이 예제에서는 웹페이지 사용을 위한 HTTP 요청이 들어올 경우, 요청에 대한 응답을 위해서 요청 변수(request)와 사용할 템플릿 파일(boardsview.html) 그리고 템플릿 파일 내에서 사용할 변수(context={'board': board})를 반환한다.

② redirect

```
redirect(to, permanent=False, *args, **kwargs)
```

redirect는 웹사이트 요청 응답에 대해서 특정 URL로 페이지를 이동할 때 사용된다. render는 요청 응답을 위한 웹페이지 파일을 반환한다면, redirect는 웹사이트의 다른 URL로 이동하는 기능을 수행한다. redirect의 인자는 위와 같이 4개가 있으며, 주로 첫 번째 인자인 to를 사용하고 URL이 입력되며, 사용 예제는 다음과 같다.

■ **파일** – views.py

```
01:  from django.shortcuts import redirect
02:
03:  def board_delete_result(request):
04:    if referer == "board":
05:      redirection_page = '/boardapp/board_list/' + article.category.category_code + '/'
```

```
06:    else:
07:        redirection_page = '/boardapp/comm_list/' + article.category.category_code + '/'
08:
09:    return redirect(redirection_page)
```

이 예제에서는 특정 조건에 따라 이동되는 페이지 주소를 다르게 지정하며, render()와 달리 웹페이지 표시가 아닌 다른 URL로 이동할 때 사용되므로, 'redirection_page' 변수 역시 이동할 URL이 입력되어야 한다.

③ HttpResponse

```
HttpResponse(content, content_type=None, status=200, reason=None, charset=None)
```

HttpResponse는 웹사이트 요청 시 간단한 응답을 위한 객체이다. render와는 달리 Template으로 사용할 웹페이지 파일을 사용하지 않는 대신, 응답을 위한 문자열 값을 반환한다. 문자열 값은 일반적으로 HTML 소스 코드의 형태로 구성하며 그 외에도 다른 유형의 파일로도 나타낼 수 있다. HttpResponse의 인자는 위와 같이 5개가 있지만, 일반적으로 첫 번째 인자인 content를 사용한다.

■ 파일 – views.py

```
01:  from django.http import HttpResponse
02:
03:  def user_register_idcheck(request):
04:      ...
05:      msg = "<font color='red'>이미 존재하는 ID입니다.</font>"
06:
07:      return HttpResponse(msg)
```

이 예제는 별도의 Template 파일 없이 HTML 코드를 반환하는 예제로, HttpResponse를 사용하기 위해서는 django.http 패키지의 HttpResponse 함수를 사용해야 한다. 이 예제는 msg 변수에 HTML 코드를 입력한 후, HttpResponse에 msg 변수를 파라미터로 넣는 형태로 구성한다. 반환되는 페이지는 별도의 HTML 파일이 아닌, msg 변수의 값을 그대로 화면에 표시한다.

④ JsonResponse

```
JsonResponse(data, encoder=DjangoJSONEncoder, safe=True, json_dumps_params=None,
  **kwargs)
```

JsonResponse는 HttpResponse와 유사한 응답 처리 방식으로, 웹페이지에서 사용할 데이터를

JSON 방식으로 통신하기 위해 사용된다.

JsonResponse는 HttpResponse와는 달리 문자열 값이 아닌 JSON 형태의 배열, 리스트, 딕셔너리 형태 등의 변수를 전달하며, render() 함수의 context 변수와 같은 용도로 사용된다. render()에서는 특정 웹페이지를 호출해야 하지만 JsonResponse는 웹페이지를 호출하지 않는 대신 JSON 형태의 데이터만 전달할 수 있다. HttpResponse가 응답을 위한 문자열 값을 전송하는 개념이면, JsonResponse는 응답을 위한 다양한 형태의 데이터를 전송하는 개념으로 볼 수 있다.

JsonResponse의 인자는 위와 같이 기본으로 사용되는 4개가 있으며, 그 중에서도 일반적으로 첫 번째 인자인 data를 사용한다.

■ **파일** - views.py
```
01:  from django.http import JsonResponse
02:
03:  def board_like_result(request):
04:    args = {}
05:    args.update({"like_err_msg":"본인의 게시물에는 추천할 수 없습니다."})
06:    args.update({"article_id":article_id})
07:
08:    return JsonResponse(args)
```

이 예제는 별도의 Template 파일 없이 JSON 데이터를 반환하는 예제로, JsonResponse를 사용하기 위해서는 django.http 패키지의 JsonResponse 객체를 사용해야 한다.

예제에서는 args 변수에 'like_err_msg'와 'article_id'의 Key 값을 입력한 후, JsonResponse에 args 변수를 파라미터로 넣는 형태로 구성하며, 실제 반환은 JSON 형태의 args 변수의 데이터만 전달한다.

전달된 JSON 데이터는 XML 또는 JSON 데이터로 표현되거나, Ajax의 웹사이트 요청에 대한 응답으로 받아서 처리하기도 한다. 이 책에서는 Ajax의 웹사이트 요청에 대한 응답 처리 시 Json-Response를 사용하며, 사용 예제는 다음과 같다.

■ **파일** - boards.js
```
01:  $.ajax({
02:        type: "POST",
03:        url: "/boardapp/board_like_res/",
04:        data: $(like_form).serialize(),
05:        dataType: 'json',
06:        success: function(response) {
```

```
07:        if (response.like_err_msg) {
08:           alert(response.like_err_msg);
09:        }
10:      },
11:    });
```

Ajax에 대해서는 다음 장에서 자세히 다룰 예정이다. 위 예제에서는 Ajax를 사용한 웹사이트 요청 시 이에 대한 응답을 response 변수로 받은 후, 'response.like_err_msg'의 형태로 데이터 처리가 이루어진다.

웹사이트 요청 응답 처리를 위해서 위에서는 4개의 함수를 제시하였으며, 그 외에도 django. shortcuts 패키지와 django.http 패키지에서 요청 응답 처리를 위한 다양한 함수가 존재하므로 이를 참고하여 사용한다.

004. URL 설정 - urls.py

1. URL 기본 설정

URL 설정은 urls.py에서 설정하며, 일반적으로 하나의 test_proj/urls.py 파일이 아닌 Django 프로젝트 및 앱 별로 urls.py를 생성하고 각 앱에 대한 URL을 지정하는 것을 권장한다.

먼저 Django 프로젝트 설치 시 생성되는 urls.py 파일의 구조를 보면 다음과 같다.

■ 파일 - test_proj/urls.py

```
01:  from django.contrib import admin
02:  from django.urls import path
03:
04:  urlpatterns = [
05:      path('admin/', admin.site.urls),
06:  ]
```

여기에서 path() 함수가 URL을 지정하는 부분이다. 'admin/'은 URL 입력 주소를 나타내며, admin.site.urls는 'admin/'을 접속했을 때 실제로 사용되는 웹페이지를 나타낸다.

다음은 Django 앱 별 URL 설정 방법이다. 앱 별로 urls.py 파일을 생성한 후 URL을 입력하였다고 해서 Django에서는 이를 자동으로 반영하지 않는다. Django는 프로젝트 디렉토리 내 urls.py을 기본 URL 지정 파일로 사용하므로, Django 앱에서 별도로 URL을 관리하기 위해서는 프로젝트 디렉토리의 urls.py 파일에서 앱을 등록하는 부분이 있어야 한다. 앱 등록은 다음과 같이 추가한다.

■ **파일** – test_proj/urls.py

```
01:  from django.contrib import admin
02:  from django.urls import include, path
03:
04:  urlpatterns = [
05:      path('admin/', admin.site.urls),
06:      path('boardapp/', include('boardapp.urls')),
07:  ]
```

boardapp 앱의 URL은 boardapp/urls.py에서 구성하는 것으로 위와 같이 지정하였으며, 이러한 외부 URL 파일의 사용을 위해서는 include를 사용한다. include는 django.urls 패키지에 있는 명령어이므로 include도 import에 추가한다.

boardapp 앱의 URL는 'boardapp/'으로 지정하였으며, 이는 boardapp에서 사용할 모든 웹페이지는 'boardapp/'을 상위 경로로 사용한다는 것과도 같다. 이러한 상위 경로를 지정하는 이유는 앱을 여러 개 사용할 경우 같은 이름의 웹페이지를 사용할 필요가 있을 때, 앱 이름을 하나의 상위 경로로 하여 구분하기 위함이다.

2. URL 등록

URL 기본 설정을 마쳤으면, 다음은 앱에서 사용할 URL 파일을 생성 후 구성하는 작업을 진행한다. 앱 별 URL 생성은 위에 언급된 내용과 같이 boardapp/urls.py를 생성한 후, urlpatterns에 각 URL을 등록한다. URL 등록은 일반적으로 웹페이지를 대상으로 하며, Django에서는 웹페이지 구성 기본단위로 뷰를 사용하므로 URL 등록 시에는 뷰에서 정의한 클래스 또는 함수를 대상으로 정의한다.

다음 예제는 views.py의 CBV, FBV 예제에서 사용했던 클래스 및 함수이다.

■ **파일** – views.py

```
01:  rom django.shortcuts import render
02:  from django.views.generic import ListView, TemplateView
03:  from boarapp.models import Boards
04:
05:  class BoardsListClassView(ListView):
06:      model = Boards
07:
```

```
08:  def BoardsFunctionView(request):
09:      boardList = Boards.objects.all()
10:
11:      return render(request, 'boardsfunctionview.html', {'boardList': boardList})
```

views.py에서 정의된 뷰를 확인한 다음 Django 앱의 URL을 등록한다. Django 앱은 초기 생성 시 urls.py 파일이 없으므로 파일을 직접 생성해야 하며, URL 등록은 다음과 같다.

■ **파일** – urls.py

```
01:  from django.urls import path
02:  from boardapp.views import BoardsListClassView, BoardsFunctionView
03:
04:  urlpatterns = [
05:      path('cbvList', BoardsListClassView.as_view(), name='cbv'),
06:      path('fbvList', BoardsFunctionView, name='fbv'),
07:  ]
```

- BoardsListClassView는 Generic View인 ListView를 상속받은 클래스로, Generic View에 내장된 as_view() 메소드를 사용하여 URL을 지정한다.
- BoardListFunctionView는 함수 형태의 FBV로, URL 지정 시에는 CBV와는 다르게 함수 이름만 명시해도 URL을 사용할 수 있다.
- name 파라미터는 템플릿 파일에서 URL을 사용하고자 할 때 url 이름을 사용하며, 생략도 가능하다.

3. URL 확장 등록

URL을 등록할 때는 일반적으로 고정된 이름의 주소로 등록하여 사용하지만, 필요에 따라서는 변수가 들어감으로써 유동적으로 표현할 수 있다. 다음 예제는 URL 등록을 위한 여러 가지 방법을 나타낸다.

1) CBV에서의 URL 확장 등록

```
path('board_view/<int:pk>/', BoardView.as_view(), name='boardview'),
```

위 예제는 'board_view/〈int:pk〉/' URL에 정수 형태(int)의 'pk' 변수를 사용하는 것을 의미하고, 'pk' 변수는 Generic View에서는 각 뷰에서 지정한 모델의 Primary Key인 id 필드 값을 나타낸다. id 필드 값은 항상 정수형으로 나타나며, URL을 지정할 때에도 정수형 변수는 〈int:변수명〉 형태로 나타내지 않으면 URL 지정 시 오류가 발생하므로 이에 주의하여 사용한다.

'pk' 변수를 사용한 BoardView 구현 예제는 다음과 같다.

```
class BoardView(DetailView):
  model = Boards


  template_name = 'board_view.html'
```

DetailView에서는 'pk' 변수를 URL로 사용했을 때 지정된 모델의 id에 해당하는 값을 가져오는 기능이 구현되어 있으므로, 별도의 선언 없이 다음과 같이 간단히 표현할 수 있다.

2) FBV에서의 URL 확장 등록

```
path('board_list/<category>/', board_list_page, name='boardlist'),
```

위 예제는 'board_list/〈category〉/' URL에 'category' 변수를 사용하는 것을 의미하며, 'board_list/notice/' 또는 'board_list/free/'의 형태로 사용한다.

'category' 변수를 사용한 board_list_page 구현 예제는 다음과 같다.

```
def board_list_page(request, category):
  articles = Boards.objects.filter(category__category_code=category)
  board_category = BoardCategories.objects.get(category_code=category)

  ...
```

일반적인 함수에서는 request 변수만 인자로 받지만, 위 예제에서는 board_list_page 함수의 인자가 request와 category를 받는 것을 확인할 수 있다. 여기에서의 'category'는 URL에서 지정한 'board_list/〈category〉/' 경로의 'category' 변수로, 해당 변수를 View에서는 위 예제와 같이 사용하여 처리할 수 있다.

이 장에서는 Django 주요 기능인 DB Model 및 웹페이지, 주소 지정을 위한 방법을 다루었다. 이들 기능은 일반적인 Python 문법을 사용하여 구현이 이루어지지만, Django Framework에서 올바르게 활용하기 위해서는 각 기능 간의 관계와 어떤 프로세스로 웹페이지를 호출하고 사용하는지에 대한 이해가 우선시되어야 한다.

Chapter 12에서는 웹페이지의 화면 양식인 Template과 Template Language에 대해서 다룬다.

12 Django Template Language

001. Template 설정

1. 템플릿 파일 지정

각 웹페이지는 화면으로 표시할 템플릿 파일이 필요하다. 템플릿 파일을 지정하기 위해서는 먼저 웹페이지를 구성하는 뷰와 URL가 필요하며, 다음과 같이 구성한다.

■ 파일 – views.py

```
01:  from django.shortcuts import render
02:  from django.views.generic import TemplateView, ListView
03:  from boarapp.models import Boards
04:
05:  class BoardsListClassView(ListView):
06:      model = Boards
07:
08:  class BoardsTemplateClassView(TemplateView):
09:      template_name = "template.html"
10:
11:      def get_context_data(self, **kwargs):
12:        context = super().get_context_data(**kwargs)
13:        context['list'] = Boards.objects.all()
14:        return context
15:
16:  def BoardsFunctionView(request):
17:      boardList = Boards.objects.all()
18:
19:      return render(request, 'boardsfunctionview.html', {'boardList': boardList})
```

■ 파일 – urls.py

```
01:  from django.urls import path
02:  from boardapp.views import BoardsListClassView, BoardsTemplateClassView,
     BoardsFunctionView
03:
04:  urlpatterns = [
```

```
05:        path('fbvList', BoardsFunctionView),
06:        path('cbvTemplate', BoardsTemplateClassView.as_view()),
07:        path('cbvList', BoardsListClassView.as_view()),
08:    ]
```

- **BoardsListClassView**: 'cbvList' URL 호출 시 연결되는 뷰로, Generic View 중 하나인 List-View로부터 상속받는다. 템플릿을 지정하지 않으면 뷰에서 지정한 모델(model)의 이름을 사용하여 템플릿 파일을 '앱 디렉토리/모델명_list.html'으로 반환한다. 그러므로 이 View에서는 반환할 템플릿 파일명은 자동으로 'boardapp/boards_list.html'이 된다.
- **BoardsTemplateClassView**: 'cbvTemplate' URL 호출 시 연결되는 뷰로, Generic View 중 하나인 TemplateView로부터 상속받는다. 그러나 BoardsListClassView와는 다르게 클래스에 template_name="template.html" 구문이 들어가서 템플릿 파일을 지정한다. 이에 따라 반환되는 웹페이지 템플릿 파일은 'template.html'이 된다.
- **BoardsFunctionView**: 'fbvList' URL 호출 시 연결되는 View로, render() 함수에 의해서 'boardsfunctionview.html' 파일을 반환한다.

2. Template 경로 지정

각 웹페이지의 화면 템플릿 파일은 지정하는 방식은 각각 다르지만, Generic View 또는 render() 함수를 통해서 지정된 템플릿 파일을 양식으로 해서 화면에 표시한다. 템플릿 파일 위치는 settings.py에서 정의하며, 기본 설정은 다음과 같다.

■ **파일** – test_proj/urls.py

```
01:  TEMPLATES = [
02:      {
03:          'BACKEND': 'django.template.backends.django.DjangoTemplates',
04:          'DIRS': [],
05:          'APP_DIRS': True,
06:          'OPTIONS': {
07:              'context_processors': [
08:                  'django.template.context_processors.debug',
09:                  'django.template.context_processors.request',
10:                  'django.contrib.auth.context_processors.auth',
11:                  'django.contrib.messages.context_processors.messages',
12:              ],
13:          },
14:      },
15:  ]
```

기본 설정은 앱 디렉토리 내에 'templates' 디렉토리를 각각 생성해서 관리하도록 구성되어 있으며, 이에 따라 위의 View에서 반환하는 템플릿 파일 경로는 다음과 같다.

[표 12-1] View의 템플릿 파일 및 웹페이지 경로

View	URL	템플릿 파일
BoardsListClassView	/boardapp/cbvList	/templates/boardapp/boards_list.html
BoardsTemplateClassView	/boardapp/cbvTemplate	/templates/template.html
BoardsFunctionView	/boardapp/fbvList	/templates/boardsfunctionview.html

3. Static 파일 및 경로

Static 디렉토리는 웹페이지 내 특정 용도를 위해 사용되는 정적(Static) 파일을 관리하는 디렉토리이다. test_proj/settings.py 파일에 Static 디렉토리를 설정할 수 있으며, 기본 설정은 다음과 같다.

■ 파일 - test_proj/settings.py

```
01:  INSTALLED_APPS = [
02:      'django.contrib.admin',
03:      'django.contrib.auth',
04:      'django.contrib.contenttypes',
05:      'django.contrib.sessions',
06:      'django.contrib.messages',
07:      'django.contrib.staticfiles',
08:  ]
09:
10:  ...
11:
12:  STATIC_URL = '/static/'
```

- django.contrib.staticfiles: Static 파일을 사용하기 위한 Django 기본 패키지 앱이다. Django에서는 자체적으로 정적 파일을 URL로 표현하는 기능을 제공하고 있지 않기 때문에 위 패키지를 사용하여 Static 파일을 URL로 나타내기 위한 패턴을 제공한다.
- STATIC_URL: Static 파일을 사용하기 위한 URL을 지정하는 부분이다. 기본값은 '/static/' 디렉토리로, 모든 정적 파일은 static 디렉토리에서 관리한다. 앱에서 사용할 static 디렉토리는 앱 디렉토리 내부의 static 디렉토리로 지정된다.

Django에서는 Static 파일을 저장할 때 일반적으로 'static/[앱 이름]/'의 형태로 앱 이름의 디렉

토리를 생성한다. 디렉토리 생성 없이 사용할 경우, 여러 개의 Django 앱을 실행할 때 같은 이름의 파일이 있으면 어떤 파일을 사용할 것인지를 구분하기 어렵기 때문에 앱 이름의 디렉토리를 통해서 구분하는 것을 권장한다.

Static 파일은 대표적으로 CSS, JS, Image 파일 등이 있으며, 이들 파일을 어느 디렉토리에 저장할 것인 지 정해진 규칙은 없다. 하지만 최근 웹 애플리케이션을 제작할 때에는 일반적으로 'assets/' 디렉토리를 생성한 후, 'assets/' 내에 'assets/css/', 'assets/js/', 'assets/images/' 디렉토리를 생성한 후 각각의 파일을 저장한다.

위의 규칙에 따르면 CSS 파일은 '/static/boardapp/assets/css/', JS 파일은 '/static/boardapp/assets/js/', Image 파일은 '/static/boardapp/assets/images/' 디렉토리에 저장한다.

002. Template Language

Django 템플릿 파일은 HTML 파일로 구성되어 있다. 뷰에서는 웹페이지 화면 표시를 위해서 템플릿 파일을 어떤 것을 사용하는지를 정하고, 그와 동시에 어떤 변수를 HTML 파일 내에서 사용할 것인 지도 결정한다. 하지만 일반적인 HTML 문법에서는 정적 결과만 표시하기 때문에 뷰에서 반환하는 변수를 그대로 사용할 수 없다. 그러므로 Django Template Language를 사용하여 스크립트 형태로 변수를 사용할 수 있게 하고, 간단한 문법을 사용하여 HTML 파일의 화면 출력 형태를 유연하게 변경할 수 있다.

Template Language는 크게 변수(Variables), 태그(Tags), 필터(Filters)로 구분하며, 이 장에서는 각 항목 별로 어떤 문법이 있는 지를 살펴본다.

1. 변수(Variables)

변수는 뷰로부터 반환되는 변수 또는 템플릿 파일 내부에서 정의된 변수의 값을 표시할 때 사용된다. Chapter 11에서 웹사이트 요청 응답 처리에 따르면, render() 함수 또는 JsonResponse() 함수는 템플릿에 데이터를 전달하며, 이들 데이터는 딕셔너리형 변수로 구성되어 있다. 템플릿 파일에서는 특정 데이터가 들어갈 자리에 딕셔너리 변수의 Key를 입력하면, 화면에는 Value가 표시된다.

1) 변수 출력을 위한 환경 설정 예제

다음 예제는 DB와 연동된 데이터 모델로부터 조회한 값과 사용자 정의 변수를 뷰에서 정의한 후, 여기에서 반환되는 변수를 템플릿 파일에서 사용하는 예제를 [표 12-2]와 같이 구현한다.

[표 12-2] board테이블 항목

id	title	content	registered_date
1	John Test Post	Test Post 1	2019-02-11 02:53:59
2	Anna Test Post	Test Post 2	2019-02-11 02:54:00

■ 파일 – models.py

```
01:   class Boards(models.Model):
02:       user_id = models.IntegerField()
03:       title = models.CharField(max_length=300)
04:       content = models.TextField()
05:       registered_date = models.DateTimeField(blank=True, null=True)
06:
07:       class Meta:
08:           managed = False
09:           db_table = 'boards'
```

■ 파일 – views.py

```
01:   from django.shortcuts import render
02:   from boarapp.models import Boards
03:
04:   def TestView(request):
05:       boardList = Boards.objects.all().first()
06:       args = {}
07:       args.update({'category':'free'})
08:       args.update({'boardList':boardList})
09:
10:       return render(request, 'testview.html', args)
```

- 5 Line: Boards 데이터 모델의 첫 번째 데이터를 boardList 변수에 저장한다.

- 6 Line: args라는 이름의 딕셔너리 변수를 선언한 부분이다.

- 7 Line: args 변수에 'category' Key를 추가하여 입력한다.

- 8 Line: args 변수의 'boardList' Key를 추가하여 입력한다.

위와 같이 입력하였을 때, args 변수 입력되는 값은 다음과 같다.

```
args = {
  'cateogory': 'free',
  'boardList': <Boards QuerySets> {
              self.id = 1
```

```
            self.title = 'John Test Post'
            self.content = 'Test Post 1'
            registered_date: '2019-02-11 02:53:59'
        }
}
```

위에서 'boardList' 키 값은 Board 모델에 연결된 테이블의 id가 1인 데이터를 가져오는 부분으로, 각 모델 필드에 대한 값도 포함한다. 뷰 작성이 완료되었으면 뷰를 나타내기 위한 URL도 구성해야 하므로, 다음과 같이 작성한다.

■ **파일** – urls.py

```
01:  from django.urls import path
02:  from boardapp.views import TestView
03:
04:  urlpatterns = [
05:      path('test', TestView, name='test'),
06:  ]
```

2) 변수 출력을 위한 템플릿 파일 작성

HTML 형태의 템플릿 파일에서는 args 변수를 다음과 같이 표현하며, 웹페이지 화면 출력 결과는 [그림 12-1]과 같다.

■ **파일** – testview.html

```
01:  <html>
02:  <head>
03:     <title>Test Page</title>
04:  </head>
05:  <body>
06:  <div>category: {{ category }}</div>
07:  <div>
08:      <h2>Board Information</h2>
09:      <h4>title: {{ boardList.title }}</h4>
10:      <h4>content: {{ boardList.title }}</h4>
11:      <h4>registered_date: {{ boardList.content }}</h4>
12:  </div>
13:  </body>
14:  </html>
```

[그림 12-1] TestView 화면 출력 결과

[그림 12-1]과 같이 템플릿 파일에서는 Key 값을 양쪽 중괄호를 사용하여 다음 '{{ key }}' 형태로 코드를 입력하면, 웹페이지에서는 각 Key에 대한 Value값이 출력된다.

2. 태그(Tags)

태그는 템플릿 파일 내의 변수에 대한 연산을 하거나 특정 파일 및 변수를 불러오기 위한 용도 등에 사용되며, 태그 사용은 '{% 태그 %}' 등의 형태로 표현된다. Django 2.1 Template Language에서 사용되는 태그는 총 28가지가 있지만, 그 중에서 대표적으로 사용하는 기능을 중심으로 살펴본다.

1) HTML 파일 호출 - extends / block / include

① extends / block

Django에서는 특정 Template을 다른 웹페이지에서 사용하기 위한 명령어로 extends와 include를 제공한다. block은 extends 사용 시 특정 블록을 지정하기 위한 명령어로 사용된다.

extends는 템플릿 파일을 확장하고자 할 때 사용되며, 화면 구조로 살펴보면 extends 지정 파일이 상위 구조이고, 템플릿 파일이 하위 구조가 된다. extends 지정 파일에서 기본 화면 틀을 모두 구성하고, 하위 구조를 block 명령어를 사용하여 위치를 지정하면 템플릿 파일에서는 block 명령어에서 지정한 동일한 영역 부분에 대한 파일만 작성하는 형태로 이루어진다. extends 명령어를 사용할 때에는 템플릿 파일의 최상단에서 미리 명시가 되어 있어야 한다.

extends 명령어의 사용 예제는 다음과 같다.

■ 파일 – base.html

```
01:   <!DOCTYPE HTML>
02:   <HTML LANG="KO">
03:   <HEAD>
```

```
04:        <TITLE>{% block title %}Base{% endblock %}</TITLE>
05:        <META charset="utf-8" />
06:    </HEAD>
07:    <BODY>
08:    {% block content %}{% endblock %}
09:    </BODY>
10:    </HTML>
```

■ 파일 – userTestView.html

```
01:    {% extends 'base.html' %}
02:
03:    {% block title %} Test Page {% endblock %}
04:
05:    {% block content %}
06:    <h2> 테스트 페이지 </h2>
07:    {% endblock %}
```

- {% extends 'base.html' %}: userTestView.html의 화면 양식을 base.html로 확장한다는 구문이다. base.html이 상위 구조가 되고, userTestView.html이 하위 구조가 된다.

- {% block title %}...{% endblock %}: 'title'이라는 이름의 블록을 설정하는 명령어다. base.html에서 설정한 title 블록은 기본(Default) 블록으로 사용하며, base.html 파일을 사용하는 다른 파일에서 title 블록의 내용을 지정하면 해당 블록의 내용으로 대체된다. userTestView.html에서는 title 블록 내 내용을 'Test Page'로 입력하였으므로 웹페이지에서는 'Test Page'로 화면에 표시되지만, 만약 title 블록을 별도로 설정하지 않으면 base.html의 title 블록 내용인 'Base'로 화면에 표시된다.

- {% block content %}...{% endblock %}: 'content'라는 이름의 블록을 설정하는 명령어로, base.html에서는 안에 어떤 내용도 들어가 있지 않다. 하지만 userTestView.html에서는 content 블록에 내용이 들어가 있으므로, 해당 내용을 화면에 표시한다.

extends / block 명령어를 사용한 위 예제에 대한 화면 표시 결과는 [그림 12-2]와 같다.

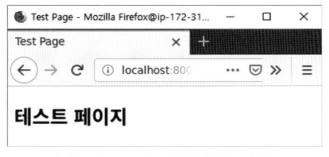

[그림 12-2] extends / block을 사용한 화면 표시 결과

② include

include는 템플릿 파일 내의 특정 영역을 다른 템플릿 파일로 호출할 때 사용한다. 화면 구조로 살펴보면 템플릿 파일이 상위 구조이고, include 지정 파일이 하위 구조가 된다. extends 명령어와는 달리 include는 템플릿 파일 내 어느 영역에서나 지정해도 되며, 지정된 위치에서 include 지정 파일이 호출된다.

■ 파일 - userTestView.html

```
01:  <h2> Include Test
02:  <h4>
03:  {% include 'include_test.html' %}
04:  </h4>
05:  </h2>
```

■ 파일 - include_test.html

```
01:  <font color="red">Include Contents</font>
```

include 명령어는 userTestView.html 파일 내의 〈h4〉 HTML 태그 내부에 사용되는 것을 확인할 수 있으며, include_test.html 의 결과를 출력한다. include 명령어 예제에 대한 화면 표시 결과는 [그림 12-3]과 같으며, 반복적으로 사용되는 HTML 구문을 여러 개의 파일에서 재사용 할 때 유용하게 사용할 수 있다.

[그림 12-3] Include를 사용한 화면 표시 결과

2) 반복문 - for

Template Language에서 반복문은 for 명령어를 사용한다. 일반적으로는 모델로부터 생성된 QuerySet 집합(QuerySets)을 받아올 경우 각 데이터의 값을 하나씩 화면에 표시하고자 할 때 주로 사용된다.

앞서 제시했던 [표 12-1]의 boards 테이블을 이번에는 for 반복문을 사용해서 나타내며, 예제는 다음과 같다.

■ **파일** - views.py

```
01:  from django.shortcuts import render
02:  from boarapp.models import Boards
03:
04:  def TestView(request):
05:      boardList = Boards.objects.all()
06:      args = {}
07:      args.update({'category':'free'})
08:      args.update({'boardList':boardList})
09:      return render(request, 'testview.html', args)
```

- 5 Line: 위 예제와는 달리, 이번에는 반복문을 사용하므로 Boards 모델의 모든 데이터를 불러
  온다.

■ **파일** - testView.html

```
01:  <html>
02:  <head>
03:      <title>Test Page</title>
04:  </head>
05:  <body>
06:  <div>
07:    {% for list in boardList%}
08:      <h2>Board Information</h2>
09:     <h4>title: {{ list.title }}</h4>
10:      <h4>content: {{ list.content }}</h4>
11:      <h4>registered_date: {{ list.registered_date }}</h4>
12:      <hr/>
13:    {% endfor %}
14:  </div>
15:  </body>
16:  </html>
```

템플릿 파일 작성까지 완료된 후 TestView 웹페이지를 화면에 출력한 결과는 [그림 12-4]와 같으
며, boardList의 데이터 개수만큼 반복해서 출력하는 것을 확인할 수 있다.

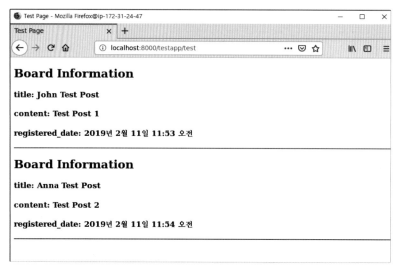

[그림 12-4] For 반복문을 사용한 출력 결과

그리고 Template Language에서는 For 명령어로 반복 구문을 출력할 때 내용이 아무 것도 없을 경우에 대비해서 Empty 명령어도 같이 지원한다. For-Empty 구문을 사용한 예제는 다음과 같다.

■ 파일 – views.py

```
01:   from django.shortcuts import render
02:   from testapp.models import Boards
03:
04:   def TestView(request):
06:       boardList = Boards.objects.filter(title__exact='test')
07:       args = {}
08:       args.update({'category':'free'})
09:       args.update({'boardList':boardList})
10:
11:       return render(request, 'testview.html', args)
```

■ 파일 – testView.html

```
01:   <html>
02:   <head>
03:       <title>Test Page</title>
04:   </head>
05:   <body>
06:   <div>
07:     {% for list in boardList%}
08:       <h2>Board Information</h2>
```

```
09:        <h4>title: {{ list.title}}</h4>
10:        <h4>content: {{ list.content}}</h4>
11:        <h4>registered_date: {{ list.registered_date}}</h4>
12:        <hr/>
13:    {% empty %}
14:        <h2>현재 등록된 게시물이 없습니다.</h2>
15:    {% endfor %}
16: </div>
17: </body>
18: </html>
```

예제와 같이 TestView에서는 'test'라는 제목이 게시물이 없으므로 이에 대한 화면 출력 결과는
empty 명령어 내부의 내용을 출력하며, 그 결과는 [그림 12-5]와 같다.

[그림 12-5] For 반복문 중 결과가 없을 때의 출력 결과

3) 조건문 - if

if 명령어는 특정 조건에 일치할 경우와 그렇지 않을 경우를 분기하는 명령어이다. Python과 동일
하게 Template Language에서도 if - elif - else로 구성되며, 다음과 같이 사용된다.

```
{% if condition %}
   조건 만족 시 표시
{% elif condition %}
   두 번째 조건 만족 시 표시
{% else %}
   모든 조건을 만족하지 못할 시 표시
{% endif %}
```

if 명령어의 condition은 조건을 나타내는 부분이다. 일반적인 조건을 나타내는 ==, !=, 〈, 〉, 〈=,
〉= 연산자가 사용되며, 그 외에도 in, not in, is, is not 등의 명령어도 사용된다. 사용 방법은 [표
12-3]과 같다.

[표 12-3] if 명령어 조건

조건	내용
a==b	a와 b가 같을 경우(Equal)
a!=b	a와 b가 다를 경우(Not equal)
a < b	a가 b보다 작을 경우(Less than)
a > b	a가 b보다 클 경우(Greater than)
a <= b	a가 b보다 작거나 같을 경우(Less than or equal)
a >= b	a가 b보다 크거나 같을 경우(Greater than or equal)
"ab" in "abcde"	"ab" 문자열이 "abcde" 문자열 내에 있을 경우(in)
"ab" not in "fghij"	"ab" 문자열이 "fghij" 문자열 내에 있지 않는 경우(not in)
a is True	a가 True일 경우
b is not None	b가 None이 아닐 경우

여기에서 in, not in 연산자는 문자열의 포함관계를 나타낼 때 사용되며, is, is not 연산자는 True, False, None 등에 해당되는지 여부를 나타낼 때 사용된다.

4) URL 표시 - url

url 명령어는 urls.py에서 지정된 URL의 이름을 사용하여 해당 URL을 표시할 때 사용되는 명령어이다.

■ **파일** – urls.py

```
01:  from django.urls import path
02:  from boardapp.views import BoardsListClassView, BoardsFunctionView
03:
04:  urlpatterns = [
05:      path('cbvList', BoardsListClassView.as_view(), name='cbv'),
06:      path('fbvList', BoardsFunctionView, name='fbv'),
07:  ]
```

urls.py 파일에서 위와 같이 url의 name을 지정할 경우에 템플릿 파일에서는 해당 이름을 다음과 같이 사용할 수 있다.

```
<a href="{% url 'fbvList' %}">FBV List Link</a>
```

5) CSRF Token

CSRF Token에 대해서는 Chapter 11의 웹페이지 구성요소에서 이미 다룬 바 있었다. Django

Template 파일에서는 CSRF 기능을 사용할 때 매우 간단한 태그를 통해서 사용할 수 있으며, 일반적으로는 HTML 폼(Form) 에서 다음과 같이 사용된다.

■ 파일 – member_register_form.html

```
01:  ...
02:
03:      <form id="register_form" action="" method="post">{% csrf_token %}
04:      ...
05:      </form>
06:
07:  ...
```

member_register_form.html에서는 CSRF 방지 코드를 {% csrf_token %} 명령어로 사용하여 반영하게 되며, 웹페이지에서는 해당 부분에 대한 코드가 다음과 같이 인식한다.

```
<input type="hidden" name="csrfmiddlewaretoken" value="a0123456.." />
```

{% csrf_token %}은 〈form〉 내의 〈input〉 태그를 생성한 후, hidden Type으로 특정 임의의 값을 생성한다. 이 값은 16진수 코드로 구성되어 있으며, 웹페이지에서 폼에 입력된 값을 전송할 때 csrfmiddlewaretoken 변수도 같이 전송하여 CSRF 공격을 방지하는 역할을 한다.

위와 같이 CSRF 방지 설정을 하면 웹사이트 요청 위조 공격을 방지하므로, 폼 전송이 필요한 다른 웹페이지에서도 이와 같이 설정하는 것을 권장한다.

6) Static 파일 사용

Static 파일을 웹페이지에서 사용하기 위해서는 템플릿 파일에서 Static 파일을 사용하는 구문이 있어야 하며, 이는 태그를 통해서 사용한다. Static 파일을 사용하는 방법은 다음과 같다.

■ 파일 base.html

```
01:  <!DOCTYPE HTML>
02:  <HTML LANG="KO">
03:  <HEAD>
04:      <TITLE>{% block title %} AWS / Django Web Application{% endblock %}</TITLE>
05:      <META charset="utf-8" />
06:      {% load static %}<LINK REL='Stylesheet' HREF="{% static 'boardapp/
     assets/css/main.css' %}" />
07:      {% load static %}<SCRIPT src="{% 'boradapp/assets/js/jquery-3.3.1.min.
     js' %}" />
08:      {% block script %}{% endblock %}
09:  </HEAD>
```

6, 7 Line과 같이 Static 파일을 사용하기 위해서는 먼저 {% load static %}을 사용한 후, {% static 파일명 %}의 형태로 Static 파일을 사용한다. Static 파일을 사용할 때 경로에는 'static/' 경로는 들어가지 않는 대신, 'static/' 경로 뒤의 세부 경로 부분만 입력한다.

3. 필터(Filters)

필터는 변수 사용 시 변수 값을 특정 형태로 변환시켜서 표시하기 위한 기능으로, 사용 방법은 {{ 변수 | 필터 }}의 형태로 구성된다. Django 2.1 Template Language에서 제공하는 필터는 총 56가지로, 그 중에서 대표적인 필터에 대해서 소개한다.

1) 숫자 필터

① add: 숫자를 더할 때 사용되며, 주로 게시물 번호 등을 나타낼 때 사용한다.

변수값	표현 방법	표시 결과
2	{{ value|add: 2 }}	4

② floatformat: 실수를 일정 형태로 표현할 때 사용한다.

변수값	표현 방법	표시 결과
2.23343	{{ value|floatformat }}	2.2
2.00000	{{ value|floatformat }}	2
2.23343	{{ value|floatformat:3 }}	2.233
2.00000	{{ value|floatformat:3 }}	2.000
2.23343	{{ value|floatformat:-3 }}	2.233
2.00000	{{ value|floatformat:-3 }}	2

위와 같이, 양수는 소수점 자리수를 고정으로 표시하고 음수는 소수점 자리수로 반올림하되 0으로 표현되는 값은 모두 나타나지 않는다. 아무것도 입력하지 않았을 때 기본 값은 -1이다.

2) 문자열 필터

① capfirst: 첫 번째 글자를 대문자로 할 때 사용된다.

변수값	표현 방법	표시 결과
django	{{ value|capfirst }}	Django

② **default**: 값이 False일 경우, 표시할 값을 나타낸다.

변수값	표현 방법	표시 결과
False	{{ value|default:"empty" }}	empty

③ **default_if_none**: 값이 None일 경우, 표시할 값을 나타낸다.

변수값	표현 방법	표시 결과
None	{{ value|default:"empty" }}	empty

④ **lower**: 소문자로 출력할 때 사용된다.

변수값	표현 방법	표시 결과
Django	{{ value|lower }}	django

⑤ **truncatechars**: 특정 문자열의 길이를 자를 때 사용된다.

변수값	표현 방법	표시 결과
Django	{{ value|truncatechars:3 }}	Dja...

⑥ **truncatewords**: 특정 문자열 중 단어를 자를 때 사용된다.

변수값	표현 방법	표시 결과
AWS Django 웹 애플리케이션	{{ value|truncatewords:2 }}	AWS Django ...

⑦ **upper**: 대문자로 출력할 때 사용된다.

변수값	표현 방법	표시 결과
Django	{{ value|upper}}	DJANGO

3) 날짜 필터

① **date**: 특정 날짜 포맷으로 출력할 때 사용된다.

변수값	표현 방법	표시 결과
19/03/01	{{ value|date:"m/d"}}	03/01

② time: 특정 시간 포맷으로 출력할 때 사용된다.

변수값	표현 방법	표시 결과
19/03/01	{{ value|time:"H:i"}}	08:30

Template Language에서는 다른 프로그래밍 언어와 유사하지만 고유한 형태의 Date, Time Format을 가지고 있으며, Django 2.1 공식 문서(https://docs.djangoproject.com/en/2.1/ref/templates/builtins/)에서 확인할 수 있다.

4) 복합 자료형 필터

복합 자료형 필터는 뷰에서 생성된 리스트, 튜플, 딕셔너리 변수를 사용할 때 사용되는 필터로, 주로 리스트로 구성된 QuerySets 변수에 가장 많이 사용된다.

① dicsort: 특정 필드에 의해서 값을 정렬할 때 사용된다. 일반적으로 변수 내 필드명이 정렬 조건이 되지만, 그 외에도 다양한 방법으로 표현한다.

변수값	표현 방법	표시 결과

[
  {'name':'a', age:21},
  {'name':'c', age:22},
  {'name':'b', age:19},
]
	{{ value|dicsort:"name" }}
	– name 필드 순서대로 정렬
		[
		  {'name':'a', age:21},
		  {'name':'b', age:19},
		  {'name':'c', age:22},
		]

[
  {'name':'a', age:21},
  {'name':'c', age:22},
  {'name':'b', age:19},
]
	{{ value|dicsort:1 }}
	– 필드 순서는 0부터 시작되며, 필드 순서가 1인 항목에 대해서 정렬한다.
	– 여기에서는 필드 순서 1인 항목이 age 필드이므로, age에 대해서 정렬한다.
		[
		  {'name':'b', age:19},
		  {'name':'a', age:21},
		  {'name':'c', age:22},
		]

② dicsortreversed: dicsort와 사용 방법은 똑같으나, 역순으로 정렬할 때 사용한다.

③ first: 첫 번째 값을 출력한다.

변수값	표현 방법	표시 결과

[
  {'name':'a', age:21},
  {'name':'c', age:22},
  {'name':'b', age:19},
]
	{{ value|first }}
	– 첫 번째 값 출력
		{'name':'a', age:21},

④ last: 가장 마지막 값을 출력한다.

변수값	표현 방법	표시 결과

[
  {'name':'a', age:21},
  {'name':'c', age:22},
  {'name':'b', age:19},
]
	{{ value|last }}
	– 마지막 값 출력
		{'name':'b', age:19},

⑤ length: 복합 자료형 요소의 개수를 출력한다.

변수값	표현 방법	표시 결과

[
  {'name':'a', age:21},
  {'name':'c', age:22},
  {'name':'b', age:19},
]
	{{ value|length }}
	– 개수 출력
		3

⑥ linenumbers: 순서를 포함한 결과값을 출력한다.

변수값	표현 방법	표시 결과

[
  {'name':'a', age:21},
  {'name':'c', age:22},
  {'name':'b', age:19},
]
	{{ value|linenumbers}}	1. {'name':'a', age:21},
		2. {'name':'c', age:22},
		3. {'name':'b', age:19}

⑦ random: 임의의 데이터를 지정한다.

변수값	표현 방법	표시 결과

[
  {'name':'a', age:21},
  {'name':'c', age:22},
  {'name':'b', age:19},
]
	{{ value|random}}	{'name':'a', age:21},
		{'name':'c', age:22},
		{'name':'b', age:19}
		셋 중 하나

Template Language는 이처럼 템플릿 파일 내에서 다양한 용도로 사용 가능하다. 뷰에서 데이터 모델을 통해서 데이터를 반환하고 Template Language를 통해서 웹페이지에 데이터를 다양하게 표현할 수 있다.

003. Ajax 연동

1. 개요

Django Template에서 웹페이지에 대한 요청과 응답을 받는 방식을 먼저 살펴본다.

Django의 뷰에서는 화면 표시를 위한 기능을 사전에 정의한 후, 템플릿 파일 이름과 코드와 템플릿에 사용될 변수를 반환하여 템플릿에 전달한다. 템플릿에서는 다른 페이지를 호출할 때 웹사이트 요청과 데이터를 다시 Django 뷰에 전달한다. 즉, 뷰와 템플릿 사이의 데이터 통신은 요청과 응답에 의해서 이루어진다.

HTML 형태의 템플릿에서는 이러한 요청과 응답 과정에서 페이지 이동(Redirect)이라는 과정을 거치게 된다. 한 번 요청 할 때마다 웹페이지를 한번 이동하고, 한 번 응답을 받을 때마다 웹페이지의 전체 화면을 조회한다. 그래서 특정 상황에서는 전체 화면 중 하나의 부분 요소에 대한 기능만 수행하더라도 전체 페이지를 갱신하는 경우가 생긴다. 하지만 이러한 방식의 처리는 웹 애플리케이션의 효율을 저하시키는 주요 요인이 된다.

다음과 같은 예를 들어본다. 한 명의 사용자가 홈페이지에 접속하여 게시판에서 특정 게시물을 조회하는 페이지를 접속하고 있다. 이 페이지에서는 게시물의 제목과 내용이 조회되고 현재 추천 수와 댓글 목록이 조회된다. 사용자는 추천을 하거나 댓글을 입력하는 행동을 취하게 되는데, 이 때 추천 버튼을 누르면 웹페이지가 새로 고침 되면서 추천 수만 1이 늘어나 있는 것을 확인할 수 있고, 댓글을 작성하고 확인을 누르면 마찬가지로 웹페이지가 새로 고침 되면서 댓글 1개가 추가된 것을 확인할 수 있다.

물론 웹페이지를 새로 고침해서 화면 내용을 갱신하는 것이 올바르지 않은 방법은 아니다. 하지만 대부분의 사용자 입장에서는 추천을 했을 때에는 전체 화면갱신 없이 추천 수만 1이 늘어나는 것을 원하며, 댓글을 작성했을 때에도 댓글 목록 부분만 갱신되어 나타나는 것을 더욱 선호한다.

이러한 비효율성을 줄이기 위해서는 Ajax(Asynchronous Javascript and XML)를 사용하여 해결할 수 있다. Ajax는 Javascript의 비동기적 웹 애플리케이션 제작을 위한 개발 기법으로, Javascript 코드 중 하나인 jQuery를 사용하여 쉽게 구현할 수 있다. Ajax는 서버와 클라이언트 간 통신 규격을 지정하고 처리하는 역할을 수행하며, 전송하고자 하는 데이터 및 규격과 전송 대상이 되는 URL과 요청에 대한 응답도 처리한다.

2. jQuery Ajax

1) 기본 개념 및 예제

Ajax는 jQuery를 사용하면 쉽게 구현 가능하므로 이 책에서도 jQuery를 사용하여 나타낸다. 다음 예제는 jQuery Ajax를 사용한 간단한 예제이다.

■ **파일** – boards.js

```
01:  $.ajax({
02:      type: "GET",
03:      url: "/boardapp/reply_list/",
04:      data: data,
05:      success: function(response) {
06:              $("#reply").html(response);
07:      },
08:  });
```

■ **파일** – board_view.html

```
01:  ...
02:    <div id="reply"></div>
03:  ...
```

Ajax는 jQuery에서는 '$.ajax'를 사용하며, 여기에서는 type, url, data, success 변수를 사용하여 웹페이지에 대한 처리 방식을 나타낸다.

- **type**: GET / POST 방식을 정한다.
- **url**: 웹사이트 요청 대상이 되는 주소를 나타낸다.
- **data**: 웹사이트 요청 시 전송할 데이터를 나타내며, 일반적으로 딕셔너리 형태의 값을 전송한다.
- **success**: 웹사이트 요청이 완료되고 응답을 받을 때 수행하는 동작을 나타낸다. "$('#reply')" 부분의 HTML 코드를 서버로부터 받은 응답 결과(response)로 표시하며, 위 예제에서는 board_view.html의 id="reply"인 〈div〉태그의 HTML코드를 표시하는 것을 뜻한다.

여기서 가장 중요하게 다루어야 할 부분은 'success' 부분이다. 응답 결과(response)를 살펴보면 id="reply"인 〈div〉 태그 내에 response를 표시하도록 되어 있다. 위와 같은 방식을 사용하면 댓글 입력, 수정, 삭제 등 댓글과 관련된 기능을 수행할 때 화면 전체를 변경하지 않고 위의 "〈div id='reply_list'〉〈/div〉" 부분의 기능을 실시간으로 갱신할 수 있다.

위 예제의 Ajax 코드를 사용하면 웹페이지 전체가 아닌 일부분에 대한 화면 갱신 및 처리가 가능하다. 또한 실시간으로 반영되어 사용자 입장에서는 불필요한 동작을 줄일 수 있으며, 관리자 입장에서는 서버의 불필요한 트래픽을 감소시킬 수 있다.

2) Form 데이터 전송

① 일반 데이터 전송

Ajax는 HTML에서 지정한 Form과는 별개의 형태로 데이터를 전송한다. 즉, Form에서 사용되는 모든 데이터를 전송하는 것이 아니라, 필요한 요소에 대한 데이터를 전송하거나 혹은 직접 데이터를 가공하여 전송한다. 또는 특정 부분의 내용을 갱신하기 위해서 데이터 없이 요청만 보내는 경우도 있다.

첫 번째 예제는 데이터 없이 Ajax를 사용한 구문이다.

■ **파일** – boards.js

```
01:  $.ajax({
02:     type: "GET",
03:     url: "/boardapp/reply_list/",
04:     success: function(response) {
05:              $("#reply").html(response);
06:     },
07:  });
```

전송하고자 하는 데이터는 'data' 변수를 사용하여 명시하도록 되어 있으나 위 예제에서는 'data' 변수를 사용하지 않는 것을 알 수 있다. 위와 같이 전송할 경우에는 'url' 변수에 명시된 주소를 요청하며, url 요청에 대한 응답을 $('#reply')에 표시한다.

두 번째 예제는 Form의 모든 데이터를 포함하여 Ajax를 사용한 구문이다.

■ **파일** – boards.js

```
01:  $.ajax({
02:     type: "GET",
03:     url: "/boardapp/reply_write_res/",
04:     data: $('form').serialize(),
05:     success: function(response) {
06:              $("#article").html(response);
07:     },
08:  });
```

첫 번째 예제와는 달리 'data' 변수를 사용하며, "$('form').serialize()" 함수를 사용한다. serialize() 함수는 Form에서 사용된 모든 요소의 데이터를 반환하는 함수로, 'data' 변수에 Form의 모든 값을 입력하는 것을 알 수 있다.

세 번째 예제는 Form의 일부 요소와 사용자 정의 데이터를 포함한 Ajax를 사용한 구문이다.

■ 파일 – boards.js

```
01:  $.ajax({
02:      type: "GET",
03:      url: "/boardapp/reply_write_res/",
04:      data: {"id": $('#article_id').val(), "category": "free"},
05:      success: function(response) {
06:                  $("#article").html(response);
07:      },
08:  });
```

위 예제에서는 'id' 변수의 값을 $('#article_id') 요소의 값으로 입력하고, 'category' 변수의 값은 'free'라는 값을 입력하여, 해당 변수에 대한 값을 전송한다.

② File 및 Image 전송

HTML에서는 데이터를 전송할 때 파일 또는 이미지 첨부를 하는 경우가 있다. 이 때 Ajax에서도 추가 정보를 입력하여 전송이 이루어져야 하며, 다음 예제와 같이 나타낸다.

■ 파일 – boards.js

```
01:  var data = new FormData($('form')[0]);
02:  data.append("img_file", $('#img_file')[0].files[0]);
03:
04:  $.ajax({
05:      type: "POST",
06:      url: "/boardapp/board_modify_res/",
07:      processData: false,
08:      contentType: false,
09:      data: data,
10:      success: function(response) {
11:                  $('#article').html(response);
12:      },
13:  });
```

- 1 Line: data 변수를 선언하는 부분으로, "new FormData($('form')[0])" 부분은 현재 웹페이지의 Form 태그에서 사용되는 모든 값을 나타낸다.
- 2 Line: append() 함수는 Javascript의 내용을 추가할 때 사용되는 함수로, 'img_file'이라는 변수를 선언한다. 여기에서 "$('#img_file')[0].files[0]"은 파일 첨부 시 사용되는 모든 파일 정보를 나타내며, 즉 'img_file' 변수에 첨부파일에 대한 정보를 나타낼 때 사용된다.

- **7~8 Line:** 파일을 첨부할 때에는 processData와 contentType 변수를 선언하며, 두 변수 다 값을 False로 설정한다. 이 부분을 선언하지 않으면 파일 및 이미지 첨부 시 첨부파일 원본을 전송하지 못하므로 첨부 시 유의한다.

위와 같이 Ajax를 구성하면 파일 및 이미지 전송 시에도 원본 데이터를 포함하여 올바르게 전송할 수 있다.

Django Template에서는 템플릿으로 사용될 HTML 파일을 비롯하여 HTML과 같이 사용될 CSS, Javascript 등의 설정에 대해서 다루었고, 그 외에도 응답 처리에 사용되는 변수를 바탕으로 한 Template Language에 대해서도 다루었다.그리고 비동기 통신을 위한 Ajax에 대해서도 간단히 다룸으로써, 템플릿에 대한 유연성도 더할 수 있도록 하였다.

13 Django Database QuerySet

CHAPTER

앞서 Chapter 11에서는 Django 주요 기능으로 Model 데이터 처리에 대해서 다룬 바 있었다. 데이터는 삽입, 수정, 삭제, 조회 등에 의해서 처리되며, 그 중에서도 조회는 기존에 저장된 DB 데이터를 가지고 원하는 조건에 맞게 특정 변수에 저장하거나, 여러 다른 기능을 수행해서 웹페이지에 표시할 수 있다.

이 장에서는 QuerySet이 어떤 방식으로 표현되는지에 대해서 구체적으로 다루고, 데이터 조회를 위한 검색 조건의 표현 방법에 대해서 다룬다.

001. QuerySet 구조

1. QuerySet 개체 및 구조

QuerySet은 models.py 파일에서 정의된 모델의 모델 필드로 구성된다. 또한 2개 이상의 데이터를 반환할 경우에는 리스트 형태로 구성된다.

[표 13-1] boards테이블 항목

id	title	content	registered_date
1	John's diary	Test Post 1	2019-02-11 02:53:59
2	Anna's profile	Test Post 2	2019-02-11 02:54:00
3	Emma's novel	Test Post 3	2019-02-21 18:55:00

[표 12-1]과 같은 내용이 DB에 저장되어 있다고 가정한다. boards 테이블의 컬럼은 총 6개가 있고, 데이터는 3개가 있다. Django 모델에서는 boards 테이블을 참조하여 모델 클래스를 생성하며 이 때 테이블의 각 컬럼은 모델 필드로 구성된다.

Django 모델은 models.py 파일에서 정의되며, models.Model 클래스를 상속받아서 objects 내장 클래스를 사용할 수 있다. objects 클래스는 DB 테이블의 데이터를 조회하기 위한 메소드를 포함하고 있다.

```
board_data = Boards.objects.all()
```

위 예제에서 Boards는 boards 테이블을 참조한 모델로, objects 클래스의 all() 메소드를 사용하여 board_data 변수에 저장하는 예제이다. all() 메소드는 테이블의 모든 데이터를 가지고 오는 예제로, 다음과 같이 저장된다.

board_data 변수값

```
[
  <Boards QuerySet> {
    self.id = 1
    self.title = "John's diary"
    self.content = "Test Post 1"
    self.registered_date = "2019-02-11 02:53:59"
  },
  <Boards QuerySet> {
    self.id = 2
    self.title = "Anna's profile"
    self.content = "Test Post 2"
    self.registered_date = "2019-02-11 02:54:00"
  },
  <Boards QuerySet> {
    self.id = 3
    self.title = "Emma's novel"
    self.content = "Test Post 3"
    self.registered_date = "2019-02-21 18:55:00"
  }
]
```

all() 메소드를 사용하면 테이블 내의 모든 데이터를 가져오므로 리스트 형태로 데이터를 저장한다. 만약에 테이블 내에 1개의 데이터만 있다고 하더라도 리스트 형태로 가져오며, 데이터를 가져온 순서대로 인덱스를 생성하고 각 인덱스 별로 데이터를 위와 같은 하나의 QuerySet으로 형태로 입력한다.

이처럼 Boards 모델의 objects 클래스는 데이터 조회를 위한 다양한 함수를 제공하고 있으며, 이는 DB Query의 Select 문장과 같은 기능을 수행한다.

이 장에서는 데이터 조회 함수의 사용에 대한 이해를 위해서 SQL 문장(Statements)와 비교하여 어떤 방식으로 데이터를 조회하는지를 알아본다.

002. 데이터 조회 및 DB Query

모델 조회는 모두 objects 내장 클래스의 메소드를 통해서 이루어지며, Django에서는 이를 QuerySet API라고 부른다. QuerySet API는 크게 다음과 같이 구분된다.

- **다중 조회 API**: 1개 이상의 QuerySet 집합(QuerySets) 반환
- **단일 조회 API**: 1개의 QuerySet 반환
- **기타 API**: 개수 등의 기초 자료형 값을 반환(count() 등)

1. 다중 조회 API

다중 조회 API중 대표적으로 사용되는 메소드로는 all(), filter(), exclude() 등이 있으며, 그 외에도 다양한 조회 메소드를 포함하고 있다. 이들 메소드가 SQL 문장에서 어떤 방식으로 조회되는지를 살펴본다.

1) 모든 데이터 조회 - all()

all() 메소드는 모든 데이터를 조회하는 메소드로, SQL 문장에서는 아무 조건 없이 조회할 때 실행하는 문장과 같은 역할을 수행한다.

데이터 조회

```
Boards.objects.all()
```

SQL 문장

```
select *
  from boards;
```

조회 조건이 없으므로, SQL 문장 역시 간단하게 구성되어 있다.

2) 조건 조회 - filter(), exclude()

filter(), exclude() 메소드는 all()과는 달리 특정 조건에 만족하거나(filter), 만족하지 않는(exclude) 결과에 대한 데이터를 가져오며, 일반적인 SQL 조건 문장을 수행한다. 기본 문법은 크게 두 가지 형태로 사용된다.

```
Boards.objects.filter([필드명][연산자][값])
Boards.objects.filter([필드명]__[조건]=[값])
```

첫 번째 형태는 일반적인 필드명과 값에 대한 조건을 나타낸 것으로, 다음과 같이 간단한 연산을

사용할 때 표현된다.

```
Boards.objects.filter(category_name='free')
Boards.objects.filter(page<10)
```

하지만 이러한 형태의 연산은 다양한 조건을 사용하기에는 한계가 있으며, 이를 보완하기 위해서 두 번째 형태의 예제도 사용할 수 있다.

```
Boards.objects.filter(category_name__exact='free')
Boards.objects.filter(page__lt=10)
```

조건을 사용할 경우에는 언더바(_)를 두 번 연속으로 입력하여 구분하며, 해당 조건에 알맞은 값을 입력하여 나타낸다.

그리고 Foreign Key를 사용할 경우에는 외부 모델 필드를 사용할 수 있으며, 외부 모델 필드 사용 역시 언더바(_)를 두 번 연속으로 입력하여 구분하며, 다음 예제와 같이 사용한다.

```
Boards.objects.filter(category__category_name='free')
Boards.objects.filter(category__category_name__exact='free')
```

filter()는 필드명에 대한 조건과 값이 일치할 때 사용하며, exclude()는 반대로 필드명에 대한 조건과 값이 일치하지 않을 때 사용한다. 각 조건은 filter() 를 기준으로 하나씩 설명한다.

① exact

exact는 일치하는 조건을 입력할 때 사용된다.

데이터 조회

```
Boards.objects.filter(title__exact="John's diary")
```

SQL 문장

```
select *

  from boards
 where title = "John's diary";
```

② iexact

iexact는 exact와 비슷하나, 대소문자를 가리지 않고 일치하는 조건을 나타낸다.

데이터 조회

```
Boards.objects.filter(title__iexact="John's diary")
```

SQL 문장

```
select *
  from boards
 where lower(title) = "john's diary";
```

SQL 문장 예제에서는 lower로 표시했지만, 대소문자를 가리지 않으므로 그에 상응하는 문장을
조건으로 입력할 수 있다. 각 조건 별로 iexact와 유사하게 대소문자를 구분하지 않는 조건 유형
이 하나씩 존재하며, 이들 유형에 대해서는 별도 예제없이 조건 별로 같이 설명한다.

③ contains

contains는 부분 일치 조건을 입력할 때 사용된다.

데이터 조회

```
Boards.objects.filter(title__contains="John")
```

SQL 문장

```
select *
  from boards
 where title like "%John%";
```

icontains 조건은 contains의 용도와 동일하되, 대소문자 구분 없는 조건을 필요로 할 때 사용
된다.

④ in

in은 여러 조건을 포함할 경우에 사용된다.

데이터 조회

```
Boards.objects.filter(title__in=["John's diary","Anna's profile"])
```

SQL 문장

```
select *
  from boards
 where title in ("John's diary","Anna's profile");
```

⑤ gt, lt, gte, lte

greater than(>), less than(<), greater than or equal(>=), less than or equal(<=)
의 약어로, 필드값이 조건보다 크거나 작을 때 사용된다.

데이터 조회

```
Boards.objects.filter(registered_date__gt=datetime.date(2019,2,11))
Boards.objects.filter(registered_date__lt=datetime.date(2019,2,11))
Boards.objects.filter(registered_date__gte=datetime.date(2019,2,11))
Boards.objects.filter(registered_date__lte=datetime.date(2019,2,11))
```

SQL 문장

```
select * from boards where registered_date > to_date("2019.02.21.","%Y.%m.%d");
select * from boards where registered_date < to_date("2019.02.21.","%Y.%m.%d");
select * from boards where registered_date >= to_date("2019.02.21.","%Y.%m.%d");
select * from boards where registered_date <= to_date("2019.02.21.","%Y.%m.%d");
```

⑥ startswith, endswith

contains처럼 문자열을 부분 포함할 때 사용되나, startswith는 조건으로 시작하는 문자열을 검색
할 때, endswith는 조건으로 끝나는 문자열을 검색할 때 사용된다.

데이터 조회

```
Boards.objects.filter(title__startswith="John")
Boards.objects.filter(title__endswith="John")
```

SQL 문장

```
select * from boards where title like "John%";
select * from boards where title like "%John";
```

istartswith, iendswith 역시 startswith, endswith와 동일한 용도이나, 대소문자를 가리지 않을 때
사용된다.

⑦ range

range는 범위를 지정할 때 사용된다.

데이터 조회

```
start_date = datetime.date(2019,1,1)
```

```
end_date = datetime.date(2019,2,28)
Boards.objects.filter(registered_date__range=(start_date, end_date))
```

SQL 문장

```
select *
  from boards
 where registered_date between to_date("2019.01.01.","%Y.%m.%d")
                          and to_date("2019.02.28.","%Y.%m.%d");
```

⑧ 날짜, 시간 조건

날짜 조건은 date, year, month, day, week, week_day, quarter, 시간 조건은 time, hour, minute, second이 있다. date, time 조건은 전체 날짜 및 시간을 조건으로 할 때 사용되며, 그 외 조건은 날짜 및 시간에 대한 각각의 부분 조건에 사용된다.

데이터 조회

```
Boards.objects.filter(registered_date__date=datetime.date("2019,02,28"))
Boards.objects.filter(registered_date__year=2019)
Boards.objects.filter(registered_date__month=03)
Boards.objects.filter(registered_date__day=12)
Boards.objects.filter(registered_date__week=35)
Boards.objects.filter(registered_date__week_day=3)
Boards.objects.filter(registered_date__quarter=2)
#quarter는 간단한 SQL 문장 없이 복잡한 형태로 구현됨

Boards.objects.filter(registered_date__time=datetime.time("17,25"))
Boards.objects.filter(registered_date__hour=23)
Boards.objects.filter(registered_date__minutes=30)
Boards.objects.filter(registered_date__second=20)
```

SQL 문장

```
select * from boards where registered_date = date_format("2019.02.28.","%Y.%m.%d");
select * from boards where date_format(registered_date,"%Y") = 2019;
select * from boards where date_format(registered_date,"%m") = 03;
select * from boards where date_format(registered_date,"%d") = 12;
select * from boards where date_format(registered_date,"%V") = 35;
select * from boards where date_format(registered_date,"%w") = 3;

select * from boards where registered_date  = date_format("17:25","%H:%i");
select * from boards where date_format(registered_date,"%H") = 23;
```

```
select * from boards where date_format(registered_date,"%i") = 30;
select * from boards where date_format(registered_date,"%s") = 20;
```

- SQL문에서는 date_format 함수를 통해서 결과를 나타낸다.
- quarter는 Django 2.0 버전 이후부터 새로 생긴 필터 구문으로, 1년에 대한 4분기 값을 나타낸다.(1:1~3월, 2:4~6월, 3:7~9월, 4:10~12월) SQL 문장을 통해서도 구현 할 수 있지만 기존에 제공하는 날짜 및 시간 포맷이 아니라서 복잡한 형태로 구현해야 한다.

Django의 날짜 필터 기능은 이와 같이 SQL 문장으로 표현이 어려운 부분을 쉽게 표현할 수 있다.

⑨ regex
regex는 정규표현식을 사용한 검색조건에 사용된다. 정규표현식과 관련된 세부 내용은 이 책에서 다루지 않는 대신, SQL 문장과 비교하는 예제만 다음과 같이 간단히 나타낸다.

데이터 조회

```
Boards.objects.filter(title__regex="^(An?|The)+")
```

SQL 문장

```
select *
  from boards
 where title REGEXP BINARY "^(An?|The)+";
```

iregex는 regex와 동일한 용도로 사용되며, 대소문자를 가리지 않는 검색 시 사용된다.

⑩ exclude() 사용 예제
위에서 언급했던 조건은 filter()를 사용한 예제를 설명하였다. filter()가 일반적인 SQL 문장에서의 검색 조건을 나타낸다면, exclude()는 filter()와는 정 반대의 검색 조건에 사용되며, exclude()를 SQL 문장과 비교하면 다음과 같다.

데이터 조회

```
Boards.objects.exclude(title__exact="John")
```

SQL 문장

```
select *
  from boards
 where not (title = "John's diary")
```

위와 같이 exclude는 조건 전체에 대한 부정을 하므로, 조건 외 결과를 필요로 할 때 사용할 수 있다.

2) 데이터 정렬 – order_by(), reverse()

① order_by()

order_by() 메소드는 데이터 결과를 정렬하는 용도로 사용한다. 모든 데이터를 대상으로 할 경우에는 다음과 같이 all() 메소드를 사용하지 않고도 곧바로 사용하며, 정렬 조건에 맞게 데이터를 정렬해서 리스트의 인덱스에 입력한다. 파라미터는 정렬할 필드를 사용하며, 여러 필드 또는 역순 정렬도 가능하다.

데이터 조회

```
Boards.objects.order_by("title")
Boards.objects.order_by("title","registered_date")
Boards.objects.order_by("title","-content")
```

SQL 문장

```
select * from boards order by title;
select * from boards order by title, registered_date
select * from boards order by title, content desc;
```

order_by에 들어가는 파라미터는 대표적으로 위와 같이 사용하며, 역순으로 정렬할 때에는 위와 같이 '-' 기호를 사용한다.

② reverse()

reverse()는 데이터 조회 결과를 역순으로 가져와서 반환하는 메소드로, order_by()와 유사하지만 데이터를 정렬하지 않은 상태에서 결과를 반대로 저장한다는 특징을 가지고 있다.

```
Boards.objects.reverse()
```

3) 다중 데이터 처리

다중 데이터 처리 메소드는 2개 이상의 QuerySets 변수를 대상으로 연산을 하기 위한 메소드이다.

① union()

Django 1.11 버전부터 지원되는 메소드로, 두 개 이상의 QuerySets 변수를 하나의 QuerySets 값으로 합친다.

데이터 조회

```
data1 = Boards.objects.filter(title__exact="John")
data2 = Boards.objects.filter(title__exact="Anna")
data3 = union(data1, data2)
```

SQL 문장

```
select * from boards where title = "John's diary"
union all
select * from boards where title = "Anna's profile";
```

② intersection()

intersection은 교집합을 나타내며, 두 개 이상의 QuerySets 변수 중 중복된 값을 가지고 온다.

데이터 조회

```
data1 = Boards.objects.filter(title__in=["John's diary","Anna's profile"])
data2 = Boards.objects.filter(title__in=["Anna's profile","Emma's novel"])
data3 = intersection(data1, data2)
```

위와 같이 사용했을 때 결과는 title이 "Anna's profile"인 데이터를 가지고 온다.

③ difference()

Django 1.11에 추가된 메소드로, intersection() 와는 다르게 서로 중복되지 않은 값을 가지고
온다.

데이터 조회

```
data1 = Boards.objects.filter(title__in=["John's diary","Anna's profile"])
data2 = Boards.objects.filter(title__in=["Anna's profile","Emma's novel"])
data3 = difference(data1, data2)
```

위와 같이 사용했을 때 결과는 title이 "John's diary", "Anna's profile", "Emma's novel"인 데이
터를 가지고 온다.

4) 다중 조회 API의 활용

다중 조회 API에 사용되는 메소드는 일반적으로 단독으로 사용되지만, 중복으로도 사용이 가능
하며, 여러 조건을 중복으로 사용하여 원하는 결과를 반환할 수도 있다.

다음은 다중 조회 API의 메소드를 여러 번 사용하는 예제를 나타낸다.

데이터 조회

```
Boards.objects.filter(title__startswith="John").filter(content__contains="Test Post 1")
```

SQL 문장

```
select *
  from boards
 where title like "John%"
   and content like "%Test Post 1%";
```

다중 조회 API는 다음에 언급될 단일 조회 API 및 다른 메소드와 조합해서 사용할 수 있다.

데이터 조회

```
Boards.objects.filter(title__exact="John's diary").count()
```

SQL 문장

```
select count(*)
  from boards
 where title = "John's diary";
```

하지만 검색 조건이 다수일 경우는 filter()와 같은 조건 메소드를 다수 사용할 경우, 소스 코드의 가독성 및 유지보수에 문제가 생길 수 있으므로, 다중 조건을 필요로 할 경우에는 Q 객체를 사용하여 표현할 수 있다.

Q 객체를 사용한 예제는 다음과 같다.

데이터 조회

```
from django.db.models import Q
Boards.objects.filter(Q(title="John's diary")&Q(content="Test Post 1"))
```

SQL 문장

```
select *
  from boards
 where title = "John's diary"
   and content = "Test Post 1";
```

Q 객체는 다중 조회 API뿐만 아니라, 단일 조회 API에서도 사용할 수 있으며, 여러 복잡한 조건을 사용할 때 유용하게 활용한다.

2. 단일 조회 및 기타 API

단일 조회 API는 1개의 데이터만 가지고 오기 때문에 반환값 역시 리스트 형태가 아닌 QuerySet 자체를 반환한다. 그 외에도 결과의 개수 및 데이터 유무 등을 확인하는 여러 유형의 값을 반환하는 메소드에 대해서도 살펴본다.

1) 단일 데이터 반환

① get()

get() 메소드는 특정 조건에 만족하는 결과를 가지고 오는 점에서 filter() 메소드와 용도가 똑같다. 하지만 반드시 1개의 결과를 가지고 와야 하므로 주로 Primary Key로 사용되는 필드를 조건으로 한다.

데이터 조회

```
Boards.objects.get(id=3)
```

SQL 문장

```
select *
  from boards
 where id=3;
```

문장만 놓고 보면 filter() 메소드의 exact를 사용했을 때와 동일한 것처럼 보인다. 하지만 filter() 메소드의 반환값은 결과 개수와는 상관없이 QuerySet 집합(QuerySets) 형태로 반환하고 get() 메소드는 단일 데이터인 QuerySet 형태로 반환한다. 그래서 리스트 인덱스의 구성 없이 변수를 사용할 수 있다.

■ **파일** - views.py

```
01:  board = Boards.objects.get(id=3)
```

■ **파일** - Template.html

```
01:  <p>제목: {{ board.title}}</p>
```

② first(), last()

first(), last() 는 get() 과 마찬가지로 단일 데이터를 가져오며, 첫 번째 데이터와 마지막 데이터를 가져온다.

```
Boards.objects.first()
Boards.objects.last()
```

③ earliest(), latest()

first(), last() 와 유사하다. 하지만 first(), last() 가 데이터의 첫 번째 및 마지막 값을 가지고 오는 형식이면, earlist(), latest() 는 특정 필드 형태에 의해 정렬된 데이터 내에서 첫 번째 값과 마지막 값을 가져온다.

```
Boards.objects.earliest("title")
Boards.objects.latest("-title")
```

파라미터는 정렬된 데이터의 값을 가지고 오므로 QuerySet 의 order_by() 와 같은 형식의 파라미터를 사용한다. 위 예제에서도 title 필드를 사용하여 각각 정순(title)으로 정렬된 첫 번째 값(earliest)과 역순(-title)으로 정렬된 마지막 값(latest)을 가지고 오는 것을 확인할 수 있다.

2) 기타 조회 메소드

① count()

데이터의 개수를 가져오는 메소드로, 숫자 형태의 값을 반환한다.

데이터 조회

```
Boards.objects.count(*)
```

SQL 문장

```
select count(*) from boards;
```

② exists()

데이터 존재 여부를 반환하는 메소드로, True/False의 Boolean 형으로 반환한다. 주로 IF 조건문에서 많이 사용하며, 사용 예는 다음과 같다.

```
if Boards.objects.exists():
    result = "입력된 데이터가 없습니다."
```

이와 같이 Django에서는 데이터 조회를 위한 다양한 메소드가 존재하며, 이들 메소드를 활용하여 QuerySet 값 뿐만 아니라 추가적으로 필요한 데이터를 반환할 수 있다.

14 Django 예제 프로그램 출력
CHAPTER

001. 개요

앞서 Chapter 8에서 Chapter 10 까지는 AWS EC2 인스턴스에 Python, Django 설치 및 MySQL DB 인스턴스 연동을 위한 설정부분에 대해서 다루었고, Chapter 11부터 Chapter 13 까지는 Django의 주요 기능을 통해서 어떤 방식으로 사용되는지를 확인하였다. 이 장에서는 앞서 다루었던 환경 설정 내용과 Django 주요 기능을 기반으로 예제 프로그램을 출력하는 방법에 다룬다.

Django 프로젝트는 하나 이상의 애플리케이션을 구성할 수 있다. 하지만 애플리케이션(이하 앱)을 등록하고 웹페이지 상에 표시하기 위해서는 일정한 절차를 거쳐야 한다. 절차는 다음과 같이 요약된다.

- Django 앱 프로젝트에 등록 - settings.py
- Django 앱에서 사용할 DB 모델 구성 - models.py
- 웹페이지 구성을 위한 View 구성 - views.py
- 웹페이지 주소 지정을 위한 URL 구성 - urls.py
- 웹페이지 양식 제작 - templates/ 디렉토리 내 html 파일
- 웹페이지에 사용될 Image, JS, CSS 사용 - statics/ 디렉토리 구성

그 중에서 Django 앱을 프로젝트에 등록하는 방법에 대해서는 Chapter 9에서 이미 다루었으므로 Django 앱이 등록되어 있다는 전제 하에 생략한다. 대신 이 장에서는 그 외 다른 절차를 통해서 Django 예제 프로그램을 출력하는 방법을 다룬다.

002. DB 모델 구성

Django 앱에서 사용할 DB 모델은 models.py 파일에서 구성하도록 되어 있으며, manage.py 스크립트 파일의 inspectdb 명령어로 DB 테이블을 손쉽게 가져올 수 있다.

models.py 파일은 초기에 다음과 같이 빈 파일로 구성되어 있다.

```
from django.db import models
```

여기에서 manage.py 스크립트 파일의 inspectdb 명령어를 사용해서 모든 테이블을 가져올 수

도 있고, 특정 테이블 이름을 붙여서 가져오는 방법도 있다. 예제 프로그램에서는 Chapter 10에서 선언한 사용자 및 게시판 테이블을 사용할 예정이므로 models.py 다음과 같이 저장하는 명령을 수행한다.

```
$ python manage.py inspectdb auth_user boards board_categories > testapp/models.py
```

위 명령어를 실행한 후 models.py 파일을 보면 다음과 같이 적용된 것을 확인할 수 있다.

■ **파일** – testapp/models.py

```
01:  from django.db import models
02:
03:  class AuthUser(models.Model):
04:      password = models.CharField(max_length=128)
05:      last_login = models.DateTimeField(blank=True, null=True)
06:      is_superuser = models.IntegerField()
07:      username = models.CharField(unique=True, max_length=150)
08:      last_name = models.CharField(max_length=150)
09:      email = models.CharField(max_length=254)
10:      date_joined = models.DateTimeField()
11:      is_staff = models.IntegerField(blank=True, null=True)
12:      is_active = models.IntegerField(blank=True, null=True)
13:      first_name = models.CharField(max_length=30, blank=True, null=True)
14:      phone = models.CharField(max_length=45)
15:      date_of_birth = models.DateTimeField()
16:
17:      class Meta:
18:          managed = False
19:          db_table = 'auth_user'
20:
21:  class Boards(models.Model):
22:      category = models.ForeignKey('BoardCategories', models.DO_NOTHING)
23:      user = models.ForeignKey(AuthUser, models.DO_NOTHING)
24:      title = models.CharField(max_length=300)
25:      content = models.TextField()
26:      registered_date = models.DateTimeField(blank=True, null=True)
27:      last_update_date = models.DateTimeField(blank=True, null=True)
28:      view_count = models.IntegerField(blank=True, null=True)
29:      image = models.CharField(max_length=255, blank=True, null=True)
30:
31:      class Meta:
32:          managed = False
```

```
33:            db_table = 'boards'
34:
35:    class BoardCategories(models.Model):
36:        category_type = models.CharField(max_length=45)
37:        category_code = models.CharField(max_length=100)
38:        category_name = models.CharField(max_length=100)
39:        category_desc = models.CharField(max_length=200)
40:        list_count = models.IntegerField(blank=True, null=True)
41:        authority = models.IntegerField(blank=True, null=True)
42:        creation_date = models.DateTimeField(blank=True, null=True)
43:        last_update_date = models.DateTimeField(blank=True, null=True)
44:
45:        class Meta:
46:            managed = False
47:            db_table = 'board_categories'
```

- auth_user, boards, board_categories 테이블에는 'id'가 컬럼으로 구성되어 있으나, AuthUser, Boards, BoardCategories 모델은 'id' 필드를 지정하지 않았다. 하지만 Django의 models.Model 클래스에서는 'id' 필드를 모델의 Primary Key로 지정하여 사용하므로 models.py의 모델에서도 이를 상속받아서 사용한다. 게다가 DB 테이블에서도 'id' 컬럼을 Primary Key로 사용하므로 별도의 선언 없이 사용할 수 있다.

- auth_user 테이블은 사용자가 직접 생성한 테이블이 아니라 Django 어플리케이션 생성 시 django.contrib.auth 앱의 auth_user 모델을 MySQL에 적용한 Django 기본 제공 테이블이다. 회원정보와 관련해서는 auth_user 테이블 외에도 관리자 권한, 사용자 그룹 등 Django에서 자체적으로 지원한다. 하지만 예제 프로그램에서는 게시물에 대한 정보를 간단히 나타내는 부분만 구현할 예정이므로, 회원 정보 외 다른 추가 정보 없이 다른 모델과 동일하게 단순한 형태로 구현한다.

003. 웹페이지 구성

모델 구성을 마쳤으면 다음으로는 웹페이지 개발을 위해서 뷰 및 URL을 구성한다.

1. 뷰 구성

views.py 파일은 models.py 파일과 동일하게 초기에는 빈 파일로 구성되어 있다.

```
from django.shortcuts import render
```

이제 여기에 test 화면을 구성하기 위한 view를 생성하는 작업을 진행한다. 먼저 CBV, FBV를 각각 하나씩 생성한다.

■ **파일** – testapp/views.py

```
01:  from django.shortcuts import render
02:  from django.views.generic import ListView
03:  from testapp.models import Boards
04:
05:  class BoardsListClassView(ListView):
06:      model = Boards
07:      template_file = "boards_list_cbv.html"
08:
09:  def BoardsListFunctionView(request):
10:      boardList = Boards.objects.all()
11:
12:      return render(request, 'boards_list_fbv.html', {'boardList': boardList})
```

- **2 Line**: ListView 사용을 위한 Generic View를 불러온다.
- **3 Line** : 모델 사용을 위해서 models.py 파일을 import해야 하며, models.py에서 생성된 Boards 모델을 불러온다.
- **5 Line**: ListView를 상속받은 BoardsListClassView라는 명칭의 class를 생성한다.
- **6 Line**: Boards 모델을 사용하며, ListView에서는 별도의 변수 생성 없이 model에 대한 내용을 'object_list'라는 이름의 변수로 웹페이지로 전달한다. 별도 조건을 지정하지 않았기 때문에 Board 모델의 모든 데이터를 불러온다.
- **7 Line**: BoardsListClassView의 Template 파일을 "boards_list_cbv.html"로 지정한다.
- **9 Line**: FBV 형태의 웹페이지를 생성한다.
- **10 Line**: Boards 모델의 모든 값을 가져온다.
- **12 Line**: render() 함수를 사용하여 Template 파일과 QuerySet 형태의 변수인 boardList 변수를 반환한다.

2. URL 주소 구성

testapp의 URL을 가지고 오기 위해서, 먼저 Django 프로젝트의 urls.py을 수정한다.

■ **파일** – test_proj/urls.py

```
01:  from django.contrib import admin
02:  from django.urls import include, path
03:
```

```
04:  urlpatterns = [
05:      path('admin/', admin.site.urls),
06:      path('testapp/', include('testapp.urls')),
07:  ]
```

Django 앱은 초기 생성 시 urls.py 파일이 없으므로 직접 작성한다. 예제에서는 CBV, FBV로 구현된 View에 대한 웹페이지 주소를 urls.py에서 설정한다.

- **파일** – testapp/urls.py

```
01:  from django.urls import path
02:  from testapp.views import BoardsListClassView, BoardsListFunctionView
03:
04:  urlpatterns = [
05:      path('cbvList', BoardsListClassView.as_view()),
06:      path('fbvList', BoardsListFunctionView),
07:  ]
```

004. 템플릿 파일 제작 및 결과 표시

1. 템플릿 파일 제작

앞서 각 웹페이지에 대한 기본 기능까지 모두 구현하였으면 템플릿 파일에서 각 웹페이지 양식을 작성하고 화면 출력하는 작업을 진행한다. ListView를 상속받은 템플릿 파일은 템플릿 파일을 별도로 지정하지 않는 한, 기본으로 '앱 디렉토리/[데이터 모델명]_list.html'에 저장되므로 참고하여 작성한다.

- **파일** – testapp/templates/boards_list_cbv.html (cbvList)

```
01:  <!DOCTYPE HTML>
02:  <HTML>
03:  <HEAD>
04:   <TITLE>CBV Example Page</TITLE>
05:  </HEAD>
06:  <BODY>
07:
08:  <DIV ID="CONTENT">
09:  <H2>Boards View List</H2>
```

```
10:    <HR />
11:
12:    {% for board in object_list %}
13:        <H3> Category : {{ board.category.category_name }}</H3>
14:        <H3>{{ board.id }}. {{ board.title }}</H3>
15:        <H5>{{ board.user.username }}({{ board.user.email }}) -
16:            {{ board.registered_date }}</H5>
17:        <P>{{ board.content }}</P>
18:        <BR />
19:        <HR />
20:    {% endfor %}
21:    </DIV>
22:    </BODY>
23:    </HTML>
```

■ **파일** – testapp/templates/boardsfunctionview.html (fbvList)

```
01:    <!DOCTYPE HTML>
02:    <HTML>
03:    <HEAD>
04:     <TITLE>FBV Example Page</TITLE>
05:    </HEAD>
06:    <BODY>
07:
08:    <DIV ID="CONTENT">
09:    <H2>Boards View List</H2>
10:    <HR />
11:
12:    {% for board in boardList %}
13:        <H3> Category : {{ board.category.category_name }}</H3>
14:        <H3>{{ board.id }}. {{ board.title }}</H3>
15:        <H5>{{ board.user.username }}({{ board.user.email }}) -
16:            {{ board.registered_date }}</H5>
17:        <P>{{ board.content }}</P>
18:        <BR />
19:        <HR />
20:    {% endfor %}
21:    </DIV>
22:    </BODY>
23:    </HTML>
```

user, category는 Boards 모델의 Foreign Key로 연결된 AuthUser, BoardCategories 필드로, 위의 예제에 따르면 다음과 같이 사용되는 것을 확인할 수 있다.

- {{ board.category.category_name }}: BoardCategories 모델의 category_name 필드
- {{ board.user.username }}: AuthUser 모델의 username 필드
- {{ board.user.email }}: AuthUser 모델의 email 필드

2. 웹페이지 결과 조회

각각의 코드를 작성한 후, 웹페이지에서 cbvList, fbvList를 열면 [그림 14-1], [그림 14-2]로 출력되는 것을 확인할 수 있다.

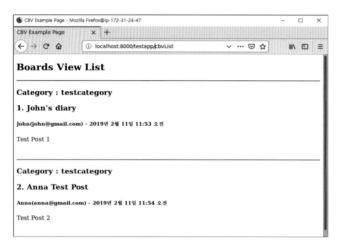

[그림 14-1] cbvList 웹페이지

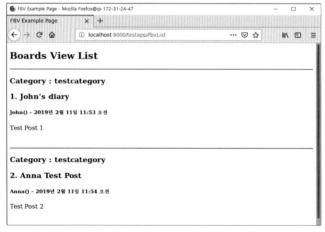

[그림 14-2] fbvList 웹페이지

웹페이지가 정상적으로 출력된 것이 확인되었으면, Django의 기본 설정에서부터 화면 출력까지의 모든 절차를 다 마치게 되었다. 모든 설정이 완료되었으면 현재까지의 내용을 바탕으로 해서 하나의 웹 애플리케이션을 개발한다.

PART 03

Web Application 개발 및 배포

15 웹 애플리케이션 설계

CHAPTER

001. 개요

1. 애플리케이션 개발 목표

웹 애플리케이션을 구축하기 위해서는 이를 가동하는 웹 서버 자원을 포함하여 프로그래밍 언어, DB 등의 사항을 결정해야 한다. 앞서 다루었던 것처럼 이 책에서는 웹 애플리케이션 개발 시작 단계부터 배포 단계까지의 모든 과정을 AWS의 주요 서비스를 이용하여 진행하고 있으며, 이를 위한 시작 단계로 AWS 서버 환경 구축 및 개발 도구 설치, DB 생성 및 연결 등의 작업을 진행하였다. 이러한 기본 작업이 모두 완료되었으면 실제 개발을 위해서 어떤 애플리케이션을 구축할 것인지 설계가 이루어지고, 이에 맞는 화면 개발도 이루어져야 한다.

기존에 생성했던 Django 프로젝트(test_proj) 및 앱(testapp)은 앞서 설정했던 환경 설정이 올바르게 가동되는지 확인하기 위한 용도로 사용되었다. 하지만 이 장부터는 웹 애플리케이션을 구현하는 부분을 다룰 예정이므로 Django 프로젝트 및 앱과 사용할 DB를 신규로 생성한다.

이 파트부터 회원관리 기능을 포함한 간단한 게시판이 구현된 하나의 홈페이지 형태의 웹 애플리케이션을 구현한다. 이를 위해서 애플리케이션 명칭, 구축 환경, 구현 기능을 먼저 결정하도록 한다.

2. 애플리케이션 명칭, 환경, 기능

1) 애플리케이션 명칭

애플리케이션 명칭은 홈페이지에 표시되는 애플리케이션 이름과 개발 시 사용되는 Django 프로젝트 및 앱 명칭, DB 이름을 정할 때 사용한다.

[표 15-1] 애플리케이션 명칭

구분	내용
애플리케이션 이름	AWS Django Board
Django 프로젝트명	awsdjangoproj
Django 앱 명칭	boardapp
DB 이름	awsdjangodb

2) 애플리케이션 개발 환경

애플리케이션 개발 환경은 개발에 필요한 외부 구성요소로, 다음 [표 15-2]와 같이 구성한다.

[표 15-2] 애플리케이션 개발 환경

구분	내용
개발 Framework	Django 2.1
프로그래밍 언어	Python 3.6
Database 환경	MySQL 5.7 (AWS RDS Instance)
배포 환경	AWS Elastic Beanstalk
개발 환경	Ubuntu 18.04 (AWS EC2 Instance)
외부 플러그인	CSS3 - main.css JS - jQuery 3.3.1

[표 15-2]의 외부 플러그인은 애플리케이션 개발을 위해서 사용되는 외부 API를 뜻하며, 이 책에서는 jQuery 3.3.1 파일을 사용한다. 공통 스타일 적용을 위해서 main.css 파일을 스타일 파일로 사용한다. main.css 파일은 이 책에서 홈페이지 개발을 위해서 CSS3 기반으로 작성한 스타일 파일로, 홈페이지 개발을 위해서 외부 스타일을 사용하고자 할 경우에는 외부 스타일을 사용하는 것을 권장한다.

3) 애플리케이션 구현 기능

애플리케이션에서 구현해야 할 기능을 나타낸다.

[표 15-3] 애플리케이션 구현 기능

구분	내용
회원관리	회원가입, 로그인
일반 게시판	게시판 목록, 입력, 조회, 수정, 삭제
대화형 게시판	게시판 목록 및 입력, 조회, 수정, 삭제
댓글 관리	댓글 목록, 댓글 입력, 2단계 댓글 입력, 수정, 삭제
부가 기능	게시물 조회수 확인, 게시판 추천

애플리케이션 개발 관련 사항을 결정하였으면, 개발에 필요한 정보를 파악하고 이를 위한 모델 설계를 진행한다.

002. 모델 설계

모델을 설계하기 위해서는 DB에서 관리하고자 하는 정보가 어떤 것인지를 결정한 후, 이를 바탕으로 하여 DB Table 스키마와 Django 모델을 설계한다.

1. DB 설계 시 고려사항

데이터로 관리되어야 할 항목을 DB 테이블(Table)을 단위로 하여 [표 15-4]와 같이 살펴본다.

[표 15-4] 기능별 관리 데이터 항목

주요 기능	관리 데이터
회원관리	회원정보
게시판	게시판 카테고리(분류)
	게시물
	게시판 댓글
	게시판 추천

[표 15-3]과 같이 주요 기능인 회원관리 및 게시판에 필요한 테이블은 총 6가지로 구분되며, 게시판의 경우는 관리가 필요한 테이블을 총 5가지로 구분한다.

회원관리는 경우에 따라 회원정보, 회원 등급 정보, 접속 이력 등을 관리하여 다수의 테이블로 관리할 수 있으나, 이 책에서는 회원정보 하나로 한정하여 관리한다.

반면 게시판은 게시판 카테고리, 게시물, 댓글, 이미지 등의 테이블로 구분한다. 게시판을 여러 개의 테이블로 구분하는 이유는 다음과 같다.

- 하나의 게시판을 하나의 테이블로 관리할 경우, 게시판 개수가 늘어날 때마다 관리해야 할 테이블이 늘어난다는 점에서 유지보수가 어렵다. 반면에 게시판 카테고리와 게시판을 별도로 관리하면 게시판 개수와는 상관없이 게시판 카테고리를 통해서 게시판을 구분할 수 있도록 하고, 게시물 역시 하나의 테이블에서 통합 관리가 가능하므로 유지보수도 용이하다.
- 게시판 댓글은 게시판과는 별도의 테이블에서 관리한다. 댓글은 하나의 게시물에 1개 이상이 생성되기 때문에 n:1 관계를 가지므로, 별도의 테이블로 관리하여 데이터 관리를 용이하게 한다.
- 게시판 추천은 하나의 게시물 또는 댓글에 대한 사용자의 추천 정보를 나타낸다. 하나의 게시물에는 하나 이상의 추천 정보를 나타내며, 어떤 사용자가 했는지에 대한 정보도 기록되어야 하므로 별도의 테이블로 관리한다.

2. 회원정보 설계

회원정보는 회원가입 및 회원정보 수정을 통해서 데이터를 등록할 수 있으며, 로그인을 통해서 회원정보를 조회할 때 사용된다.

1) 테이블 설계

게시판 등 데이터는 테이블을 신규로 생성한 후 Django 모델을 생성하여 연결하는 방식을 사용하나, 회원정보는 Django 기본 앱 중 django.contrib.user앱에서는 회원정보 관리를 위한 테이블을 기본으로 제공하고 있으며, 더불어 로그인과 회원가입에 필요한 패키지도 제공하고 있다.

django.contrib.user앱에서 제공하는 테이블 목록은 다음과 같다.

```
auth_group
auth_group_permissions
auth_permission
auth_user
auth_user_groups
auth_user_user_permissions
```

하지만 앞에서 언급했듯이 이 책에서는 회원관리 기능에서는 회원정보 테이블 하나만 관리하는 것으로 범위를 정하였으므로, 이에 해당하는 테이블인 auth_user 테이블만 다룬다.

auth_user 테이블에서 제공하는 구조는 다음 [표 15-5]와 같다.

[표 15-5] auth_user 테이블 구조

테이블 명: auth_user

Column명	속성	제약사항	내용
id	integer(11)	primary key auto_increment	사용자별 고유 식별번호
password	varchar(128)	not null	사용자 비밀번호
last_login	datetime(6)	default null	최근 로그인 일시
username	varchar(150)	not null unique key	사용자 이름
firt_name	varchar(30)	not null	이름
last_name	varchar(150)	not null	성
email	varchar(254)	not null	E-mail 주소
is_superuser	tinyint(1)	not null	관리자 여부

테이블 명: auth_user

Column명	속성	제약사항	내용
is_staff	tinyint(1)	not null	스태프 여부
is_active	tinyint(1)	not null	활성화 여부
date_joined	datetime(6)	not null	사용자 생성일

하지만 auth_user 테이블에서 제공하는 컬럼을 있는 그대로 사용하기 보다는, 회원정보를 구성할 때 필요한 정보가 무엇인지를 결정하여 이에 맞게 재구성을 해야 한다. 이 책에서는 회원정보에 필요한 항목을 다음 [표 15-6]과 같이 결정하고, auth_user 테이블과 일치 여부를 확인한다.

[표 15-6] 회원정보 항목과 auth_user 컬럼 확인

회원정보	auth_user 컬럼	비고
id	id	테이블 Index를 나타내는 컬럼으로, 반드시 있어야 한다. (사용자 ID와는 전혀 다른 개념이므로 유의한다.)
비밀번호	password	비밀번호는 그대로 사용한다.
최근접속일자	last_login	최근접속일자는 그대로 사용한다.
사용자 ID	username	Django 회원관리 패키지에서는 'username'을 사용자 ID로 사용하므로, 이에 맞춘다.
–	firt_name	사용자 이름은 하나의 컬럼에서 관리하므로 생략한다.
사용자 이름	last_name	사용자 이름을 last_name 컬럼에서 관리한다.
E-mail	email	E-mail은 그대로 사용한다.
관리자 여부	is_superuser	관리자 여부를 나타내는 컬럼이다.
스태프 여부	is_staff	스태프 여부는 확장된 회원정보가 아닐 경우, 관리자 여부와 동일한 용도로 사용된다.
활성화 여부	is_active	활성화 여부는 기본으로 True를 사용한다.
가입일자	date_joined	가입일자는 그대로 사용한다.
전화번호	–	'phone'이라는 컬럼으로 추가하여 사용한다.
생년월일	–	'date_of_birth'라는 컬럼으로 추가하여 사용한다.

[표 15-6]의 내용에 맞게, 사용하지 않는 컬럼은 그대로 유지하되, 신규로 추가할 컬럼인 전화번호(phone), 생년월일(date_of_birth) 컬럼을 추가한다.

위 구조에 맞게 재구성된 auth_user 테이블은 [표 15-7]과 같다.

[표 15-7] 재구성한 auth_user 테이블 구조

테이블 명: auth_user

Column명	속성	제약사항	내용	비고
id	integer(11)	primary key auto_increment	사용자 고유 식별번호	사용자 ID가 아님
password	varchar(128)	not null	사용자 비밀번호	–
last_login	datetime(6)	default null	최근 로그인 일시	–
username	varchar(150)	not null unique key	사용자 ID	사용자 이름이 아닌 사용자 ID로 사용
last_name	varchar(150)	not null	사용자 이름	성이 아닌 하나의 이름으로 사용
email	varchar(254)	not null	E-mail 주소	–
date_joined	datetime(6)	not null	사용자 생성일	–
phone	varchar(20)	not null	전화번호	신규 추가
date_of_birth	datetime(6)	not null	생년월일	신규 추가
is_superuser	tinyint(1)	not null	관리자 여부	–
is_staff	tinyint(1)	not null	스태프 여부	–
is_active	tinyint(1)	not null	활성화 여부	–
firt_name	varchar(30)	not null	이름	미사용

2) 모델 설계

모델 설계는 DB 테이블의 설계된 내용을 models.py의 클래스 형태로 구현하는 방식으로 이루어지며, 일반적인 사용자 정의 테이블은 각 테이블의 컬럼을 모델 필드로 사용하여 구현하도록 되어 있다.

하지만 auth_user 테이블은 django.contrib.auth앱으로부터 생성된 테이블이며, 회원정보에 대한 모델 역시 django.contrib.auth.models 패키지에 내장되어 있는 클래스 및 함수를 통해서 구현된다.

이에 따라 이 책에서는 auth_user 테이블에 대한 모델을 설계할 때 AbstractBaseUser, BaseUserManager 클래스로부터 상속받는 형태로 모델을 구현하며, 아래와 같이 나타낸다.

```
01:  from django.db import models
02:  from django.contrib.auth.models import AbstractBaseUser, BaseUserManager
03:  from django.utils import timezone
04:
```

```
05:  class UserManager(BaseUserManager):
06:      def create_user(self, username, password, last_name, email, phone, date_of_birth):
07:          user = self.model(
08:              username=username,
09:              last_name=last_name,
10:              email=self.normalize_email(email),
11:              phone=phone,
12:              date_of_birth=date_of_birth,
13:              date_joined=timezone.now(),
14:              is_superuser=0,
15:              is_staff=0,
16:              is_active=1
17:          )
18:
19:          user.set_password(password)
20:          user.save(using=self._db)
21:          return user
22:
23:      def create_superuser(self, username, last_name, email, phone, date_of_
    birth, password):
24:          user = self.create_user(
25:              username=username,
26:              password=password,
27:              last_name=last_name,
28:              email=email,
29:              phone=phone,
30:              date_of_birth=date_of_birth
31:          )
32:          user.is_superuser=1
33:          user.is_staff=1
34:          user.save(using=self._db)
35:          return user
36:
37:  class User(AbstractBaseUser):
38:      password = models.CharField(max_length=128)
39:      username = models.CharField(unique=True, max_length=150)
40:      is_superuser = models.IntegerField()
41:      last_name = models.CharField(max_length=150)
42:      phone = models.CharField(max_length=20)
43:      email = models.CharField(max_length=254)
44       date_of_birth = models.DateTimeField()
45:      date_joined = models.DateTimeField()
46:      last_login = models.DateTimeField(blank=True, null=True)
```

```
47:        is_staff = models.IntegerField(blank=True, null=True)
48:        is_active = models.IntegerField(blank=True, null=True)
49:        first_name = models.CharField(max_length=30, blank=True, null=True)
50:
51:        objects = UserManager()
52:
53:        USERNAME_FIELD = 'username'
54:        REQUIRED_FIELDS = ['last_name', 'phone', 'email', 'date_of_birth']
55:
56:        def has_perm(self, perm, obj=None):
57:            return True
58:
59:        def has_module_perms(self, app_label):
60            return True
61:
62:        class Meta:
63:            db_table = 'auth_user'
```

UserManager 및 User 클래스에 대한 상세 부분은 Chapter 17에서 구체적으로 다룬다.

3. 게시판 설계

1) 게시판 테이블 관계도

게시판은 총 5개의 테이블을 사용하며, 게시판 테이블을 설계하기 앞서서 각 테이블 간의 관계를 우선적으로 정의한다. 게시판 테이블 관계는 [그림 15-1]과 같이 나타낸다.

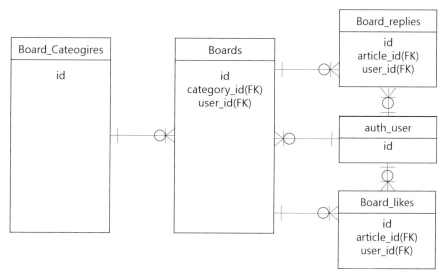

[그림 15-1] 게시판 테이블 관계도

- 게시판 카테고리와 게시물 테이블은 1:n 관계로, 하나의 게시판 카테고리에는 여러 개의 게시물이 연결된다.
- 게시물과 게시판 댓글, 추천 테이블 역시 각각 1:n 관계로, 하나의 게시물은 여러 개의 댓글, 추천이 연결되는 형태로 구성된다.
- 회원정보와 게시물, 댓글, 추천 테이블도 1:n 관계가 형성되며, 이는 한 명의 사용자는 여러 개의 게시물과 댓글을 작성할 수 있는 점을 감안한다.

이러한 게시판 테이블 관계도를 바탕으로 하여 각각의 테이블에 필요한 정보를 구성하고 각각의 게시판 테이블을 생성한다.

2) 게시판 카테고리 정보

게시판 카테고리(Category)는 하나 이상의 게시판을 구분하기 위한 정보를 나타낸다. 카테고리를 구성하는 정보는 일반 게시판인지 대화형 게시판인지 여부를 결정하는 카테고리 유형이 있고, 카테고리 이름과 게시글 작성 권한을 나타낼 수 있다. 이에 따라 카테고리 유형, 이름, 작성 권한 등을 주요 정보로 한다.

[표 15-8] 게시판 카테고리 테이블

테이블 명: board_categories

Column명	속성	제약사항	내용
id	integer(10)	primary key	카테고리 고유 식별번호
category_type	varchar(45)	auto_increment	카테고리 유형, 일반/대화형 구분 (normal/communication)
category_code	varchar(100)	default 'Normal'	카테고리 코드명
category_name	varchar(100)	not null	카테고리 이름
category_desc	varchar(100)	not null	카테고리 세부 설명
list_count	integer(10)	not null	한 페이지에 표시될 게시물 수
authority	integer(1)	default 20	게시판 글쓰기 권한 여부
creation_date	datetime	default 0	생성일
last_update_date	datetime	default current_timestamp	최근 수정일

게시판 카테고리의 권한은 숫자로 표시하며, 게시판 글쓰기를 수행할 때 카테고리의 게시물 글쓰기 권한(authority)와 현재 로그인 중인 사용자의 권한(is_superuser)를 비교하여, 카테고리의 글쓰기 권한보다 사용자의 권한이 동일하거나 높을 경우에만 글쓰기를 허용하는 것으로 한다.

3) 게시판 게시물 정보

게시판 게시물은 게시판에 올라온 게시물을 관리하는 용도로 사용된다. 주요 데이터는 어떤 사용자가 언제, 무슨 내용으로 작성했는지가 기술되어 있고, 게시판 글쓰기 이후에는 조회 수 정보 및 첨부 이미지도 추가로 관리할 수 있다.

[표 15-9] 게시판 테이블

테이블 명: boards

Column명	속성	제약사항	내용
id	integer(10)	primary key auto_increment	게시물 고유 식별번호
category_id	integer(10)	not null foreign key(board_cateogires)	카테고리 고유번호
user_id	integer(10)	not null foreign key(auth_user)	사용자 고유번호
title	varchar(300)	not null	제목
content	Text	not null	내용
registered_date	datetime	default current_timestamp	등록일
last_update_date	datetime		최근 수정일
view_count	integer(10)	default 0	조회 수
image	varchar(255)		첨부 이미지

4) 게시판 댓글 정보

댓글은 게시물에 대한 사용자들의 짧은 의견을 입력하는 공간이며, 게시물 작성자와 사용자들에 대한 소통을 위해서 댓글에 대한 2단계 댓글 작성 기능도 구현한다. 이에 따라 이 책에서는 댓글의 단계를 최대 2단계까지 나타낸다. 2단계 댓글이 어떤 댓글에 달렸는지에 대한 정보도 나타내야 하므로 참조 댓글(reference reply)에 대한 컬럼도 같이 구성한다. 게시물 정보와 입력 회원정보도 외래키로 지정한다.

[표 15-10] 게시판 댓글 테이블

테이블 명: board_replies

Column명	속성	제약사항	내용
id	integer(10)	primary key auto_increment	댓글 고유 식별번호
article_id	integer(10)	not null foreign key(boards)	게시물 고유번호

테이블 명: board_replies

Column명	속성	제약사항	내용
user_id	integer(10)	not null foreign key(auth_user)	사용자 고유번호
level	tinyint(1)	default 1	댓글 단계(1,2)
content	Text	not null	내용
reference_reply_id	integer(10)		참조 댓글 식별번호
registered_date	datetime	default current_timestamp	등록일
last_update_date	datetime		최근 수정일

5) 게시판 추천 정보

하나의 게시물 또는 댓글에 대해서 다른 사용자들이 추천한다고 생각할 경우 '추천'이라는 버튼을 눌러서 게시물에 대한 호감 표시를 하는 기능을 나타내며, 어떤 사용자가 추천했는지에 대한 정보가 포함된다. 게시판 추천 역시 댓글과 마찬가지로 어떤 사용자가 어떤 게시물에 추천했는지 정보를 포함하므로 댓글 테이블과 동일하게 게시물 정보와 입력 회원정보를 외래키로 지정한다.

[표 15-11] 게시판 추천 정보 테이블

테이블 명: board_likes

Column명	속성	제약사항	내용
id	integer(10)	primary key auto_increment	이미지 고유 식별번호
article_id	integer(10)	not null foreign key(boards)	게시물 고유번호
user_id	integer(11)	not null foreign key(auth_user)	추천 사용자 ID
registered_date	datetime	default current_timestamp	등록일

6) 모델 설계

게시판에 사용된 테이블은 모두 사용자 정의 테이블로, 모델 구현은 앞서 소개된 auth_user 테이블과는 달리 큰 어려움 없이 구현할 수 있다. 각 테이블은 클래스 단위로 생성이 이루어지고, 테이블 컬럼을 클래스 필드로 생성하는 간단한 형태로 구성된다. 모델 구현에 대한 세부 내용은 게시판 구현에서 다시 다룬다.

003. 웹페이지 설계

1. 웹페이지 설계 시 고려사항

모델을 설계하였으면 다음은 애플리케이션에 구현할 웹페이지를 어떤 것을 구현할 것인지를 설계해야 한다. 이 책에서는 회원관리와 게시판 기능이 포함된 AWS Django Board를 개발할 예정이며, 회원관리와 게시판 기능 구현을 위한 웹페이지를 제작할 예정이다. 하지만 여기서 추가로 검토해야 할 사항으로는 회원관리와 게시판 기능 구현뿐만 아니라 홈페이지의 메인 화면을 어떻게 개발할 것인지와 어떤 디자인을 사용할 것인지도 추가로 검토해야 한다.

다음 [그림 15-2]는 애플리케이션에 사용될 홈페이지의 기본 메뉴를 나타낸다.

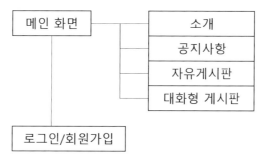

[그림 15-2] 홈페이지 기본 메뉴

[그림 15-2]는 회원관리에 해당되는 '로그인/회원가입'을 별도 메뉴로 구성하고, 주요 메뉴는 '소개', '공지사항', '자유게시판', '대화형' 4개로 구성한다.

여기에서 '소개'는 회원관리, 게시판과 같이 데이터를 기반으로 하여 작성되는 웹페이지가 아닌, 일반적인 문구 중심의 웹페이지다. 반면에 '공지사항', '자유게시판', '대화형 게시판'는 게시판 기반의 웹페이지다. 하지만 위에서 설계한 모델에 따르면 게시판의 모든 게시물은 하나의 테이블에서 관리되고, 게시판 구분은 게시판 카테고리 테이블을 통해서 구분된다.

위 사항에 맞게 애플리케이션에서 구현해야 할 웹페이지는 [표 15-12]와 같이 세부적으로 분류한다. 대화형 게시판 및 댓글, 추천 정보는 Ajax를 사용하여 하나의 웹페이지의 부분 요소로 구현할 예정이므로, 이에 해당하는 웹페이지는 '부분화면' 으로 분류한다.

[표 15-12] 웹페이지 분류

구분	웹페이지		
	화면	기능	부분화면
일반 화면	메인화면	–	–
	소개	–	–
회원관리	로그인	로그아웃	–
	가입정보 입력 회원가입 완료	회원가입 처리	ID 중복여부 확인
	회원정보 조회 및 비밀번호 변경	비밀번호 변경처리	–
일반 게시판	게시판 목록 게시판 글쓰기 게시물 조회 게시판 수정	게시판 글쓰기처리 게시판 수정처리 게시판 삭제처리	–
대화형 게시판	게시판 목록 및 입력		게시물 조회 게시판 수정
게시판 댓글	–	댓글 입력처리 댓글 수정처리 댓글 삭제처리	댓글 목록 및 입력 댓글 수정
부가 기능	–	게시판 추천 처리	게시판 추천
	에러 페이지		

[표 15-12]와 나타난 것과 같이 구현해야 할 웹페이지는 12개의 화면과 10개의 기능, 6개의 부분화면으로 구분한다. 특히 게시판의 경우는 구현 화면, 기능, 부분화면 등이 다양하게 분포되어 있는데, 이 표에서는 기능 단위별로 분류하여 나타냈다. 게시판 목록 유형에 따른 처리 프로세스는 다음 절에 나타나 있으니 해당 부분을 참고한다.

이 장에서는 웹페이지를 구성하는 요소로 여러 용어가 사용되며, 비슷한 의미를 가지고 있지만 혼동될 수 있는 용어를 정의하여 이해를 좀 더 쉽게 한다.

- **웹페이지**: 화면, 기능, 부분화면 등의 웹 애플리케이션에서 구현되는 모든 요소를 나타냄
- **화면**: 웹페이지 중 웹브라우저에 표시되는 하나의 독립된 페이지를 뜻함
- **기능**: 화면 내 입력된 정보 또는 특정 요구사항을 처리하기 위하여 화면에는 보이지 않지만 실제 처리가 이루어지는 웹페이지의 구성요소
- **부분화면**: 특정 기능을 처리하고 결과를 표시하는 데 사용되지만, 화면 단위로 표시되는 것이 아닌 화면 내 일부분에서 처리된다. 특정 화면의 이동이나 화면 단위 새로 고침이 아닌 부분 새로 고침을 통해서 즉시 표시한다. 이러한 부분화면은 Template 파일과 연동된 Ajax를 사용하여 비동기로 처리한다.

이 책에서는 모든 웹페이지에 각각의 이름을 부여하며, urls.py에서 각 웹페이지별 이름을 나타낸다. 이에 따라 웹페이지 설계 명칭은 웹페이지 이름을 기본으로 하며, 그 중에서 기능 관련된 부분은 결과(result)의 약자인 'res'를 접미사로 하여 사용한다.

2. 기본 레이아웃 템플릿

1) 기본 레이아웃 정의

기본 레이아웃은 홈페이지의 레이아웃을 구성하기 위한 Template(양식)을 뜻한다. 이에 대한 이해를 위해서 예시를 다음과 같이 나타낸다.

[그림 15-3] 기본 레이아웃이 적용되지 않은 회원가입 화면

[그림 15-3]은 회원가입 화면을 나타낸다. 회원가입에 필요한 모든 구성요소는 올바르게 표시되었지만, 현재 보고 있는 웹페이지가 어떤 홈페이지인 지 알 수도 없고 회원가입 외에 다른 화면이 아무것도 없어서 불완전한 페이지라는 인상을 심을 수 있다.

[그림 15-4] 기본 레이아웃이 적용된 회원가입 화면

반면 [그림 15-4]는 [그림 15-3]과는 달리 동일한 회원가입 화면이지만, 로그인 정보 외에도 홈페이지 제목, 메뉴, 하단 정보 등을 표시함으로써 일반적인 홈페이지에서 제공하는 회원가입 기능임을 확인할 수 있다.

같은 기능을 수행하는 화면임에도 불구하고 화면에 표시하는 결과가 다르게 나타나는 이유는 기본 화면 레이아웃이 적용여부에 따라 달라지기 때문이다. 참고로 이 책에서는 이러한 홈페이지의 기능 외 화면의 전반적인 틀을 '기본 레이아웃'으로 칭한다.

기본 레이아웃은 앞서 소개된 웹페이지 목록에는 없다. 이는 기본 레이아웃은 하나의 독립된 웹페이지가 아니기 때문이다. 대신에 기본 레이아웃은 다른 모든 화면으로 구성된 웹페이지에 공통적으로 적용되는 화면의 일부다. 구성요소로 독립된 Template 파일을 생성한 후, 다른 웹페이지에서 해당 파일을 적용하는 방식으로 사용한다. 이 책에서는 base.html 파일을 기본 레이아웃 파일로 설정하여 웹페이지에서 호출한다.

2) 기본 레이아웃 적용

기본 레이아웃은 독립된 웹페이지가 아니므로, Chapter 12에서 다룬 HTML 파일 호출 구문을 사용하여 기본 레이아웃을 불러온다. 다음은 로그인 화면 템플릿 파일(login_page.html)로, 기본 레이아웃(base.html)을 불러오는 방법을 나타낸다.

■ **템플릿:** login_page.html

```
01:  {% extends "base.html" %}
02:
03:  {% block title %}Login{% endblock %}
04:
05:  {% block content %}
06:  <form>
07:      <div>ID: <input type="Text" name="id"/></div>
08:      <div>Password: <input type="password" name="password" /></div>
09:      <div><input type="submit" value="로그인" /></div>
10:  </form>
11:  {% endblock %}
```

위 파일의 첫 번째 줄에서는 {% extends %} 명령어를 사용하여 'base.html' 파일을 호출하는 것을 확인할 수 있다. extends 명령어는 Chapter 12에서 다루었으며, 템플릿 파일 확장을 위한 명령어로 사용된다. 즉, base.html 파일은 login_page.html 파일의 기본 레이아웃 파일로 지정하는 것으로 볼 수 있다.

기본 레이아웃을 구성하기 위해서는 '화면'으로 분류되는 모든 웹페이지에 대해서 공통적으로 표시될 수 있어야 하며, 이 점을 감안하여 구성요소를 다음과 같이 결정한다.

[표 15-13] 기본 레이아웃 구성요소

요소	내용	위치
Logo	홈페이지를 나타내는 이미지 또는 텍스트	좌상단
메뉴	메뉴 목록	좌단
저작권 표시	저작권 및 연락처 관련 부분	하단
사용자 기능	로그인 / 회원가입 / 내 정보 링크	우상단
jQuery 사용	jQuery 등의 사용을 위한 JS 추가	–
CSS 사용	화면 디자인 구성을 위한 CSS 추가	–

[표 15-13]에서는 jQuery, CSS 사용을 위한 부분도 템플릿 구성요소에 포함된 것을 확인할 수 있다. 이들 요소는 앞서 애플리케이션 개발 환경에 명시된 외부 플러그인 기능이다. 이 부분을 기본 레이아웃에 명시함으로써 이를 사용하는 모든 웹페이지에 적용한다.

004. 일반화면

1. 메인화면 - main

홈페이지에 처음 접속했을 때 나오는 메인 페이지는 어떤 식으로 나타낼 것인가를 결정해야 한다. 메인 페이지에 바로 게시판 목록을 보여줄 수도 있고, 대문으로 사용할 만한 이미지를 보여줄 수도 있으며, 회원제로만 운영하는 웹 사이트의 경우에는 로그인 화면을 제일 먼저 보여줄 수도 있다.

메인 페이지는 웹 애플리케이션을 구축할 때 목적과 상황에 따라서 각각의 레이아웃을 가지고 있지만, 어떤 형태로 출력하더라도 사용자들이 접속했을 때 전달하고 싶은 바를 명확히 전달할 수 있어야 한다.

[그림 15-5] 메인 화면

[그림 15-5]는 이러한 첫 페이지를 나타낸 예제로, 여기에서는 메인 페이지로 들어갈 구성요소를 [표 15-14]와 같이 구성한다.

[표 15-14] 메인화면 구성요소

요소	내용	위치
대문	대문 형태의 이미지 추가 표시	상단
게시판 목록	카테고리 구분 없이 전체 게시판 목록 조회	본문

2. 소개 - introduce

소개는 현재 접속 중인 홈페이지가 어떤 홈페이지인 지를 설명하는 웹페이지이다. 홈페이지 소개 문구는 별도의 데이터로 관리하지 않아도 되므로 Template 파일에 직접 작성하는 것으로 한다. 소개 문구는 다음과 같이 구성한다.

> AWS Django Board에 오신 것을 환영합니다.
> 이 홈페이지는 'AWS 기반의 Django 웹 애플리케이션 구축' 책에서 구현하기 위한 웹 애플리케이션으로, 회원관리 및 여러 유형의 게시판 기능이 포함되어 있습니다.
> 홈페이지 및 책 관련 문의사항이 있을 경우에는 oniamano@gmail.com로 연락 바랍니다.
> 많은 분들의 성원에 항상 감사드립니다.

소개 웹페이지는 위에 기재할 문구만 작성하면 되므로, 이 점을 참고하여 웹페이지를 구성한다.

005. 회원관리 설계

1. 로그인 / 로그아웃

로그인 페이지는 회원관리에서 대표적으로 사용하는 페이지로, 로그인에 사용되는 웹페이지는 로그인 화면 및 처리 기능으로 구분된다.

[그림 15-6] 로그인 화면

1) 로그인 화면 - login

로그인 화면에 대한 구성요소는 다음 [표 15-15]과 같이 한다.

[표 15-15] 로그인 페이지 화면 구성요소

요소	내용	유형
ID	ID 입력 칸	Text
Password	Password 입력 칸	Password
로그인	로그인 버튼	Button
회원가입	회원 가입 링크	Link

로그인은 django.contrib.auth 패키지에서 기본 제공하는 LoginView 클래스에서 로그인 화면 및 처리를 모두 수행하므로, Django 제공 기능을 활용하여 구현한다.

2) 로그아웃 - logout

로그아웃은 이미 로그인이 된 상태에서 접속을 해제할 때 사용하는 기능으로, 기본 레이아웃에 구성된 로그아웃 버튼을 눌렀을 때 로그아웃 기능을 곧바로 수행한다. 로그아웃은 로그인과 마찬가지로 django.contrib.auth 패키지에서 기본 제공하는 LogoutView 클래스에서 로그아웃을 처리한다.

2. 회원가입 및 정보 수정

회원가입은 가입정보 입력화면 및 가입 처리 기능이 있고, ID 중복여부를 확인하는 부분화면도 있다. 회원정보 수정은 회원정보를 조회하고 수정하는 화면과 수정 처리를 위한 기능으로 구성되어 있다.

1) 가입정보 입력화면 - register

가입정보 입력화면은 회원가입을 위한 모든 양식을 입력해야 하는 형태의 화면으로 제공된다.

[그림 15-7] 회원가입 화면

가입정보 입력화면을 위한 구성요소는 [표 15-16]과 같이 하며, CSRF 방지 설정도 같이 추가하여 사이트 요청 위조 공격 방지 기능도 추가한다.

[표 15-16] 가입정보 입력화면 구성요소

요소	내용	유형 및 파일
ID	ID 입력 칸	Text
ID 중복확인	ID 중복확인	Button
ID 중복 결과	ID 중복확인 결과 표시	(View) registeridcheck
Password	Password 입력 칸	Password
Password 확인	Password 재입력 칸	Password
이름	이름 입력 칸	Text
E-mail	E-mail 입력 칸(2개)	Text
전화번호	전화번호 입력 칸(3개)	Text
생년월일	생년월일 입력 칸	Text
회원가입	회원 가입 링크	Link
취소	취소 가입 링크	Link
CSRF 방지 코드	CSRF 방지 코드 값	Hidden

요소	내용	유형 및 파일
전화번호 전송값	전화번호 전송을 위한 값	Hidden
E-mail 전송값	E-mail 전송을 위한 값	Hidden

2) ID 중복여부 확인 - registeridcheck

ID 중복여부 확인은 ID 중복여부를 눌렀을 때 결과를 Text로 표현한다. 처리 방식은 ID 중복여부 버튼을 누르면 registeridcheck 뷰로 입력된 ID를 전송하여 ID 중복여부를 확인하는 기능을 수행한 후 결과를 다시 가입정보 입력화면 내부에 표시한다.

3) 회원가입 처리 - registerres

회원가입 처리는 가입정보 입력화면에 입력된 내용을 registerres 뷰로 전달하여 사용자를 등록하기 위한 기능 페이지이다. 뷰에서는 올바르게 입력되었는지를 확인하고 결과에 따라 올바르게 등록될 경우 회원가입 완료를 알리는 Template 파일을 반환하여 화면으로 표시하게 한다. 반대로 회원가입에 실패했을 경우에는 에러 화면으로 이동한다.

회원가입 정보에 대한 유효성 여부는 registerres 뷰로 전달하기 앞서 가입정보 입력화면의 Ja-vascirpt를 통해서 사전에 검증한 후 전송되기 때문에, 회원가입 정보가 유효하지 않을 경우에는 올바른 경로를 통해서 입력된 것이 아니므로 이에 대한 처리기능도 같이 포함한다.

회원가입이 완료될 경우에는 회원가입 완료 화면으로 이동하여 표시한다.

4) 회원가입 완료 화면 - registercompleted

회원가입 완료 화면은 회원가입이 완료되었다는 문구를 표시하며, 로그인 및 메인 화면 이동을 위한 링크도 같이 표시한다.

[그림 15-8] 회원가입 완료 화면

5) 회원정보 조회 및 비밀번호 변경 - password_change

회원정보 조회 및 비밀번호 변경 페이지는 가입정보 입력화면과 동일한 화면 양식으로 조회되지만, 비밀번호 부분만 수정할 수 있는 형태로 구성한다. 비밀번호 변경은 django.contrib.auth 패키지의 PasswordChangeView 클래스를 사용하여 회원정보 조회 및 비밀번호 변경 화면을 나타낸다.

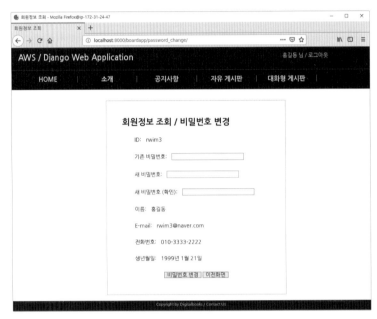

[그림 15-9] 회원가입 정보조회 및 비밀번호 변경 화면

회원정보 조회 및 비밀번호 변경을 위한 구성요소는 [표 15-17]과 같이 하며, CSRF 방지 설정도 같이 추가하여 사이트 요청 위조 공격 방지 기능도 추가한다.

[표 15-17] 회원정보 조회 및 비밀번호 변경 구성요소

요소	내용	유형 및 파일
ID	ID 표시	–
이전 Password	Password 입력 칸	Password
Password	Password 입력 칸	Password
Password 확인	Password 재입력 칸	Password
이름	이름 표시	–
E-mail	E-mail 표시	–
전화번호	전화번호 표시	–
생년월일	생년월일 표시	–
비밀번호 변경	비밀번호 변경 링크	Link

요소	내용	유형 및 파일
이전화면	이전화면 링크	Link
CSRF 방지 코드	CSRF 방지 코드 값	Hidden
전화번호 전송값	전화번호 전송을 위한 값	Hidden
E-mail 전송값	E-mail 전송을 위한 값	Hidden

6) 비밀번호 변경 완료 - password_change_done

비밀번호 변경 완료는 현재 로그인 중인 회원의 비밀번호를 수정하여 수정이 완료되었을 때 표시하기 위한 페이지로, django.contrib.auth 패키지의 PasswordChangeDoneView 클래스를 사용한다. 비밀번호 변경이 완료되었을 경우에는 완료 경고창을 띄워서 표시한 후 메인 화면으로 이동하는 순서로 진행한다.

006. 유형별 게시판 설계

1. 게시판 유형

1) 개요

이 책에서는 두 가지 유형의 게시판을 제작한다. 첫 번째는 게시물 제목과 조회수, 추천 수, 작성자, 작성날짜만 간단하게 표시하는 리스트로, '일반 게시판'으로 정한다. 두 번째는 Facebook 등 SNS 웹사이트에서 많이 사용하는 방식으로, 게시물 제목과 내용을 한 번에 조회하고, 기존의 조회 수, 추천 수, 작성자, 작성날짜, 댓글도 같이 표시하는 리스트로, '대화형 게시판'으로 정한다.

2) 게시판 유형별 구성

게시판에서 게시물을 등록하고, 댓글을 달고, 추천을 누르거나, 수정과 삭제 등 다양한 기능을 수행하기 위해서는 게시판 내의 각 페이지가 어떤 흐름으로 전개되는지를 파악해야 한다. 앞서 나타난 것과 같이 일반 게시판 목록과 대화형 게시판 목록은 게시물 처리를 위한 프로세스가 매우 상이하므로, 어떤 형태로 구성할 것인지를 사전에 정의하지 않으면 추후 개발 시 어려움을 겪을 수 있다.

일반 게시판은 [그림 15-10]과 같이 구성한다.

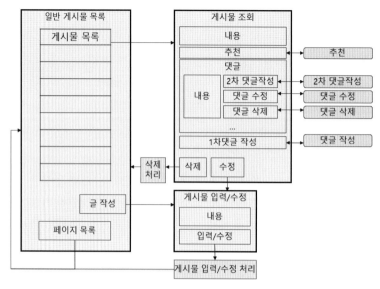

[그림 15-10] 일반 게시판 구성

[표 15-12]의 웹페이지 분류와 [그림 15-10]에 따르면, 일반 게시판에서 사용되는 화면은 게시판 목록, 작성, 수정, 조회 화면으로 구분한다. 그리고 추천 및 수정, 삭제와 댓글에 대한 관리는 게시물 조회 웹페이지 내부에서 모두 수행하도록 구성되어 있다.

반면 대화형 게시판은 [그림 15-11]과 구성한다.

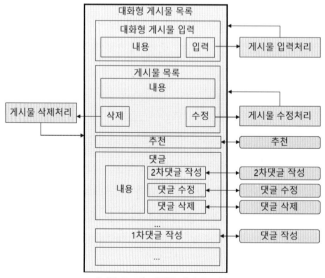

[그림 15-11] 대화형 게시판 구성

대화형 게시판은 일반 게시판과는 달리 게시물의 입력, 수정, 삭제 및 댓글에 대한 모든 관리를 게시판 목록에서 수행하며, 게시판 글쓰기, 수정, 삭제를 제외한 모든 부가기능을 부분화면으로 나타낸다.

두 가지 유형으로 게시판을 제작하는 이유는 최근 게시판 개발이 일반 게시판의 형태에서 벗어나 실시간으로 내용을 표시하고 대화를 하는 것과 같은 형태로도 배포가 많이 이루어지고 있기 때문이다. 이에 따라 이 책에서는 두 가지 방식을 모두 구현하여 게시판 유형을 독자들의 선택에 맞게 구현할 수 있게 제시하고자 한다.

3) 게시판 기능별 구성

일반 게시판과 대화형 게시판은 [그림 15-10]과 [그림 15-11]에 나타난 것처럼 각각 다르게 구성되어 있으므로, 게시판에서 사용되는 기능이 각각 어떤 게시판에서 구현되는지도 사전에 정의한다. 이에 따라 일반 게시판과 대화형 게시판에서 구현되어야 할 웹페이지는 [표 15-18]과 같다.

[표 15-18] 게시판 유형 및 기능별 구성

구분	일반 게시판	대화형 게시판	기능 요소
목록	게시판 목록	게시판 목록 및 글쓰기	게시판 글쓰기 처리
글쓰기	게시판 글쓰기	–	게시판 글쓰기 처리
조회/삭제	게시판 조회	게시물 조회	게시판 삭제처리
수정	게시판 수정	게시판 수정	게시판 수정처리

- **목록**: 대화형 게시판에서는 게시판 목록 웹페이지에 게시판 글쓰기 기능도 동시에 구현하여 나타낸다. 대화형 게시판의 게시판 글쓰기는 부분화면이 아닌 게시판 목록에서 직접 구현한다. 이에 따라 대화형 게시판 글쓰기 처리 역시 게시판 목록 웹페이지에서 동시에 구현하는 것으로 한다.
- **글쓰기**: 일반 게시판에서의 게시판 글쓰기는 독립된 화면으로 구성되어 있으며, 글쓰기 처리 역시 글쓰기 전송 데이터를 참조하여 처리한다.
- **조회/삭제**: 게시판 조회는 게시물 내용을 조회하기 위한 웹페이지로, 게시물 내용 조회 외에도 게시판 수정 및 삭제를 위한 링크를 제공한다. 게시판 수정은 별도의 웹페이지를 통해서 수정 사항을 표시하고 관리하는 반면, 게시판 삭제는 현재 조회 중인 게시물에 대해서 즉시 삭제를 처리하므로 게시판 삭제 처리는 게시판 조회와 같이 다룬다.
- **수정**: 게시판 수정은 게시물 내용을 조회한 후 특정 항목을 수정하는 웹페이지로, 게시판 수정 처리 역시 수정 전송 데이터를 참조하여 처리한다.

[표 15-18]과 같이 게시판 목록, 입력, 수정, 조회 화면은 게시판 유형별로 다르게 구성되며, 각 기능 요소에 맞도록 화면을 설계한다.

2. 일반 게시판 설계

1) 게시판 목록 화면 - boardlist

일반 게시판 목록은 인터넷에서 제목 형태의 목록을 나타내는 페이지다. 제목을 누르면 세부 내용을 조회하는 페이지로 이동하고, 신규 게시판 글쓰기 및 페이지 이동 링크도 같이 추가되어 있다.

[그림 15-12] 일반 게시판 목록 화면

일반 게시판 목록 조회를 위한 구성요소는 [표 15-19]와 같다.

[표 15-19] 일반 게시판 목록 구성요소

요소	내용	유형
제목	현재 이용 중인 게시판 카테고리 표시	–
번호	게시물 번호, DB Index가 아닌 순서 형태	–
카테고리	게시물 카테고리, 카테고리 없는 전체 게시판 목록 조회 시 표시	–
제목	게시물 제목, 클릭 시 내용 조회 링크 추가	Link
날짜	게시판 글쓰기 날짜 표시	–
댓글 수	게시판 댓글 수, 제목 옆에 표시 댓글이 없을 경우에는 표시하지 않음	–
작성자	게시물 작성자	–
조회 수	게시물 조회 수	–
추천 수	게시판 추천 수	–
검색어 입력	검색어 입력	Text
검색 버튼	검색 버튼	Button

요소	내용	유형
페이지 조회	현재 페이지 및 최대 10개 페이지 조회 클릭 시 해당 페이지 목록 조회 링크 추가	Link
게시판 글쓰기	게시판 글쓰기 링크	Link

그리고 메인화면에서도 게시판 목록을 조회하는 부분이 있기 때문에 해당 부분도 고려하여 페이지를 작성해야 한다. 메인화면의 게시판 목록은 일반 게시판의 게시판 목록 조회와 달리 페이지 조회 및 게시판 글쓰기 링크가 없기 때문에, 화면 개발 시 현재 페이지에 따라 표시할 것인지 여부도 고려하여 개발해야 한다.

2) 게시판 글쓰기

① 게시판 글쓰기 화면 - boardwrite

게시판 글쓰기는 일반적인 게시판에서 사용되는 화면으로, 제목, 내용을 입력하고 이미지도 첨부한다. 게시판 글쓰기 완료 및 취소에 대한 버튼도 같이 추가한다. 게시물 내용을 입력하는 부분은 웹 에디터를 추가하여 나타내는 것이 좋으나, 여기에는 웹 에디터 방식의 입력은 진행하지 않는 대신 순수 텍스트만 입력하는 형태로 구현한다.

[그림 15-13] 일반 게시판 글쓰기 화면

게시물 글을 작성할 때에는 이미지 첨부 기능도 포함되어 있으며, 이미지 첨부 기능이 포함될 때에는 웹페이지 요청 전송 형태도 변경되므로 이에 주의한다. 그리고 게시판 글쓰기를 어떤 카테고리에서 작성하는지도 나타내야 하며, 게시판 글쓰기 페이지 요청에서 이미 카테고리 정보도 같이 응답으로 전송되므로 이를 바탕으로 Hidden 정보로 구성한다.

일반 게시판 글쓰기를 위한 구성요소는 [표 15-20]과 같다.

[표 15-20] 일반 게시판 글쓰기 구성요소

요소	내용	유형 및 파일
작성자	게시판 작성자	–
제목	게시물 제목	Text
내용	게시물 내용	Textarea
이미지 첨부	이미지 첨부 요소	Image
카테고리	현재 카테고리 요소	Hidden
게시판 글쓰기	게시판 글쓰기 버튼	Button
작성 취소	게시판 글쓰기 취소 버튼	Button

② 게시판 글쓰기 처리 - boardwriteres

게시판 글쓰기 처리는 게시물을 신규로 저장하기 위한 웹페이지이다. 처리 기능을 수행하고 결과를 경고 메시지로 표시한 후 작성된 게시물 내용으로 페이지를 이동시킨다. 대화형 게시판에서는 글쓰기 처리를 게시판 목록 웹페이지에서 수행하므로 게시판 글쓰기 처리는 일반 게시판에서만 사용하는 것으로 한다.

3) 게시물 조회 및 삭제

① 게시판 조회 화면 - boardview

게시물 조회는 게시물의 내용을 열람하기 위한 화면으로, 구성요소로는 게시물 정보 및 내용과 목록으로 돌아가기 및 수정 및 삭제를 위한 링크가 있다. 그리고 게시판 추천과 댓글 목록 및 입력 부분화면도 동시에 나타냄으로써 추천 및 댓글도 게시물 조회 화면에서 입력될 수 있게 화면을 구성한다.

게시판 조회에 필요한 화면 구성요소는 [표 15-21]과 같다.

[표 15-21] 게시판 조회 구성요소

요소	내용	유형 및 파일
제목	게시물 제목	–
작성자	게시물 작성자 정보	–
날짜	게시판 글쓰기 날짜 표시	–
조회 수	게시물 조회 수	–
내용	게시물 내용	–

요소	내용	유형 및 파일
이미지	게시물에 등록된 모든 이미지 조회	Image
목록 버튼	게시판 목록으로 페이지 이동	Link
게시판 수정	게시판 수정 버튼 링크	Button
게시판 삭제	게시판 삭제 버튼 링크	Button
게시물 ID	게시물 ID 요소	Hidden
게시판 유형	게시판 유형 요소	Hidden
추천	게시물별 추천 기능 요소	(View) boardlike
댓글 목록	게시물별 댓글 구성 요소	(View) replylist
참조 게시물	댓글이 달린 게시물	Hidden
단계	댓글의 단계 표시, 0으로 입력	Hidden
댓글 입력	댓글 입력을 위한 텍스트 상자	Textarea
댓글 입력버튼	댓글 입력을 위한 버튼	Button

게시물 조회 화면은 [그림 15-14]와 같이 나타낸다.

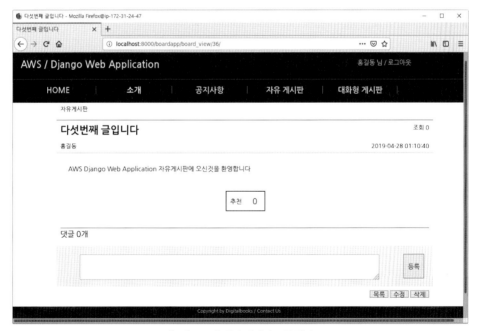

[그림 15-14] 일반 게시판 조회 화면

② 게시판 삭제 처리 - boarddeleteres

게시판 삭제는 게시판 조회 화면에서 삭제 버튼을 누를 경우 즉시 처리한다. 게시판 글쓰기/수정 처리와 마찬가지로 삭제에 대한 결과를 처리하며, 게시물이 삭제되면 해당 게시물은 더 이상 존재하지 않는다. 게시판 삭제가 완료되면 게시판 목록 웹페이지로 다시 이동하여 삭제된 내용을 확인할 수 있다.

4) 게시판 수정

① 게시판 수정 화면 - boardmodify

게시판 수정은 게시물에 대한 내용을 조회하고 내용을 수정할 수 있는 형태로 구성된다.

게시판 수정을 위한 구성요소는 [표 15-22]와 같다.

[표 15-22] 게시판 수정 구성요소

요소	내용	유형 및 파일
작성자	게시물 작성자 정보	–
제목	게시물 제목	Text
내용	게시물 내용	Textarea
현재 이미지	현재 등록된 이미지	–
이미지 첨부	신규 또는 변경할 이미지 첨부	Image
카테고리	현재 카테고리 요소	Hidden
게시판 수정	게시판 수정 버튼	Button
수정 취소	게시판 수정 취소 버튼	Button
게시물 ID	수정 게시물 ID	Hidden
수정 참조	일반/대화형 게시판의 게시물 여부	Hidden

게시판 수정 구성요소는 게시판 글쓰기와 동일하되, 현재 이미지가 첨부된 경우 어떤 이미지인지를 명시하여 게시물 이미지 변경에 따른 혼동을 방지한다. 그리고 수정에 필요한 게시물의 ID를 Hidden 정보로 구성한다.

일반 게시판의 수정화면은 [그림 15-15]와 같다.

[그림 15-15] 일반 게시판 수정 화면

② 게시판 수정 처리 - boardmodifyres

게시판 수정 처리는 게시판 글쓰기 처리와 마찬가지로 처리에 대한 결과를 경고창으로 표시하고, 수정 후 게시물 내용으로 페이지를 이동시키는 기능을 포함한다. 게시판 형태가 일반적인 게시판인 것을 확인한 후 해당 게시물에 대한 게시판 조회 화면으로 이동한다.

3. 대화형 게시판 설계

1) 게시판 목록 및 글쓰기 화면 및 처리 - commlist

게시판 목록 및 글쓰기 화면은 앞서 소개한 바와 같이 게시물 제목, 내용, 댓글을 모두 한 번에 조회하는 웹페이지이다. 대화형 게시판 목록은 게시물 및 댓글 목록을 조회하는 것에 그치지 않고, 목록 최상단에 간이 형태의 게시판 글쓰기 양식도 같이 나타난다.

[그림 15-16] 대화형 게시판 목록 화면

게시판 목록은 일반 게시판 목록과 게시물 조회의 모든 기능을 합쳐놓은 하나의 단일 페이지이기 때문에, [그림 15-11]에서 제시한 것처럼 하나의 웹페이지에 표현해야 할 내용이 매우 많다.

게시판 목록에 사용되는 화면 구성요소는 다음 [표 15-23]과 같다.

[표 15-23] 대화형 게시판 목록 및 글쓰기 구성요소

요소		내용	유형 및 파일
게시판 글쓰기	작성자	게시물 작성자	–
	제목	게시판 글쓰기 제목 요소	Text
	내용	게시판 글쓰기 내용 요소	Textarea
	이미지	게시판 글쓰기 이미지 요소	Image
	카테고리	게시판 글쓰기 현재 카테고리 요소	Hidden
	입력	게시판 글쓰기를 위한 버튼	Button
게시물 내용		게시물별 내용 기능 요소	(View) commview
게시판 추천		게시물별 추천 기능 요소	(View) boardlike
게시판 댓글		게시물별 댓글 구성 요소	(View) replylist
게시물 댓글입력	내용	댓글 입력의 내용 요소	Textarea
	입력	댓글 입력을 위한 버튼	Button
	게시물	댓글이 달린 게시물	Hidden
	단계	댓글의 단계 표시, 0으로 입력	Hidden
페이지 조회		현재 페이지 및 최대 5개 페이지 조회로, 클릭 시 해당 페이지 목록 조회 링크 추가	Link

[표 15-23]에서 나타난 것과 같이 대화형 게시판 목록은 모든 기능을 한 화면에 표시하므로 구성요소 역시 복잡할 것으로 예상되지만, 게시물 내용, 추천, 댓글은 다른 웹페이지의 부분화면으로 구성되어 있다. 게시판에 글을 작성하게 되면 전체 게시물이 갱신되므로 게시판 글쓰기 부분화면으로 구현하지 않아도 되며, 댓글 입력 역시 게시판 댓글에 대한 부분화면이 갱신되므로 게시판 댓글도 대화형 게시판 목록의 요소에 포함시킬 수 있다.

게시판 글쓰기는 대화형 게시판 목록의 구성요소 중 하나로, 게시판에 글을 작성하게 되면 작성 후 다시 게시판 목록 웹페이지로 이동한다. 이에 따라 게시판 글쓰기 처리는 일반 게시판과는 달리 게시판 목록 웹페이지에서 글쓰기 처리 기능도 같이 수행한다.

2) 게시판 조회 및 삭제

① 게시판 조회 부분화면 - commview

대화형 게시판의 게시물 조회는 일반 게시판과 동일한 구성요소를 가지되 일반 게시판의 게시물 조회 화면과 차이가 있다. 바로 댓글 목록, 입력 및 추천 부분이 게시물 조회 화면의 구성요소로 포함되지 않는다는 것이다. 이는 댓글 목록과 입력 및 추천 부분은 일반 게시판에서는 게시물 조회 화면의 부분화면으로 구현되지만, 대화형 게시판에서는 게시판 목록 화면의 부분화면으로 조회되므로 게시물 조회에서는 이들 부분을 제외한다.

대화형 게시판 조회에 필요한 화면 구성요소는 [표 15-24]와 같다.

[표 15-24] 대화형 게시판 조회 구성요소

요소	내용	유형 및 파일
작성자	게시물 작성자 정보	–
날짜	게시판 글쓰기 날짜 표시	–
조회 수	게시물 조회 수	–
내용	게시물 내용	–
이미지	게시물에 등록된 모든 이미지 조회	Image
목록 버튼	게시판 목록으로 페이지 이동	Link
게시판 수정	게시판 수정 버튼 링크	Button
게시판 삭제	게시판 삭제 버튼 링크	Button
게시물 ID	게시물 ID 요소	Hidden
게시판 유형	게시판 유형 요소	Hidden

대화형 게시판 조회 부분화면은 게시판 목록의 부분화면이므로, 게시판 목록을 조회할 때 기본으로 조회가 되므로 게시판 목록 부분의 [그림 15-16]을 참조한다.

② 게시판 삭제 처리 - boarddeleteres

게시판 삭제는 게시판 조회 부분화면에서 삭제 버튼을 누를 경우 즉시 처리한다. 게시물이 삭제되면 해당 게시물은 더 이상 존재하지 않으며, 게시판 삭제가 완료되면 게시판 목록 웹페이지로 다시 이동하여 삭제된 내용을 확인하도록 한다.

3) 게시판 수정

① 게시판 수정 부분화면 - commmodify

대화형 게시판 수정 부분화면은 일반 게시판과 동일한 구성요소를 가지며, 대화형 게시판 모두 사용하는 웹페이지로, 게시물에 대한 내용을 조회하고 수정할 수 있는 형태로 구성된다.

게시판 수정을 위한 구성요소는 [표 15-25]와 같다.

[표 15-25] 게시판 수정 구성요소

요소	내용	유형 및 파일
제목	게시물 제목	Text
내용	게시물 내용	Textarea
현재 이미지	현재 등록된 이미지	–
이미지 첨부	신규 또는 변경할 이미지 첨부	Image
카테고리	현재 카테고리 요소	Hidden
게시판 수정	게시판 수정 버튼	Button
수정 취소	게시판 수정 취소 버튼	Button
게시물 ID	수정 게시물 ID	Hidden
수정 참조	일반/대화형 게시판의 게시물 여부	Hidden

대화형 게시판의 게시판 수정 역시 이미지가 첨부된 경우 어떤 이미지인지를 명시하여 게시물 이미지 변경에 따른 혼동을 방지하고, 수정에 필요한 게시물의 ID를 Hidden 정보로 구성한다. 그리고 대화형 게시판은 경우에 따라 한 페이지에 게시판 수정이 1개 이상의 블록에서 표시될 수 있으므로, 수정 처리 시 어떤 게시물을 수정하는 것인지에 대한 정보도 같이 전송해야 한다. 이 때 수정 참조 부분은 Hidden 정보로 구성한다.

대화형 게시판 수정 부분화면은 [그림 15-17]과 같이 나타낸다.

[그림 15-17] 대화형 게시판 수정 부분화면

② 게시판 수정 처리 - boardmodifyres

게시판 수정 처리는 일반 게시판 수정 처리와 동일한 웹페이지를 사용하되, 게시판 유형이 대화형 게시판이므로 수정 완료 후 게시판 조회 부분화면을 갱신하여 수정된 내용을 조회한다.

006. 게시판 댓글

게시판 댓글은 등록된 게시물의 댓글을 등록, 수정, 삭제하는 데 사용된다. 게시판 댓글은 입력, 수정, 삭제가 실시간으로 이루어지므로, 모두 부분화면으로 구성된다.

게시판 댓글은 댓글 개수와 댓글 내용을 리스트 형태로 나타낸다. 각 댓글별로 2단계 댓글과 수정, 삭제 처리를 위한 링크를 제공하며, 신규 댓글 입력을 위한 부분화면도 제공한다.

1. 댓글 목록 - replylist

1) 댓글 목록 구성요소

게시판 댓글 목록은 게시판 댓글 개수, 내용을 조회하고 댓글 수정, 삭제와 2단계 댓글 작성을 위한 링크도 표시한다. 또한 댓글은 총 2단계 입력까지 가능하므로 각 댓글별로 2단계 댓글일 경우 이를 나타내는 표시문자도 같이 넣도록 한다.

[그림 15-18] 게시판 댓글 목록 부분화면

게시판 댓글 목록의 구성요소는 [표 15-26]과 같다.

[표 15-26] 게시판 댓글 목록 구성요소

요소	내용	유형 및 파일
댓글 수	전체 댓글 수 표시	–
입력자	댓글 입력자 정보	–
날짜	댓글 작성 날짜 표시	–
내용	댓글 내용	–
댓글 단계	댓글 단계	–
2단계 댓글 입력	2단계 댓글 입력을 위한 링크	Link
댓글 수정	댓글 수정 버튼 링크	Link
댓글 삭제	댓글 삭제 버튼 링크	Link

2. 2단계 댓글

댓글 입력 부분은 일반 게시판에서는 게시물 조회 화면의 부분으로 표현되고, 대화형 게시판에서는 게시판 목록 화면의 부분으로 표현된다. 그러므로 댓글 목록 부분화면에서는 댓글 입력 부분은 나타내지 않는다. 하지만 2단계 댓글은 댓글 목록 사이에 댓글 입력이 이루어져야 하므로 1단계 댓글과는 다르게 댓글 목록 부분화면에서 구현하도록 한다.

[그림 15-19] 게시판 댓글 입력 부분화면

2단계 댓글은 [그림 15-19]와 같이 댓글 목록 사이에 입력되는 형태로 나타내서, 코드를 구현할 때에는 모든 댓글에 2단계 댓글 입력을 위한 블록(Block)을 생성한 후 화면 로딩 시에는 2단계 댓글 입력 블록을 보이지 않게 한다. 그리고 나서 '댓글' 버튼을 누르면 댓글 입력 부분을 보이도록 구성하면 2단계 댓글 입력 블록도 댓글 목록 부분화면에 구현할 수 있다.

2단계 댓글 입력을 위한 구성요소는 [표 15-27]과 같다.

[표 15-27] 2단계 댓글 입력 구성요소

요소	내용	유형 및 파일
내용	댓글 내용	Textarea
단계	댓글 단계 명시, 1로 입력	Hidden
참조 게시물	댓글이 달린 게시물	Hidden
참조 댓글	2단계 댓글의 참조 댓글	Hidden
댓글 입력	댓글 입력 버튼	Button

3. 댓글 수정 - replymodify

댓글 수정은 댓글 입력과 동일한 형태의 페이지로 구성한다. 단, 댓글 입력과 다른 점은 이미 작성된 댓글을 불러오고, 수정 버튼 클릭 시 수정 처리 기능을 수행한다.

[그림 15-20] 게시판 댓글 수정 화면

댓글 수정을 위한 구성요소는 [표 15-28]과 같다.

[표 15-28] 댓글 수정 구성요소

요소	내용	유형 및 파일
내용	댓글 내용	Textarea
참조 게시물	댓글이 달린 게시물	Hidden
참조 댓글	현재 수정중인 댓글	Hidden
댓글 수정	댓글 수정 버튼	Button
수정 취소	댓글 수정 취소 버튼	Button

4. 댓글 입력 처리 - replywriteres

댓글 입력 처리는 입력 항목을 저장하기 위한 페이지이다. 댓글 입력 처리 결과는 별도의 경고 메시지 등으로 나타내지 않고 즉시 입력을 수행하며, 처리 기능을 수행한 후 작성된 댓글을 포함하여 댓글 목록을 실시간으로 갱신한다.

5. 댓글 수정 - replymodifyres

댓글 수정 처리는 댓글 입력과 마찬가지로 수정 결과를 즉시 반영하며, 처리 기능을 수행한 후 수정된 댓글을 포함한 댓글 목록을 실시간으로 갱신한다.

댓글 수정은 댓글 작성과 같은 화면이 나온다. 여기에서 주의할 점은 댓글 수정은 별도의 수정화면이 있는 것이 아니라, 현재 입력된 댓글 내용 위치에서 댓글 조회를 수정 화면으로 변경시킨 후 수정 화면을 댓글 페이지의 일부로 호출한다.

6. 댓글 삭제 처리 - replydeleteres

댓글 삭제는 댓글 조회 화면에서 삭제 버튼을 누를 경우 즉시 처리하며, 삭제 역시 댓글 작성, 수정과 마찬가지로 처리가 완료되면 댓글 전체 목록을 실시간으로 갱신해서 보여주도록 한다.

007. 게시판 추천

게시판 추천은 게시물에 대한 추천을 하는 페이지로, 게시물을 추천하면 추천 수가 즉시 갱신되므로, 댓글과 마찬가지로 부분화면으로 표현된다. 게시판 추천은 현재 게시물에 대한 추천 수를 보여주고, 추천을 클릭했을 때 게시판 추천 정보를 저장하는 기능을 수행한다.

1. 게시판 추천 - boardlike

게시판 추천의 구성요소는 [표 15-29]와 같으며, 추천 버튼은 [그림 15-21]의 형태로 나타낸다.

[표 15-29] 게시판 추천 구성요소

요소	내용	유형 및 파일
추천 수	현재 추천 수 표시 및 링크 연결	Link
추천 버튼	추천 링크 연결	Link
추천 게시물	추천 게시물 지정	Hidden
추천 여부 표시	추천 여부 표시(배경색, 마우스 포인터 사용)	–

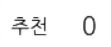

[그림 15-21] 게시판 추천 버튼

게시판 추천 기능에서 유의해야 할 부분은 글 작성자가 자신의 게시물을 추천할 수 없어야 하며, 이미 추천한 게시물은 중복해서 추천하면 안 된다. 이러한 기능은 게시판 추천 처리에서 구현한다. 또한 게시판 추천 부분화면에서는 이미 추천한 게시물의 경우에는 자신이 추천했는지 여부를 알 수 있어야 하므로, [그림 15-21]의 레이아웃을 변경하여 [그림 15-22]와 같이 나타낸다.

[그림 15-22] 이미 추천이 이루어진 게시판 추천 버튼

그리고 버튼 색깔만으로는 추천을 이미 했는지 여부를 알 수 없으므로, 추천을 하지 않았을 경우에는 버튼의 마우스 포인터를 손가락 모양(Pointer)로 한다. 반면에 이미 추천을 했을 경우에는 버튼의 마우스 포인터를 기본 모양(Default)로 한다.

2. 게시판 추천 처리 - boardlikeres

게시판 추천 처리는 게시물과 댓글 추천 시 어떤 사용자가 어떤 게시물, 어떤 댓글을 추천했는지에 대한 정보를 저장한 후, 추천 정보를 갱신하여 추천자 수를 다시 보여준다.

게시판 추천 처리의 진행 프로세스는 다음과 같다.

- **게시판 작성자가 본인의 글을 추천한 경우**: 추천 정보 저장을 생략하고, 해당 사항에 대한 경고 메시지 전송
- **이미 추천한 게시물을 재 추천한 경우**: 추천 정보 저장을 생략하고, 해당 사항에 대한 경고 메시지 전송
- **위 사항 외의 경우**: 추천 정보 저장 후 게시판 추천 정보 갱신 후 표시

게시판 추천과 관련된 코드를 작성할 때 이미 추천한 게시물의 경우에는 개발자의 선호도에 따라 처리 형태를 변경할 수 있다. 이 책에서는 한 번 추천한 게시물의 경우에는 추천을 할 수 없도록 제한을 두었지만, 경우에 따라서는 이미 추천한 게시물을 추천할 경우 추천 취소를 하는 게시판도 다수 존재한다. 그러므로 이와 관련된 기능을 개발할 때에는 어떤 컨셉을 가지고 개발할 것인지를 결정해서 그에 맞는 코드를 개발한다.

16 웹 애플리케이션 환경 설정

CHAPTER

001. Django 환경 설정

앞서 Chapter 15에서는 웹 애플리케이션 설계를 진행하였으며, 설계된 방향에 맞게 웹페이지를 개발해야 한다. 웹페이지를 개발을 위해서 이 장에서는 개발 환경을 설정하며, EC2 인스턴스의 Django 프로젝트 및 앱 생성 및 설정, DB 인스턴스에 대한 환경설정을 진행한다.

1. 프로젝트 및 앱 생성

Django 웹 애플리케이션 설계를 완료하였으면, 실제 개발을 위해서 개발 환경을 먼저 생성한다. 개발 환경은 Django 프로젝트 및 앱을 생성하는 순서로 진행한다.

앞서 Chapter 9에서는 EC2 인스턴스의 Ubuntu Linux 운영체제의 가상 서버를 구축한 바 있으며, 구축된 가상 서버에서 Django 프로젝트 앱을 생성한다. Django 프로젝트 및 앱 명칭은 Chapter 15에서 정의했던 awsdjangoproj - boardapp으로 사용하며, [그림 16-1]과 같이 신규로 생성한다.

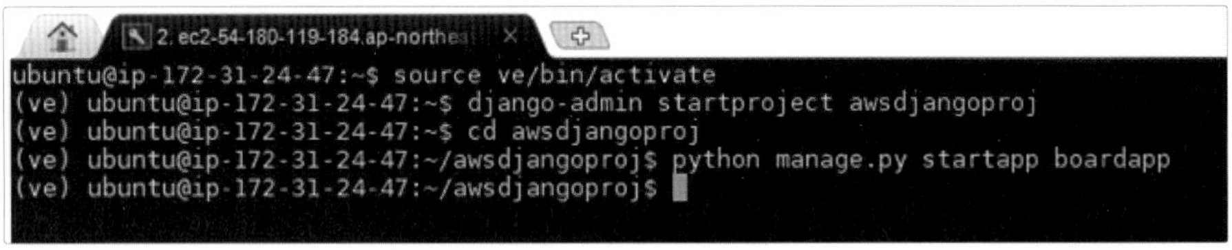

```
ubuntu@ip-172-31-24-47:~$ source ve/bin/activate
(ve) ubuntu@ip-172-31-24-47:~$ django-admin startproject awsdjangoproj
(ve) ubuntu@ip-172-31-24-47:~$ cd awsdjangoproj
(ve) ubuntu@ip-172-31-24-47:~/awsdjangoproj$ python manage.py startapp boardapp
(ve) ubuntu@ip-172-31-24-47:~/awsdjangoproj$
```

[그림 16-1] Django 프로젝트 및 앱 생성

프로젝트 및 앱 생성이 끝났으면, 다음은 awsdjangoproj/settings.py 파일을 다음과 같이 수정한다.

■ 파일 - awsdjangoproj/settings.py

```
01:  INSTALLED_APPS = [
02:      'django.contrib.admin',
03:      'django.contrib.auth',
04:      'django.contrib.contenttypes',
05:      'django.contrib.sessions',
06:      'django.contrib.messages',
07:      'django.contrib.staticfiles',
08:      'boardapp.apps.BoardappConfig',
```

```
09:    ]

10:  DATABASES = {
11:      'default': {
12:          'ENGINE': 'django.db.backends.mysql',
13:          'NAME': 'awsdjangoprojdb',
14:          'USER': 'xxxxxxx',
15:          'PASSWORD': 'xxxxxx',
16:          'PORT': '3306',
17:          'HOST': 'xxx.rds.amazonaws.com',
18:          'OPTIONS': {
19:              'init_command': "SET sql_mode='STRICT_TRANS_TABLES'",
20:          },
21:      }
22:  }

23:  LANGUAGE_CODE = 'ko-kr'
24:
25:  TIME_ZONE = 'Asia/Seoul'
```

2. DB 생성 및 테이블 구성

1) DB 생성

settings.py 파일 수정이 끝났으면, 다음은 AWS DB 인스턴스에서 신규로 'awsdjangodb'를 생성한다.

```
create database awsdjangodb;
use awsdjangodb;
```

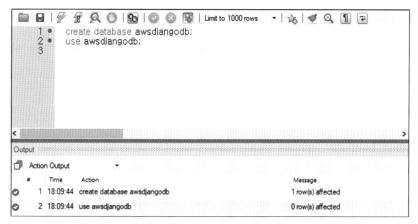

[그림 16-2] awsdjangodb 생성 및 사용

2) migrate를 통한 Django 기본 테이블 생성

DB 생성까지 완료되었으면, 다음은 EC2 인스턴스에서 migrate를 실행한다.

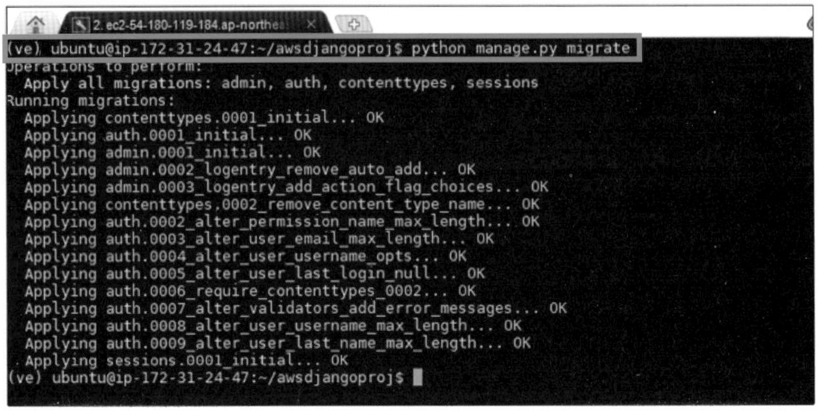

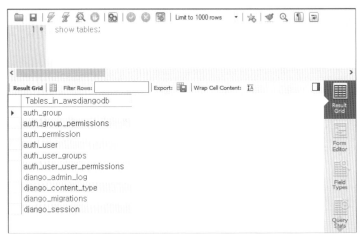

[그림 16-3] Django migrate 진행

migrate가 완료되었으면, DB 상에 Django 기본 패키지 앱 테이블이 생성되었는지 확인한다.

[그림 16-4] awsdjangodb DB의 Table 생성

awsdjangoproj DB에 auth_user 등 테이블이 생성되었으면 올바르게 migrate가 된 것을 확인할 수 있다.

3) 회원정보 테이블 변경

다음은 Chapter 15에서 설계했던 모델에서 auth_user 테이블을 변경하고 신규 테이블 생성 작업을 진행한다. auth_user 테이블에 전화번호(phone), 생년월일(date_of_birth)을 추가하기로 하였으므로, DB 테이블에서도 컬럼을 다음과 같이 추가한다.

```
ALTER TABLE `awsdjangodb`.`auth_user`
```

```
ADD COLUMN `phone` VARCHAR(45) NOT NULL AFTER `date_joined`,
ADD COLUMN `date_of_birth` DATETIME NOT NULL AFTER `phone`,
CHANGE COLUMN `date_joined` `date_joined` DATETIME NOT NULL AFTER `email`,
CHANGE COLUMN `first_name` `first_name` VARCHAR(30) NULL AFTER `is_active`,
CHANGE COLUMN `is_staff` `is_staff` TINYINT(1) NULL ,
CHANGE COLUMN `is_active` `is_active` TINYINT(1) NULL ;
```

추가가 완료되었으면 올바르게 반영되었는지 확인한다.

Column Name	Datatype	PK	NN	UQ	B	UN	ZF	AI	G	Default/Expression
id	INT(11)	☑	☑	☐	☐	☐	☐	☑	☐	
password	VARCHAR(128)	☐	☑	☐	☐	☐	☐	☐	☐	
last_login	DATETIME	☐	☐	☐	☐	☐	☐	☐	☐	NULL
is_superuser	TINYINT(1)	☐	☑	☐	☐	☐	☐	☐	☐	
username	VARCHAR(150)	☐	☑	☑	☐	☐	☐	☐	☐	
last_name	VARCHAR(150)	☐	☑	☐	☐	☐	☐	☐	☐	
email	VARCHAR(254)	☐	☑	☐	☐	☐	☐	☐	☐	
date_joined	DATETIME	☐	☑	☐	☐	☐	☐	☐	☐	
is_staff	TINYINT(1)	☐	☐	☐	☐	☐	☐	☐	☐	NULL
is_active	TINYINT(1)	☐	☐	☐	☐	☐	☐	☐	☐	NULL
first_name	VARCHAR(30)	☐	☐	☐	☐	☐	☐	☐	☐	NULL
phone	VARCHAR(45)	☐	☑	☐	☐	☐	☐	☐	☐	
date_of_birth	DATETIME	☐	☑	☐	☐	☐	☐	☐	☐	

[그림 16-5] auth_user 테이블 Column 정보 확인

[그림 16-5]와 같이 신규 컬럼 생성 및 미사용 컬럼에 대한 정보 변경이 반영되었음을 확인할 수 있다.

4) 게시물 테이블 추가

auth_user 테이블 수정을 마쳤으면, 게시판 카테고리, 게시물, 댓글, 추천 테이블을 생성하는 작업을 이어서 진행한다. 여기에서 InnoDB는 MySQL 가동을 위한 DB엔진으로, 아래 Table 생성 문장에서는 생략해도 된다.

다음은 게시판 카테고리 테이블인 board_categories 생성 문장이다.

```
CREATE TABLE `board_categories` (
  `id` int(10) NOT NULL AUTO_INCREMENT,
  `category_type` varchar(45) NOT NULL DEFAULT 'Normal',
  `category_code` varchar(100) NOT NULL,
  `category_name` varchar(100) NOT NULL,
  `category_desc` varchar(200) NOT NULL,
  `list_count` int(10) DEFAULT '20',
  `authority` int(1) DEFAULT '0',
  `creation_date` datetime DEFAULT CURRENT_TIMESTAMP,
  `last_update_date` datetime DEFAULT NULL,
  PRIMARY KEY (`id`)
) ENGINE=InnoDB DEFAULT CHARSET=utf8
```

다음은 게시물 테이블인 boards 생성 문장이다. board 테이블은 board_category의 외래키(Foreign Key)인 category_id와 auth_user 외래키인 user_id 컬럼이 들어가므로 테이블 생성 시 주의해야 하며, 다음과 같이 외래키 추가 구문도 입력한다.

```
CREATE TABLE `boards` (
  `id` int(10) NOT NULL AUTO_INCREMENT,
  `category_id` int(10) NOT NULL,
  `user_id` int(10) NOT NULL,
  `title` varchar(300) NOT NULL,
  `content` text NOT NULL,
  `registered_date` datetime DEFAULT CURRENT_TIMESTAMP,
  `last_update_date` datetime DEFAULT NULL,
  `view_count` int(10) DEFAULT '0',
  `image` varchar(255) DEFAULT NULL,
  PRIMARY KEY (`id`),
  KEY `board_category_fk_idx` (`category_id`),
  KEY `board_user_fk_idx` (`user_id`),
  CONSTRAINT `board_category_fk` FOREIGN KEY (`category_id`) REFERENCES `board_
categories` (`id`) ON DELETE NO ACTION ON UPDATE NO ACTION,
  CONSTRAINT `board_user_fk` FOREIGN KEY (`user_id`) REFERENCES `auth_user`
(`id`) ON DELETE NO ACTION ON UPDATE NO ACTION
) ENGINE=InnoDB DEFAULT CHARSET=utf8
```

다음은 게시판 댓글 테이블인 board_replies 생성 문장이다. board_replies 테이블은 게시물 테이블과 회원정보 테이블을 외래키로 가지고 오므로, 이를 참고하여 테이블을 생성한다.

```
CREATE TABLE `board_replies` (
  `id` int(10) NOT NULL AUTO_INCREMENT,
  `article_id` int(10) NOT NULL,
  `user_id` int(10) NOT NULL,
  `level` tinyint(1) DEFAULT '1',
  `content` text NOT NULL,
  `reference_reply_id` int(10) DEFAULT '0',
  `registered_date` datetime DEFAULT CURRENT_TIMESTAMP,
  `last_update_date` datetime DEFAULT NULL,
  PRIMARY KEY (`id`),
  KEY `user_reply_fk_idx` (`user_id`),
  KEY `article_reply_fk_idx` (`article_id`),
  CONSTRAINT `article_reply_fk` FOREIGN KEY (`article_id`) REFERENCES `boards`
(`id`) ON DELETE NO ACTION ON UPDATE NO ACTION,
  CONSTRAINT `user_reply_fk` FOREIGN KEY (`user_id`) REFERENCES `auth_user`
```

```
(`id`) ON DELETE NO ACTION ON UPDATE NO ACTION
) ENGINE=InnoDB DEFAULT CHARSET=utf8
```

다음은 게시판 추천 테이블인 board_likes 테이블 생성 문장이다. 게시판 추천 역시 게시판 댓글과 마찬가지로 게시물 테이블과 회원정보 테이블을 외래키로 가지고 온다.

```
CREATE TABLE `board_likes` (
  `id` int(10) NOT NULL AUTO_INCREMENT,
  `article_id` int(10) NOT NULL,
  `user_id` int(11) NOT NULL,
  `registered_date` datetime DEFAULT CURRENT_TIMESTAMP,
  PRIMARY KEY (`id`),
  KEY `like_article_fk_idx` (`article_id`),
  KEY `like_user_fk_idx` (`user_id`),
  CONSTRAINT `like_article_fk` FOREIGN KEY (`article_id`) REFERENCES `boards`
(`id`) ON DELETE NO ACTION ON UPDATE NO ACTION,
  CONSTRAINT `like_user_fk` FOREIGN KEY (`user_id`) REFERENCES `auth_user` (`id`)
 ON DELETE NO ACTION ON UPDATE NO ACTION

) ENGINE=InnoDB DEFAULT CHARSET=utf8
```

테이블 생성까지 완료하였으면, 웹 애플리케이션 구축을 위한 모든 사전 준비는 마쳤다.

002. 모델 생성

DB 테이블 구성까지 마쳤으면, 다음은 각 테이블에 대한 모델을 models.py 파일에서 생성한다.

1. 회원정보 모델

회원정보 테이블인 auth_user 테이블은 사용자가 생성한 테이블이 아닌, django.contrib.auth앱으로부터 생성된 테이블이다. django.contrib.auth.models 패키지에 있는 클래스를 사용하여 모델 및 모델 개체(object)를 생성하므로 해당 모델을 사용한다. 대신 auth_user 테이블의 일부 컬럼은 사용하지 않고 신규로 추가한 컬럼도 있으므로 이를 감안하여 컬럼 중 일부는 신규로 정의해서 사용한다.

1) 회원정보 모델 생성 – User 모델

회원정보 모델은 기존의 auth_user 테이블을 그대로 사용할 경우에는 별도의 모델 생성 없이 django.contrib.auth 앱의 사용자 모델을 사용할 수 있다. 하지만 테이블 구성을 변경하거나 신규로 정의할 경우에는 AbstractBaseUser 클래스를 상속받아서 회원정보 모델을 신규로 정의해야 한다.

다음 코드는 회원정보 모델 재구성을 위해서 User 클래스를 정의한 부분이다.

```
01:  from django.db import models
02:  from django.contrib.auth.models import AbstractBaseUser
03:
04:  class User(AbstractBaseUser):
05:      password = models.CharField(max_length=128)
06:      username = models.CharField(unique=True, max_length=150)
07:      is_superuser = models.IntegerField()
08:      last_name = models.CharField(max_length=150)
09:      phone = models.CharField(max_length=20)
10:      email = models.CharField(max_length=254)
11:      date_of_birth = models.DateTimeField()
12:      date_joined = models.DateTimeField()
13:      last_login = models.DateTimeField(blank=True, null=True)
14:      is_staff = models.IntegerField(blank=True, null=True)
15:      is_active = models.IntegerField(blank=True, null=True)
16:      first_name = models.CharField(max_length=30, blank=True, null=True)
17:
18:      objects = UserManager()
19:
20:      USERNAME_FIELD = 'username'
21:      REQUIRED_FIELDS = ['last_name', 'phone', 'email', 'date_of_birth']
22:
23:      def has_perm(self, perm, obj=None):
24:          return True
25:
26:      def has_module_perms(self, app_label):
27:          return True
28:
29:      class Meta:
30:          db_table = 'auth_user'
```

- **회원정보 필드(5~16 Line)**: 회원정보 필드를 구성한다. 초기 생성 시에는 있으나 사용하지 않는 컬럼은 제외하는 대신, 신규 추가한 phone_number, date_of_birth 컬럼은 모델 필드로 추가

하여 사용한다.

- **User 클래스 개체 생성(18 Line)** : User 클래스에 대한 개체 생성 및 사용 시 UserManager 클래스를 사용한다. UserManager 클래스는 바로 뒤에 이어서 다룬다.
- **USERNAME_FIELD(20 Line)**: 사용자 ID로 사용할 필드를 결정한다.
- **REQUIRED_FIELDS(21 Line)**: 필수 입력 필드를 지정한다.
- **has_perm(), has_module_perms() 메소드(23~27 Line)**: 관리자 페이지 등과 같은 Django에서 제공하는 패키지의 회원정보 모델을 사용하여 접근 가능 여부에 대한 값을 반환하는 메소드다. 두 메소드 모두 True를 반환해야 관리자 계정을 생성하고 관리자 페이지를 사용할 수 있다.
- **DB 테이블 지정(30 Line)**: 회원정보 테이블을 auth_user로 지정한다.

2) 회원정보 모델 객체 생성 - UserManager 클래스

회원정보를 재구성한 User 모델을 생성하였으면 User 모델에 대한 인스턴스를 생성하고 관리하기 위한 클래스인 UserManager 클래스도 재구성을 해야한다. UserManager 클래스는 BaseUserManager 클래스로부터 상속받아서 클래스를 구성한다.

UserManager 클래스는 회원정보 모델을 재구성하여 생성한 User 모델의 내부 클래스로, 사용자 생성을 위한 create_user() 메소드와 관리자 생성을 위한 create_superuser() 메소드도 오버라이딩하여 다시 선언한다.

```
01:  from django.db import models
02:  from django.contrib.auth.models import AbstractBaseUser, BaseUserManager
03:  from django.utils import timezone
04:
05:  class UserManager(BaseUserManager):
06:      def create_user(self, username, password, last_name, email, phone, date_of_birth):
07:          user = self.model(
08:              username=username,
09:              last_name=last_name,
10:              email=self.normalize_email(email),
11:              phone=phone,
12:              date_of_birth=date_of_birth,
13:              date_joined=timezone.now(),
14:              is_superuser=0,
15:              is_staff=0,
16:              is_active=1
17:          )
18:
19:          user.set_password(password)
```

```
20:            user.save(using=self._db)
21:            return user
22:
23:        def create_superuser(self, username, last_name, email, phone, date_of_
    birth, password):
24:            user = self.create_user(
25:                username=username,
26:                password=password,
27:                last_name=last_name,
28:                email=email,
29:                phone=phone,
30:                date_of_birth=date_of_birth
31:            )
32:            user.is_superuser=1
33:            user.is_staff=1
34:            user.save(using=self._db)
35:            return user
```

- 2 Line: django.contrib.user.models 패키지로부터 AbstractBaseUser, BaserUserManager 클래스를 가져온다. 회원정보 모델은 AbstractBaseUser로부터 상속받은 User 클래스로 생성하고, 회원정보 모델에 대한 개체는 BaseUserManager 클래스로부터 상속받은 UserManager 클래스를 사용한다.

- 3 Line: 회원가입 시 가입일자를 현재 일자로 정의하기 위해서 timezone 패키지를 가져온다.

- create_user() 메소드(5~21 Line): 사용자 생성 시 회원정보를 파라미터로 받아오며, 초기 auth_user 테이블에는 없는 컬럼인 phone_number, date_of_birth 컬럼도 모델 필드로 하여 정보를 받아온다.

- set_password() 메소드(19 Line): 비밀번호는 Django의 비밀번호 생성 메소드를 사용한다.

- save() 메소드(20 Line): 회원정보를 저장할 때 사용되며, User 테이블에서 지정한 테이블인 auth_user에 데이터를 저장한다.

- create_superuser() 메소드(23~35 Line): 관리자 계정 생성을 위해서 사용되는 메소드로, 'python manage.py createsuperuser' 스크립트를 사용하여 생성할 때 수행된다. 관리자 계정 생성은 create_user() 메소드를 실행하여 관리자 정보를 DB 테이블에 저장한 후, is_superuser, is_staff 필드의 값을 1로 변경하고 다시 저장함으로써 관리자라는 정보로 구분한다.

3) 회원정보 모델 재구성을 위한 환경 설정

User 모델 생성이 완료되었으면, 회원정보 테이블의 경우는 Django 세팅 파일(settings.py) 파일에서도 이에 대한 추가 선언을 해야 하며, 다음 구문을 settings.py 파일에 추가한다.

```
AUTH_USER_MODEL = 'boardapp.user'
```

이 부분을 추가하지 않으면, 추후 Django 웹 애플리케이션 실행 시 User 모델을 사용자 모델로 인식하지 못하는 오류가 발생하므로, 이 부분은 반드시 추가한다.

2. 게시판 모델

게시판 모델은 회원정보 모델과는 달리 모두 사용자 정의 테이블이므로, 별도의 설정 없이 models.py에 각 테이블 및 컬럼을 모델 및 모델 필드로 추가한다. 사용자 정의 테이블을 모델로 추가하는 방법은 inspectdb 스크립트를 사용하여 다음과 같이 입력한다.

```
(ve)$ python manage.py inspectdb board_categories boards board_replies board_
likes board_images >> boardapp/models.py
```

[그림 16-6] 게시판 관련 테이블을 models.py 파일에 입력

앞서 회원정보 모델을 models.py에 이미 입력했으므로, 기존 내용을 유지하고 신규 모델을 추가해야 하므로, ')〉' 기호를 사용한다. 입력이 완료되었으면 models.py 파일에 게시판 모델 5개가 올바르게 입력되었는지 확인한다.

■ 파일 – models.py

```
01:  class BoardCategories(models.Model):
02:      category_type = models.CharField(max_length=45)
03:      category_code = models.CharField(max_length=100)
04:      category_name = models.CharField(max_length=100)
05:      category_desc = models.CharField(max_length=100)
06:      list_count = models.IntegerField(blank=True, null=True)
07:      authority = models.IntegerField(blank=True, null=True)
08:      creation_date = models.DateTimeField(default=timezone.now)
09:      last_update_date = models.DateTimeField(default=timezone.now)
10:
11:      class Meta:
12:          managed = False
13:          db_table = 'board_categories'
14:
15:  class Boards(models.Model):
```

```
16:        category = models.ForeignKey(BoardCategories, models.DO_NOTHING)
17:        user = models.ForeignKey(User, models.DO_NOTHING)
18:        title = models.CharField(max_length=300)
19:        content = models.TextField()
20:        registered_date = models.DateTimeField(default=timezone.now)
21:        last_update_date = models.DateTimeField(default=timezone.now)
22:        view_count = models.IntegerField(blank=True, default=0)
23:        image = models.ImageField(upload_to="images/%Y/%m/%d", blank=True)
24:
25:        class Meta:
26:            managed = False
27:            db_table = 'boards'
28:
29:    class BoardReplies(models.Model):
30:        article = models.ForeignKey(Boards, models.DO_NOTHING)
31:        user = models.ForeignKey(User, models.DO_NOTHING)
32:        level = models.IntegerField(blank=True, null=True)
33:        content = models.TextField()
34:        registered_date = models.DateTimeField(default=timezone.now)
35:        last_update_date = models.DateTimeField(default=timezone.now)
36:        reference_reply_id = models.IntegerField(blank=True, null=True)
37:
38:        class Meta:
39:            managed = False
40:            db_table = 'board_replies'
41:
42:    class BoardLikes(models.Model):
43:        article = models.ForeignKey(Boards, models.DO_NOTHING)
44:        user = models.ForeignKey(User, models.DO_NOTHING)
45:        registered_date = models.DateTimeField(default=timezone.now)
46:
47:        class Meta:
48:            managed = False
49:            db_table = 'board_likes'
```

- **BoardCategories 모델(1~13 Line)**: board_categories 테이블로부터 생성된 모델로, 게시판 카
  테고리 모델로 사용된다.
- **Boards 모델(15~28 Line)**: boards 테이블로부터 생성된 모델로, 게시물 정보를 관리하는 데 사
  용된다.
- **BoardReplies 모델(29~40 Line)**: board_repilies 테이블로부터 생성된 모델로, 게시물에 대한
  댓글 정보 관리에 사용된다.

- **BoardLikes 모델(42~49 Line)**: board_likes 테이블로부터 생성된 모델로, 게시물 및 댓글 추천 정보 관리에 사용된다.
- **외래키(Foreign Key, 16~17, 30~31 Line)**: DB 테이블에서 외래키로 선언한 컬럼은 모델에서도 'models.ForeignKey' 필드로 자동 생성된 것을 확인할 수 있으며, 이 필드를 사용해서 외래키의 값을 가져올 수 있다.
- **17, 31 Line**: Foreign Key로 참조된 모델의 QuerySet을 받아오기 위해서 inspectdb 스크립트 사용 후 'User'로 변경하였다.
- **Image 필드(23 Line)**: Boards 모델의 'image' 필드는 'models.ImageField'로 구성한다. boards 테이블의 컬럼을 그대로 가져오면 CharField로 생성되지만, Boards 모델에서의 'image'는 첨부파일 정보를 저장하기 위한 필드이므로 ImageField로 변경한다. 그리고 Image 업로드 시 입력하는 upload_to의 값은 첨부파일 저장 경로로, 이 값은 이미지 업로드 시 이미지 파일을 settings.py 파일에 설정된 MEDIA_ROOT 디렉토리 내에 'images/%Y/%m/%d' 디렉토리를 생성한 후 파일을 저장하도록 설정한다.
- **managed 옵션(26, 39, 48 Line)**: 테이블에 대한 생성 및 삭제 여부를 나타내는 변수다. 테이블 내의 값을 입력, 수정, 삭제하는 것과는 별개로 테이블 자체에 대한 관리 여부를 나타내며, False로 지정하여 테이블에 대한 손실을 방지하도록 한다.

3. 외래키 모델 필드

바로 위의 models.py에서 선언된 모델 중 외래키를 사용한 필드가 'models.ForeignKey'로 선언된 것을 확인할 수 있으며, [표 16-1]에서 어떻게 변경되었는지를 나타낸다.

[표 16-1] Foreign Key 컬럼에 대한 테이블과 모델 비교

DB Table			Model		
테이블명	컬럼	데이터 유형	모델명	필드	데이터 유형
boards	category_id	int(10)	Boards	category	BoardCategories
	user_id	int(10)		user	User
board_replies	article_id	int(10)	BoardReplies	article	Boards
	user_id	int(10)		user	User
board_likes	article_id	int(10)	BoardLikes	article	Boards
	user_id	int(10)		user	User

[표 16-1]에 의하면, boards 등 3개 테이블에서는 각각 2개의 외래키 컬럼이 있으며, 정수형(int) 타입으로 구성되어 있다. 하지만 각 테이블을 참조한 Boards 등 3개 모델에서는 외래키 컬럼을 그대로 필드로 사용하지 않는다. 대신 외래키를 참조한 다른 모델 클래스를 QuerySet 형태로 가

지고 온다.

외래키의 QuerySet 필드 설정은 자료 처리의 유연성을 높이는 데 도움을 줄 수 있다. 예를 들어서 게시판 목록을 불러올 때 각 게시물이 어떤 카테고리인지를 확인해야 하는 경우가 있는데, 일반적으로는 여러 개의 테이블을 불러온 후 Join하여 카테고리 이름을 반환하는 형태로 되어 있다. 하지만 외래키를 활용하여 특정 필드를 다른 모델의 QuerySet으로 가져오면 이러한 번거로움 없이 카테고리 이름을 가져올 수 있다. 외래키를 사용하고 카테고리 이름을 가져오는 기능을 구현하면 코드는 다음과 같이 단순화할 수 있다.

■ **파일** – views.py

```
01:  def BoardList(request):
02:    ...
03:    boardList = Boards.objects.all()
04:    args.update(boardList)
05:
06:    return render(request, 'board_list.html', args)
```

■ **파일** – board_list.html

```
01:  {% for list in boardList %}
02:    <DIV>카테고리 이름: {{ list.category.category_name }}</DIV>
03:  {% endfor %}
```

위 예제와 같이 카테고리 이름(category_name)은 boards 테이블의 컬럼이 아닌 board_cate-gories 테이블의 컬럼이다. 하지만 Boards 모델에서는 외래키를 통해서 cateogory라는 명칭의 QuerySet 필드를 생성하여 BoardCateogories 모델 필드인 category_name 필드를 가져와서 위와 같이 사용할 수 있다.

003. 웹페이지 및 디렉토리 설정

1. 웹페이지 및 URL 설정

1) 프로젝트 URL 설정

URL 설정은 앞서 Chapter 11에서 소개된 바 있었다. Django 프로젝트 디렉토리인 awsdjango-proj의 urls.py 파일에 앱을 연결한 후, Django 앱 디렉토리에도 빈 내용의 urls.py 파일을 생성하여 앱 연결을 문제없이 진행할 수 있도록 한다.

■ **파일** – awsdjangoproj/urls.py

```
01:  from django.contrib import admin
02:  from django.urls import include, path
03:
04:  urlpatterns = [
05:      path('admin/', admin.site.urls),
06:      path('boardapp/', include('boardapp.urls')),
07:  ]
```

Django 앱의 urls.py 파일은 처음 앱이 생성될 때부터 있던 파일이 아니므로, 신규로 파일을 생성한 후 URL 정보를 입력한다.

2) 웹페이지 및 URL 명칭 설정

Chapter 15에서는 어떤 웹페이지를 설계할 것인지 [표 15-12]를 통해서 언급한 바 있었다. 웹페이지를 호출하기 위해서는 views.py 파일에 웹페이지를 정의하고 urls.py 파일에 웹페이지별 URL을 설정해야 한다. 웹페이지 및 URL 명칭은 [표 16-2]와 같이 정하되, 이 장에서는 명칭만 정하고 View 및 URL은 Chapter 17부터 이어지는 기능별 웹페이지 개발 시 구현하도록 한다.

[표 16-2] 웹페이지별 URL 명칭

구분	웹페이지	웹페이지명	View 명	URL
일반 화면	메인화면	main	main_page	main/
	소개	introduce	introduce_page	introduce/
회원 관리	로그인	login	LoginView	login/
	로그아웃	logout	LogoutView	logout/
	가입정보 입력	register	user_register_page	user_register/
	ID 중복여부 확인	registeridcheck	user_register_idcheck	user_register_idcheck/
	회원가입 처리	registerres	user_register_result	user_register_res/
	회원가입 완료	registercompleted	user_register_completed	user_register_completed/
	회원조회/비밀번호 변경	password_change	**PasswordChangeView**	password_change/
	비밀번호 변경처리	password_change_done	**PasswordChangeDoneView**	password_change_done/

구분	웹페이지	웹페이지명	View 명	URL
일반 게시판	게시판 목록	boardlist	board_list_page	board_list/
	게시판 글쓰기	boardwrite	board_write_page	board_write/
	게시판 글쓰기처리	boardwriteres	board_write_result	board_write_res/
	게시판 조회	boardview	**BoardView**	board_view/
	게시판 삭제처리	boarddeleteres	board_delete_result	board_delete_res/
	게시판 수정	boardmodify	**BoardModifyView**	board_modify/
	게시판 수정처리	boardmodifyres	board_modify_result	board_modify_res/
대화형 게시판	게시판 목록 및 글쓰기	commlist	board_comm_list_page	comm_list/
	게시판 조회	commview	**BoardCommView**	comm_view/
	게시판 삭제처리	boarddeleteres	board_delete_result	board_delete_res/
	게시판 수정	commmodify	**BoardCommModifyView**	board_comm_modify/
	게시판 수정처리	boardmodifyres	board_modify_result	board_modify_res/
게시판 댓글	댓글 목록	replylist	reply_list	reply_list/
	댓글 수정	replymodify	**ReplyModifyView**	reply_modify/
	댓글 입력처리	replywriteres	reply_write_result	reply_write_res/
	댓글 수정처리	replymodifyres	reply_modify_result	reply_modify_res/
	댓글 삭제처리	replydeleteres	reply_delete_result	reply_delete_res/
게시물 추천	게시판 추천	boardlike	board_like	board_like/
	게시판 추천 처리	boardlikeres	board_like_result	board_like_res/
기타	에러 페이지	error	error_page	error/

[표 16-2]의 표시한 뷰 중 회원가입을 제외한 회원관리 부분은 django.contrib.auth 패키지에서 사용되는 클래스를 그대로 사용하며, 게시물 조회 및 수정 부분은 Generic View의 DetailView를 상속받아서 웹페이지를 구현하여 CBV로 개발한다. 그 외 페이지는 FBV로 개발한다. 그리고 일반 게시판, 대화형 게시판의 게시판 삭제처리(board_delete_result)와 게시판 수정처리(board_modify_result) 웹페이지는 동일한 웹페이지이지만 기능별 분류를 위해서 두 번 나타내도록 한다.

2. 디렉토리 설정

1) 템플릿 디렉토리 설정

웹페이지를 제작하기 위해서는 각 페이지별 URL을 설정하고 View를 제작해야 하지만 화면을 구성하는 템플릿(Template)도 있어야 한다. URL, View 구성은 앱 디렉토리 내 urls.py 파일과 views.py 파일에서 모두 일괄적으로 관리되지만, 템플릿 파일은 HTML 파일로 구성되어 있어 이들을 포함하는 디렉토리는 별도로 지정해야 한다. Django에서는 이러한 템플릿 파일을 지정하기 위해서 앱별로 templates 디렉토리 내에 템플릿 파일을 관리하도록 지정되어 있다. 웹페이지에 대한 템플릿 파일 지정은 awsdjangoproj/settings.py에 나타나 있으며, 프로젝트 생성 시에는 다음과 같이 기본으로 구성되어 있다.

■ **파일** – awsdjangoproj/settings.py

```
01:  TEMPLATES = [
02:      {
03:          'BACKEND': 'django.template.backends.django.DjangoTemplates',
04:          'DIRS': [],
05:          'APP_DIRS': True,
06:          'OPTIONS': {
07:              'conText_processors': [
08:                  'django.template.conText_processors.debug',
09:                  'django.template.conText_processors.request',
10:                  'django.contrib.auth.conText_processors.auth',
11:                  'django.contrib.messages.conText_processors.messages',
12:              ],
13:          },
14:      },
15:  ]
```

위 파일에서 디렉토리를 설정하는 부분은 4, 5 Line으로, 각 부분은 다음과 같다.

- DIRS(4 Line): 템플릿을 사용할 디렉토리를 찾을 때, 어느 디렉토리를 찾을 것인지를 지정한다. 기본은 공란으로 구성되어 있다.
- APP_DIRS(5 Line): Django 앱별로 각각 템플릿을 사용할 디렉토리를 찾을지 여부를 지정하는 부분이다. 미입력 시에는 False가 기본값이지만, Django 프로젝트를 설치하면 APP_DIRS의 값은 True로 설정되어 있다.

이 책에서는 템플릿을 사용할 때 Django 프로젝트 설치 시 설정된 TEMPLATES 옵션을 별도로 변경하지 않고 그대로 사용한다. 위와 같이 설정되었을 경우 Django 프로젝트의 템플릿은 'templates/' 디렉토리를 참조하고, Django 앱의 템플릿은 '앱 이름/templates/' 디렉토리를 참조한다. 위에서는 boardapp이라는 Django 앱을 생성했으므로, boardapp에서 템플릿을 참조할 때 'boardapp/templates/' 디렉토리 내에 있는 파일을 참조할 것이다. 그러므로 boardapp의 템플릿은 위 디렉토리에 저장한다.

2) Static 디렉토리 설정

Static 디렉토리는 웹페이지 내 특정 용도를 위해 사용되는 정적(Static) 파일을 관리하는 디렉토리다. awsdjangoproj/settings.py파일에 Static 디렉토리를 설정할 수 있으며, 기본 설정은 다음과 같다.

■ **파일** – awsdjangoproj/settings.py

```
01:  INSTALLED_APPS = [
02:      'django.contrib.admin',
03:      'django.contrib.auth',
04:      'django.contrib.contenttypes',
05:      'django.contrib.sessions',
06:      'django.contrib.messages',
07:      'django.contrib.staticfiles',
08:  ]
09:
10:  ...
11:
12:  STATIC_URL = '/static/'
```

- **django.contrib.staticfiles**: Static 파일을 사용하기 위한 Django 기본 패키지 앱이다. Django에서는 자체적으로 정적 파일을 URL로 표현하는 기능을 제공하고 있지 않기 때문에 위 패키지를 사용하여 Static 파일을 URL로 나타내기 위한 패턴을 제공한다.
- **STATIC_URL**: Static 파일을 사용하기 위한 URL을 지정하는 부분으로, 기본값은 '/static/'디렉토리이다. 모든 정적 파일은 static 디렉토리에서 관리하며, 앱에서 사용할 static 디렉토리는 앱 디렉토리 내부의 static 디렉토리로 지정된다.

Django에서는 Static 파일을 저장할 때 일반적으로 'static/boardapp/'의 형태로 앱 이름의 디렉토리를 생성한다. 이는 디렉토리 생성 없이 사용할 경우, 여러 개의 Django 앱을 실행할 때 같은 이름의 파일이 있을 때 어떤 파일을 사용할 것인지를 구분하기 어려워서 앱 이름의 디렉토리를 통해서 구분하는 것을 권장한다.

Static 파일은 대표적으로 CSS, JS 파일 등이 있는데, 이들 파일을 어느 디렉토리에 저장할 것인지 정해진 규칙은 없다. 하지만 최근 웹 애플리케이션을 제작할 때에는 일반적으로 'assets/' 디렉토리를 생성한 후, 'assets/' 내에 'assets/css/', 'assets/js/', 디렉토리를 생성하여 각각의 파일을 저장한다.

위의 규칙에 따라, Static 파일의 생성 위치는 다음과 같이 구분한다.
- **CSS 파일**: /static/boardapp/assets/css/
- **JS 파일**: /static/boardapp/assets/js/

3) 첨부파일 디렉토리 설정

① 첨부파일 저장 프로세스

Chapter 15에서는 게시판 글쓰기의 요소 중 하나로 이미지 첨부가 포함되어 있다. 이미지는 다른 게시판 구성요소와는 달리 Binary 형태의 데이터로 이루어져 있으므로 입력 방식도 다르게 구성된다. DB 테이블에서는 Binary Data를 BLOB, CLOB 등의 형태로 직접 저장할 수 있지만, 만약에 현재 개발하려는 게시판이 이미지가 아닌 대용량 파일 첨부 기능을 개발한다면 파일을 일일이 DB에 저장하는 것이 매우 번거롭다. 또한 이미지만 등록한다고 하더라도 Binary 데이터를 DB에 저장해서 필요할 때마다 조회하는 것은 DB 서버의 트래픽을 증가시키는 요인이 되므로 현재는 권장하지 않는 추세다.

하지만 Django에서는 파일 및 이미지 관리를 위한 기능을 제공하고 있다. 파일 및 이미지를 등록하기 위해서 요청을 보내고 DB 테이블에 저장하는 기능을 구현할 때, 저장될 필드가 FileField이거나 ImageField일 경우에는 파일 저장을 위한 경로명을 문자열 형태로 DB 테이블에 저장하고, 파일 및 이미지는 Django에서 지정한 저장소의 특정 디렉토리에 저장한다.

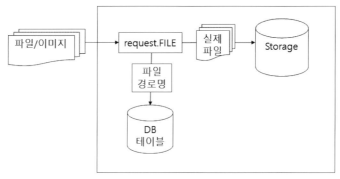

[그림 16-7] 파일/이미지 저장 Process

파일이나 이미지를 저장하기 위해서는 위 절차에 따라 어떤 경로에 저장할 것인지를 지정해야 하며, 이에 대한 설정은 Template, Static 디렉토리 설정과 동일하게 settings.py 파일에서 지정할 수 있다.

파일 및 이미지는 Django에서는 Media라는 명칭으로 관리되며, 다음과 같이 저장 경로를 지정한다.

```
MEDIA_URL = '/media/'
MEDIA_ROOT = os.path.join(BASE_DIR, 'media')
```

MEDIA_URL은 파일, 이미지 등 미디어를 웹브라우저에서 접근하고자 할 때 사용되는 URL이다. Static 파일에 접근할 때 앞에 '/static/' 경로가 들어갔던 것처럼 미디어 역시 '/media/'를 사용하여 접근할 수 있다.

MEDIA_ROOT는 앞에서 언급한 파일이 저장되는 위치로, BASE_DIR 경로에 'media' 디렉토리를 생성하여 관리한다는 것을 뜻한다. BASE_DIR은 settings.py 생성 시 기본으로 선언된 변수로, Django 프로젝트의 루트(Root) 경로를 나타낸다. MEDIA_URL과 MEDIA_ROOT를 위와 같이 설정한 후, 이미지 파일을 불러오는 예제를 간단히 작성한다.

② 이미지 파일 조회

이미지 파일은 위에 언급된 것처럼 MEDIA_ROOT 디렉토리에 지정된 경로에 저장하도록 되어있으며, MEDIA_URL을 사용하여 웹브라우저에서 조회할 수 있다. 이에 대한 예제를 구현하기 위해서 먼저 'star.png'라는 파일을 MEDIA_ROOT에서 지정한 '/awsdjangoproj/media/' 디렉토리에 저장한다.

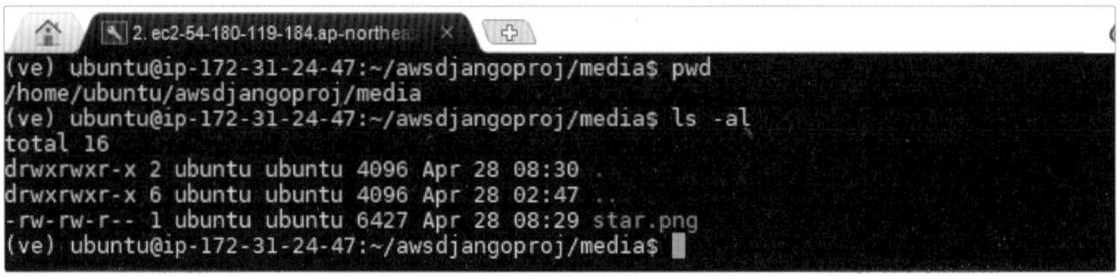

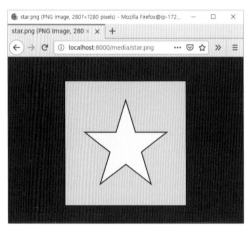

[그림 16-8] 저장된 이미지 파일 조회

[그림 16-8]에 저장된 이미지 파일을 조회하기 위해서는 MEDIA_URL 경로를 참조한다. 위에 지정된 경로에 따르면 '/media/star.png' 경로로 호출할 수 있으며, 그 결과는 [그림 16-9]와 같이 나타난다.

[그림 16-9] 저장된 이미지 파일 조회

[그림 16-9]와 같이 MEDIA_URL 및 MEDIA_ROOT 설정을 통해서 파일 및 이미지에 대한 저장 및 조회를 할 수 있으며, Chapter 18에서 구현할 게시판 글쓰기 시 이미지가 저장되는 방식에 대해서 구체적으로 다룬다.

004. 기본 레이아웃 구성

AWS Django board의 웹페이지를 제작하기 앞서서, 홈페이지 내 모든 웹페이지에 공통적으로 적용될 화면으로 기본 레이아웃을 나타내기로 Chapter 15에서 언급한 바 있었다. 이 책에서는 기본 레이아웃 템플릿으로 base.html 파일을 사용하기로 하였고, 웹페이지 상에 어떻게 표시되는지를 확인하기 위해서 임시로 빈 화면의 메인 페이지(main)를 등록하여 결과를 확인한다.

파일 제작 순서는 먼저 기본 레이아웃 파일인 base.html을 제작하고, 다음으로 메인화면에 대한 뷰와 URL을 설정한 후, 메인화면 템플릿 파일인 main.html에서 base.html 파일을 불러오는 순서로 진행한다.

1.기본 레이아웃 제작 - base.html

기본 레이아웃은 설계 단계에서 진행했던 것과 같이 로고, 메뉴, 저작권 표시, 사용자 기능을 제공하고, 그 외에도 jQuery와 CSS 파일도 불러오며, 화면의 전체 틀을 작성한다. 이에 따라 기본 레이아웃에서는 이를 사용하는 다른 웹페이지의 본문이 들어가야 할 위치도 지정한다.

jQuery는 공식 홈페이지(https://www.jquery.com)에서 다운로드 후 Static 경로에 저장하여 이를 사용하며, CSS 파일은 첨부된 'main.css' 파일을 사용하거나 혹은 외부 CSS 레이아웃을 사용하여 대신 나타낸다.

다음 base.html 파일은 설계 단계에서 지정했던 내용을 바탕으로 다음과 같이 코드를 제작한다.

■ 파일 – boardapp/templates/base.html

```
01:   <!DOCTYPE HTML>
02:   <HTML LANG="KO">
03:   <HEAD>
04:       <TITLE>{% block title %} AWS / Django Web Application{% endblock %}</TITLE>
05:       <META charset="utf-8" />
06:       {% load static %}
07:       <LINK REL='STYLESHEET' HREF="{% static 'boardapp/assets/css/main.css' %}" />
08:       {% load static %}
09:       <SCRIPT src="{% static 'boardapp/assets/js/jquery-3.3.1.min.js' %}" ></SCRIPT>
10:       {% block script %}{% endblock %}
11:   </HEAD>
12:   <BODY>
13:     <DIV ID="header">
14:         <DIV CLASS="logo" >
15:                 <DIV CLASS="row">
16:                     <DIV CLASS="col-8 logo-link dark-link">
17:                         <A href="{% url 'main' %}">AWS / Django Web
```

```
                      Application</A>
18:                     </DIV>
19:                     <DIV CLASS="col-4 center member-link dark-link">
20:                         {% if user.username %}
21:                             <A href="{% url 'password_change' %}">{{ user.last_
                                name }} 님</A> /
22:                             <A href="{% url 'logout' %}">로그아웃</A>
23:                         {% else %}
24:                             <A href="{% url 'login' %}">로그인</A> /
25:                             <A href="{% url 'register' %}">회원가입</A>
26:                         {% endif %}
27:                     </DIV>
28:                 </DIV>
29:         </DIV>
30:         <DIV CLASS="menu">
31:             <DIV CLASS="row">
32:                 <DIV CLASS="col-2 center sideline dark-link">
33:                     <A href="{% url 'main' %}">HOME</A>
34:                 </DIV>
35:                 <DIV CLASS="col-2 center sideline dark-link">
36:                     <A href="{% url 'introduce' %}">소개</A>
37:                 </DIV>
38:                 <DIV CLASS="col-2 center sideline dark-link">
39:                     <A href="{% url 'boardlist' 'notice' %}">공지사항</A>
40:                     </DIV>
41:                     <DIV CLASS="col-2 center sideline dark-link">
42:                     <A href="{% url 'boardlist' 'free' %}">자유 게시판</A>
43:                     </DIV>
44:                     <DIV CLASS="col-2 center sideline dark-link">
45:                     <A href="{% url 'commlist' 'comm' %}">대화형 게시판</A>
46:                     </DIV>
47:                 <DIV CLASS="col-2 center sideline"> </DIV>
48:                 </DIV>
49:         </DIV>
50: </DIV>
51: <DIV ID="container">
52:         {% block content %}{% endblock %}
53: </DIV>
54: <DIV ID="footer">
55:         <DIV ID="row">
56:             <DIV CLASS="col-12 center">Copyright by Digitalbooks /
57:                 <A href="mailto:onikaze.books@gmail.com">Contact Us</A>
58:             </DIV>
```

```
59:           </DIV>
60:        </DIV>
61:     </BODY>
62:  </HTML>
```

- **4 Line:** {% block %} 명령어를 사용하여 'title' 블록을 지정하는 부분으로, title 블록의 기본 내용을 나타낸다. base.html을 사용하는 다른 템플릿에서 title 블록의 내용을 입력하면 해당 내용으로 대체된다.

- **5 Line:** Character Set을 지정하지 않으면 일부 브라우저에서는 한글이 깨지는 현상이 나타나므로, 모든 언어와 호환되는 utf-8을 사용한다.

- **6~7 Line:** CSS 파일을 호출하는 부분이다. Static 파일을 호출할 때에는 앞에 '{% load static %}'을 반드시 명시하고, 불러올 주소는 '{% static 'boardapp/assets/css/main.css' %}'의 형태로 static 디렉토리 내부의 이름으로 입력한다. CSS 파일은 홈페이지의 모든 스타일을 적용하는 데 사용되므로 기본 레이아웃 템플릿에서 이를 선언한다.

- **8~9 Line:** jQuery 패키지 파일을 호출하는 부분이다. Static 파일이므로 CSS 파일 호출과 마찬가지로 '{% load static %}'을 사용한 후 jQuery 패키지 파일인 '{% static 'boardapp/assets/css/jquery-3.3.1.min.js' %}을 입력한다.

- **10 Line:** Javascript(이하 JS) 파일을 호출하기 위한 Block을 지정하는 부분이다. 9 Line에서는 jQuery를 호출하였지만 이에 대한 구현을 위해서는 JS 파일을 웹페이지별로 제작해야 하며, 이를 사용하기 위해서는 기본 레이아웃에서 JS 파일 사용을 위한 블록을 지정한다.

- **17 Line:** 로고 클릭 시 메인 페이지 이동을 위한 부분으로, {% url %} 명령어를 사용하여 메인화면 이름인 'main'으로 지정한다. 다른 경로 이동 역시 {% url %} 명령을 사용하여 각 웹페이지의 이름을 지정하는 형태로 구성한다.

- **20~26 Line:** if문을 사용하여 화면에 표시할 내용을 다르게 구성한다. 'user.username'에 대한 부분은 회원관리 부분에서 자세히 다룰 예정이지만, 간단히 설명하면 현재 사용자가 로그인되어 있는지를 확인하는 부분이다. 즉 현재 로그인 중일 때 표시되는 부분과 로그인되지 않았을 때 표시되는 부분으로 구분하여 표시한다.

- **52 Line:** 'content' 블록을 설정하는 부분으로, 이 부분이 다른 웹페이지에서 사용할 본문 영역이다. 기본 레이아웃에서는 본문 영역이 없으므로, 블록 지정만 하고 추가 내용은 입력하지 않는다.

위와 같이 base.html 파일을 제작하였으면 기본 레이아웃 파일 제작은 모두 완료하였다. 다음으로는 기본 레이아웃이 올바르게 나타나는지를 확인하기 위하여 빈 메인화면을 제작한다.

2. 메인화면 제작

메인화면은 앞서 설계했던 것과 같이 대문 이미지와 전체 게시판 목록을 조회하도록 설계하였다.

하지만 이에 앞서서 기본 레이아웃이 어떤 형태로 출력되는지를 확인하기 위해서, 이 장에서는 구성요소가 없는 메인화면을 먼저 제작하여 기본 레이아웃이 어떤 형태로 조회되는지를 확인한다.

먼저 메인화면에 대한 URL 설정을 위해서 urls.py 파일에서 다음과 같이 설정한다.

■ **파일** – boardapp/urls.py

```
01:  from django.urls import path
02:  from boardapp.views import *
03:
04:  urlpatterns = [
05:      path('', main_page, name='main'),
06:  ]
```

- **2 Line**: views.py 파일을 사용하기 위해서 boardapp.views 패키지를 불러오고, 해당 패키지 내 모든 뷰를 불러온다. 현재는 main_page 뷰만 존재하지만, 웹페이지가 추가로 늘어날 경우 해당 뷰를 하나씩 불러오는 데 번거로울 수 있으므로 '*'를 사용하여 모든 뷰를 불러온다.
- **5 Line**: 첫 번째 파라미터의 값은 공백 값으로 지정하지만, 실제 경로는 '/boardapp/'을 사용한다. 이는 boardapp/urls.py에서 사용하는 모든 주소는 앞에 'boardapp/'이 붙도록 awsdjango-proj/urls.py에서 설정했기 때문이다. 설령 주소에 빈 값을 사용하더라도, 루트(Root) 경로가 아닌 '/boardapp/'이 들어간 경로로 인식한다.

URL 설정을 마쳤으면 URL에 연결된 메인화면 뷰인 main_page 뷰를 제작한다. main_page 뷰는 빈 메인화면으로, 메인화면 구성을 위한 어떠한 기능 요소도 없으므로 메인화면에 대한 템플릿 파일만 반환한다. 아래와 같이 코드를 입력한다.

■ **파일** –boardapp/views.py

```
01:  from django.shortcuts import render
02:
03:  # Create your views here.
04:  def main_page(request):
05:      return render(request, 'main.html')
```

- **1 Line**: Template 파일을 View에서 함수 형태로 사용하기 위해서 render를 사용한다.
- **5 Line**: 반환은 render() 메소드를 사용하며, 'main.html' 파일을 템플릿 파일로 사용한다.

뷰와 URL 설정을 모두 마쳤으면, 뷰에서 지정한 템플릿 파일인 main.html 파일을 다음과 같이 제작한다.

■ **파일** – boardapp/templates/main.html

```
01:   {% extends "base.html" %}
02:
03:   {% block title %}Main{% endblock %}
04:
05:   {% block script %}
06:   {% endblock %}
07:
08:   {% block content %}
09:
10:   {% endblock %}
```

- **1 Line**: {% extends %} 명령어를 사용하여 'base.html' 파일을 호출한다.
- **3 Line**: title 블록을 사용하여 메인화면의 제목을 결정한다.
- **5~6 Line**: script 블록을 사용하지만, 현재는 빈 화면을 사용하므로 별도의 스크립트를 사용하지 않는다.
- **8~10 Line**: 본문 영역에 해당하는 한다.

제작된 메인화면은 빈 화면을 구성할 예정이므로 내용을 입력하지 않는다. 하지만 메인화면을 설계된 내용에 따라 제작할 때에는 해당 블록에 내용을 입력하여 화면에 표시된 결과를 [그림 16-10]을 통해서 확인한다.

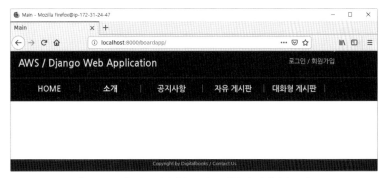

[그림 16-10] 기본 레이아웃 표시를 위한 빈 메인화면 표시

메인화면에는 특별히 입력된 내용은 없지만, 기본 레이아웃을 사용하였으므로 [그림 16-10]과 같이 기본 레이아웃이 출력된 것을 확인할 수 있다. 출력 결과에 문제가 없으면 모든 웹페이지에 기본 레이아웃을 사용한다.

기본 레이아웃 템플릿 제작까지 모두 완료하였으면 이제 AWS / Django Board 홈페이지 개발을 위해서 회원관리 및 게시판을 제작한다. 메인화면 및 소개 화면은 게시판 제작까지 모두 마친 후에 다시 제작하도록 한다.

17 회원관리 구현

CHAPTER

001. 회원관리 웹페이지 구성

1. 회원관리 웹페이지 설정

회원관리는 로그인, 회원가입 등을 포함한 모든 기능으로 볼 수 있다. 앞서 Chapter 15에서는 웹 애플리케이션 구현을 위한 DB 테이블 및 모델과 웹페이지를 설계하였으며, Chapter 16에서는 URL 설정을 포함한 모든 환경을 설정하였다. 이러한 내용을 바탕으로 하여 이번 장부터는 웹페이지별 화면 및 기능을 구현한다.

앞서 [표 16-2]에서는 웹페이지 명, View 명칭 및 URL을 정의하였으며, 정의된 내용에 따라 회원관리에서 사용할 설정을 다음 [표 17-1]과 같이 다시 한 번 확인한다.

[표 17-1] 회원관리 웹페이지 설정

구분	웹페이지	웹페이지명	View 명	URL
회원 관리	로그인	login	**LoginView**	login/
	로그아웃	logout	**LogoutView**	logout/
	가입정보 입력	register	user_register_page	user_register/
	ID 중복여부 확인	registeridcheck	user_register_idcheck	user_register_idcheck/
	회원가입 처리	registerres	user_register_result	user_register_res/
	회원조회/비밀번호 변경	password_change	**PasswordChangeView**	password_change/
	비밀번호 변경처리	password_change_ done	**PasswordChangeDone -Vie**	password_change_ done/

2. 회원관리 URL 설정

[표 17-1]과 같이 웹페이지 설정 내용을 확인하였으면, 이에 맞게 urls.py 파일의 URL 설정을 진행한다. URL 설정은 웹페이지별로 한 줄로 간단하게 표현되므로, 구현 기능을 단위로 하여 일괄 제작한다.

■ 파일 – boardapp/urls.py

```
01:  from django.urls import path
02:  from django.contrib.auth import views as auth_views
03:  from boardapp.views import *
04:
05:  urlpatterns = [
06:   path('', main_page, name='main'),
07:      path('login/', auth_views.LoginView.as_view(template_name='login.html'),
     name='login'),
08:      path('logout/', auth_views.LogoutView.as_view(), name='logout'),
09:      path('password_change/', auth_views.PasswordChangeView.as_view(template_
     name='password_change.html'), name='password_change'),
10:      path('password_change_done/', auth_views.PasswordChangeDoneView.as_view
     (template_name='password_change_done.html'), name='password_change_done'),
11:      path('user_register/', user_register_page, name='register'),
12:      path('user_register_idcheck/', user_register_idcheck, name='registeridcheck'),
13:      path('user_register_res/', user_register_result, name='registerres'),
14:      path('user_register_completed/', user_register_completed, name=
     'registercompleted'),
15:  ]
```

- 2 Line: 회원관리 웹페이지 중 로그인, 로그아웃, 비밀번호 변경 및 처리 웹페이지는 django. contrib.auth 패키지를 사용하므로 해당 패키지를 불러오며, auth 패키지의 views 모듈을 사용 한다는 것을 보다 정확하게 명시하기 위해서 'auth_views'로 명명한다.

3. Authentication Views

회원가입과 관련된 인증 정보는 django.contrib.auth 패키지에서 제공하는 Authentication Views 를 사용하며, [표 17-2]와 같이 구성되어 있다.

[표 17-2] Authentication Views

View Class	용도	적용 여부
LoginView	로그인	적용
LogoutView	로그아웃	적용
PasswordChangeView	비밀번호 변경 화면	적용
PasswordChangeDoneView	비밀번호 변경 완료	적용
PasswordResetView	비밀번호 초기화 화면	미적용
PasswordResetDoneView	비밀번호 초기화 처리	미적용
PasswordResetConfirmView	비밀번호 초기화 확인	미적용
PasswordResetCompleteView	비밀번호 초기화 완료	미적용

[표 17-2]와 같이, 현재 개발 중인 웹 애플리케이션의 회원관리에서는 4개의 웹페이지에 대해서만 적용되어 있으며, 비밀번호 초기화 기능을 추가로 개발할 경우에는 위에 기재된 뷰를 사용하여 처리한다. 또한 회원가입과 관련된 웹페이지는 Django에서 기본으로 제공하는 패키지 및 모듈이 없으므로, 직접 뷰를 구성해서 제작하도록 한다.

002. 회원정보 입력

1. 가입정보 입력화면

회원정보 입력은 먼저 가입정보 입력화면부터 개발한다. 로그인을 하기 위해서는 먼저 회원정보가 등록되어 있어야 하므로, 회원가입 웹페이지를 먼저 제작한 후 로그인을 진행하는 순서로 진행한다.

1) 뷰(View) 제작 - user_register_page

가입정보 입력화면은 user_register_page() 함수로, 템플릿 파일은 'user_register.html' 파일을 사용한다.

■ **파일** – boardapp/views.py

```
01: def user_register_page(request):
02:     return render(request, 'user_register.html')
```

2) 템플릿 제작 - user_register.html

가입정보 입력화면의 템플릿은 가입 기본 정보를 나타내는 화면으로 구성하며, 앞서 설계한 내용을 바탕으로 [표 17-3]의 내용으로 구성한다.

[표 17-3] 가입정보 입력화면 구성요소

요소	내용	유형 및 파일
ID	ID 입력 칸	Text
ID 중복확인	ID 중복확인	Button
ID 중복 결과	ID 중복확인 결과 표시	(View) registeridcheck
Password	Password 입력 칸	Password
Password 확인	Password 재입력 칸	Password
이름	이름 입력 칸	Text
E-mail	E-mail 입력 칸(2개)	Text
전화번호	전화번호 입력 칸(3개)	Text

요소	내용	유형 및 파일
생년월일	생년월일 입력 칸	Text
회원가입	회원 가입 링크	Link
취소	취소 가입 링크	Link
CSRF 방지 코드	CSRF 방지 코드 값	Hidden
전화번호 전송값	전화번호 전송을 위한 값	Hidden
E-mail 전송값	E-mail 전송을 위한 값	Hidden

[표 17-3]의 내용을 바탕으로 구성된 HTML 파일은 구조가 복잡하므로, 화면 레이아웃을 먼저 소개하고 추가 설명이 있는 구성요소별로 설명 후 전체 코드를 제시하는 순서로 진행한다. 그 중에서 이름, 전화번호, 생년월일은 추가 설명 내용이 없으므로 별도로 구현하지 않고 전체 코드 구현 시 참고한다.

① 가입정보 입력화면 레이아웃

가입정보 입력화면은 본문에 가입정보를 구성하는 틀을 제작하고 가입정보 전송을 위한 폼을 구성한다. 그리고 [표 17-3]의 숨겨진(Hidden) 필드인 CSRF 방지코드와 전화번호 및 E-mail 전송 값도 같이 나타낸다.

■ **파일** –boardapp/templates/user_register.html

```
01:  {% extends "base.html" %}
02:
03:  {% block title %}회원가입 {% endblock %}
04:
05:  {% block script %}
06:  {% load static %}<SCRIPT SRC = "{% static 'boardapp/assets/js/user.js' %}"></SCRIPT>
07:  {% endblock %}
08:
09:  {% block content %}
10:  <div class="row block-center">
11:    <div class="card-box col-6">
12:    <form id="register_form" action="/boardapp/user_register_res/" method="post">
13:    {% csrf_token %}
14:    <input type="hidden" name="phone" id="phone" value="" />
15:    <input type="hidden" name="email" id="email" value="" />
16:        <div class="row">
17:            <div class="col-12"><h2>회원가입</h2></div>
18:        </div>
19:        ...
20:        <div class="row">
```

```
21:                <div class="col-12 center">
22:                    <input type="button" value="회원가입" onClick=
   "userRegister()"/>
23:                    <input type="button" value="취소" onClick="cancelUserRegist
   er()"/>
24:                </div>
25:            </div>
26:    </form>
27:    </div>
28: </div>
29: {% endblock %}
```

- **1 Line**: 기본 레이아웃인 'base.html' 파일을 사용한다.

- **3 Line**: 웹페이지 이름은 '회원가입'으로 정한다.

- **6 Line**: 회원가입에 사용될 JS 파일을 정의하며, 'user.js' 파일을 불러온다. 'user.js' 파일은 아래에서 구체적으로 다룬다.

- **12 Line**: 회원가입 전송을 위한 Form을 정의하며, 입력정보는 '/boardapp/user_register_res/' 경로로 한다.

- **13 Line**: CSRF 방지 설정을 위한 구문을 사용한다.

- **14~15 Line**: 전화번호 및 E-mail 전송값을 정의한다. 이들 변수는 Form 전송 시 전송할 전화번호 및 E-mail 변수로, 화면에서는 전화번호와 E-mail이 여러 개의 구성요소로 나누어져서 표현되기 때문에 각 구성요소의 값을 하나로 합치기 위한 숨겨진 값이다. 이들 요소는 구성요소를 저장하는 방식에 따라서 사용하지 않을 수도 있다.

- **19 Line**: 가입정보 입력 요소는 이 부분에서 구현한다. 지금은 레이아웃 구성을 위해서 생략하였으며, 완성된 파일에서는 이 부분에 가입정보 입력을 위한 구성요소를 표시한다.

- **22~23 Line**: 회원가입 및 취소 버튼으로, 클릭 시 JS 함수를 실행한다. 실행 함수는 각각 user-Register(), cancelUserRegister() 함수이며, user.js 파일에서 정의한다.

② ID 입력

ID 입력은 ID 텍스트 상자와 ID 중복체크 버튼, 중복체크 결과 표시 블록으로 구성된다. 중복체크 기능 처리는 아래 ID 중복여부 확인에서 다시 다룬다.

```
01: <div class="row">
02:     <div class="ml-1 col-11">
03:     ID:
04:     <span class="margin-left-10">
05:      <input type="text" name="username" id="username" value="" size="8" />
```

```
06:            <input type="button" value="중복확인" onClick="idCheck()" />
07:            <span id="idcheck-result"></span>
08:        </span>
09:    </div>
10:    </div>
```

- **6 Line**: 중복확인 버튼 클릭 시 idCheck() 함수를 사용한다.
- **7 Line**: 〈span〉 태그를 사용하여 ID 중복확인 결과 블록을 설정한다.

③ 비밀번호 입력

비밀번호 입력은 비밀번호 입력 확인 부분을 포함하여 2개의 필드로 구성한다.

```
01: <div class="row">
02:     <div class="ml-1 col-11">Password:
03:         <span class="margin-left-10">
04:             <input type="password" name="password" id="password" value=""
    size="8" />
05:         </span>
06:         <br/>
07:         <span style="font-size: 0.7em">
08:             ※ 비밀번호는 최소 8글자 이상 입력해 주셔야 합니다.
09:         </span>
10:     </div>
11: </div>
12: <div class="row">
13:     <div class="ml-1 col-11">Password 확인:
14:         <span class="margin-left-10">
15:             <input type="password" id="password_check" value="" size="8" />
16:         </span>
17:     </div>
18: </div>
```

비밀번호를 입력할 때에는 8글자 이상 입력하는 것을 권장한다. 이는 비밀번호에 대한 보안 설정을 강화하기 위한 용도도 있지만, Django의 Authentication Views에서는 비밀번호 변경 시 8글자 이상 입력해야만 비밀번호 변경이 이루어지기 때문이다.

④ E-mail 입력

E-mail 입력은 주요 도메인을 선택할 경우 E-mail 도메인을 자동으로 표시하는 기능을 구현한다. 자동 표시 기능은 JS 파일에서 수행되며, 아래 코드에서는 도메인 필드와 도메인 선택 필드를 나타낸다.

```
01:    <div class="row">
02:       <div class="ml-1 col-11">
03:       E-mail:
04:       <span class="margin-left-10">
05:       <input type="text" id="email_id" id="email_id" value="" size="8" />
06:          @ <input type="text" id="email_domain" value="" size="8" />
07:          <select id="email_selection" onChange="changeEmailDomain()">
08:             <option value="" selected="selected">--선택하세요--</option>
09:             <option value="naver.com">naver.com</option>
10:             <option value="hanmail.net">hanmail.net</option>
11:             <option value="gmail.com">gmail.com</option>
12:             <option value="me.com">me.com</option>
13:          </select>
14:       </span>
15:       </div>
16:    </div>
```

- 7 Line: 도메인 선택 필드로, 값이 변경될 때 changeEmailDomain() 함수를 실행한다.

⑤ 전체 코드

위 사항에 맞게 가입정보 입력화면에 대한 템플릿을 작성하였으면, 다음과 같이 코드를 제작한다.

■ **파일** – boardapp/templates/user_register.html

```
01:    {% extends "base.html" %}
02:
03:    {% block title %}회원가입 {% endblock %}
04:
05:    {% block script %}
06:    {% load static %}<SCRIPT SRC = "{% static 'boardapp/assets/js/user.js' %}"></SCRIPT>
07:    {% endblock %}
08:
09:    {% block content %}
10:    <div class="row block-center">
11:       <div class="card-box col-6">
12:       <form id="register_form" action="/boardapp/user_register_res/" method="post">
13:       {% csrf_token %}
14:       <input type="hidden" name="phone" id="phone" value="" />
15:       <input type="hidden" name="email" id="email" value="" />
16:          <div class="row">
17:             <div class="col-12"><h2>회원가입</h2></div>
18:          </div>
```

```
19:            <div class="row">
20:                <div class="ml-1 col-11">ID:
21:                 <span class="margin-left-10">
22:                    <input type="text" name="username" id="username" value=""
    size="8" />
23:                       <input type="button" value="중복확인" onClick="idCheck()" />
24:                       <span id="idcheck-result"></span>
25:                   </span>
26:               </div>
27:           </div>
28:        <div class="row">
29:            <div class="ml-1 col-11">Password:
30:                <span class="margin-left-10">
31:                    <input type="password" name="password" id="password"
    value="" size="8" />
32:                   </span>
33:                   <br/>
34:                   <span style="font-size: 0.7em">
35:                       ※ 비밀번호는 최소 8글자 이상 입력해 주셔야 합니다.
36:                   </span>
37:               </div>
38:        </div>
39:        <div class="row">
40:            <div class="ml-1 col-11">Password 확인:
41:                <span class="margin-left-10">
42:                    <input type="password" id="password_check" value=""
    size="8" />
43:                   </span>
44:               </div>
45:        </div>
46:        <div class="row">
47:            <div class="ml-1 col-11">이름:
48:                <span class="margin-left-10">
49:                    <input type="text" name="last_name" id="last_name"
    value="" size="8" />
50:                   </span>
51:               </div>
52:        </div>
53:        <div class="row">
54:            <div class="ml-1 col-11">E-mail:
55:                <span class="margin-left-10">
55:                    <input type="text" id="email_id" id="email_id" value=""
```

```
          size="8" />
56:                          @ <input type="text" id="email_domain" value="" size="8" />
57:                          <select id="email_selection" onChange="changeEmailDomain()">
58:                              <option value="" selected="selected">--선택하세요--</option>
59:                              <option value="naver.com">naver.com</option>
60:                              <option value="hanmail.net">hanmail.net</option>
61:                              <option value="gmail.com">gmail.com</option>
62:                              <option value="me.com">me.com</option>
63:                          </select>
64:                      </span>
65:                  </div>
66:              </div>
67:              <div class="row">
68:                  <div class="ml-1 col-11">전화번호:
69:                      <span class="margin-left-10">
70:                          <input type="text" id="phone1" value="" size="3" /> -
71:                          <input type="text" id="phone2" value="" size="4" /> -
72:                          <input type="text" id="phone3" value="" size="4" />
73:                      </span>
74:                  </div>
75:              </div>
76:              <div class="row">
77:                  <div class="ml-1 col-11">생년월일:
78:                      <span class="margin-left-10">
79:                          <input type="text" name="birth_year" id="birth_year"
      value="" size="4" /> 년
80:                          <select name="birth_month" id="birth_month">
81:                              <option value="1">1
82:                              <option value="2">2
83:                              <option value="3">3
84:                              <option value="4">4
85:                              <option value="5">5
86:                              <option value="6">6
87:                              <option value="7">7
88:                              <option value="8">8
89:                              <option value="9">9
90:                              <option value="10">10
91:                              <option value="11">11
92:                              <option value="12">12
93:                          </select> 월
94:                          <input type="text" name="birth_day" id="birth_day" v
      alue="" size="2" /> 일
95:                      </span>
```

```
96:             </div>
97:         </div>
98:      <div class="row">
99:          <div class="col-12 center">
100:                 <input type="button" value="회원가입" onClick=
    "userRegister()"/>
101:                 <input type="button" value="취소" onClick="cancelUserRe
    gister()"/>
102:             </div>
103:         </div>
104:       </form>
105:    </div>
106: </div>
107: {% endblock %}
```

앞서 나타낸 바와 같이, 가입정보 입력화면에서 사용되는 몇몇 정보는 JS 함수로 구현되어 있고, user.js 파일에서 해당 함수를 정의하므로, JS 파일도 이어서 제작한다.

2) Javascript 생성 - user.js

user.js 파일은 jQuery 기반의 문법을 사용하며, Form 입력 값 전송을 위해서 Ajax를 사용한다. 가입정보 입력화면에 사용되는 함수는 4개의 함수를 사용한다.

① ID 중복 여부 함수 - idCheck()

ID 중복 여부는 크게 두 가지로 구분된다. 먼저 ID가 입력되었는지를 확인한 후, 입력이 이루어졌으면 입력된 ID가 이미 존재하는 ID인지를 확인하는 부분으로 구분된다.

이미 존재하는 ID인지를 확인하기 위해서는 입력된 ID를 DB로 전송해야 하며, ID 중복여부 웹페이지인 userRegisterIDCheck 로 전송하여 처리하는 방식으로 진행한다.

■ 파일 – boardapp/static/boadapp/assets/js/user.js

```
01:  function idCheck() {
02:    if (!$('#username').val())
03:    {
04:      alert("ID를 입력해 주시기 바랍니다.");
05:      return;
06:    }
07:
08:    $.ajax({
09:      type: "POST",
10:      url: "/boardapp/user_register_idcheck/",
```

```
11:        data: {
12:          'username': $('#username').val(),
13:          'csrfmiddlewaretoken' : $("input[name=csrfmiddlewaretoken]").val()
14:        },
15:           success: function(response) {
16:                     $('#idcheck-result').html(response);
17:              },
18:      });
19:  }
```

- **2~6 Line**: ID가 입력되지 않을 경우, 경고 메시지를 띄운 후 명령을 종료한다.

- **8~19 Line**: Ajax를 사용하여 입력된 ID를 전송한다. Ajax로 전송하는 데이터는 Form에 의존하지 않으므로, Form에서 전송하고자 하는 웹페이지 주소와는 별개의 주소인 '/boardapp/user_register_idcheck'로 전송한다. 이때 ID와 CSRF Token을 전송하여 사이트 위조 방지도 처리할 수 있도록 한다.

② E-mail 선택 도메인 변경 함수 - changeEmailDomain()

앞서 템플릿에서 살펴본 바와 같이, 도메인 주소 필드인 'email_domain'과 도메인 주소 선택 필드인 'email_seletion'을 사용하여 선택된 도메인 주소에 대한 결과를 변경한다.

■ **파일** – boardapp/static/boadapp/assets/js/user.js

```
01:  function changeEmailDomain() {
02:    $('#email_domain').val($('#email_selection').val());
03:  }
```

③ 회원가입 입력 취소 함수 - cancelMemberRegister()

회원가입 입력 취소 여부를 물어본 후, 취소 시 로그인 페이지로 이동한다.

■ **파일** – boardapp/static/boadapp/assets/js/user.js

```
01:  function cancelMemberRegister() {
02:    var result = confirm("회원가입을 취소하시겠습니까?");
03:
04:    if (result)
05:    {
06:      $(location).attr('href', '/boardapp/login');
07:    }
08:  }
```

④ 회원가입 입력 함수 - userRegister()

회원가입 정보입력 결과를 전송하는 함수이다. 이 함수에서는 결과 전송에 앞서서 각 필드의 값이 올바르게 입력되었는지를 검증한 후 전송하는 순서로 진행된다. 이 장에서는 각 필드에 대한 입력 여부 및 비밀번호 일치 여부만 검증 후 전송하는 형태로 진행한다.

■ **파일** – boardapp/static/boadapp/assets/js/user.js

```
01:  function userRegister() {
02:    if (!$('#username').val())
03:    {
04:      alert("아이디를 입력해 주시기 바랍니다.");
05:      return;
06:    }
07:    if (!$('#IDCheckResult').val()) {
08:          alert("ID 중복체크를 먼저 진행해 주시기 바랍니다.");
09:          return;
10:    }
11:    if (!$('#password').val()) {
12:      alert("비밀번호를 입력해 주시기 바랍니다.");
13:      return;
14:    }
15:    if ($('#password').val() != $('#password_check').val()) {
16:      alert("비밀번호가 일치하지 않습니다.");
17:      return;
18:    }
19:    if (!$('#last_name').val())
20:    {
21:      alert("이름을 입력해 주시기 바랍니다.");
22:      return;
23:    }
24:    if (!$('#phone1').val() || !$('#phone2').val() || !$('#phone3').val())
25:    {
26:      alert("전화번호를 올바르게 입력해 주시기 바랍니다.");
27:      return;
28:    }
29:    if (!$('#email_id').val() || !$('#email_domain').val())
30:    {
31:      alert("E-mail 주소를 올바르게 입력해 주시기 바랍니다.");
32:      return;
33:    }
34:    if (!$('#birth_year').val() || !$('#birth_month').val() || !$('#birth_
    day').val())
```

```
35:    {
36:      alert("생년월일을 올바르게 입력해 주시기 바랍니다.");
37:      return;
38:    }
39:
40:    $('#phone').val($('#phone1').val() + "-" + $('#phone2').val() + "-" +
    $('#phone3').val());
41:    $('#email').val($('#email_id').val() + "@" + $('#email_domain').val());
42:
43:    $('#register_form').submit();
44:  }
```

- 2~38 Line: 필드별 입력 여부 및 비밀번호 일치 여부 검증 확인
- 40~41 Line: 전화번호, E-mail 주소를 모두 합친 값은 숨겨진(Hidden) 필드인 phone, email에 저장한다.
- 43 Line: 폼 결과를 전송한다.

3) 가입정보 입력화면 표시

JS 파일까지 모두 완성되었으면, 가입정보 입력 웹페이지의 제작은 모두 마쳤다. ID 중복여부 및 회원가입 입력 처리 결과 확인 등의 기능은 아직 구현되지 않았지만, 각 페이지별 기능 및 화면에 대한 코드를 제작한 후 각 페이지에서 처리하는 내용이 어떤 것인지를 파악할 수 있다.

[그림 17-1]은 가입정보 입력화면을 표시한 결과를 나타내며, ID 중복여부 및 회원가입 결과처리도 이어서 진행한다.

[그림 17-1] 가입정보 입력화면

2. 회원 ID 중복여부 확인

회원 ID 중복여부 확인은 독립된 화면으로 구성되어 있지 않는 대신, 회원가입 정보입력 페이지 내부의 ID 중복여부 옆의 공간에 ID 중복여부 메시지를 표시하는 기능을 수행하는 페이지이다.

앞서 회원가입 정보입력에서는 ID 입력 후 '중복여부' 클릭 시 JS파일의 idCheck() 함수를 실행한 것을 확인할 수 있었다. idCheck() 함수는 입력한 ID를 Ajax를 사용해서 '/boardapp/user_register_idcheck/' 주소로 전송한다. ID 중복여부 페이지는 idCheck() 함수에서 전송된 ID와 CSRF Token을 전송받은 후 User 모델로부터 현재 존재하는 ID인지를 확인 후 결과를 표시한다.

1) 뷰(View) 제작 - user_register_idcheck

회원 ID 중복여부 페이지는 user_register_idcheck() 함수를 사용한다. 그래서 ID 중복체크 요청으로부터 전송된 ID가 회원정보 테이블에 존재하는지 여부를 확인하고, 확인된 결과를 HTML 코드로 반환한다. ID 중복여부에 대한 결과는 한 줄로 표시되므로 HTML 파일을 제작하기보다는 Django 기능인 HttpResponse 객체를 사용하여 반환하는 것으로 한다.

■ 파일 – boardapp/views.py

```
01:    from django.http import HttpResponse
02:
03:    def user_register_idcheck(request):
04:     if request.method == "POST":
05:            username = request.POST['username']
06:     else:
07:            username = ''
08:
09:     idObject = User.objects.filter(username__exact=username)
10:     idCount = idObject.count()
11:
12:     if idCount > 0:
13:            msg = "<font color='red'>이미 존재하는 ID입니다.</font><input
       type='hidden' name='IDCheckResult' id='IDCheckResult' value=0 />"
14:     else:
15:            msg = "<font color='blue'>사용할 수 있는 ID입니다.</font><input
       type='hidden' name='IDCheckResult' id='IDCheckResult' value=1 />"
16:
17:     return HttpResponse(msg)
```

- 1 Line: HttpResponse를 사용하기 위해서는 django.http 패키지의 HttpResponse 객체를 선언해야 한다.

- **3∼7 Line**: user_register.js 의 idCheck() 함수에서는 Ajax로 ID 정보를 전송할 때 'POST' 형태로 전송하도록 설정하였다. 이에 따라 정상적인 절차로 페이지를 로드하였을 경우에는 user_id 변수를 request.POST['id']와 같이 넘어온 ID 값을 저장하며, 그렇지 않을 경우에는 user_id 변수의 값을 빈값으로 저장한다.
- **9 Line**: User 모델로부터 username 필드의 값으로 검색되는지 확인하여 idObjects 변수에 저장한다.
- **10 Line**: idObjects 변수, 즉 검색 결과에 대한 개수를 반환한다.
- **12∼15 Line**: 검색 결과가 있을 경우와 없을 경우에 대한 구문을 msg 변수에 저장한다.
- **17 Line**: HttpResponse를 사용하여 msg 변수 값을 반환한다.

위와 같이 뷰를 작성하면 별도의 템플릿 파일 없이 결과에 대한 응답을 전송할 수 있으며, user.js 의 idCheck() 함수에 선언된 내용의 15~17 Line과 같이 'idcheck-result' 요소에 결과값을 HTML 형태로 표시한다.

```
01:  function idCheck() {
02:    if (!$('#username').val())
03:    {
04:      alert("ID를 입력해 주시기 바랍니다.");
05:      return;
06:    }
07:
08:    $.ajax({
09:      type: "POST",
10:      url: "/boardapp/user_register_idcheck/",
11:      data: {
12:        'username': $('#username').val(),
13:        'csrfmiddlewaretoken' : $("input[name=csrfmiddlewaretoken]").val()
14:      },
15:          success: function(response) {
16:                  $('#idcheck-result').html(response);
17:          },
18:    });
19:  }
```

표시된 결과는 다음 [그림 17-2]와 같이 표시된다.

[그림 17-2] ID 중복체크 결과 표시

3. 회원가입 처리 및 완료 화면

1) 회원가입 처리 뷰(View) 제작 - user_register_result

회원가입 처리는 user_registser_result() 함수를 사용한다. 먼저 Form으로부터 전송된 데이터가 올바른지를 검토한 후, 문제가 없을 경우 User 모델 형태의 QuerySet 변수를 생성해서 User 모델에 연결된 auth_user 테이블에 저장한다.

회원가입 처리 기능은 단계적으로 구현되어야 하므로, 각 기능별로 구분하여 설명한 후 뷰에 대한 전체 소스 코드를 구현한다.

① 회원가입 정보 요청 처리

회원가입 정보는 'POST' 형태로 전송되므로, request.POST를 사용한다.

```
01:  if request.method == "POST":
02:      username = request.POST['username']
03:      password = request.POST['password']
03:      last_name = request.POST['last_name']
04:      phone = request.POST['phone']
05:      email = request.POST['email']
06:      birth_year = int(request.POST['birth_year'])
07:      birth_month = int(request.POST['birth_month'])
08:      birth_day = int(request.POST['birth_day'])
```

전화번호(phone), E-mail(email) 필드는 Form에서 Hidden 변수를 사용하여 하나의 값으로 합친 후 전송한 반면, 생년월일 정보는 년/월/일 정보가 구분되어 전송된 것을 확인할 수 있다. 이는 회원가입을 위한 생년월일은 날짜 정보인 반면, Form으로부터 전송된 데이터는 문자열 정보이므로, 각각의 문자열을 날짜 형태로 변경하기 위하여 년/월/일을 구분하여 전송받는다.

② 회원가입 검증 및 이동

회원가입 검증 및 저장은 try-catch 구문을 사용한다. 잘못된 접근을 통해서 회원가입을 할 경우 에러 처리를 하기 위해서이다. 또한 사용자 ID가 없거나 이미 존재하는 ID의 경우에도 회원정보를 저장할 수 없으므로, 이에 대한 검증도 수행한다.

검증에 문제가 없을 경우에는 회원정보 생성 후 저장을 수행하며, 회원가입 검증 및 저장 결과에 따라서 이동할 페이지를 설정한 후 redirect 함수를 사용하여 페이지를 이동한다. 가입이 완료되었을 경우에는 '/boardapp/user_register_completed/' 페이지로 이동하여 회원가입 완료 웹페이지로 이동하고, 그렇지 않을 경우에는 '/boardapp/error/' 페이지로 이동하여 에러 화면을 표시한다.

```
01:  try:
02:      if username and User.objects.filter(username__exact=username).count() == 0:
03:          date_of_birth = datetime(birth_year, birth_month, birth_day)
04:          user = User.objects.create_user(
05:              username, password, last_name, email, phone, birth_year, birth_
     month, birth_day
06:          )
07:          redirection_page = '/boardapp/user_register_completed/'
08:
09:      else:
10:          redirection_page = '/boardapp/error/'
11:  except:
12:      redirection_page = '/boardapp/error/'
13:
14:  return redirect(redirection_page)
```

- **try-catch(1~12 Line)**: 회원정보 검증 및 가입 과정에서 오류가 발생할 경우 예외처리를 수행하며, redirection_page 변수 값을 에러 페이지의 URL로 저장한다.
- **if 조건(2 Line)**: 조건은 총 두 가지가 있다. 첫 번째 조건은 'username' 변수 값이 존재하는지에 대한 여부로, username 변수는 request.POST['username']의 값을 나타낸다. 즉, 가입정보 입력 화면의 사용자 ID가 존재할 때에만 가입을 처리한다. 두 번째 조건은 사용자 ID로 검색했을 때 데이터가 존재하는지에 대한 여부로, 이미 존재하는 회원정보가 없을 때에만 회원가입이 이루

어지도록 한다. 만약에 두 가지 조건 중 한 가지라도 부합하지 못할 경우에는 예외 처리와 마찬
가지로 redirection_page 변수의 값을 에러 페이지의 URL로 저장한다.

- **회원정보 저장(4~6 Line)**: 회원가입에 필요한 모든 조건을 만족시키면 회원정보를 저장하며,
  redirection_page 변수의 값을 회원가입 완료 웹페이지의 URL로 저장한다. 회원정보 저장은
  앞에서 다룬 것과 같이 create_user() 메소드를 사용하여 저장 명령을 수행하고, 반환값으로
  QuerySet 변수인 user에 입력한다.

- **페이지 이동(redirect)**: 회원가입 처리 결과에 따라서 저장된 redirection_page의 값을 참조하여
  해당되는 페이지로 이동한다.

③ 회원가입 처리 뷰(View) 전체 코드

최종 구현된 user_register_result() 함수는 다음과 같다.

■ **파일** – boardapp/views.py

```
01:  from django.shortcuts import render, request
02:
03:  def user_register_result(request):
04:      if request.method == "POST":
05:          username = request.POST['username']
06:          password = request.POST['password']
07:          last_name = request.POST['last_name']
08:          phone = request.POST['phone']
09:          email = request.POST['email']
10:          birth_year = int(request.POST['birth_year'])
11:          birth_month = int(request.POST['birth_month'])
12:          birth_day = int(request.POST['birth_day'])
13:
14:      try:
15:          if username and User.objects.filter(username__exact=username).
    count() == 0:
16:              date_of_birth = datetime(birth_year, birth_month, birth_day)
17:              user = User.objects.create_user(
18:                username, password, last_name, email, phone, birth_year,
    birth_month, birth_day
19:              )
20:
21:              redirection_page = '/boardapp/user_register_completed/'
22:          else:
23:              redirection_page = '/boardapp/error/'
24:      except:
25:          redirection_page = '/boardapp/error/'
```

```
26:
27:        return redirect(redirection_page)
```

redirect는 django.shortcuts 패키지의 redirect 함수를 선언해야 사용할 수 있으므로, 선언되어 있지 않을 경우 반드시 선언하도록 한다.

4) 회원가입 완료 화면
회원가입 완료 화면은 회원가입 처리가 올바르게 이루어질 때에만 나타나는 페이지이다.

① 뷰(View) 제작 - user_register_completed
회원가입 완료 뷰는 템플릿 파일을 반환하여 화면에 표시한다. 화면 표시를 위한 어떠한 다른 기능은 존재하지 않으므로, render를 사용하여 템플릿 파일만 다음과 같이 지정한다.

■ 파일 – boardapp/views.py

```
01:  def user_register_completed(request):
02:       return render(request,  'user_register_completed_page.html')
```

② 템플릿 제작 - user_register_completed_page.html
회원가입 완료 화면은 설계된 것과 같이 회원가입 완료 메시지와 로그인, 메인화면 링크로 구성되어 있으며, 다음 코드를 제작하여 [그림 17-3]과 같이 나타낸다.

■ 파일 – boardapp/templates/user_register_completed_page.html

```
01:  {% extends "base.html" %}
02:
03:  {% block title %}회원가입 완료 {% endblock %}
04:
05:  {% block content %}
06:  <div style="height: 70px;"></div>
07:  <div class="row block-center">
08:      <div class="card-box col-8">
09:          <div class="row">
10:              <div class="col-12">
11:                  <h3 class="margin-bottom-10">회원가입이 완료되었습니다.</h3>
12:                  <h3 class="margin-bottom-10">
13:                      AWS / Django Web Application의 서비스를 이용할 수 있습니다.
14:                  </h3>
15:              </div>
16:          </div>
```

```
17:              <div class="row">
18:                  <div class="col-12 center">
19:                      <input type="button" value="로그인" onClick="location.
     href={% url 'login' %}" />
20:                          <input type="button" value="메인화면" onClick="location.
     href={% url 'main' %}" />
21:                  </div>
22:              </div>
23:          </div>
24: </div>
25: {% endblock %}
```

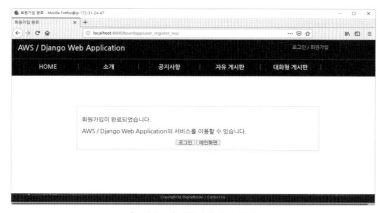

[그림 17-3] 회원가입 완료 화면

003. 로그인/로그아웃

1. 로그인

로그인은 회원가입을 통해서 생성된 회원에 한해서 접속하기 위한 기능이다. 로그인은 일반적으로 ID, Password를 입력하여 인증을 수행하며, 로그인 뷰는 django.contrib.auth 패키지의 Login-View를 그대로 사용하므로 views.py에서 추가 뷰를 제작하지 않아도 된다.

로그인 뷰는 사용자 정의 뷰가 아닌 Django에서 제공하는 패키지의 뷰를 사용하므로, 로그인 화면 및 처리가 어떤 방식으로 이루어지는지를 먼저 살펴본다.

1) LoginView를 사용한 로그인 처리

로그인 화면 및 로그인 처리는 LoginView에서 모두 기능을 수행한다. 그렇기 때문에 다른 Form

정보를 전송하는 웹페이지와는 달리 로그인 정보 전송 역시 동일한 웹페이지로 전송한다.

로그인에 성공했을 때에는 이동할 페이지를 지정해야 하는데, 이 부분은 Django 프로젝트의 settings.py 파일에서 다음과 같이 설정한다.

```
LOGIN_REDIRECT_URL = '/boardapp/'
```

반면 로그인에 실패할 경우에는 로그인 페이지로 다시 돌아오며, 이 때 로그인 템플릿 파일에 'error' 변수도 같이 반환한다.

위 과정을 요약한 프로세스는 [그림 17-4]와 같다.

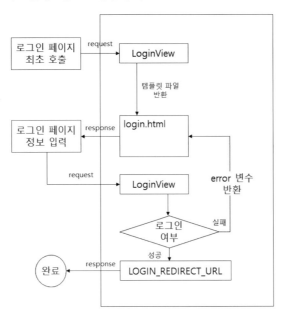

[그림 17-4] LoginView 처리 프로세스

LoginView를 사용한 로그인 처리 과정은 [그림 17-4]와 같다. 이를 통해서 알 수 있는 것은 처음으로 로그인 화면을 호출할 때와 로그인 실패 후 로그인 화면을 호출할 때는 error 변수의 유무를 통해서 판단할 수 있다. 이에 따라 템플릿 파일을 제작할 때에도 위 사항을 참고하여 제작한다.

앞서 회원관리 URL을 설정한 것과 같이, 로그인 템플릿 파일은 'login.html'을 사용하기로 지정하였으므로 login.html 파일을 사용하여 로그인을 위한 템플릿 파일을 제작한다.

2) 템플릿 제작 - login.html
로그인 화면의 템플릿은 ID, 비밀번호를 입력하는 화면으로 구성하며, 앞서 설계한 내용을 바탕으로 [표 17-4]의 내용으로 구성한다.

[표 17-4] 로그인 화면 구성요소

요소	내용	유형
내용	댓글 내용	Textarea
참조 게시물	댓글이 달린 게시물	Hidden
참조 댓글	현재 수정중인 댓글	Hidden
댓글 수정	댓글 수정 버튼	Button
수정 취소	댓글 수정 취소 버튼	Button

login.html 파일은 [표 17-4]의 내용을 바탕으로 하여 다음과 같이 나타낸다.

■ **파일** – boardapp/templates/login.html

```
01: {% extends "base.html" %}
02:
03: {% block title %}Login{% endblock %}
04:
05: {% block script %}
06:    {% load static %}<SCRIPT SRC = "{% static 'boardapp/assets/js/login.js'
    %}"></SCRIPT>
07: {% endblock %}
08:
09: {% block content %}
10: {% if form.errors %}
11: <script>alert("ID와 비밀번호를 올바르게 입력해 주시기 바랍니다.");</script>
12: {% endif %}
13:
14: <div style="height: 70px;"></div>
15: <div class="row block-center">
16:     <div class="card-box col-5">
17:     <form id="login_form" action="." method="POST">{% csrf_token %}
18:         <div class="row">
19:             <div class="col-12 center"><h2>Login</h2></div>
20:         </div>
21:         <div class="row">
22:             <div class="col-3 right">ID</div>
23:             <div class="ml-1 col-8">
24:                 <input type="text" name="username" id="username" size="12"/>
25:             </div>
26:         </div>
27:         <div class="row">
28:             <div class="col-3 right">PASSWORD</div>
```

```
29:                    <div class="ml-1 col-8">
30:                        <input type="password" name="password" id="password" size="12"/>
31:                    </div>
32:                </div>
33:                <div class="row">
34:                    <div class="col-12 center">
35:                        <input type="button" value="로그인" onClick="login()" />
36:                        <input type="button" value="회원가입"  onClick="location.
    href='{% url 'register' %}'" />
37:                    </div>
38:                </div>
39:                <div class="row">
40:                    <div class="col-12 center">
41:                        <h4>아이디가 없으십니까? 회원가입을 해 주시기 바랍니다!</h5>
42:                    </div>
43:                </div>
44:            </form>
45:        </div>
46:    </div>
47: {% endblock %}
```

- **6 Line**: 로그인에서 사용할 JS 파일로 login.js 파일을 사용한다.
- **10~12 Line**: 위에서 언급한 내용과 같이 로그인 화면 호출은 처음 호출할 때에는 error 변수가 없는 상태인 반면, 로그인 실패 시에는 error 변수가 있는 상태이다. 이를 활용하여 error 변수의 값이 있을 경우에 경고 메시지를 표시하는 구문을 나타낸다.
- **24, 30 Line**: 로그인 구성요소인 ID와 Password를 나타낸다. LoginView에서는 로그인 여부를 판단할 때 'username'과 'password'를 전송받아서 판단하므로, 구성요소에 대한 코드 작성 시 이름 사용에 유의한다.
- **35 Line**: 로그인 수행을 위한 버튼으로, login() 함수를 사용한다.

로그인 템플릿 제작을 완료하였으면, 로그인 수행을 위한 JS 파일인 login.js 파일도 이어서 제작한다.

3) Javascript 생성 - login.js

login.js 파일은 user.js 파일과 마찬가지로 jQuery 기반의 문법을 사용하며, 로그인 입력 시 ID 및 비밀번호 입력 여부를 체크한다. 또한 일반적으로 로그인은 필드 정보를 입력 후 Enter 키를 입력했을 때 로그인 처리를 수행해야 하는데, 로그인 버튼의 유형이 'submit'이 아닌 'button'이므로 Enter 키 입력 시 수행하는 이벤트 처리도 수행한다.

```
01:  $(document).ready(function() {
02:      $('input').keydown(function(e) {
03:          if (e.which == 13)
04:          {
05:              $('form').submit();
06:          }
07:      });
08:  });
09:
10:  function login() {
11:      if (!$('#username').val())
12:      {
13:          alert("아이디를 입력해 주시기 바랍니다.");
14:          return;
15:      }
16:      if (!$('#password').val()) {
17:          alert("비밀번호를 입력해 주시기 바랍니다.");
18:          return;
19:      }
20:
21:      $('#login_form').submit();
22:  }
```

- **Enter 키 이벤트 처리(2~7 Line)**: ⟨input⟩ 태그에 Enter 키를 입력했을 때 Form을 전송하는 이벤트를 수행한다.
- **login() 함수(10~22 Line)**: ID 및 비밀번호를 입력하지 않았을 경우, 경고 메시지를 띄우고 함수 실행을 중단하며, 모두 입력했을 경우에는 로그인 정보를 전송한다.

4) 로그인 입력화면 표시

JS 파일까지 모두 완성되었으면, 로그인 웹페이지 제작은 모두 마쳤으며, [그림 17-5]와 같이 나타낸다.

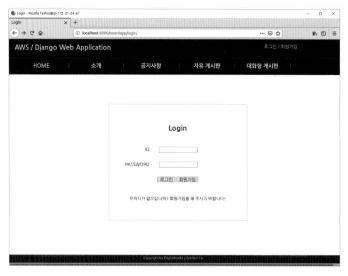

[그림 17-5] 로그인 화면

2. 로그아웃

로그아웃은 로그인 중일 때 접속 중인 회원정보를 해제하기 위한 기능으로, 로그아웃을 수행하기 위해서는 로그아웃 처리를 위한 링크나 버튼이 있어야 한다.

AWS Django Web Application에서는 로그아웃에 대한 링크를 기본 레이아웃인 base.html 파일에 표시하도록 구성되어 있으며, 이에 따라 기본 레이아웃에 로그아웃이 어떤 식으로 표시되는지를 확인하고, 로그아웃 기능이 어떻게 처리되는지를 살펴본다.

1) 로그아웃 처리를 위한 기본 레이아웃 화면

Chapter 16에서는 기본 레이아웃 구성을 위해서 base.html 파일을 제작하였으며, base.html 파일의 일부분에는 로그인 여부에 따라 화면에 표시할 내용을 다르게 구성하는 부분이 있었다.

■ **파일** – boardapp/templates/base.html

```
01:     {% if user.username %}
02:     <A href="{% url 'password_change' %}">{{ user.last_name }} 님</A> /
03:     <A href="{% url 'logout' %}">로그아웃</A>
04:     {% else %}
05:     <A href="{% url 'login' %}">로그인</A> /
06:     <A href="{% url 'register' %}">회원가입</A>
07:     {% endif %}
```

여기에서는 로그인 여부를 user.username 값이 존재하는지에 대한 여부로 구분하여 나타내었으며, 이 때 사용되는 user 변수가 어떤 용도로 사용되는지를 간단히 살펴본다.

① 로그인 사용자 변수 - user

LoginView에서는 로그인 처리가 이루어지면 로그인 정보에 대한 session을 생성한다. session 정보는 웹사이트 요청 변수인 request 변수의 user 인스턴스 변수에 회원정보를 나타내는 User 모델의 QuerySet 변수로 표현된다. 템플릿에서는 접속 중인 회원정보에 대해서 'user' 인스턴스 변수를 사용하여 나타내며, 데이터 유형은 역시 동일하게 QuerySet 형태로 구현된다.

이에 따라 템플릿에서 user.username 값을 사용할 경우, 현재 접속 중인 사용자의 username 필드값을 반환하도록 되어 있으며, 뷰에서는 request.user 변수를 사용하여 회원정보를 전송받는다. 이에 따라 로그인 중인 사용자가 게시물을 작성하는 것과 같은 모든 요청을 보낼 때 회원정보는 별도로 요청 데이터에 포함하지 않더라도, 요청 변수인 request의 user 변수를 사용하여 처리한다.

기본 레이아웃 화면의 회원정보는 로그인 여부에 따라서 화면을 두 가지로 표시한다.

- **로그인 중일 경우**: ㅇㅇㅇ님 / 로그아웃
- **로그인 중이 아닐 경우**: 로그인 / 회원가입

여기서 'ㅇㅇㅇ님'은 {{ user.last_name }} 변수의 값으로, 접속 중인 회원의 이름을 표시한다. 로그아웃 링크 역시 로그인 중일 경우에 '로그아웃'이라는 명칭의 링크를 나타냄으로써 로그인 중일 경우 로그아웃 기능을 수행할 수 있다.

현재 접속 중일 때의 기본 레이아웃 화면은 [그림 17-6]과 같이 나타낸다.

[그림 17-6] 기본 레이아웃에서의 로그아웃 표시

2) 로그아웃 구현

로그아웃을 수행했을 때에도 로그인과 마찬가지로 이동할 페이지를 지정해야 하며, 로그인과 동일하게 settings.py에서 다음과 같이 설정한다.

```
LOGOUT_REDIRECT_URL = '/boardapp/'
```

로그아웃은 로그인에 비해서 기능이 단순하게 구성되어 있다. 로그아웃은 현재 접속 중인 회원정보를 해제하는 개념으로, 접속 중이 아닐 때에는 로그아웃을 수행하더라도 아무 기능도 수행하지 않기 때문이다. 즉, 로그아웃에 대한 요청을 보내면 어떤 상황이더라도 로그아웃 처리를 수행하고, 위에 언급된 URL로 이동한다.

로그아웃은 로그인과 마찬가지로 django.contrib.auth 패키지의 LogoutView를 그대로 사용하므로 view.py에서 추가 뷰를 제작하지 않아도 되며, 로그아웃 처리는 기능 페이지이므로 해당되는 템플릿 파일 역시 존재하지 않는다. 이에 따라 로그아웃 기능은 기본 레이아웃에서 '로그아웃'을 클릭했을 때 페이지가 이동되는 경로를 확인하고, 로그아웃 경로는 위에서 구현된 urls.py 파일을 통해서 확인할 수 있다.

urls.py 파일의 로그아웃 경로는 다음과 같이 설정되어 있으며, 로그아웃이 정상적으로 이루어질 경우에는 로그아웃 제작 역시 완료된 것으로 볼 수 있다.

```
path('logout/', auth_views.LogoutView.as_view(), name='logout'),
```

004. 회원정보 조회 / 비밀번호 변경

1. 회원정보 조회 및 비밀번호 변경

회원정보 조회 및 비밀번호 변경은 현재 로그인 중인 회원의 정보를 조회하고, 필요 시 비밀번호를 변경하기 위한 기능이다. 비밀번호 변경은 django.contrib.auth 패키지의 PasswordChangeView를 그대로 사용하므로, 로그인과 마찬가지로 views.py에서 추가 뷰를 제작하지 않아도 된다.

비밀번호 변경 뷰는 사용자 정의 뷰가 아닌 Django에서 제공하는 패키지의 뷰를 사용하므로, 비밀번호 변경 및 처리가 어떠한 방식으로 이루어지는지를 먼저 살펴본다.

1) PasswordChange를 사용한 비밀번호 변경

비밀번호 변경이 완료되었을 때 이동되는 페이지는 PasswordChangeDoneView 웹페이지로 이동하므로, settings.py 파일에서 추가 설정을 하지 않아도 된다.

위 과정을 요약한 프로세스는 [그림 17-7]과 같다.

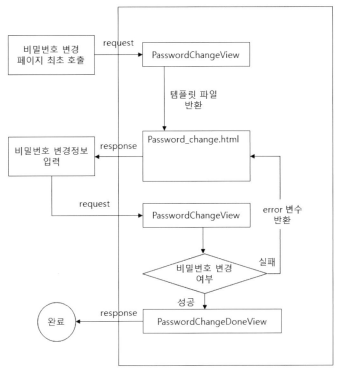

[그림 17-7] PasswordChangeView 처리 프로세스

PasswordChangeView를 사용한 비밀번호 변경 과정은 [그림 17-7]과 같으며, 이를 통해서 알 수 있는 것은 비밀번호 변경을 최초로 호출할 때와 변경에 실패했을 때는 error 변수의 유무를 통해서 판단할 수 있다는 것이다. 템플릿 파일을 제작할 때에도 위 사항을 참고하여 제작한다.

앞서 회원관리 URL을 설정한 것과 같이, 회원정보 조회 및 비밀번호 변경 템플릿 파일은 'password_change.html'을 사용하기로 지정하였다. 해당 이름의 파일을 사용하여 회원정보 조회 및 비밀번호 변경을 위한 템플릿 파일을 제작한다.

2) 템플릿 제작 - password_change.html

회원가입 정보조회 및 비밀번호 변경화면의 템플릿은 가입정보 입력화면과 같은 틀로 구성하되, 비밀번호를 제외한 모든 필드는 입력 양식이 아닌 현재 정보를 보여주는 용도로 사용한다. 그리고 회원정보는 로그인 시 생성된 회원정보 변수인 user를 사용하여 나타낸다.

[표 17-5] 회원정보 조회 및 비밀번호 변경 구성요소

요소	내용	유형 및 파일
ID	ID 표시	–
이전 Password	Password 입력 칸	Password
Password	Password 입력 칸	Password
Password 확인	Password 재입력 칸	Password
이름	이름 표시	–
E-mail	E-mail 표시	–
전화번호	전화번호 표시	–
생년월일	생년월일 표시	–
비밀번호 변경	비밀번호 변경 링크	Link
이전화면	이전화면 링크	Link
CSRF 방지 코드	CSRF 방지 코드 값	Hidden

password_change.html 파일은 [표 17-5]의 내용을 바탕으로 하여 다음과 같이 나타낸다.

■ 파일 – boardapp/templates/password_change.html

```
01: {% extends "base.html" %}
02:
03: {% block title %}회원정보 조회 {% endblock %}
04:
05: {% block script %}
06:    {% load static %}<SCRIPT SRC = "{% static 'boardapp/assets/js/user.js'
    %}"></SCRIPT>
07: {% endblock %}
08:
09: {% block content %}
10:
11: {% if form.errors %}
12: <script>alert("비밀번호 변경이 잘못되었습니다. 올바르게 입력해 주시기 바랍니다.");</
    script>
13: {% endif %}
14: <div class="row block-center">
15:     <div class="card-box col-6">
16:     <form id="password_change_form" action="." method="POST">
17:     {% csrf_token %}
18:         <div class="row">
19:             <div class="col-12"><h2>회원정보 조회 / 비밀번호 변경</h2></div>
20:         </div>
```

```
21:          <div class="row">
22:              <div class="ml-1 col-11">
23:                  ID: <span class="margin-left-10">{{ user.username }}</span>
24:              </div>
25:          </div>
26:          <div class="row">
27:              <div class="ml-1 col-11">{{ form.old_password.label_tag }}
28:                  <span class="margin-left-10">
29:                      {{ form.old_password }}
30:                  </span>
31:              </div>
32:          </div>
33:          <div class="row">
34:              <div class="ml-1 col-11">{{ form.new_password1.label_tag }}
35:                  <span class="margin-left-10">
36:                      {{ form.new_password1 }}
37:                  </span>
38:              </div>
39:          </div>
40:          <div class="row">
41:              <div class="ml-1 col-11">{{ form.new_password2.label_tag }}
42:                  <span class="margin-left-10">
43:                      {{ form.new_password2 }}
44:                  </span>
45:              </div>
46:          </div>
47:          <div class="row">
48:              <div class="ml-1 col-11">
49:                  이름:  <span class="margin-left-10">{{ user.last_name }}</
    span>
50:              </div>
51:          </div>
52:          <div class="row">
53:              <div class="ml-1 col-11">
54:                  E-mail:
55:                  <span class="margin-left-10">{{ user.email }}</span>
56:              </div>
57:          </div>
58:          <div class="row">
59:              <div class="ml-1 col-11">
60:                  전화번호:
61:                  <span class="margin-left-10">{{ user.phone }}</span>
62:              </div>
```

```
63:              </div>
64:              <div class="row">
65:                  <div class="ml-1 col-11">
66:                      생년월일:
67:                      <span class="margin-left-10">
68:                          {{ user.date_of_birth | date:"Y년 n월 j일" }}
69:                      </span>
70:                  </div>
71:              </div>
72:              <div class="row">
73:                  <div class="col-12 center">
74:                      <input type="button" value="비밀번호 변경" onClick="changePassword()" />
75:                      <input type="button" value="이전화면" onClick="window.
     history.back()"/>
76:                  </div>
77:              </div>
78:          </form>
79:      </div>
80:  </div>
81:  {% endblock %}
```

- **6 Line**: JS 파일로 user.js 파일을 사용한다. user.js 파일은 이미 가입정보 입력화면에서 사용된 JS 파일이지만 비밀번호 변경을 위한 검증 함수만 새롭게 추가되며, 가입정보 입력화면의 JS 함수는 사용하지 않는다. 회원정보 관리에 사용되는 JS 파일이라는 점에서 같은 파일을 불러온다.

- **11~13 Line**: 로그인 화면과 마찬가지로, 처음 호출할 때에는 error 변수의 값이 없는 상태이므로 해당 구문을 실행하지 않는다. 하지만 비밀번호 변경 입력에 오류가 발생했을 때에는 같은 페이지를 불러온 후, 경고창을 표시하기 위해서 조건절을 사용해 경고창을 표시한다.

- **23 Line**: 로그인으로 생성된 사용자 변수인 user 변수를 사용하여 현재 접속 중인 회원 ID를 표시한다. 회원정보와 관련된 다른 부분도 이와 같이 user 변수를 사용하여 표시한다.

- **27, 29 Line**: PasswordChangeView에 내장된 인스턴스 변수인 'form.old_password' 변수를 사용하여 기존 비밀번호에 대한 라벨 및 비밀번호 입력 상자를 표시한다.

- **34, 36 Line**: PasswordChangeView에 내장된 인스턴스 변수인 'form.new_password1' 변수를 사용하여 변경할 비밀번호에 대한 라벨 및 비밀번호 입력 상자를 표시한다.

- **41, 43 Line**: PasswordChangeView에 내장된 인스턴스 변수인 'form.new_password2' 변수를 사용하여 변경할 비밀번호 확인을 위한 라벨 및 비밀번호 입력 상자를 표시한다.

- **68 Line**: 현재 접속 중인 사용자에 대한 생년월일을 표시하는 부분으로, Django Template Language 상의 문법에 맞게 날짜 형태를 표시한다.

- **74 Line**: 비밀번호 변경을 완료했을 경우 전송하기 위해서 changePassword() 함수를 호출하

기 위한 버튼이다.

- **75 Line**: 비밀번호 변경을 취소할 경우, 이전 페이지로 돌아가기 위한 버튼이다.

위 코드에서는 비밀번호 변경을 위한 라벨 및 입력 상자를 Template Language의 변수 형태로 나타냈는데, 여기에서의 old_password, new_password1, new_password2는 Password-ChangeView에 내장된 인스턴스 변수로 비밀번호 변경 기능 구현 시 위 사항을 참고하여 변수명을 활용할 수 있도록 한다.

3) Javascript 생성 - user.js

user.js 파일은 가입정보 입력화면에서 이미 생성했던 파일이다. 비밀번호 변경 화면에서는 changePassword() 함수만 사용하므로 해당 함수를 추가로 입력한다.

■ **파일** – boardapp/static/boadapp/assets/suser.js

```
01:   function changePassword() {
02:       if (!$('#id_old_password').val()) {
03:           alert("비밀번호를 입력해 주시기 바랍니다.");
04:           return;
05:       }
06:       if ($('#id_new_password1').val() != $('#id_new_password2').val()) {
07:           alert("비밀번호가 일치하지 않습니다.");
08:           return;
09:       }
10:
11:       $('#password_change_form').submit();
12:   }
```

old_password, new_password1, new_password2는 PasswordChangeView에 내장된 인스턴스 변수로, 이 변수들을 사용하여 템플릿에 입력 상자를 표시한다. 이 때 사용되는 〈input〉 태그의 id 속성값은 각각 'id_old_password', 'id_new_password1', 'id_new_password2'로, id 속성값을 이용해서 changePassword() 함수에서 비밀번호 변경에 필요한 요소를 체크할 수 있다.

4) 회원정보 조회 및 비밀번호 변경화면 표시

JS 파일까지 모두 완성되었으면 회원정보 조회 및 비밀번호 변경화면 제작은 모두 마쳤으며, [그림 17-8]과 같이 나타낸다.

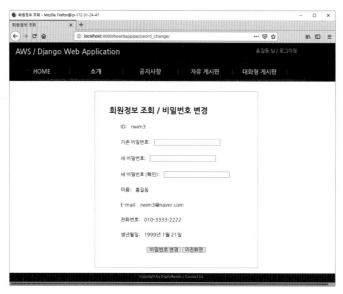

[그림 17-8] 회원정보 조회 및 비밀번호 변경 화면

2. 비밀번호 변경 완료

비밀번호 변경 완료는 비밀번호 변경이 정상적으로 완료되었을 때 이동되는 페이지다. 이 책에서는 변경 완료에 대한 경고 메시지를 띄워준 후 메인 화면으로 이동한다.

비밀번호 변경 완료는 django.contrib.auth 패키지의 PasswordChangeDoneView 클래스를 그대로 사용하므로 추가 뷰를 제작하지 않아도 된다. urls.py에서 지정한 템플릿 파일인 password_change_done.html 파일을 제작한다.

1) 템플릿 제작 – password_change_done.html

비밀번호 변경 완료 템플릿은 경고 메시지 표시 및 페이지 이동으로 구성되어 있으며, HTML 코드가 아닌 JS 코드를 사용한다. 하지만 user.js 파일에서 실행하는 형태가 아닌 HTML 파일 내에 JS 문장을 입력하여 다음과 같이 나타낸다.

■ 파일 – boardapp/templates/password_change_done.html

```
01:  <script>
02:      alert( "비밀번호 변경이 완료되었습니다." );
03:      location.href="{% url 'main' %}";
04:  </script>
```

alert() 함수를 사용하여 경고 메시지를 표시한 후, location.href 명령을 사용하여 메인화면으로 이동한다.

비밀번호 변경 완료 화면은 [그림 17-9]와 같이 나타낸다.

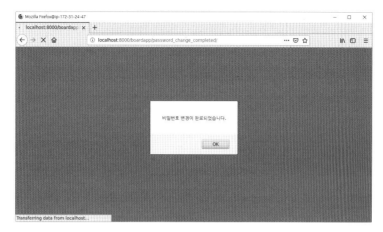

[그림 17-9] 비밀번호 변경 완료 화면

Chapter 16에서는 회원관리 기능 구현을 위해서 URL을 설정하고, 뷰, 템플릿과 관련된 JS 파일도 제작하였다. 이러한 기능을 구현하여 화면 출력 및 기능 작동의 이상 유무를 확인하였다. 회원관리 웹페이지에서는 로그인, 비밀번호 변경 기능을 Django에서 기본으로 제공하는 django.contrib.auth 패키지에서 사용하는 모듈을 그대로 사용하였다. 덕분에 일부 웹페이지에 대해서는 복잡한 뷰를 작성하지 않아도 편리하게 사용할 수 있었다. Chapter 18부터는 게시판 구현을 위한 웹페이지를 제작하여 나타내도록 한다.

18 일반 게시판 구현
CHAPTER

001. 일반 게시판 웹페이지 구성

1. 게시판 웹페이지 설정

게시판은 웹 애플리케이션에 접속한 사용자들이 자유롭게 게시물을 작성하고, 조회하고, 조회한 내용에 대한 댓글 작성 및 추천 기능 등을 하기 위한 커뮤니티 상의 모든 기능을 뜻한다. 앞서 Chapter 15에서는 웹 애플리케이션 구현을 위한 DB 테이블 및 모델과 웹페이지를 설계하였으며, Chapter 16에서는 URL 설정을 포함한 모든 환경을 설정하였다. 이러한 내용을 바탕으로 하여 이번 장부터는 웹페이지별 화면 및 기능을 구현한다.

앞서 [표 16-2]에서는 웹페이지 명, View 명칭 및 URL을 정의하였으며, 정의된 내용에 따라 일반 게시판에서 사용할 설정을 다음 [표 18-1]과 같이 나타낸다.

[표 18-1] 일반 게시판 웹페이지 설정

구분	웹페이지	웹페이지명	View 명	URL
일반 게시판	게시판 목록	boardlist	board_list_page	board_list/
	게시판 글쓰기	boardwrite	board_write_page	board_write/
	게시판 글쓰기 처리	boardwriteres	board_write_result	boare_write_res/
	게시판 조회	boardview	**BoardView**	board_view/
	게시판 삭제 처리	boarddeleteres	board_delete_result	board_delete_res/
	게시판 수정	boardmodify	**BoardModifyView**	board_modify/
	게시판 수정 처리	boardmodifyres	board_modify_result	board_modify_res/

2. 일반 게시판 URL 설정

[표 18-1]과 같이 웹페이지 설정 내용을 확인하였으면, 이에 맞게 urls.py 파일의 URL 설정을 진행한다. URL 설정은 웹페이지별로 한 줄로 간단하게 표현되므로, 구현 기능을 단위로 하여 일괄 제작한다.

■ 파일 – boardapp/urls.py

```
01: from django.urls import path
02: from django.contrib.auth import views as auth_views
03: from boardapp.views import *
04:
05: urlpatterns = [
06:     path('', main_page, name='main'),
07:     path('login/', auth_views.LoginView.as_view(template_name='login.
    html'), name='login'),
08:     path('logout/', auth_views.LogoutView.as_view(), name='logout'),
09:     path('password_change/', auth_views.PasswordChangeView.as_view
    (template_name='password_change.html'), name='password_change'),
10:     path('password_change_done/', auth_views.PasswordChangeDoneView.as_
    view(template_name='password_change_done.html'), name='password_change_done'),
11:     path('user_register/', user_register_page, name='register'),
12:     path('user_register_idcheck/', user_register_idcheck, name='registeridcheck'),
13:     path('user_register_res/', user_register_result, name='registerres'),
14:     path('user_register_completed/', user_register_completed, name=
    'registercompleted'),
15:     path('board_list/', board_list_page, name='boardlist'),
16:     path('board_list/<category>/', board_list_page, name='boardlist'),
17:     path('board_write/<category>/', board_write_page, name='boardwrite'),
18:     path('board_write_res/', board_write_result, name='boardwriteres'),
19:     path('board_view/<int:pk>/', BoardView.as_view(), name='boardview'),
20:     path('board_delete_res/', board_delete_result, name='boarddeleteres'),
21:     path('board_modify/<int:pk>/', BoardModifyView.as_view(), name=
    'boardmodify'),
22:     path('board_modify_res/', board_modify_result, name='boardmodifyres'),
23: ]
```

위 파일은 Chapter 16의 회원관리에서 설정했던 urls.py 파일에 일반 게시판 URL 설정을 위한
구문을 15~19 Line에 새롭게 추가하였으며, 게시판 목록, 입력, 조회, 수정 화면에 대한 웹페이지
를 지정한다.

- 15~16 Line: 게시판 목록 페이지를 나타내며, 위 파일에서는 게시판 목록에 URL 설정이 두 번
 사용된 것을 확인할 수 있다.

먼저 'board_list/'와 같이 카테고리가 없는 주소를 호출할 경우에는 전체 게시물 목록을 표시한
다. 'board_list/⟨category⟩'와 같이 카테고리가 있는 주소를 호출할 경우에는 특정 카테고리를 표
시한다. 이 때 두 가지 호출 방식 모두 board_list_page() 함수를 동일하게 호출하며, category 변
수도 같이 파라미터로 하되 category가 없을 경우에도 함수가 정상적으로 실행되어야 하므로, 뷰

에서는 함수 선언 시 기본(Default) 값을 다음과 같이 입력한다.

```
def board_list_page(request, category=''):
```

- 17 Line: 게시판 글쓰기 페이지로, 게시판 목록과 동일하게 카테고리를 입력하여 게시물 글쓰기 페이지로 나타낸다. 게시물 글쓰기를 사용하기 위해서는 카테고리를 필수로 입력해야 하므로, 게시판 목록과는 달리 〈category〉 변수가 들어간 URL만 설정한다.
- 19, 21 Line: 게시판 조회 및 수정 페이지로, 등록된 게시물 내용을 조회한다는 공통점을 가지고 있다. 이에 따라 Generic View 중 DetailView를 상속받은 BoardView 클래스와 BoardModi-fyView 클래스를 게시판 조회 및 수정을 위한 페이지로 사용한다. 여기서 '〈int:pk〉'는 Integer(정수) 형태의 Primary Key 변수인 pk를 URL 구성요소로 사용함을 의미한다.

002. 게시판 목록

1. 게시판 목록 구성
- 현재 게시판의 카테고리 표시
- 검색어에 따른 검색 조건 반영
- 게시판 추천 수, 댓글 수 표시 및 게시물 정렬
- 현재 페이지 확인 및 페이지 목록 구성

게시판 목록은 위 사항에 맞게 구성하며, 이에 따라 구현해야 할 기능을 하나씩 나타내도록 한다.

1) 카테고리 표시

카테고리 표시는 크게 두 가지로 구분된다. 첫 번째는 게시판 목록 URL 호출 시 '/boardapp/board_list/〈category〉/'의 형태로 category를 변수로 입력하는 방식과 '/boardapp/board_list/'의 형태로 category 변수를 입력하지 않는 방식으로 구분된다. 여기에서 '〈category〉'는 현재 카테고리를 나타내는 변수로, board_categories 테이블의 category_code 컬럼 값을 사용한다.

카테고리가 있을 경우에는 게시판 목록에서 현재 카테고리 이름 및 설명을 화면에 표시하며, 글쓰기 클릭 시에도 현재 카테고리를 URL 변수로 입력해야 하므로 현재 카테고리에 대한 정보를 템플릿에 전달해야 한다. 반대로 카테고리가 없을 경우에는 카테고리와 관련된 표시를 별도로 하지 않는 대신 모든 게시물을 조회한다.

위 사항에 따라 카테고리 표시를 위해서 다음과 같이 구성한다.

```
01:  def board_list_page(request, category=''):
02:      ...
03:
04:      if category:
05:          articles = Boards.objects.filter(category__category_code=category)
06:          board_category = BoardCategories.objects.get(category_code=category)
07:          list_count = board_category.list_count
08:      else:
09:          articles = Boards.objects.all()
10:          board_category = BoardCategories()
11:          list_count = 10
```

- **1 Line**: category를 입력하지 않을 경우에는 기본으로 공백값을 입력한다.
- **4~11 Line**: category가 있을 경우와 없을 경우로 구분한다.
- **5 Line**: category 변수를 사용하여 해당 조건에 부합한 게시물 데이터를 articles에 저장한다.
- **6 Line**: category_code 필드의 값이 category 변수값에 해당되는 카테고리 정보를 board_category 변수에 저장하며, QuerySet 형태로 저장된다.
- **7 Line**: 페이지를 나타낼 때 게시판 카테고리의 한 페이지 당 표시 게시물 수(board_category. list_count)를 사용하므로, list_count 변수에 저장한다.
- **9 Line**: category가 없을 때에는 모든 게시물 데이터를 articles에 저장한다.
- **10 Line**: board_category 변수는 실제로는 빈 값이지만, BoardCategories 모델의 빈 인스턴스로 생성하여 board_category 변수 사용에 문제가 없도록 한다.
- **11 Line**: 카테고리의 한 페이지 당 표시 게시물 수를 별도로 받아올 수 없으므로 대신 기본값인 10을 저장한다.

2) 검색어 사용

검색어 사용은 다양한 방식이 있다. 제목 검색, 내용 검색, 작성자 검색 등이 있으며, 최근에는 댓글 검색 등의 기능도 다수의 게시판에서 지원하고 있다. 그리고 검색 기능 강화를 위해서 정규표현식(Regular Expression)을 사용하여 검색하기도 한다. 이 책에서는 검색과 관련된 기능을 모두 구현하기보다는 검색했을 때 결과를 나타내는 기본 기능만을 제공하므로, 제목 검색에 한정하여 구현한다.

```
if request.method == "POST":
    search_text = request.POST['search_text']
else:
    search_text = ''
```

```
    ...

    if search_text:
        articles = articles.filter(title__contains=search_text)
```

게시물 검색은 검색 요청과 응답이 동일한 페이지에서 이루어지므로, 요청에 대한 응답 처리 역시 board_list_page() 함수에서 수행한다. 검색 요청이 있으면 검색어를 입력하여 전송하는 것과 같은 의미이므로 search_text 변수에 POST 방식에 의해 전송받은 검색어를 저장한다. 그리고 검색 요청이 없이 게시물 목록만을 단순히 불러오면 전송받은 데이터가 없으므로 search_text 변수를 공백으로 저장한다. 검색어가 있을 경우는 게시물 목록을 나타낸 articles 변수를 또 다시 갱신하며, 제목 검색을 위해서 contains를 사용하여 검색 결과를 articles 변수에 반영한다.

3) 게시물 목록 구성

카테고리, 검색어 조건에 따라 게시물 데이터를 구성하였으면 다음은 게시물에 대한 추가 정보를 나타내고 정렬하는 작업을 수행한다.

게시물 조회 수 및 추천 수는 Boards 모델에 없는 필드이므로 추가로 필드를 구성해야 하며, 게시물 목록은 최근 입력된 순서대로 표시해야 하므로 이에 대한 정렬도 이루어져야 한다. 이에 따라 게시물 목록을 나타내기 위해서는 다음과 같이 데이터를 articles 변수에 저장한다.

```
    from django.db.models import Count

    articles = articles.
                .annotate(
                    like_count=Count('boardlikes', distinct=True),
                    reply_count=Count('boardreplies', distinct=True)
                ).order_by('-id')
```

annotate() 메소드는 추가 필드를 구성할 때 사용되는 메소드로, 위에서는 like_count와 reply_count를 추가 필드로 구성한다. Count() 함수는 모델의 개수를 나타낼 때 사용되는 함수로, django.db.models 패키지의 Count 객체를 선언하여 사용할 수 있다. annotate() 메소드는 현재 사용 중인 모델(Boards)을 외래키로 사용하는 다른 테이블의 값을 가져올 때 사용되며, Count() 함수의 첫 번째 인자인 boardlikes, boardreplies는 Boards 모델을 외래키로 모두 사용하는 모델이다. 즉, Count('boardlikes') 함수를 사용하면 Boards 모델의 Primary Key인 id의 값에 따라 해당 필드를 외래키로 사용하는 boardlikes 모델의 데이터를 나타내며, Count() 함수를 사용하여 각 데이터의 개수를 반환한다. 두 번째 인자인 distinct는 생략 가능하지만, 2개 이상의 필드의 값을 가져올 때는 distinct를 선언하지 않으면 수량을 가져올 때 2개 이상의 데이터를 서로 합쳐서(Join) 표시되므로 원하는 결과가 표시되지 않는다. 조회 수와 추천 수는 별도의 데이터이므로 양쪽 모두 distinct=True로 설정한다. order_by는 정렬할 때 사용되는 메소드로, id 필드의 역순으로 정렬하기 위해서 '-id'의 형태로 입력한다.

이와 같이 게시물에 대한 추가 정보 및 정렬을 하였으면 해당 데이터를 바탕으로 이어서 페이지를 구성한다.

4) 페이지 확인 및 목록 구성

페이지는 게시판을 구분하기 위한 가장 중요한 단위이다. 게시물의 수가 적을 경우에는 10개 또는 20개를 한번에 표시하더라도 큰 문제가 없지만, 반대로 게시물의 수가 1,000개 이상 존재할 경우 사용자들은 해당 게시물을 모두 열람하지도 않을 것이고 불러오는 것만 해도 웹페이지의 성능에 영향을 줄 수 있다.

Django에서는 페이지 구성을 위해서 django.core.paginator 패키지의 Paginator 객체를 제공하고 있으며, Paginator 객체를 사용하여 다음과 같이 페이지를 구성한다.

```
01:  from django.core.paginator import Paginator
02:      ...
03:
04:      paginator = Paginator(articles, list_count)
05:      try:
06:          page = int(request.GET['page'])
07:      except:
08:          page = 1
09:      articles = paginator.get_page(page)
10:
11:      ...
```

- 1 Line: Paginator 사용을 위해서 선언한다.
- 4 Line: Paginator 생성자는 페이지 구분을 위한 QuerySets와 한 페이지에 표시할 게시물 개수를 인자로 받으며, paginator 인스턴스를 선언하여 해당 값을 저장한다.
- 5~8 Line: page 변수의 값을 저장하는 부분이다. 앞서 게시판 검색에서는 요청 데이터를 POST 변수로 전달받았지만, 페이지의 경우는 현재 페이지에 대한 정보를 필요로 하므로 GET 방식에 의한 전송을 사용하여 URL에 변수를 추가로 입력하여 사용한다.

만약 현재 페이지가 3페이지라면 URL은 다음과 같다.

```
https://localhost:8080/boardapp/board_list/free/?page=3
```

'?page=3'은 GET 방식으로 데이터를 전송할 때 URL 뒤에 붙이는 형식으로, 현재 페이지에 대한 데이터는 어떠한 보안을 필요로 하는 데이터도 아니고 Form에 의한 입력 없이도 데이터를 전송하기 위해서 사용되므로 주로 GET 방식을 사용하여 전송한다.

이에 따라 GET 방식을 사용하여 페이지 변수의 값을 전송할 경우에는 page 변수에 request. GET['page'] 값을 저장한다. GET이나 POST 방식에 의해서 전송받은 데이터는 모두 문자열 형태로 이루어져 있으므로 int() 함수를 사용하여 정수형으로 변경한다.

그리고 현재 페이지가 없을 경우에는 기본 페이지인 1페이지를 표시해야 하므로 page 변수의 값을 1로 저장한다.

page 변수 값 저장 시 if-else 구문이 아닌 try-except 구문을 사용한 이유는, GET 방식으로 전송받은 데이터가 있을 때는 해당 값을 사용하지만 전송받은 데이터가 없을 경우에는 에러를 발생시키기 때문이다. 그러므로 예외 처리를 통해서 page 변수의 기본값을 저장한다.

- **9 Line**: Paginator의 get_page() 메소드는 paginator 인스턴스로부터 현재 페이지에 해당되는 데이터를 반환하는 메소드로, 현재 페이지가 반영된 articles 변수의 값을 갱신한다.

위와 같이 카테고리, 검색어, 페이지에 대한 부분을 모두 처리하였으면, 게시물 목록도 세 가지 사항을 반영하여 재구성된다. 템플릿에서 표시할 때에도 이를 반영하여 나타낸다.

2. 뷰(View) 제작 - board_list_page

게시판 목록은 일반적으로 Django에서 사용하는 ListView를 상속받아서 클래스로 생성하여 사용하지만, 앞서 설명한 바와 같이 게시판 목록 페이지는 카테고리, 검색어, 페이지 등의 다양한 기능이 구현되어 있으므로 ListView를 사용하기보다는 직접 기능을 구현하기 위해서 board_list_page() 함수를 사용한다.

board_list_page() 뷰는 앞에서 언급된 게시물 목록, 카테고리, 검색어, 페이지 등의 모든 사항을 나타낸 뷰로, 다음과 같이 나타낸다.

■ **파일** – boardapp/views.py

```
01:  import math
02:  from django.db.models import Count
03:  from django.core.paginator import Paginator
04:
05:  def board_list_page(request, category=''):
06:      if request.method == "POST":
07:          search_text = request.POST['search_text']
08:      else:
```

```
09:            search_text = ''
10:
11:        if category:
12:            articles = Boards.objects.filter(category__category_code=category)
13:            board_category = BoardCategories.objects.get(category_code=category)
14:            list_count = board_category.list_count
15:        else:
16:            articles = Boards.objects.all()
17:            board_category = BoardCategories()
18:            list_count = 10
19:
20:        if search_text:
21:            articles = articles.filter(title__contains=search_text)
22:
23:        articles = articles.annotate(like_count=Count('boardlikes', distinct=
    True) , reply_count=Count('boardreplies', distinct=True)).order_by('-id')
24:
25:        paginator = Paginator(articles, list_count)
26:        try:
27:            page = int(request.GET['page'])
28:        except:
29:            page = 1
30:        articles = paginator.get_page(page)
31:
32:        page_count = 10
33:        page_list = []
34:        first_page = (math.ceil(page/page_count)-1)*page_count+1
35:        last_page = min([math.ceil(page/page_count)*page_count, paginator.num_
    pages])
36:        for i in range(first_page, last_page+1):
37:            page_list.append(i)
38:
39:        args = {}
40:        args.update({"articles":articles})
41:        args.update({"board_category":board_category})
42:        args.update({"search_text":search_text})
43:        args.update({"page_list":page_list})
44:
45:        return render(request, 'board_list.html', args)
```

- 1~3 Line: 외부 패키지 및 모듈을 불러오는 부분으로, 추천 수 및 조회 수, 페이지 구성을 위해
서 사용된다.

- **5 Line**: 함수 선언 시 category 변수도 파라미터로 불러오며, category의 값이 없을 경우에는 공백 값을 기본 값으로 설정한다.
- **6~9 Line**: 게시판 검색 기능 전송에 대한 요청을 처리하는 부분이다.
- **11~18 Line**: 게시판 카테고리 유무에 따라 데이터를 저장하는 부분이다. 저장되는 변수는 articles, board_category, list_count로, 카테고리 유무에 따라 각각 다른 값으로 구성한다.
- **20~21 Line**: 검색어가 있을 경우 게시물 조건을 추가한다.
- **23 Line**: 게시물에 대한 추천 수, 댓글 수 등의 추가 정보를 표시하고, 게시물의 순서를 Primary Key인 id의 역순으로 정렬한다.
- **25~29 Line**: paginator 인스턴스와 page 변수를 선언한다.
- **30 Line**: 게시판 현재 페이지에 해당되는 게시물 데이터를 articles 변수에 다시 저장한다. 이 때 articles 변수는 Boards 모델 데이터 타입이 아니라 Paginator의 get_page() 메소드에 의해서 반환된 Page 데이터 타입으로 변환된다. 하지만 템플릿에서의 변수 사용방법은 Boards 모델 데이터와 동일한 형태로 사용 가능하므로 이를 참고한다.
- **32~37 Line**: 페이지 목록을 구성하는 부분이다.
- **39~43 Line**: 게시판 목록의 전체 데이터를 args 변수에 저장한다.

카테고리, 검색어, 페이지에 대한 기능을 위와 같이 처리하여 articles, board_category, search_text, page_list에 대한 정보가 생성되며, 템플릿에서는 이들 데이터를 활용하여 게시판 목록을 나타내도록 한다.

3. 템플릿 제작 - board_list.html

게시판 목록은 앞서 설계한 내용을 바탕으로 [표 18-2]의 내용으로 구성한다.

[표 18-2] 일반 게시판 목록 구성요소

요소	내용	유형
제목	현재 이용 중인 게시판 카테고리 표시	–
번호	게시물 번호, DB Index가 아닌 순서 형태	–
카테고리	게시물 카테고리, 카테고리 없는 전체 게시판 목록 조회 시 표시	–
제목	게시물 제목, 클릭 시 내용 조회 링크 추가	Link
날짜	게시판 입력 날짜 표시	–
댓글 수	게시판 댓글 수, 제목 옆에 표시 댓글이 없을 경우에는 표시하지 않음	–
작성자	게시물 작성자	–

요소	내용	유형
조회 수	게시물 조회 수	–
추천 수	게시판 추천 수	–
검색어 입력	검색어 입력	Text
검색 버튼	검색 버튼	Button
페이지 조회	현재 페이지 및 최대 10개 페이지 조회 클릭 시 해당 페이지 목록 조회 링크 추가	Link
게시판 글쓰기	게시판 글쓰기 링크	Link

[표 18-2]의 구성요소는 카테고리 유무에 따라서 표현 방법이 달라지므로 템플릿 제작 시에도 이 점에 유의한다. 내부 구성요소는 크게 게시물 목록 표시 부분과 게시물 목록 외(검색어, 페이지, 글쓰기 링크) 표시 부분으로 구분되므로 각 부분별로 설명한다.

1) 카테고리별 화면 레이아웃

게시판 목록은 카테고리 유무에 따라 표시 방식도 달라진다. 카테고리가 없는 경우는 게시판의 전체 목록을 표시하는 부분으로, 메인화면에서 사용된다. 이 때 각 구성요소의 표시 여부는 [표 18-3]과 같이 나타난다.

[표 18-3] 카테고리 유무에 따른 게시판 목록 구성요소 표시여부

구성요소		카테고리 有	카테고리 無
제목	게시판 이름	○	X
	게시판 설명	○	X
게시물 목록	번호	○	X
	카테고리명	X	○
	제목	○	○
	댓글 수	○	○
	날짜	○	○
	작성자	○	○
	조회 수	○	○
	추천 수	○	○
검색	검색어 입력	○	X
	검색 버튼	○	X
페이지	페이지 조회	○	X
게시판 글쓰기	게시판 글쓰기	○	X

[표 18-3]의 사항에 따라 구성되는 화면 레이아웃은 다음과 같다.

```
01:    {% extends "base.html" %}
02:
03:    {% block title %}{{ board_category.category_name }} 리스트{% endblock %}
04:
05:    {% block script %}
06:    {% endblock %}
07:
08:    {% block content %}
09:    <div class="row block-center board">
10:        <div class="col-11">
11:            {% if board_category.category_name %}
12:                /* 카테고리 이름/설명 표시부분 */
13:                /* 게시판 목록 표시부분(목록 내 '카테고리' 없음) */
14:                /* 현재 페이지 및 페이지 목록 표시부분 */
15:                /* 검색어 입력 란 표시 */
16:                /* 게시물 입력 링크 표시 */
17:            {% else %}
18:                /* 게시물 목록 표시부분(목록 내 '번호' 제거, '카테고리' 추가) */
19:            {% endif %}
20:        </div>
21:    </div>
22:    <div class="height-100"></div>
23:
24:    {% endblock %}
```

11~19 Line에서와 같이, if 조건을 사용하여 board_category.category_name의 존재 유무에 따라 표시되는 내용 또한 다르게 구성하며, 카테고리가 없을 경우에는 게시판 목록만 표시한다.

2) 카테고리 이름/설명 표시

현재 게시판이 어떤 게시판인지를 설명하기 위한 부분으로, 카테고리가 있을 경우에만 표시된다.

```
01:        <div class="row">
02:            <div class="col-12"><h2>{{ board_category.category_name }}</h2></div>
03:        </div>
04:        <div class="row">
05:            <div class="col-12"><h4>{{ board_category.category_desc }}</h4></div>
06:        </div>
```

3) 게시판 목록 표시

게시판 목록을 표시하기 위해서는 목록에 대한 필드명을 먼저 표시한 후, 게시판의 게시물 데이터를 반복하여 표시한다.

게시물 데이터 표시 순서는 번호 - 카테고리 - 제목과 댓글 수 - 등록자 - 등록일 - 조회 수 - 추천 수로 표시하며, 만약 등록된 게시물이 없을 때에는 게시물이 없다는 구문도 나타낸다.

아래 코드는 카테고리가 있는 게시판 목록을 표시하는 코드로, 카테고리가 없는 게시판 목록에서는 아래 코드에서 번호를 대신하여 카테고리 항목을 표시한다.

```
01: <div class="row">
02:     <div class="list-title col-1"><p>No.</p></div>
03:     <div class="list-title col-5"><p>제목</p></div>
04:     <div class="list-title col-2"><p>등록자</p></div>
05:     <div class="list-title col-2"><p>등록일</p></div>
06:     <div class="list-title col-1"><p>조회</p></div>
07:     <div class="list-title col-1"><p>추천</p></div>
08: </div>
09: {% for article in articles %}
10: <div class="row">
11:     <div class="list-contents col-1"><p>{{ article.id}}</p></div>
12:     <div class="list-contents-title col-5"><p>
13:     <a href="{% url 'boardview' article.id %}">
14:         {{ article.title }}
15:         {% if article.reply_count > 0 %}
16:         [{{ article.reply_count }}]
17:         {% endif %}
18:     </a>
19:     </p></div>
20:     <div class="list-contents col-2"><p>{{ article.user.last_name }}</p></div>
21: <div class="list-contents col-2"><p>{{ article.registered_date|date:"Y-m-d" }}</p></div>
22:     <div class="list-contents col-1"><p>{{ article.view_count }}</p></div>
23:     <div class="list-contents col-1"><p>{{ article.like_count }}</p></div>
24: </div>
25:     {% empty %}
26:     <div class="row margin-10 center">
27:         현재 등록된 게시물이 없습니다.
28:     </div>
29: {% endfor %}
```

- 1~8 Line: 게시판 목록의 필드를 나타내는 부분이다.
- 9~29 Line: 게시물 데이터를 표시하는 부분으로, for 반복문을 사용한다.
- 13 Line: 제목을 클릭할 경우, 'boardview' 이름의 웹페이지로 이동하며, 이 때 article.id 변수를 boardview의 URL에서 사용할 변수로 같이 전달한다.
- 21 Line: 날짜는 Django Template에서 제공한 'Y-m-d'를 사용하여 표시한다.
- 25~28 Line: 현재 등록된 게시물이 없을 경우에는 {% empty %}를 사용하여 해당 메시지를 표시한다.

4) 페이지 표시

페이지는 첫 페이지 - 이전 페이지 - 페이지 목록 - 다음 페이지 - 마지막 페이지 형태로 구성되며, 페이지 목록을 제외한 나머지 구성요소는 Paginator 객체로부터 재구성된 articles의 내부 변수를 사용한다. 각 변수에 대한 부분은 아래 코드에서 다룬다.

```
01:  <div class="row">
02:      <div class="col-12 margin-10 center">
03:      {% if articles.has_previous %}
04:      <span>
05:          <a href="?page=1">&laquo; 처음</a>
06:          <a href="?page={{ articles.previous_page_number }}">이전</a>
07:      {% endif %}
08:
09:      {% for page in page_list %}
10:          {% if page == articles.number %}
11:              {{ page }}
12:          {% else %}
13:              <a href="?page={{ page}}">{{ page }}</a>
14:          {% endif %}
15:      {% endfor %}
16:
17:      {% if articles.has_next %}
18:          <a href="?page={{ articles.next_page_number }}">다음</a>
19:          <a href="?page={{ articles.paginator.num_pages }}">마지막 &raquo;</a>
20:      {% endif %}
21:      </span>
22:  </div>
```

- 3~7 Line: 현재 페이지보다 이전 페이지가 있으면 첫 페이지와 이전 페이지를 표시하는 구문이다. 이전 페이지 유무는 articles.has_previous로 확인하며, 이전 페이지는 articles.previous_page_number 변수를 사용하여 이동한다.

- **9~15Line**: 뷰로부터 전송받은 page_list 리스트 변수에 대한 반복문을 수행하여 페이지 목록을 표시하며, 현재 페이지는 articles.number 변수로 나타낸다. 페이지 목록의 페이지가 현재 페이지일 경우에는 링크를 걸지 않으며, 그렇지 않을 경우에는 링크를 걸어서 이동할 수 있도록 한다.

- **17~20 Line**: 현재 페이지 이후의 페이지가 있으면 다음 페이지와 마지막 페이지를 표시하는 구문이다. 다음 페이지 유무는 aritcles.has_next로 확인하며, 다음 페이지는 articles.next_page_number 변수를 사용한다. 마지막 페이지는 페이지 전체 수를 표시하므로 articles.paginator.num_pages 변수를 사용하여 이동한다.

5) 검색 표시

게시판 검색은 POST 방식을 사용하여 Form을 전송하므로 Form을 구성하고 CSRF 방지 설정도 같이 구성한다. 또한 이미 검색어가 있는 경우에는 검색어도 같이 표시해야 하므로, 검색어 칸의 기본 값으로 search_text 변수를 사용한다.

```
01:  <div class="row">
02:      <div class="col-12 margin-10 center">
03:      <form action="." method="POST" id="search_form">{% csrf_token %}
04:          <p>
05:          제목
06:          <input type="text" name="search_text" id="search_text" value="{{
    search_text }}" size="8" />
07:          <input type="submit" value="검색" />
08:          </p>
09:      </form>
10:      </div>
11:  </div>
```

6) 게시판 글쓰기 링크 표시

게시판에 새로운 글을 작성할 때 링크를 표시하는 부분이다. 현재 로그인 중이 아니고 카테고리별 글쓰기 권한이 없을 경우에는 게시판 글쓰기를 할 수 없으므로, 이를 확인하여 표시한다. 그리고 게시판 글쓰기는 카테고리가 있는 게시판에서만 표시 되므로, 게시판 글쓰기 역시 현재 카테고리에 대한 값을 게시판 글쓰기를 위한 웹페이지인 boardwrite의 변수로 전송한다.

```
01:  {% if user.username and user.is_superuser >= board_category.authority %}
02:  <div class="row">
```

```
03:        <div class="col-12 right"><h4><a href="{% url 'boardwrite' board_
     category.category_code %}">글쓰기</a></h4></div>
04:    </div>
05:    {% endif %}
```

7) 전체 코드

위 사항에 맞게 게시판 목록에 대한 템플릿을 작성하였으면, 다음과 같이 코드를 제작한다.

■ **파일** – boardapp/templates/board_list.html

```
01:  {% extends "base.html" %}
02:
03:  {% block title %}{{ board_category.category_name }} 리스트{% endblock %}
04:
05:  {% block script %}
06:  {% endblock %}
07:
08:  {% block content %}
09:  <div class="row block-center board">
10:      <div class="col-11">
11:          {% if board_category.category_name %}
12:              <div class="row">
13:                  <div class="col-12"><h2>{{ board_category.category_name
     }}</h2></div>
14:              </div>
15:              <div class="row">
16:                  <div class="col-12"><h4>{{ board_category.category_desc
     }}</h4></div>
17:              </div>
18:              <div class="row">
19:                  <div class="list-title col-1"><p>No.</p></div>
20:                  <div class="list-title col-5"><p>제목</p></div>
21:                  <div class="list-title col-2"><p>등록자</p></div>
22:                  <div class="list-title col-2"><p>등록일</p></div>
23:                  <div class="list-title col-1"><p>조회</p></div>
24:                  <div class="list-title col-1"><p>추천</p></div>
25:              </div>
26:              {% for article in articles %}
27:              <div class="row">
28:                  <div class="list-contents col-1"><p>{{ article.id}}</p></div>
29:                  <div class="list-contents-title col-5"><p>
30:                      <a href="{% url 'boardview' article.id %}">
```

```
31:                           {{ article.title }}
32:                           {% if article.reply_count > 0 %}
33:                           [{{ article.reply_count }}]
34:                           {% endif %}
35:                       </a>
36:                   </p></div>
37:                   <div class="list-contents col-2"><p>{{ article.user.last_
     name }}</p></div>
38:                   <div class="list-contents col-2"><p>{{ article.registered_
     date|date:"Y-m-d" }}</p></div>
39:                   <div class="list-contents col-1"><p>{{ article.view_count
     }}</p></div>
40:                   <div class="list-contents col-1"><p>{{ article.like_count
     }}</p></div>
41:               </div>
42:           {% empty %}
43:           <div class="row margin-10 center">
44:               현재 등록된 게시물이 없습니다.
45:           </div>
46:           {% endfor %}
47:           <div class="row">
48:               <div class="col-12 margin-10 center">
49:                   {% if articles.has_previous %}
50:                   <span>
51:                       <a href="?page=1">&laquo; 처음</a>
52:                       <a href="?page={{ articles.previous_page_number
     }}">이전</a>
53:                   {% endif %}
54:
55:                   {% for page in page_list %}
56:                       {% if page == articles.number %}
57:                           {{ page }}
58:                       {% else %}
59:                           <a href="?page={{ page}}">{{ page }}</a>
60:                       {% endif %}
61:                   {% endfor %}
62:
63:                   {% if articles.has_next %}
64:                       <a href="?page={{ articles.next_page_number }}">다음</a>
65:                       <a href="?page={{ articles.paginator.num_pages }}">
     마지막 &raquo;</a>
66:                   {% endif %}
67:               </span>
```

```
68:                    </div>
69:                </div>
70:                <div class="row">
71:                    <div class="col-12 margin-10 center">
72:                    <form action="." method="POST" id="search_form">{% csrf_
    token %}
73:                        <p>
74:                        제목
75:                        <input type="text" name="search_text" id="search_text"
    value="{{ search_text }}" size="8" />
76:                        <input type="submit" value="검색" />
77:                        </p>
78:                    </form>
79:                    </div>
80:                </div>
81:                {% if user.username and user.is_superuser >= board_category.
    authority %}
82:                <div class="row">
83:                    <div class="col-12 right"><h4><a href="{% url 'boardwrite'
    board_category.category_code %}">글쓰기</a></h4></div>
84:                </div>
85:                {% endif %}
86:            {% else %}
87:                <div class="row">
88:                    <div class="list-title col-1"><p>No.</p></div>
89:                    <div class="list-title col-2"><p>카테고리</p></div>
90:                    <div class="list-title col-3"><p>제목</p></div>
91:                    <div class="list-title col-2"><p>등록자</p></div>
92:                    <div class="list-title col-2"><p>등록일</p></div>
93:                    <div class="list-title col-1"><p>조회</p></div>
94:                    <div class="list-title col-1"><p>추천</p></div>
95:                </div>
96:                {% for article in articles %}
97:                <div class="row">
98:                    <div class="list-contents col-1"><p>{{ article.id}}</p></div>
99:                    <div class="list-contents col-2"><p>{{ article.category.
    category_name }} </p></div>
100:                    <div class="list-contents-title col-3"><p>
101:                        <a href="{% url 'boardview' article.id %}">
102:                            {{ article.title }}
103:                            {% if article.reply_count > 0 %}
104:                            [{{ article.reply_count }}]
105:                            {% endif %}
```

```
106:                          </a>
107:                      </p></div>
108:                      <div class="list-contents col-2"><p>{{ article.user.last_
     name }}</p></div>
109:                      <div class="list-contents col-2"><p>{{ article.registered_
     date|date:"Y-m-d" }}</p></div>
110:                      <div class="list-contents col-1"><p>{{ article.view_count
     }}</p></div>
111:                      <div class="list-contents col-1"><p>{{ article.like_count
     }}</p></div>
112:                  </div>
113:                  {% empty %}
114:                  <div class="row margin-10 center">
115:                      현재 등록된 게시물이 없습니다.
116:                  </div>
117:                  {% endfor %}
118:              {% endif %}
119:          </div>
120:      </div>
121:  <div class="height-100"></div>
122:
123:  {% endblock %}
```

게시판 목록 화면에서는 JS를 사용하지 않으므로, JS 파일 역시 별도로 생성하지 않는다.

4. 게시판 목록화면 표시

뷰와 템플릿까지 모두 완성되었으면, 일반 게시판 웹페이지의 제작은 모두 마쳤다. 게시판 목록은 유형에 따라 표시되는 화면도 여러 가지로 나타나므로, 각 유형별로 나타낸다. 게시판 목록화면 표시 중 카테고리가 있는 게시판으로 자유게시판을 사용하며, 자유게시판은 카테고리 이름 및 설명, 그리고 페이지 및 검색, 게시판 글쓰기를 위한 글쓰기 링크가 있다.

[그림 18-1]은 자유게시판의 1페이지로, 다음 페이지 및 마지막 페이지도 표시된다.

[그림 18-1] 자유게시판 목록 표시(1페이지)

[그림 18-2]는 자유게시판의 2페이지로, 이전 페이지 및 첫 페이지도 표시된다.

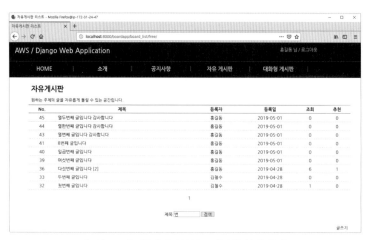

[그림 18-2] 자유게시판 목록 표시(2페이지)

[그림 18-3]은 검색어로 '번'을 입력했을 때의 결과를 나타낸다.

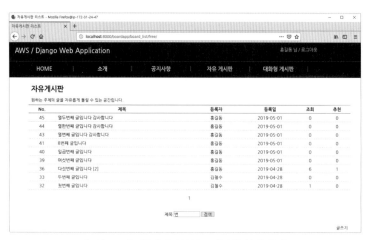

[그림 18-3] 자유게시판 목록 표시(검색어 '번' 입력)

[그림 18-4]는 카테고리가 없는 전체 게시판의 목록을 나타내며, 메인화면에서 최근 등록된 글 10개만 나타낼 예정이므로, 순수하게 게시판의 목록만 보여주도록 한다.

[그림 18-4] 전체 게시판 최근 목록 표시

003. 게시판 글쓰기

1. 게시판 글쓰기 화면

게시판 글쓰기는 게시물을 작성하기 위한 화면으로, 게시판 목록에서 '글쓰기'를 눌러서 사용할 수 있다. 글을 작성하기 위해서는 URL 설정에서와 같이 카테고리 정보를 받아오게 되어 있다.

1) 뷰(View) 제작 - board_write

게시판 글쓰기에 필요한 정보는 카테고리에 대한 정보를 템플릿에 전송한다.

■ 파일 – boardapp/views.py

```
01: @login_required
02: def board_write_page(request, category):
03:     args={}
04:
05:     board_category = BoardCategories.objects.get(category_code=category)
06:     args.update({"board_category":board_category})
07:
08:     return render(request, 'board_write.html', args)
```

- 1 Line: 로그인을 한 회원만 접근 가능한 페이지이므로, 앞에 '@login_required'를 붙인다.
- 5 Line: category를 조건으로 하여 BoardCategories 모델의 QuerySet을 board_category 변수

에 저장한다. board_category 변수는 게시판 글쓰기의 카테고리 정보를 표시하고 글 작성 후 작성 정보를 전송하는 데 사용된다.

2) 템플릿 제작 - board_write.html

게시판 글쓰기는 앞서 설계한 내용을 바탕으로 [표 18-4]의 내용으로 구성한다.

[표 18-4] 일반 게시판 글쓰기 구성요소

요소	내용	유형 및 파일
작성자	게시판 입력자	–
제목	게시물 제목	Text
내용	게시물 내용	Textarea
이미지 첨부	이미지 첨부 요소	Image
카테고리	현재 카테고리 요소	Hidden
게시판 입력	게시판 입력 버튼	Button
작성 취소	게시판 입력 취소 버튼	Button

[표 18-4]와 같이, 글쓰기의 요소 중 하나로 이미지 첨부가 있기 때문에, 파일 첨부를 위한 기능을 Form에서 정의한다. 그리고 글을 작성할 때에는 글쓴이의 검증을 위해서 JS 함수를 수행해야 하므로, boards.js 파일을 생성하여 입력한다.

위 사항에 맞게 게시판 글쓰기에 대한 템플릿을 다음과 같이 나타낸다.

■ **파일** – boardapp/templates/board_write.html

```
01:  {% extends "base.html" %}
02:
03:  {% block title %}{{ object.category.category_name }} - 게시물 작성 {% endblock %}
04:
05:  {% block script %}
06:  {% load static %}<SCRIPT SRC = "{% static 'boardapp/assets/js/boards.js' %}">
07:  </SCRIPT>
08:  {% if user.username == "" %}
09:  <SCRIPT>
10:      alert('잘못된 접근입니다.');
11:      location.href="{% url 'main' %}";
12:  </SCRIPT>
13:  {% endif %}
14:  {% endblock %}
15:
```

```
16: {% block content %}
17: <div class="row block-center board">
18:     <div class="col-10">
19:         <form id="write_form" action="{% url 'boardwriteres' %}" method=
    "POST" enctype="multipart/form-data">
20:         <input type="hidden" name="category_id" value="{{ board_category.
    id }}" />
21:         {% csrf_token %}
22:         <div class="row">
23:             <div class="col-12"><h4>{{ board_category.category_name }} -
    게시물 작성</h4></div>
24:         </div>
25:         <div class="row border-top-line">
26:             <div class="col-1 right"><p>작성자</p></div>
30:             <div class="col-11"><p>{{ user.last_name }}</p></div>
31:         </div>
32:         <div class="row">
33:             <div class="col-1 right"><p>제목</p></div>
34:             <div class="col-11"><input type="text" name="title" id="title"
    class="form-width-90" /></div>
35:         </div>
36:         <div class="row height-400">
37:             <div class="col-1 right"><p class="middle">내용</p></div>
38:             <div class="col-11"><textarea name="content" id="content"
    class="form-width-90"></textarea></div>
39:         </div>
40:         <div class="row">
41:             <div class="col-1 right"><p class="middle">이미지</p></div>
42:             <div class="col-11"><input type="file" name="img_file" accept=
    "image/gif, image/jpeg, image/png" /></div>
43:         </div>
44:         <div class="row">
45:             <div class="col-12 center">
46:                 <input type="button" onClick="writeSend()" value="작성" />
47:                 <input type="button" onClick="location.href='{% url
    'boardlist' board_category.category_code %}'" value="취소" />
48:             </div>
49:         </div>
50:         </form>
51:     </div>
52: </div>
53: {% endblock %}
```

- **6 Line**: JS 파일 사용을 위해서 boards.js 파일을 사용한다.
- **8~12 Line**: 로그인되어 있지 않은 사용자가 접속했을 때에는 경고 창을 표시한 후, 메인화면으로 이동한다.
- **19 Line**: Form 요청 처리를 위한 웹페이지로 'boardwritetes'를 사용하며, 이미지 첨부파일 전송을 위해서 'multipart/form-data'를 사용한다.
- **23 Line**: 카테고리 이름을 표시하여 어떤 카테고리의 글을 작성하는지를 나타낼 수 있도록 한다.
- **42 Line**: 파일 첨부 시 사용 가능한 확장자를 gif, jpg, png 파일로 한정한다.
- **46 Line**: 게시물 작성이 완료되면 writeSend() 함수를 사용하여 전송한다.
- **47 Line**: 작성 취소 시에는 게시판 목록으로 되돌아가며, 현재 카테고리에 해당되는 게시판으로 이동한다.

3) Javascript 생성 - boards.js

boards.js 파일은 게시판 글쓰기에서 사용했던 파일이지만, 게시판과 관련된 모든 JS 기능은 boards.js 파일에서 구현한다. 각 기능별로 사용하는 함수가 각각 존재하며, 일부 기능에 대해서는 같은 함수를 사용하기도 한다. 그리고 웹페이지가 로드될 때 처음 실행되는 부분에 대해서도 다른 웹페이지와 충돌이 발생하지 않으므로 하나의 JS 파일에서 관리하여 나타낸다.

아래 코드는 게시판 글쓰기 전송을 위한 writeSend() 함수를 나타낸다.

■ **파일** – boardapp/static/boadapp/assets/js/boards.js

```
01:    function writeSend() {
02:        if (!$('#title').val())
03:        {
04:            alert("제목을 입력해 주시기 바랍니다.");
05:            return;
06:        }
07:
08:        if (!$('#content').val())
09:        {
10:            alert("내용을 입력해 주시기 바랍니다.");
11:            return;
12:        }
13:
14:        $('#write_form').submit();
15:    }
```

- **2~6 Line**: 제목을 입력하지 않으면 전송할 수 없다.
- **8~12 Line**: 내용을 입력하지 않으면 전송할 수 없다.

게시판 글쓰기에서 사용되는 writeSend() 함수는 간단한 검증을 수행하므로, 코드 역시 간단하게 구현한다.

JS 파일의 writeSend() 함수를 구현함으로써 게시판 글쓰기 화면에 필요한 코드는 모두 구현이 완료되었으며, 글쓰기 처리 웹페이지도 이어서 구현한다.

2. 게시판 글쓰기 처리

게시판 글쓰기 웹페이지는 views.py 파일의 board_write_result() 함수에서 구현한다. 게시판 글쓰기에서 사용되는 게시물은 이미지 첨부를 포함하고 있으므로, 이미지에 대한 처리도 같이 수행한다.

1) 게시물 등록 요청 정보 처리

게시판 글쓰기를 통해서 등록할 게시물에 대한 정보는 Form을 사용하여 전송받으며, 뷰에서는 request.POST의 형태로 요청 데이터를 전송받는다. 하지만 첨부 파일은 request.POST가 아닌 request.FILES 형태로 전송받으므로 요청 정보 처리 시 주의한다.

```
01:  if request.method == "POST":
02:      title = request.POST['title']
03:      content = request.POST['content']
04:      category_id = request.POST['category_id']
05:      try:
06:          img_file = request.FILES['img_file']
07:      except:
08:          img_file = None
09:  else:
10:      title = None
```

제목, 내용, 카테고리 정보를 나타내는 title, content, category_id 변수는 request.POST의 값으로 저장하며, 만약 제목을 입력하지 않았을 경우에는 title의 값을 None으로 저장한다. 하지만 제목을 입력하지 않을 경우 게시물 등록을 할 수 없으므로 이 값은 추후 에러 페이지로 이동하기 위한 조건으로 사용된다.

img_file 변수는 이미지 첨부 파일인 request.FILES['img_file'] 변수의 값을 저장하며, 만약 이미지를 첨부하지 않았을 경우에는 img_file 변수 역시 None으로 저장한다. 이미지는 첨부하지 않을 수 있으므로 문제는 없지만, requestFILES['img_file'] 변수의 값이 없을 경우에는 뷰에서 에러가 발생하므로, try-catch를 사용하여 예외 처리를 수행한다.

2) 게시물 등록 검증 및 페이지 이동

게시물 등록을 위해서는 현재 로그인 중인 사용자 정보와 제목, 내용이 모두 있어야 하며, 로그인 중인 사용자의 글쓰기 권한이 카테고리의 글쓰기 권한을 가지고 있어야 한다. 그러므로 이 중에 한 가지라도 없으면 에러가 발생하며, 앞서 나타냈던 것처럼 제목(title)이 없을 경우(None)일 경우에도 에러를 발생시키도록 한다.

```
01:  try:
02:      category = BoardCategories.objects.get(id=category_id)
03:      if request.user and title and content and request.user.is_superuser >=
     category.authority :
04:          article = Boards(category=category, user=request.user, title=title,
     content=content, image=img_file)
05:          article.save()
06:
07:          redirection_page = '/boardapp/board_list/' + category.category_code
     + '/'
08:
09:      else:
10:          redirection_page = '/boardapp/error/'
11:  except:
12:      redirection_page = '/boardapp/error/'
```

- **try-catch(1~12 Line)**: 게시물 등록 과정에서 오류가 발생할 경우 예외처리를 수행하며, redirection_page 변수 값을 에러 페이지의 URL로 저장한다.
- **category(2 Line)**: 게시물을 등록하기 위해서는 게시물 정보(제목, 내용) 뿐만 아니라 Boards 모델의 외래키로 사용되는 사용자, 카테고리 정보도 같이 저장한다. 사용자에 대한 외래키 정보는 로그인 된 사용자에 해당되는 request.user 변수에 모든 데이터가 있는 반면, 카테고리 정보는 category_id만 존재한다. 그러므로 게시판 글쓰기 페이지로부터 전송받은 category_id에 일치하는 BoardCategories 모델을 생성한다.
- **article(4 Line)**: 게시물 등록을 위해서 Boards 모델을 생성하는 부분이다. 카테고리는 앞에서 BoardCategories 모델로 생성한 category 변수를 사용하며, 사용자 정보는 로그인 중인 사용자 정보를 나타내는 request.user를 사용한다. 그리고 제목, 내용, 첨부 이미지 정보도 같이 입력한다.
- **게시물 등록(5 Line)**: article 변수의 데이터를 저장한다. 이 때 article 변수에서는 Primary Key 인 id를 별도로 입력하지 않았으므로, Boards 모델과 연동된 DB 테이블인 boards에 데이터를 신규 등록한다.
- **페이지 이동(redirect)**: 모든 등록이 완료되었으면 게시판 글쓰기에 사용된 카테고리를 가진 게

시물 목록 웹페이지로 이동한다. 만약 등록에 실패한다면 에러 페이지로 이동한다.

3) 게시판 글쓰기 처리 뷰(View) 전체 코드

최종 구현된 board_write_result() 함수는 다음과 같다.

■ **파일** – boardapp/views.py

```
01:  @login_required
02:  def board_write_result(request):
03:      if request.method == "POST":
04:          title = request.POST['title']
05:          content = request.POST['content']
06:          category_id = request.POST['category_id']
07:          try:
08:              img_file = request.FILES['img_file']
09:          except:
10:              img_file = None
11:      else:
12:          title = None
13:
14:      args={}
15:
16:      try:
17:          category = BoardCategories.objects.get(id=category_id)
18:          if request.user and title and content and request.user.is_superuser
      >= category.authority :
19:              article = Boards(category=category, user=request.user, title=
      title, content=content, image=img_file)
20:              article.save()
21:
22:              redirection_page = '/boardapp/board_list/' + category.category_
      code + '/'
23:
24:          else:
25:              redirection_page = '/boardapp/error/'
26:      except:
27:          redirection_page = '/boardapp/error/'
28:
29:      return redirect(redirection_page)
```

4) 게시판 글쓰기 예제 및 이미지 저장

게시판 글쓰기 처리가 올바르게 이루어지는지를 확인하기 위해서, 게시물 등록 예제를 수행한다. 먼저 게시판 글쓰기 화면으로 들어간 후 [그림 18-7]과 같이 제목과 내용을 입력하고, 이미지 파일 업로드를 위해서 EC2 인스턴스에 미리 저장된 이미지 파일을 선택한다.

[그림 18-5] 게시판 글쓰기 예제

[그림 18-5]과 같이 게시물 내용을 입력 후 '작성' 버튼을 누르면 게시물 등록이 완료되며, 게시물 조회 화면에서 [그림 18-6]과 같이 조회된다.

[그림 18-6] 게시물 등록이 완료된 게시판 조회 결과

[그림 18-6]과 같이 등록된 게시물에 대한 제목, 내용, 등록자, 등록일, 첨부 이미지까지 올바르게 조회된 것을 확인할 수 있으며, 이 때 Boards 모델에서 사용하는 DB 테이블인 boards 테이블에는 데이터가 어떤 형태로 저장되는지를 [그림 18-7]과 같이 살펴본다.

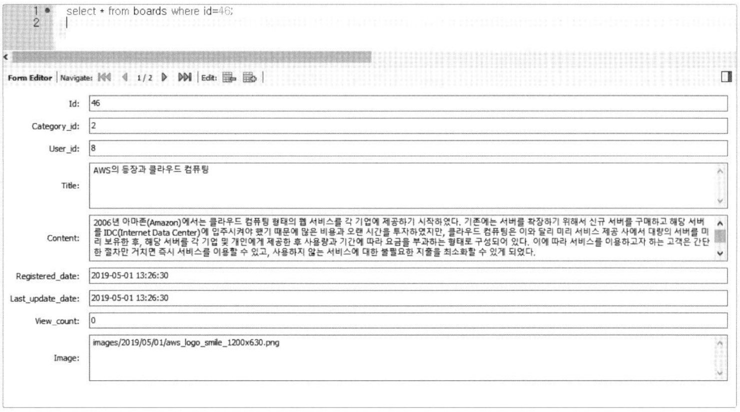

[그림 18-7] boards 테이블 저장 결과

[그림 18-7]와 같이 id 컬럼의 값은 자동으로 생성된 값을 나타내며, category_id, user_id는 board_categories 테이블과 auth_user 테이블에 등록된 카테고리, 사용자 ID 값을 저장한다. title, content, registered_date, last_update_date, view_count 컬럼의 값 역시 텍스트 및 날짜 형태로 저장된 것을 확인할 수 있다. 그리고 image 컬럼의 값은 'images/2019/05/01/aws_logo_smile_1200x630.png'의 텍스트 값으로 저장된 것을 확인할 수 있다. 즉, image 컬럼 역시 이미지 파일이 아닌 이미지 파일이 저장된 경로를 저장한 것으로 확인할 수 있다.

여기에서 models.py 파일의 Boards 모델을 다시 한번 살펴본다.

```
01:  class Boards(models.Model):
02:      category = models.ForeignKey(BoardCategories, models.DO_NOTHING)
03:      user = models.ForeignKey(User, models.DO_NOTHING)
04:      title = models.CharField(max_length=300)
05:      content = models.TextField()
06:      registered_date = models.DateTimeField(default=timezone.now)
07:      last_update_date = models.DateTimeField(default=timezone.now)
08:      view_count = models.IntegerField(blank=True, default=0)
09:      image = models.ImageField(upload_to="images/%Y/%m/%d", blank=True)
10:
11:      class Meta:
12:          managed = False
13:          db_table = 'boards'
```

Boards 모델의 image 필드는 models.ImageField를 사용한 것을 확인할 수 있으며, upload_to는 'images/%Y/%m/%d'의 값으로 구성되어 있다. 위와 같이 ImageField를 선언하게 될 경우, 이미지 파일을 첨부해서 저장할 때 DB 테이블에는 이미지 파일의 경로를 저장하고, 이미지 파일은 settings.py 파일의 MEDIA_ROOT 내에 upload_to에서 지정한 디렉토리를 생성하여 저장하게 된다.

이미지 파일이 저장되었는지를 확인하기 위해서 EC2 인스턴스의 파일 구조를 살펴보면 [그림 18-10]과 같이 나타나며, 지정된 경로에 올바르게 저장된 것을 확인할 수 있다.

[그림 18-8] 게시판 첨부 이미지 저장 경로 확인

[그림 18-8]과 같이 게시판 글쓰기를 통해서 등록된 게시물은 텍스트 정보는 DB 테이블에서 저장된 형태로 나타나며, 파일 및 이미지 정보에 대해서는 경로와 파일을 각각 저장하여 나타낸 것을 확인할 수 있다.

004. 게시판 조회 및 삭제

1. 게시판 조회 화면

게시판 조회는 작성된 게시물을 조회하기 위한 화면으로, 게시판 목록에서 제목을 클릭하면 게시물의 내용을 조회할 수 있다. 게시물에 대한 정보를 보여줌과 동시에 구현해야 할 기능은 조회 수처리가 있다. 조회 수 처리는 게시판을 조회하게 되면 조회 수가 올라가며, 로그인한 회원이 작성자와 동일할 경우에는 조회 수가 올라가면 안 되는 기능도 같이 구현한다.

1) 뷰(View) 제작 - BoardView

게시판 조회는 DetailView로부터 상속받은 BoardView클래스를 정의한 후 URL에서 정의한 게시물 id에 부합한 게시물 정보를 템플릿으로 전송한다. 또한 조회 수 증가 처리 기능도 수행해야 하므로, DetailView에 내장된 dispatch() 메소드를 오버라이딩하여 조회 수 증가 기능도 같이 구현한다.

■ **파일** – boardapp/views.py

```
01:  from django.views.generic import DetailView
02:
03:  class BoardView(DetailView):
04:      model = Boards
05:      template_name = 'board_view.html'
06:
07:      def dispatch(self, request, pk):
08:          obj = self.get_object()
09:          if request.user != obj.user:
10:              obj.view_count = obj.view_count + 1
11:              obj.save()
12:
13:          return render(request, self.template_name, {"object": obj})
```

- **1 Line**: DetailView는 django.views.generic 패키지에 있는 클래스로, DetailView 사용을 위해서 선언한다.
- **3 Line**: DetailView로부터 상속받은 클래스라는 것을 클래스 선언 시 명시한다.
- **4 Line**: BoardView 클래스의 모델로 Boards 모델을 사용한다.
- **5 Line**: BoardView 클래스의 템플릿 파일로 'board_view.html'을 사용한다.
- **7~13 Line**: dispatch() 메소드를 오버라이딩하여 재정의 하고, 파라미터는 self 변수와 요청 변수인 request, 그리고 Primary Key로 사용되는 pk를 사용한다.
- **8 Line**: self.get_object()는 DetailView의 메소드로, model 변수에서 지정한 Boards 모델의 pk 값에 해당되는 게시물 정보를 가지고 온다.
- **9~11 Line**: 로그인한 사용자(request.user)와 게시물 작성자(obj.user)가 동일하지 않을 경우에만 조회수를 추가하는 구문이며, view_count의 값을 1 증가시킨 후 저장하여 테이블의 데이터를 갱신한다.

2) 템플릿 제작 - board_view.html

게시판 조회는 앞서 설계한 내용을 바탕으로 [표 18-5]의 내용으로 구성한다.

[표 18-5] 일반 게시판 조회 구성요소

요소	내용	유형 및 파일
제목	게시물 제목	–
작성자	게시판 작성자 정보	–
날짜	게시판 작성 날짜 표시	–
조회 수	게시물 조회 수	–

요소	내용	유형 및 파일
내용	게시물 내용	–
이미지	게시물에 등록된 모든 이미지 조회	Image
목록 버튼	게시판 목록으로 페이지 이동	Link
게시판 수정	게시판 수정 버튼 링크	Button
게시판 삭제	게시판 삭제 버튼 링크	Button
게시물 ID	게시물 ID 요소	Hidden
게시판 유형	게시판 유형 요소	Hidden

게시판 조회는 게시물의 내용을 표시하고, 첨부 이미지가 있을 경우 이미지도 같이 표시하고 목록 링크도 제공한다. 수정, 삭제 링크도 표시되지만, 게시물 작성자가 아니면 수정 및 삭제를 할 수 없으므로, 작성자와 로그인한 회원의 일치 여부를 확인하여 표시 여부를 나타내도록 한다.

앞서 웹 애플리케이션 설계에서는 [표 15-22]에 게시판 조회 구성요소를 제시하였는데, [표 18-5]와 비교하면 게시판 추천, 댓글 등의 기능이 제외된 것을 알 수 있다. 웹 애플리케이션 구현 순서에 따라 Chapter 20의 댓글 및 추천 기능 구현 시 나타내겠다.

위 사항에 맞게 게시판 조회에 대한 템플릿을 다음과 같이 나타낸다.

■ **파일** – boardapp/templates/board_view.html

```
01:    {% extends "base.html" %}
02:
03:    {% block title %}{{ object.title }}{% endblock %}
04:
05:    {% block script %}
06:    {% load static %}<SCRIPT SRC = "{% static 'boardapp/assets/js/boards.js'
       %}"></SCRIPT>
07:    {% endblock %}
08:
09:    {% block content %}
10:    <div class="row block-center board">
11:        <div class="col-10">
12:            <div class="row">
13:                <div class="col-12 "><h4>{{ object.category.category_name }}</
       h4></div>
14:            </div>
15:            <div class="row border-top-line">
16:                <div class="col-9"><h2>{{ object.title }}</h2></div>
17:                <div class="col-3 right"><h4>조회 {{ object.view_count }}</h4></div>
```

```
18:            </div>
19:            <div class="row border-bottom-line">
20:                <div class="col-6"><h4>{{ object.user.last_name }}</h4></div>
21:                <div class="col-6 right"><h4>{{ object.registered_date|date:
    "Y-m-d H:i:s" }}</h4></div>
22:            </div>
23:            <div class="row">
24:                <div class="col-12 view-content">
25:                    <p class="content-box">{{ object.content }}</p>
26:                    {% if object.image %}<img src="{{ object.image.url }}"
    />{% endif %}
27:                </div>
28:            </div>
29:            <div class="row">
30:                <div class="col-12 right">
31:                    {% if object.user == user %}
32:                        <form action="{% url 'boarddeleteres' %}" method="POST"
    id="delete_form">
33:                        <input type="hidden" name="article_id" value="{{
    object.id }}" />
34:                        <input type="hidden" name="referer" value="board" />
35:                        {% csrf_token %}
36:                        <input type="button" onClick="location.href='{% url
    'boardlist' object.category.category_code %}'" value="목록" />
37:                        <input type="button" onClick="location.href='{% url
    'boardmodify' object.id %}'" value="수정" />
38:                        <input type="button" onClick="deleteClick()" value="삭제" />
39:                        </form>
40:                    {% else %}
41:                        <input type="button" onClick="location.href='{% url
    'boardlist' object.category.category_code %}'" value="목록" />
42:                    {% endif %}
43:                </div>
44:            </div>
45:        </div>
46: </div>
47: <div class="height-100"></div>
48: {% endblock %}
```

- 6 Line: JS 파일 사용을 위해서 boards.js 파일을 사용한다.
- 26 Line: 첨부 이미지가 있을 경우에는 이미지를 화면에 표시하며, 표시 주소는 image의 url 값으로 나타낸다. 첨부 이미지 및 URL 설정에 대해서는 게시판 기능 처리부분에서 다시 다룬다.

- 31~42 Line: 목록, 수정, 삭제 버튼을 나타내는 부분으로, 작성자와 로그인된 사용자가 동일할 경우 목록, 수정, 삭제 버튼을 모두 보여주는 반면, 동일하지 않을 경우에는 목록 버튼만 보여준다.
- 32~39 Line: 게시판 삭제는 Form을 사용한다. 다른 Form과는 달리 입력 양식 없이 Hidden 요소로만 구성되어 있다. 이는 게시판 삭제 진행 시 수정과 같이 단순한 링크 형태가 아닌 삭제 정보를 전송하고 처리하기 위해서 입력 양식 없이 Form 형태로 구성하였다. 삭제 요청은 'boarddeleteres' 페이지로 전송하며, 게시글 ID인 article_id, 일반/대화형 게시판 구분을 위한 referer, CSRF 방지 요청 코드를 Form의 정보로 전송한다. 삭제 처리는 deleteClick() 함수를 사용하여 요청을 보낸다.
- 37 Line: 게시판 수정은 'boardmodify' 웹페이지로 이동하며, 게시물의 id를 URL 구성요소로 한다.

3) Javascript 생성 - boards.py

boards.js 파일은 게시판 글쓰기에서 이미 생성한 바 있었으며, 해당 파일에 게시판 삭제를 위한 deleteClick() 함수를 추가로 구현한다.

■ **파일** – boardapp/static/boadapp/assets/js/boards.js

```
01:   function deleteClick(id) {
02:       if (confirm("삭제하시겠습니까?"))
03:       {
04:           $('#delete_form').submit();
05:       }
06:   }
```

게시판 조회에서 사용되는 deleteClick() 함수는 삭제 여부를 물어본 후, '예'를 선택할 경우 게시판 삭제 정보를 전송한다.

4) 게시판 조회 표시

JS 파일까지 모두 완성되었으면, 게시판 조회 웹페이지 제작은 모두 마쳤으며, [그림 18-9]과 같이 나타낸다.

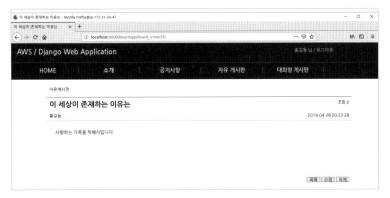

[그림 18-9] 게시판 조회 화면

2. 게시판 삭제 처리

게시판 조회에서는 게시물 삭제를 위해서 Form을 사용하여 삭제 데이터를 전송하는 방식을 사용하였으며, 이를 위한 대상 웹페이지로 board_delete_res를 지정하였다. 게시판 삭제는 입력 양식은 별도로 없지만, 게시물 삭제를 위한 Hidden 변수가 지정되어 있다. 그러므로 해당 변수를 전송하고 삭제 처리는 views.py 파일의 board_delete_result() 함수에서 구현한다.

1) 게시물 삭제 요청 정보 처리

게시판 삭제는 Form을 사용하여 전송되며, request.POST 형태로 삭제를 위한 데이터를 전송받는다.

```
01:  if request.method == "POST":
02:      article_id = request.POST['article_id']
03:      referer = request.POST['referer']
04:  else:
05:      article_id = -1
```

게시판 삭제 처리에서는 article_id 변수의 값으로, 게시물의 id값을 저장하며 그렇지 않을 경우에는 -1을 저장한다. -1은 게시판 글쓰기, 수정 웹페이지를 통해서는 절대로 저장될 수 없는 값이므로, 실제로는 아무 게시물도 삭제하지 않는다.

게시판 삭제 처리 역시 게시물 수정과 마찬가지로 Form 변수로 referer를 사용한다. 이는 게시물 삭제 처리도 board_delete_result() 함수가 일반 게시판과 대화형 게시판에서 모두 사용하는 함수라는 점에서 각 게시판별로 전송된 경로를 구분하는 용도로 사용된다.

2) 게시물 삭제 검증 및 페이지 이동

게시물 삭제를 위해서는 현재 로그인 중인 사용자가 삭제할 게시물의 등록자인지 검증하며, 일치할 경우에는 삭제를 진행하고 그렇지 않을 경우에는 에러 페이지를 호출한다.

```
01:    args={}
02:
03:    article = Boards.objects.get(id=article_id)
04:
05:    if request.user == article.user:
06:        article.delete()
07:
08:        redirection_page = '/boardapp/board_list/' + article.category.category_
    code + '/'
09:    else:
10:        redirection_page = '/boardapp/error/'
```

- **try-catch(1~10 Line)**: 게시물 삭제 과정에서 오류가 발생할 경우 예외처리를 수행하며, redirection_page 변수 값을 에러 페이지의 URL로 저장한다.
- **article(3 Line)**: 게시물을 삭제하기 위해서는 삭제될 게시물에 대한 QuerySet을 불러와야 하며, article 변수에 삭제 전 데이터를 저장한다.
- **사용자 검증(5 Line)**: 현재 로그인 중인 사용자와 게시물 등록자가 다를 경우에는 redirection_page 변수 값을 에러 페이지의 URL로 저장한다.
- **데이터 삭제(6 Line)**: 사용자 검증이 완료되었으면 delete() 메소드를 사용하에 게시물을 삭제한다. 삭제될 게시물은 Boards 모델의 Primary Key인 id 변수의 값을 찾아서 boards 테이블의 값을 삭제한다.
- **이동 페이지 지정(8 Line)**: 게시물 삭제가 완료되었을 경우에는 조회할 게시물이 없으므로, 게시물 목록 웹페이지로 이동한다. 삭제된 게시물의 cateogyr.category_code를 변수로 하여 게시판 목록으로 이동한다.

3) 게시판 삭제 처리 뷰(View) 전체 코드

최종 구현된 board_delete_result() 함수는 다음과 같다.

- **파일** – boardapp/views.py

```
01:    @login_required
02:    def board_delete_result(request):
03:        if request.method == "POST":
04:            article_id = request.POST['article_id']
```

```
05:        referer = request.POST['referer']
06:    else:
07:        article_id = -1
08:
09:    args={}
10:
11:    article = Boards.objects.get(id=article_id)
12:
13:    if request.user == article.user:
14:        article.delete()
15:
16:        redirection_page = '/boardapp/board_list/' + article.category.
    category_code + '/'
17:    else:
18:        redirection_page = '/boardapp/error/'
19:
20:    return redirect(redirection_page)
```

4) 게시판 삭제 예제

게시판 삭제 처리가 올바르게 이루어지는지를 확인하기 위해서, 게시물 삭제 예제를 수행한다. 삭제 비교를 위해서는 현재 게시판의 목록을 먼저 조회한 후, 삭제 이후의 게시판 목록을 다시 조회하는 형태로 진행한다.

현재 게시판 목록은 [그림 18-10]와 같이 나타나며, 46번 게시물에 대한 삭제를 진행한다.

[그림 18-10] 삭제 전 게시판 목록

삭제를 위해서 해당 게시물을 조회한 다음, 우측 하단의 '삭제'를 누른다.

[그림 18-11] 게시판 조회 페이지의 '삭제' 버튼

[그림 18-11]의 '삭제' 버튼을 누르면 게시물 삭제가 완료되며, 게시판 목록 화면에서 [그림 18-12]
와 같이 조회된다.

[그림 18-12] 삭제 후 게시판 목록

[그림 18-12]와 같이 46번 게시물이 삭제된 것을 확인할 수 있으며, 이에 알맞게 게시판 목록도
갱신된 것이 확인되었다.

005. 게시판 수정

1. 게시판 수정 화면

게시판 수정은 작성된 게시물의 내용을 변경하기 위한 화면으로, 게시물 조회 화면에서 '수정' 버튼을 클릭하면 게시물을 수정할 수 있다. 게시판 수정은 게시물의 내용을 보여주고, 수정할 내용을 입력하여 전송한다.

1) 뷰(View) 제작 - BoardModifyView

게시판 수정은 게시판 조회와 동일하게 DetailView로부터 상속받은 BoardModifyView를 정의한 후, URL에서 정의한 게시물 id에 부합한 게시물 정보를 템플릿으로 전종한다. 게시물 수정은 수정 외에 다른 기능은 없으므로 DetailView의 기능을 그대로 구현한다.

■ **파일** – boardapp/views.py

```
01:  class BoardModifyView(DetailView):
02:      model = Boards
03:      template_name = 'board_modify.html'
```

2) 템플릿 제작 - board_modify.html

게시판 수정은 앞서 설계한 내용을 바탕으로 [표 18-6]의 내용으로 구성한다.

[표 18-6] 일반 게시판 수정 구성요소

요소	내용	유형 및 파일
작성자	게시판 입력자 정보	–
제목	게시물 제목	Text
내용	게시물 내용	Textarea
현재 이미지	현재 등록된 이미지	–
이미지 첨부	신규 또는 변경할 이미지 첨부	Image
카테고리	현재 카테고리 요소	Hidden
게시판 수정	게시판 수정 버튼	Button
수정 취소	게시판 수정 취소 버튼	Button
게시물 ID	수정 게시물 ID	Hidden
수정 참조	일반/대화형 게시판의 게시물 여부	Hidden

게시판 수정은 게시판 글쓰기와는 다른 점으로, 이미지 첨부 시 현재 첨부된 이미지가 있을 경우 어떤 이미지인지를 표시한다.

위 사항에 맞게 게시판 수정에 대한 템플릿을 다음과 같이 나타낸다.

■ **파일** – boardapp/templates/board_modify.html

```
01: {% extends "base.html" %}
02:
03: {% block title %}{{ object.category.category_name }} - 게시물 수정 {% endblock %}
04:
05: {% block script %}
06: {% load static %}<SCRIPT SRC = "{% static 'boardapp/assets/js/boards.js'
    %}"></SCRIPT>
07: {% if user.username == "" or object.user.id != user.id %}
08: <SCRIPT>
09:     alert('잘못된 접근입니다.');
10:     location.href="{% url 'main' %}";
11: </SCRIPT>
12: {% endif %}
13: {% endblock %}
14:
15: {% block content %}
16: <div class="row block-center board">
17:     <div class="col-10">
18:         <form id="modify_form" action="{% url 'boardmodifyres' %}" method=
    "POST" enctype="multipart/form-data">
19:         <input type="hidden" name="id" value="{{ object.id }}" />
20:         <input type="hidden" name="referer" value="board" />
21:         {% csrf_token %}
22:         <div class="row">
23:             <div class="col-12"><h4>{{ object.category.category_name }} -
    게시물 수정</h4></div>
24:         </div>
25:         <div class="row border-top-line">
26:             <div class="col-1 right"><p>작성자</p></div>
27:             <div class="col-11"><p>{{ user.last_name }}</p></div>
28:         </div>
29:         <div class="row border-top-line">
30:             <div class="col-1 right"><p>작성일</p></div>
31:             <div class="col-11"><p>{{ object.registered_date|date:"Y-m-d"
    }}</p></div>
32:         </div>
33:         <div class="row">
```

```
34:                    <div class="col-1 right"><p>제목</p></div>
35:                    <div class="col-11"><input type="text" name="title" id="title"
    class="form-width-90" value="{{ object.title }}" /></div>
36:            </div>
37:            <div class="row height-400">
38:                    <div class="col-1 right"><p class="middle">내용</p></div>
39:                    <div class="col-11"><textarea name="content" id="content"
    class="form-width-90">{{ object.content }}</textarea></div>
40:            </div>
41:            <div class="row">
42:                    <div class="col-1 right"><p class="middle">이미지</p></div>
43:                    <div class="col-11">
44:                        <div class="row">
45:                            <div class="col-12">현재 등록된 파일: {{ object.image.name
    }}</div>
46:                        </div>
47:                        <div class="row">
48:                            <div class="col-12"><input type="file" name="img_file"
    accept="image/gif, image/jpeg, image/png"/></div>
49:                        </div>
50:                    </div>
51:            </div>
52:            <div class="row">
53:                    <div class="col-12 center">
54:                        <input type="button" onClick="modifySend()" value="수정" />
55:                        <input type="button" onClick="location.href='{% url
    'boardview' object.id %}'" value="취소" />
56:                    </div>
57:            </div>
58:            </form>
59:        </div>
60: </div>
61: {% endblock %}
```

- **6 Line**: JS 파일 사용을 위해서 boards.js 파일을 사용한다.
- **7~12 Line**: 로그인되어 있지 않은 사용자가 접속했을 때에는 경고 창을 표시한 후, 메인화면으로 이동한다.
- **18 Line**: Form 요청 처리를 위한 웹페이지로 'boardmodifyres'를 사용하며, 이미지 첨부파일 수정을 위해서 'multipart/for-data'를 사용한다.
- **45 Line**: 현재 첨부된 이미지 파일은 image.name 변수를 사용한다.
- **54 Line**: 게시물 수정이 완료되면 modifySend() 함수를 사용하여 전송한다.
- **55 Line**: 작성 취소 시에는 게시물 조회 화면으로 되돌아간다.

3) Javascript 생성 - boards.js

boards.js 파일은 게시판과 관련된 모든 기능을 가진 JS 파일이므로, 게시판 수정 전송을 위한 modifySend() 함수를 추가하여 아래 코드와 같이 나타낸다.

■ **파일** – boardapp/static/boadapp/assets/js/boards.js

```
01:    function modifySend() {
02:        if (!$('#title').val())
03:        {
04:            alert("제목을 입력해 주시기 바랍니다.");
05:            return;
06:        }
07:
08:        if (!$('#content').val())
09:        {
10:            alert("내용을 입력해 주시기 바랍니다.");
11:            return;
12:        }
13:
14:        $('#modify_form').submit();
15:    }
```

- 2~6 Line: 제목을 입력하지 않으면 전송할 수 없다.
- 7~11 Line: 내용을 입력하지 않으면 전송할 수 없다.

게시판 글쓰기에서 사용되는 modifySend() 함수는 간단한 검증을 수행하므로, 코드 역시 간단하게 구현한다.

2. 게시판 수정 처리

게시판 수정 웹페이지에서는 Form 전송 대상 웹페이지로 board_modify_res를 지정하였다. board_modify_res는 게시판 수정 처리를 위한 웹페이지로, views.py 파일의 board_modify_result() 함수에서 구현한다. 게시판 수정에서 사용되는 게시물은 이미지 첨부를 포함하고 있으므로, 이미지 처리도 같이 수행한다.

1) 게시물 수정 요청 정보 처리

게시판 수정은 게시판 글쓰기와 마찬가지로 Form을 사용하여 전송되며, 뷰에서도 역시 동일하게 첨부파일을 포함하고 있으므로 텍스트 정보는 request.POST, 첨부파일은 request.FILES 형태로 전송받는다.

```
01:  if request.method == "POST":
02:      title = request.POST['title']
03:      content = request.POST['content']
04:      article_id = request.POST['id']
05:      referer = request.POST['referer']
06:      try:
07:          img_file = request.FILES['img_file']
08:      except:
09:          img_file = None
10:  else:
11:      title = None
```

게시판 수정 처리가 게시판 글쓰기 처리와 다른 점은 Form 데이터 전송 시 기존에 등록된 게시물의 id도 request.POST 변수 형태로 전송받는 것이다. 또한 article_id 변수에 수정 게시물의 id 값을 저장한다.

그리고 게시물 수정 페이지에서는 Form의 변수로 'referer'를 사용한다. referer 변수는 게시판 유형이 일반 게시판인지, 대화형 게시판인지를 구분하기 위한 코드다. 위의 코드에서는 referer 변수의 값으로 'board'를 저장한다. referer 변수는 게시물 수정을 위해서 사용되는 변수이기 보다는, board_modify_result() 함수가 일반 게시판, 대화형 게시판에서 모두 사용하는 함수라는 점에서 각 게시판별로 전송된 경로를 구분하는 용도로 사용된다.

2) 게시물 수정 검증 및 페이지 이동

게시물 수정을 위해서는 현재 로그인 중인 사용자 정보와 제목, 내용, 그리고 수정 게시물의 ID가 모두 있어야 한다. 왜냐하면 로그인되지 않은 사용자가 게시물을 수정해서는 안되는 데다가, 제목과 내용을 처음 등록했을 때에는 내용이 있었지만 수정하면서 제목과 내용이 없으면 역시 수정되어서는 안 되기 때문이다. 그리고 수정 게시물의 ID가 없으면 어떤 게시물을 수정하는지 알 수 없기 때문에 역시 게시물 ID도 있어야 한다.

그리고 게시물 수정은 또 한 번의 검증을 거치는데, 이는 게시물 등록자와 현재 접속 중인 사용자가 같은 사용자인지를 확인하는 절차이다. 게시물 수정은 작성자 본인만 수정할 수 있으므로, 이에 대한 검증도 수행해야 한다.

```
01:  try:
02:      if request.user and title and content and article_id:
03:          article = Boards.objects.get(id=article_id)
04:
05:          if article.user != request.user:
06:              redirection_page = '/boardapp/error/'
```

```
07:        else:
08:            article.title=title
09:            article.content=content
10:            article.last_update_date=timezone.now()
11:
12:            if img_file:
13:                article.image = img_file
14:                article.save()
15:                redirection_page = '/boardapp/board_view/' + article_id + '/'
16:
17:        else:
18:            redirection_page = '/boardapp/error/'
19:   except:
20:       redirection_page = '/boardapp/error/'
```

- **try—catch(1~20 Line)**: 게시물 등록 과정에서 오류가 발생할 경우 예외처리를 수행하며, redirection_page 변수 값을 에러 페이지의 URL로 저장한다.
- **article(3 Line)**: 게시물을 수정하기 위해서는 수정 이전의 게시물에 대한 QuerySet을 불러와야 하며, article 변수에 수정 전 데이터를 저장한다.
- **사용자 검증(5~6 Line)**: 현재 로그인 중인 사용자와 게시물 등록자가 다를 경우에는 redirection_page 변수 값을 에러 페이지의 URL로 저장한다.
- **데이터 수정(8~10 Line)**: 수정 이전의 데이터가 저장된 article 변수의 title, content의 값을 수정된 값으로 변경하며, 수정일자인 last_update_date의 값도 현재 시간으로 변경한다.
- **이미지 수정(12~13 Line)**: 수정할 이미지가 있을 경우에는 article.image 변수를 수정할 이미지로 변경하고, 그렇지 않을 경우에는 변경하지 않는다.
- **수정 데이터 저장(14 Line)**: article.save() 메소드를 사용하여 수정될 게시물을 저장한다. 게시물 등록 시에는 id가 없는 신규 데이터이므로 boards 테이블에도 신규 입력을 하는 반면, 수정 처리에서는 기존 데이터를 먼저 불러와서 article 변수에 저장한 후 모델 필드의 값을 변경하였으므로 기존의 테이블 데이터를 갱신한다. save() 메소드는 Primary Key인 id의 값에 따라서 신규 입력과 기존 데이터 수정 여부를 자동으로 판단하여 연결된 DB 테이블에 이를 반영한다.
- **이동 페이지 지정(15 Line)**: 게시물 수정이 완료되었을 경우에는 게시물 조회 웹페이지로 이동하며, 수정된 게시물의 id를 URL의 변수로 하여 해당 게시물을 조회한다.

3) 게시판 수정 처리 뷰(View) 전체 코드

최종 구현된 board_modify_result() 함수는 다음과 같다.

■ **파일** – boardapp/views.py

```
01:  @login_required
```

```
02:   def board_modify_result(request):
03:       if request.method == "POST":
04:           title = request.POST['title']
05:           content = request.POST['content']
06:           article_id = request.POST['id']
07:           referer = request.POST['referer']
08:           try:
09:               img_file = request.FILES['img_file']
10:           except:
11:               img_file = None
12:       else:
13:           title = None
14:
15:       args={}
16:
17:       try:
18:           if request.user and title and content and article_id:
19:               article = Boards.objects.get(id=article_id)
20:
21:               if article.user != request.user:
22:                   redirection_page = '/boardapp/error/'
23:               else:
24:                   article.title=title
25:                   article.content=content
26:                   article.last_update_date=timezone.now()
27:
28:                   if img_file:
29:                       article.image = img_file
30:
31:                   article.save()
32:
33:                   redirection_page = '/boardapp/board_view/' + article_id + '/'
34:
35:           else:
36:               redirection_page = '/boardapp/error/'
37:       except:
38:           redirection_page = '/boardapp/error/'
39:
40:       return redirect(redirection_page)
```

4) 게시판 수정 예제

게시판 수정 처리가 올바르게 이루어지는지를 확인하기 위해서 게시물 수정 예제를 수행한다.
[그림 18-8]의 게시물을 수정하기 위해 게시물 조회 화면으로 들어간 후 게시판 수정 페이지로
들어간다.

[그림 18-13] 게시판 수정 화면 - 수정 전

[그림 18-13]에서 제목, 내용을 수정하고, 이미지 파일도 수정하기 위하여 EC2 인스턴스에 이미
저장된 이미지 파일을 선택하여 [그림 18-12]와 같이 수정한다.

[그림 18-14] 게시판 수정 화면 - 수정 후

[그림 18-14]와 같이 수정 후 '수정' 버튼을 누르면 게시물 수정이 완료되며, 게시판 조회 화면에서 [그림 18-15]와 같이 조회된다.

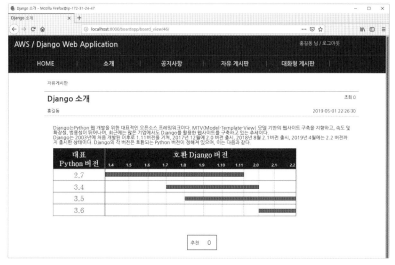

[그림 18-15] 수정된 게시물 내용 조회

수정 전 게시물인 [그림 18-8]과 비교했을 때 [그림 18-15]의 게시물은 제목, 내용, 이미지가 모두 수정된 것을 확인할 수 있으며, 수정된 이미지가 저장된 경로도 [그림 18-16]과 같이 확인한다.

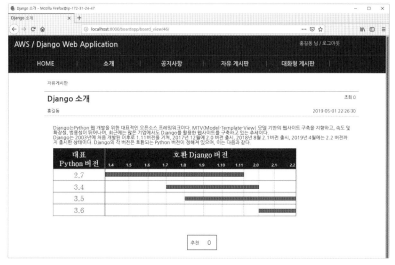

[그림 18-16] 게시판 첨부 이미지 저장 경로 확인

[그림 18-16]에 나타난 것과 같이, 기존에 저장된 이미지 파일은 그대로 유지된 상태로 변경된 이미지 파일이 신규로 저장된 것을 확인할 수 있다. 그러나 DB 테이블에서는 변경된 이미지의 경로가 저장되어 있으므로, 변경 전 이미지 파일은 더 이상 사용할 수 없다. 첨부파일 관리 시에는 이러한 사항에 유의하여 파일에 대한 지속적인 모니터링을 수행하는 것을 권장한다.

Chapter 18에서는 일반 게시판의 게시판 목록, 글쓰기, 조회 및 삭제, 수정 기능을 다룬 웹페이지를 구현하였다. 게시판은 Django에서 제공하는 패키지 및 모듈을 사용하여 구현하지만, 개발자가 원하는 형태로 표시하고 처리하기 위해서는 각 기능별로 뷰, 템플릿, URL을 설정하여 알맞게 나타낼 수 있어야 한다.

19 대화형 게시판 구현

CHAPTER

001. 대화형 게시판 웹페이지 구성

1. 게시판 웹페이지 설정

앞서 Chapter 18에서는 일반 게시판에 대한 웹페이지를 구성하였다. 일반 게시판은 목록 화면과 내용 화면을 별도로 구분하여 나타내는 화면으로 구성되어 있지만, 최근에는 블로그와 SNS처럼 하나의 화면에서 목록, 내용, 댓글, 추천 등의 모든 기능을 실시간으로 조회하는 게시판도 다수 있다.

이 장에서는 이러한 게시판의 형태를 일부 갖추고자 '대화형 게시판'이라는 이름으로 게시판을 생성하고자 한다.

앞서 [표 16-2]에서는 웹페이지 명, View 명칭 및 URL을 정의하였으며, 정의된 내용에 따라 대화형 게시판에서 사용할 설정을 다음 [표 19-1]과 같이 다시 한 번 확인한다.

[표 19–1] 대화형 게시판 웹페이지 설정

구분	웹페이지	웹페이지명	View 명	URL
일반 게시판	게시판 목록	boardlist	board_list_page	board_list/
	게시판 글쓰기	boardwrite	board_write_page	board_write/
	게시판 글쓰기 처리	boardwriteres	board_write_result	boare_write_res/
	게시판 조회	boardview	**BoardView**	board_view/
	게시판 삭제 처리	boarddeleteres	board_delete_result	board_delete_res/
	게시판 수정	boardmodify	**BoardModifyView**	board_modify/
	게시판 수정 처리	boardmodifyres	board_modify_result	board_modify_res/

[표 19-1]에서 게시판 삭제 처리 및 수정 처리는 Chapter 18의 일반 게시판 삭제 및 수정 처리에서 사용됐던 웹페이지를 사용한다.

2. 대화형 게시판 URL 설정

[표 19-1]과 같이 웹페이지 설정 내용을 확인했다면 이에 맞게 urls.py 파일의 URL 설정을 진행한다. URL 설정은 웹페이지별로 한 줄로 간단하게 표현되므로, 구현 기능을 단위로 하여 일괄 제작한다.

■ 파일 – boardapp/urls.py

```
01:  from django.urls import path
02:  from django.contrib.auth import views as auth_views
03:  from boardapp.views import *
04:
05:  urlpatterns = [
05:      path('', main_page, name='main'),
06:      path('login/', auth_views.LoginView.as_view(template_name='login.
     html'), name='login'),
07:      path('logout/', auth_views.LogoutView.as_view(), name='logout'),
08:      path('password_change/', auth_views.PasswordChangeView.as_view
     (template_name='password_change.html'), name='password_change'),
09:      path('password_change_done/', auth_views.PasswordChangeDoneView.as_
     view(template_name='password_change_done.html'), name='password_change_done'),
10:      path('user_register/', user_register_page, name='register'),
11:      path('user_register_idcheck/', user_register_idcheck, name='registeridcheck'),
12:      path('user_register_res/', user_register_result, name='registerres'),
13:      path('user_register_completed/', user_register_completed, name=
     'registercompleted'),
14:      path('board_list/', board_list_page, name='boardlist'),
15:      path('board_list/<category>/', board_list_page, name='boardlist'),
16:      path('board_write/<category>/', board_write_page, name='boardwrite'),
17:      path('board_write_res/', board_write_result, name='boardwriteres'),
18:      path('board_view/<int:pk>/', BoardView.as_view(), name='boardview'),
19:      path('board_delete_res/', board_delete_result, name='boarddeleteres'),
20:      path('board_modify/<int:pk>/', BoardModifyView.as_view(), name=
     'boardmodify'),
21:      path('board_modify_res/', board_modify_result, name='boardmodifyres'),
22:      path('comm_list/<category>/', board_comm_list_page, name='commlist'),
23:      path('comm_view/<int:pk>/', BoardCommView.as_view(), name='commview'),
24:      path('comm_modify/<int:pk>/', BoardCommModifyView.as_view(), name=
     'commmodify'),
25:  ]
```

위 파일은 Chapter 18의 일반 게시판에서 설정했던 urls.py 파일에 대화형 게시판 URL 설정을 위한 구문을 22~24 Line에 새롭게 추가하였으며, 대화형 게시판 목록, 조회, 수정 화면에 대한 웹 페이지를 지정한다.

- 22~24 Line: 일반 게시판 목록, 조회, 수정 페이지와 동일하게 게시판 목록은 category 변수를 사용하여 현재 카테고리를 입력하고, 게시판 조회, 수정은 Primary Key를 사용하여 조회 및 수정하려는 게시물 번호를 입력한다. 또한 대화형 게시판에서는 카테고리 구분 없이 전체 목록을 보여주는 기능을 구현하지 않을 예정이므로, 일반 게시판 목록과 같이 카테고리가 들어가지 않는 주소는 나타내지 않는다.

002. 게시판 목록 및 글쓰기

1. 게시판 목록 웹페이지 구성

대화형 게시판은 일반 게시판과 달리 게시판 목록 및 내용, 댓글, 추천 정보 등 게시판과 관련된 모든 정보를 한 화면에 표시한다. 그 중에서 게시판 조회과 추천, 댓글 목록은 부분화면으로 구현하므로 부분화면 표시를 위한 영역만 설정한다. 대화형 게시판은 구성요소가 다른 웹페이지에 비해서 복잡하게 구성되어 있으므로, 뷰와 템플릿별로 설명하기보다는 각 기능 요소별로 설명한다.

대화형 게시판 목록은 앞서 설계한 내용을 바탕으로 [표 19-2]의 내용으로 구성한다.

[표 19-2] 대화형 게시판 목록 구성요소

세부 요소		내용	유형 및 파일
게시판 글쓰기	작성자	게시물 작성자	–
	제목	**게시판 글쓰기 제목 요소**	Text
	내용	게시판 글쓰기 내용 요소	Textarea
	이미지	**게시판 글쓰기 이미지 요소**	Image
	카테고리	게시판 글쓰기 현재 카테고리 요소	Hidden
	입력	게시판 글쓰기를 위한 버튼	Button
게시물 내용		게시물별 내용 기능 요소	(View) commview
게시판 추천		게시물별 추천 기능 요소	(View) boardlike
게시판 댓글		게시물별 댓글 구성 요소	(View) replylist
게시물 댓글입력	내용	댓글 입력의 내용 요소	Textarea
	입력	댓글 입력을 위한 버튼	Button
	참조 게시물	댓글이 달린 게시물	Hidden
	단계	댓글의 단계 표시, 0으로 입력	Hidden
페이지 조회		현재 페이지 및 최대 5개 페이지 조회로, 클릭 시 해당 페이지 목록 조회 링크 추가	Link

[표 19-2]의 내용을 바탕으로 한 게시판 목록 및 글쓰기 웹페이지의 본문 영역은 다음과 같이 나타나며, [그림 19-1]과 같이 표현된다.

```
01:   {% block content %}
02:   <div class="row block-center board">
03:       <div class="col-8">
04:           /* 게시판 카테고리 표시 */
05:           <div class="row" style="height: 50px">
06:               <div class="col-12 "><h3>{{ board_category.category_name }}</
```

```
h3></div>
07:          </div>
08:
09:          /* 게시판 글쓰기 영역 */
10:          {% if user.username and user.is_superuser >= board_category.authority %}
11:          <div class="write-box">
12:               ...
13:          </div>
14:          {% endif %}
15:
16:          /* 게시판 목록 영역 */
17:          <!-- List Block -->
18:          {% for article in articles %}
19:               /* 게시판 내용 영역 */
20:               <div class="article-view" data-id="{{ article.id }}"></div>
21:
22:               /* 게시판 추천 영역 */
23:               <div class="article-like" data-id="{{ article.id }}"></div>
24:
25:               /* 게시판 댓글 영역 */
26:               <div class="row">
27:                    <div class="col-12 article-reply" data-id="{{ article.id
     }}"></div>
28:               </div>
29:
30:               /* 게시판 댓글 입력 영역 */
31:               {% if user.username %}
32:               <div class="write-box">
33:                    ...
34:               </div>
35:               {% endif %}
36:
37:          {% empty %}
38:               <div class="row">
39:                    <div class="col-12 center">
40:                         <p>현재 등록된 게시물이 없습니다.</p>
41:                    </div>
42:               </div>
43:          {% endfor %}
44:
45:          /* 페이지 영역 */
46:          <div class="row">
47:               ...
```

Chapter 19 대화형 게시판 구현   393

```
48:          </div>
49:       </div>
50:   </div>
51: <div class="height-100"></div>
52:
53: {% endblock %}
```

[그림 19-1] 대화형 게시판 목록 화면 구조

대화형 게시판 목록은 크게 게시판 글쓰기 - 게시물 목록 - 페이지 영역으로 구분된다. 그 중 게시물 목록은 게시물 내용 - 게시판 추천 - 댓글 목록 - 댓글 입력 영역으로 다시 구분된다. 그리고 게시판 추천, 댓글 목록, 댓글 입력은 Chapter 20에서 대화형 게시판의 추가 기능으로 구현한다.

이 장에서는 게시판 글쓰기, 게시물 조회, 페이지 표시를 게시판 목록의 구성요소로 한다. 또한 게시판 글쓰기 처리도 게시판 목록의 기능으로 구현하므로 이에 대한 부분도 같이 구현한다.

2. 게시물 목록

게시물 목록은 대화형 게시판 목록을 구성하는 가장 중요한 부분이다. 게시물 조회, 게시판 추천, 댓글 목록, 댓글 입력을 반복 표시하는 기능을 수행한다.

1) 게시물 목록 구성

게시물 목록은 [그림 19-1]과 같이 게시물 조회, 게시판 추천, 댓글 목록, 댓글 입력으로 구성되어 있다. 그 중에서 게시판 추천, 댓글 목록, 댓글 입력은 Chapter 20에서 추가 구현할 예정이므로, 먼저 게시물 조회에 대한 부분을 구현한다.

이에 따라 대화형 게시판의 게시물 목록은 일반 게시판의 게시물 목록과는 다르게 게시물 정보를 불러오지 않는 대신 게시물 조회 부분화면을 불러온다. 게시물에 대한 정보는 게시물 조회 부분화면에서 일괄 구현한다.

일반 게시판과 대화형 게시판의 게시물 목록은 별도의 뷰를 사용하지만, 목록을 불러오는 방식은 동일하다. 그러므로 대화형 게시판 목록은 일반 게시판과 유사한 형태로 데이터를 불러오며, 다음과 같이 구성한다.

```
articles = Boards.objects.filter(category__category_code=category).order_
by('-id')
```

일반 게시판과 동일하게 게시물 목록 데이터는 articles 변수에 저장한다. 하지만 게시물 조회 수나 추천 수 등의 추가 정보는 게시물 목록에서 표시하거나 관리하지 않으므로, annotate() 메소드 사용 없이 기본적인 filter(), order_by() 메소드만 사용한다. 이렇게 해서 카테고리별로 등록된 역순대로 게시물 목록 데이터를 구성한다.

2) 템플릿 제작

게시물 목록의 게시물 조회는 부분화면으로 표시된다. 하지만 URL 설정에서와 같이 조회할 게시물 ID를 파라미터로 하며, 파라미터에 들어가는 값은 게시물 목록에서 게시물 조회 시 전송한다. 즉 게시물 조회는 별도의 부분화면으로 구현되더라도, 어떤 게시물을 조회할 것인지는 게시물 목록에서 지정하도록 되어 있다. 그리고 이에 대한 값은 뷰로부터 전송받은 articles 변수를 사용한다.

위 사항에 맞게 게시물 목록을 나타낸 템플릿은 다음과 같다.

■ **파일** – boardapp/templates/board_comm_list.html

```
01:  {% for article in articles %}
02:      <div class="article-view" data-id="{{ article.id }}"></div>
03:  {% empty %}
04:      <div class="row">
05:          <div class="col-12 center">
06:              <p>현재 등록된 게시물이 없습니다.</p>
07:          </div>
08:      </div>
09:  {% endfor %}
```

- **1 Line**: 일반 게시판의 게시물 목록 조회와 동일하게 게시물 목록 데이터인 articles 변수에 대한 반복문을 수행한다.
- **2 Line**: 게시물 조회 영역을 나타내는 문장이다.
- **3~8 Line**: 게시물이 없을 경우 표시하는 구문이다.

앞서 언급했던 내용과 같이, 게시판 추천, 댓글 목록, 댓글 입력은 게시물 목록의 기능으로 분류되지만, Chapter 20에서 구현할 예정이라 하였다. 이에 따라 위 코드 역시 게시물 조회 영역만 나타낸다.

게시물 조회는 부분화면으로 구현되어 있어 〈div〉 태그를 사용하여 영역을 선언하지만, 코드를 자세히 보면 class와 data-id 속성이 부여되어 있음을 알 수 있다.

HTML에서 class 속성은 CSS 스타일을 나타내기 위한 속성으로 많이 사용된다. 하지만 위 코드에서는 게시물 조회를 위한 부분화면을 지정하기 위한 속성으로 사용된다. 왜냐하면 게시물 조회 부분화면은 게시물 목록에서 나타낸 개수에 따라서 반복적으로 화면에 표시되는데다가, JS에서 특정 태그의 속성을 찾아서 반복을 수행하기 때문이다. class 속성은 이러한 특정 태그의 속성을 나타내기 위한 용도로 사용된다. 여기에서는 스타일을 지정하지는 않지만, 추후 필요시에는 스타일을 지정하는 용도로도 혼용하여 사용할 수 있다.

data-id는 HTML의 사용자 정의 속성으로, HTML5에서는 'data-#'의 형태로 특정 데이터를 나타내기 위해서 사용된다. data-id의 값은 뷰에서 전송된 articles 변수의 반복문 변수인 article.id를 사용한다. 이는 각 게시물의 ID 값으로 게시물 조회 부분화면 구현 시 article.id를 전송하여 게시물 조회 부분화면 URL의 파라미터로 사용된다.

3) Javascript 제작

위의 템플릿에서 설명했던 것처럼, 게시물 목록에서 게시물 조회를 구현하기 위해서는 특정 class 속성의 data-id 값을 가지고 게시물을 조회해야 한다. 이러한 기능은 jQuery 문법을 사용하여 Ajax로 나타낸다. 게시판 목록 페이지 로딩 시에 구현해야 하므로, $(document).ready() 함수를 사용하여 다음과 같이 나타낸다.

■ **파일** – boardapp/static/boadapp/assets/js/boards.js

```
01:  $(document).ready(function() {
02:      $('.article-view').each(function() {
03:          var article_id = $(this);
04:          $.ajax({
05:              type: "GET",
06:              url: "/boardapp/comm_view/"+$(this).data('id'),
07:              success: function(response) {
```

```
08:                    article_id.html(response);
09:                },
10:            });
11:        });
12:    });
```

- **2 Line**: $('.article-view')는 class가 'article-view'인 모든 HTML 태그를 나타낸다. 템플릿 파일에서는 게시물 목록 내에서 "class='article-view'"의 형태로 게시물 조회 부분화면을 나타냈기 때문에 해당 부분화면을 뜻한다. each() 함수는 반복문을 수행하기 위한 함수로, "class='article-view'" 에 해당되는 모든 HTML 태그에 대한 반복문을 수행한다.

- **3 Line**: article_id 변수를 선언하는 부분으로, 현재 반복문에서 사용 중인 특정 태그를 나타내는 $(this) 변수를 저장한다. article_id 변수를 사용하는 이유는 Ajax에서 요청에 대한 응답 처리를 할 때 사용되는 함수(function)가 each() 반복문에서 사용되는 $(this) 변수를 사용하지 않기 때문이다. 그래서 별도의 변수를 선언하여 처리하기 위한 용도로 사용된다.

- **5 Line**: Form을 통해서 전송하는 유형이 아닌 URL을 호출하는 형태이므로 GET 방식을 사용한다.

- **6 Line**: 대화형 게시판 조회 부분화면의 URL은 '/boardapp/comm_view/'를 사용한다. 파라미터로 게시물 ID를 전송하므로, 현재 태그의 data-id 속성값인 $(this).data('id')를 입력한다.

- **7~9 Line**: 요청에 대한 응답 성공 시 실행하는 함수다. response 파라미터를 사용하여 대화형 게시판 조회 부분화면에 대한 템플릿 파일을 article_id 변수의 HTML로 표현한다.

위와 같이 Ajax를 사용하여 부분화면을 구현하면 특정 템플릿 파일을 특정 태그의 HTML로 나타낼 수 있다.

4) 페이지 표시

페이지 표시는 일반 게시판 목록에서 사용되는 페이지 목록과 동일한 기능으로 일반 게시판의 페이지 표시와 동일하게 구성한다.

① 페이지 기능 구성

페이지 표시 기능은 일반 게시판의 페이지 기능과 동일한 내용으로 뷰를 구성하며, 다음과 같이 나타낸다.

■ **파일** – boardapp/views.py

```
01: ...
02:
03: paginator = Paginator(articles, list_count)
04: try:
```

```
05:        page = int(request.GET['page'])
06:    except:
07:        page = 1
08:
09:    articles = paginator.get_page(page)
10:    page_count = 10
11:    page_list = []
12:    first_page = (math.ceil(page/page_count)-1)*page_count+1
13:    last_page = min([math.ceil(page/page_count)*page_count, paginator.num_
       pages])
14:    for i in range(first_page, last_page+1):
15:        page_list.append(i)
16:
17:    ...
18:    args.update({"articles":articles})
19:    args.update({"page_list":page_list})
20:
21:    return render(request, 'board_comm_list.html', args)
```

② 템플릿 제작

대화형 게시판의 페이지 표시 템플릿 역시 일반 게시판의 페이지 표시와 동일하므로, 템플릿도
뷰와 마찬가지로 동일하게 구성한다.

■ **파일** – boardapp/templates/board_comm_list.html

```
01:    <div class="row">
02:        <div class="col-12 margin-10 center">
03:        {% if articles.has_previous %}
04:        <span>
05:            <a href="?page=1">&laquo; 처음</a>
06:            <a href="?page={{ articles.previous_page_number }}">이전</a>
07:        {% endif %}
08:
09:        {% for page in page_list %}
10:            {% if page == articles.number %}
11:                {{ page }}
12:            {% else %}
13:                <a href="?page={{ page }}">{{ page }}</a>
14:            {% endif %}
15:        {% endfor %}
16:
17:        {% if articles.has_next %}
```

```
18:            <a href="?page={{ articles.next_page_number }}">다음</a>
19:            <a href="?page={{ articles.paginator.num_pages }}">마지막 &raquo;</a>
20:        {% endif %}
21:        </span>
22:        </div>
23:    </div>
```

3. 게시판 글쓰기

1) 웹페이지 구성

게시판 글쓰기는 게시물을 작성하기 위한 기능이다. 일반 게시판의 글쓰기 화면과는 구성 자체가 다르기 때문에 [표 19-3]과 같이 게시판 유형별 글쓰기 기능을 먼저 비교한다.

[표 19-3] 게시판 유형별 게시판 글쓰기 기능 비교

구분	대화형 게시판 글쓰기	게시판 게시판 글쓰기
구현 단위	웹페이지 내 특정 구역(부분화면 아님)	웹페이지
구현 웹페이지	board_comm_list_page	board_write_page
Form 전송 대상	board_comm_list_page	board_write_result
전송 데이터	제목, 내용, 이미지, CSRF	카테고리, 제목, 내용, 이미지, CSRF

[표 19-3]과 같이 대화형 게시판의 글쓰기는 일반 게시판의 게시판 글쓰기 웹페이지와는 달리 게시판 목록 웹페이지의 부분 영역으로 표시한다. 그리고 게시판 글쓰기 처리는 별도의 웹페이지가 아닌 게시판 목록 웹페이지에서 처리한다. 이는 대화형 게시판의 글쓰기 처리가 완료되면 게시판 목록을 갱신해서 다시 보여주는 형태로 이루어지므로, 별도의 웹페이지에서 처리하기보다는 대화형 게시판 목록에서 처리하고 바로 목록을 보여주는 것이 바람직하기 때문이다.

Chapter 18에서 나타냈던 것과 같이 일반 게시판 글쓰기는 웹페이지에 대한 뷰를 정의할 때 응답 정보로 board_category라는 게시판 카테고리 정보를 템플릿에 전송한다. 반면에 대화형 게시판 글쓰기는 카테고리 정보를 따로 다루지 않으므로, 게시판 목록 웹페이지에서 구현할 뷰에서는 게시판 글쓰기 기능 구현을 위한 코드를 생략한다.

2) 템플릿 제작

게시판 글쓰기 기능 구현을 위해서 뷰에서 처리할 기능은 없지만, 화면에는 글쓰기 영역을 화면으로 표시해야 하므로 다음과 같이 나타낸다.

```
01: {% load static %}<SCRIPT SRC = "{% static 'boardapp/assets/js/boards.js'
    %}"></SCRIPT>
02:
03: ...
04:
05: {% if user.username %}
06: <div class="write-box">
07:     <form action="." method="POST" id="write_form" enctype="multipart/
    form-data">
08:     {% csrf_token %}
09:     <div class="row">
10:         <div class="col-1 right"><p>등록자</p></div>
11:         <div class="col-11"><p>{{ user.last_name }}</p></div>
12:     </div>
13:     <div class="row">
14:         <div class="col-1 right"><p>제목</p></div>
15:         <div class="col-11">
16:             <input type="text" name="title" id="title" class="form-width-
    90" />
17:         </div>
18:     </div>
19:     <div class="row height-200">
20:         <div class="col-1 right"><p class="middle">내용</p></div>
21:         <div class="col-11">
22:             <textarea name="content" id="content" class="form-width-90"></
    textarea>
23:         </div>
24:     </div>
25:     <div class="row">
26:         <div class="col-1 right"><p class="middle">이미지</p></div>
27:         <div class="col-11">
28:             <input type="file" name="img_file" accept="image/gif, image/
    jpeg, image/png" />
29:         </div>
30:     </div>
31:     <div class="row">
32:         <div class="col-12 center">
33:             <input type="button" onClick="writeSend()" value="등록" />
34:             <input type="reset" value="취소" />
35:         </div>
36:     </div>
```

```
37:        </form>
38:    </div>
39: {% endif %}
```

- **1 Line**: 대화형 게시판 목록의 글쓰기 기능은 JS를 사용하므로, boards.js 파일을 불러온다. boards.js 파일은 일반 게시판에서 사용되던 JS이지만 대화형 게시판에서도 같은 JS 파일을 불러온다.

- **5 Line**: 대화형 게시판 목록은 게시판 글쓰기, 게시물 목록, 페이지 목록 등의 정보를 표시하는 웹페이지이다. 게시물 및 페이지 목록은 누구나 조회가 가능한 웹페이지이지만, 게시판 글쓰기는 로그인된 사용자만 작성할 수 있어야 한다. 이에 따라 템플릿 파일에서는 if 절을 사용하여 로그인된 사용자가 있는지 유무를 판단하여 화면에 표시한다. 만약 로그인 중인 사용자가 아닐 경우에는 글쓰기 기능을 표시하지 않는다.

- **7 Line**: Form의 대상 전송 페이지는 '.'으로 자기 자신 페이지를 나타낸다. 게시판 글쓰기 처리 기능 구현을 현재의 웹페이지에서 수행하므로, 대화형 게시판 목록 웹페이지에서는 게시판 글쓰기 처리 기능도 같이 구현해야 한다. 이는 아래에서 다시 다룬다.

- **33 Line**: 게시물 등록을 위해서 writeSend() 함수를 사용한다. writeSend() 함수는 일반 게시판 글쓰기 웹페이지의 게시물 등록에 사용되는 함수와 동일한 함수다. 즉, 게시물 등록은 일반 게시판과 대화형 게시판의 구분 없이 같은 JS 파일의 같은 함수를 사용하여 처리하는 것을 뜻한다. writeSend() 함수를 살펴보면 다음과 같다.

■ **파일** – boardapp/static/boadapp/assets/js/boards.js

```
01: function writeSend() {
02:     if (!$('#title').val())
03:     {
04:         alert("제목을 입력해 주시기 바랍니다.");
05:         return;
06:     }
07:
08:     if (!$('#content').val())
09:     {
10:         alert("내용을 입력해 주시기 바랍니다.");
11:         return;
12:     }
13:
14:     $('#write_form').submit();
15: }
```

writeSend() 함수는 일반 게시판 글쓰기의 JS파일 제작 시 이미 구현했던 함수다. 제목 및 내용에 대한 검사와 게시물 작성 Form을 전송하는 부분으로 구현되어 있다. 대화형 게시판 글쓰기에도 동일한 기능을 수행하므로 코드의 추가 또는 변경 없이 그대로 사용한다.

3) 게시판 글쓰기 처리

앞서 게시판 글쓰기 기능에서 다루었던 것과 같이, 대화형 게시판 글쓰기 처리는 대화형 게시판 목록 웹페이지에서 구현한다.

① 게시판 글쓰기 오류 처리

일반 게시판과 대화형 게시판의 글쓰기 처리의 가장 큰 차이는 글쓰기 처리 오류 발생에 따른 에러 처리 방식을 들 수 있다.

일반 게시판에서는 글쓰기 처리에 오류가 발생할 경우 에러 페이지를 호출하여 이동하지만, 대화형 게시판에서는 글쓰기 처리에 오류가 발생하였다고 해서 에러 페이지를 호출하지 않는다. 그 대신 에러 메시지를 표시한 후 게시판 목록 웹페이지를 다시 표시한다.

위와 같이 에러가 발생하지 않는 이유는 대화형 게시판의 글쓰기는 독립된 웹페이지가 아닌 게시판 목록의 일부분이기 때문이다. 글쓰기에서 오류가 발생하였다고 해서 에러 페이지로 이동하게 되면 게시판 목록을 조회할 수 없으므로 게시판 목록을 다시 표시한다.

② 게시판 글쓰기 처리

게시판 글쓰기 처리는 앞서 설명한 것과 같이 오류 처리 방식의 차이가 있다. 하지만 그 외의 글쓰기 처리 기능은 일반 게시판의 글쓰기 처리와 유사하며, 다음과 같이 코드를 구현한다.

■ **파일** – boardapp/views.py

```
01:  def board_comm_list_page(request, category):
02:      error_flag = False
03:
04:      if request.method == "POST":
05:          title = request.POST['title']
06:          content = request.POST['content']
07:          try:
08:              img_file = request.FILES['img_file']
09:          except:
10:              img_file = None
11:
12:          try:
13:              board_category = BoardCategories.objects.get(category_code=
     category)
```

```
14:
15:            if request.user and title and content and request.user.is_
    superuser >= category.authority :
16:                article = Boards(category=board_category, user=request.
    user, title=title, content=content, image=img_file)
17:                article.save()
18:            else:
19:                error_flag = True
20:        except:
21:            error_flag = True
22:
23:    args = {}
24:    args.update({"error_flag": error_flag})
25:
26:    return render(request, 'board_comm_list.html', args)
```

- 1 Line: 대화형 게시판 글쓰기 처리는 대화형 게시판 목록 웹페이지에서 구현하므로, board_
  comm_list_page() 함수 내에서 구현한다.
- 2 Line: error_flag 변수는 게시판 글쓰기 오류 처리를 위한 변수다. 기본값은 False를 사용하며,
  오류 발생 시 변수 값을 True로 나타낸다.
- 4~10 Line: 게시판 글쓰기 데이터를 전송받는 부분이다. 일반 게시판 글쓰기 데이터를 전송받
  는 방식과 유사하지만, 대화형 게시판에서는 카테고리에 대한 정보를 전송받지 않는다. 그 대신
  board_comm_list_page() 함수의 파라미터인 category 변수를 사용한다.
- 13 Line: category 변수를 사용하여 카테고리에 대한 정보를 board_category 변수에 저장하는
  부분이다. 일반 게시판 글쓰기 처리와 동일하지만, category 변수가 request.POST['category']
  가 아닌, board_comm_list_page()의 파라미터인 category 변수라는 점에 유의한다.
- 18~21 Line: 오류 발생 시 에러 페이지로 이동하지 않는 대신 error_flag의 값을 True로 저장
  한다.
- 24~26 Line: 게시판 글쓰기의 성공 여부와는 무관하게, 템플릿 파일은 대화형 게시판 목록 템
  플릿 파일인 board_comm_list.html 파일을 사용한다. 그리고 에러 여부를 나타내는 error_flag
  를 템플릿 파일로 전송한다.

③ 게시판 글쓰기 오류 표시

대화형 게시판에서는 글쓰기 오류 발생 시 오류 페이지로 이동하지 않는다. 대신 error_flag의 값
을 변경하며 템플릿에 error_flag 변수를 전송한다. 템플릿에서는 error_flag의 값에 따라서 경고
메시지를 표시하며, 다음과 같이 나타낸다.

■ **파일** – boardapp/templates/board_comm_list.html

```
01:  {% if error_flag == True %}
02:  <SCRIPT>alert('게시물 등록에 실패했습니다.')</SCRIPT>
03:  {% endif %}
```

error_flag가 True일 경우에는 경고 메시지를 표시하며, False이거나 없을 경우에는 경고 메시지를 표시하지 않는다. 경고 메시지를 표시하는 것 외에는 추가로 수행하는 기능은 없다는 점도 참고한다.

대화형 게시판의 글쓰기 처리는 대화형 게시판 목록 웹페이지에서 구현된다. 이후 대화형 게시판 목록 웹페이지에 대한 최종 뷰를 구현할 때 위에서 구현된 코드를 참고하여 진행한다.

4. 게시판 목록, 글쓰기 구현 코드

① 구현 뷰(View) – board_comm_list_page
대화형 게시판 목록 웹페이지 개발을 위하여 게시판 글쓰기, 글쓰기 처리, 목록 및 페이지 표시에 대한 뷰와 템플릿을 구현하였다. 위에서 구현된 내용을 바탕으로 하여 다음과 같이 코드를 제작한다.

■ **파일** – boardapp/views.py

```
01:  def board_comm_list_page(request, category):
02:      error_flag = False
03:
04:      if request.method == "POST":
05:          title = request.POST['title']
06:          content = request.POST['content']
07:          try:
08:              img_file = request.FILES['img_file']
09:          except:
10:              img_file = None
11:
12:
13:          try:
14:              board_category = BoardCategories.objects.get(category_code=
      category)
15:
16:              if request.user and title and content and request.user.is_
      superuser >= category.authority :
17:                  article = Boards(category=board_category, user=request.
```

```
                    user, title=title, content=content, image=img_file)
18:                      article.save()
19:               else:
20:                    error_flag = True
21:          except:
22:               error_flag = True
23:
24:      articles = Boards.objects.filter(category__category_code=category).
     order_by('-id')
25:      board_category = BoardCategories.objects.get(category_code=category)
26:
27:      paginator = Paginator(articles, board_category.list_count)
28:
29:      if request.GET.get('page'):
30:          page = int(request.GET.get('page'))
31:      else:
32:          page = 1
33:
34:      articles = paginator.get_page(page)
35:
36:      page_count = 10
37:      page_list = []
38:      first_page = (math.ceil(page/page_count)-1)*page_count+1
39:      last_page = min([math.ceil(page/page_count)*page_count, paginator.num_
     pages])
40:      for i in range(first_page, last_page+1):
41:          page_list.append(i)
42:
43:      args = {}
44:      args.update({"error_flag": error_flag})
45:      args.update({"articles":articles})
46:      args.update({"board_category":board_category})
47:      args.update({"page_list":page_list})
48:
49:      return render(request, 'board_comm_list.html', args)
```

② 구현 템플릿 - board_comm_list.html

■ 파일 – boardapp/templates/board_comm_list.html

```
01: {% extends "base.html" %}
02:
03: {% block title %}{{ article.title }}{% endblock %}
```

```
04:
05:    {% block script %}
06:    {% load static %}<SCRIPT SRC = "{% static 'boardapp/assets/js/boards.js'
       %}"></SCRIPT>
07:    {% if error_flag == True %}
08:    <SCRIPT>alert('게시물 등록에 실패했습니다.')</SCRIPT>
09:    {% endif %}
10:    {% endblock %}
11:
12:    {% block content %}
13:    <div class="row block-center board">
14:        <div class="col-8">
15:            <div class="row" style="height: 50px">
16:                <div class="col-12 "><h3>{{ board_category.category_name }}</
       h3></div>
17:            </div>
18:
19:            <!-- Write Block -->
20:            {% if user.username and user.is_superuser >= board_category.
       authority %}
21:            <div class="write-box">
22:                <form action="." method="POST" id="write_form" enctype=
       "multipart/form-data">
23:                {% csrf_token %}
24:                <div class="row">
25:                    <div class="col-1 right"><p>등록자</p></div>
26:                    <div class="col-11"><p>{{ user.last_name }}</p></div>
27:                </div>
28:                <div class="row">
29:                    <div class="col-1 right"><p>제목</p></div>
30:                    <div class="col-11"><input type="text" name="title" id=
       "title" class="form-width-90" /></div>
31:                </div>
32:                <div class="row height-200">
33:                    <div class="col-1 right"><p class="middle">내용</p></div>
34:                    <div class="col-11"><textarea name="content" id="content"
       class="form-width-90"></textarea></div>
35:                </div>
36:                <div class="row">
37:                    <div class="col-1 right"><p class="middle">이미지</p></div>
38:                    <div class="col-11"><input type="file" name="img_file"
       accept="image/gif, image/jpeg, image/png" /></div>
39:                </div>
```

```
40:                  <div class="row">
41:                      <div class="col-12 center">
42:                          <input type="button" onClick="writeSend()" value="등록" />
43:                          <input type="reset" value="취소" />
44:                      </div>
45:                  </div>
46:              </form>
47:          </div>
48:          {% endif %}
49:
50:          <!-- List Block -->
51:          {% for article in articles %}
52:              <div class="article-view" data-id="{{ article.id }}"></div>
53:              <div class="article-like" data-id="{{ article.id }}"></div>
54:
55:              <!-- Reply Block -->
56:              <div class="row">
57:                  <div class="col-12 article-reply" data-id="{{ article.id
     }}"></div>
58:              </div>
59:
60:              <!-- Reply Write Block -->
61:              <!-- 구현 예정 -->
62:          {% empty %}
63:              <div class="row">
64:                  <div class="col-12 center">
65:                      <p>현재 등록된 게시물이 없습니다.</p>
66:                  </div>
67:              </div>
68:          {% endfor %}
69:
70:          <!-- Page Block -->
71:          <div class="row">
72:              <div class="col-12 margin-10 center">
73:                  {% if articles.has_previous %}
74:                  <span>
75:                      <a href="?page=1">&laquo; 처음</a>
76:                      <a href="?page={{ articles.previous_page_number }}">이전</a>
77:                  {% endif %}
78:
79:                  {% for page in page_list %}
80:                      {% if page == articles.number %}
81:                          {{ page }}
```

```
82:                    {% else %}
83:                        <a href="?page={{ page }}">{{ page }}</a>
84:                    {% endif %}
85:                {% endfor %}
86:
87:                {% if articles.has_next %}
88:                    <a href="?page={{ articles.next_page_number }}">다음</a>
89:                    <a href="?page={{ articles.paginator.num_pages }}">
    마지막 &raquo;</a>
90:                {% endif %}
91:                </span>
92:            </div>
93:        </div>
94:    </div>
95: </div>
96: <div class="height-100"></div>
97:
98: {% endblock %}
```

댓글 입력 영역은 대화형 게시판 목록 템플릿에서 표현되지만, 게시판 기능별 분류를 위해서 Chapter 20에서 구현하도록 한다.

이상으로 댓글, 추천 기능을 제외한 대화형 게시판 목록 웹페이지를 위와 같이 구현했다. 결과가 제대로 표시되는지에 대한 테스트도 진행해야 하나, 대화형 게시판 목록에서는 게시물 조회 부분화면도 구현되어야 한다. 그러므로 화면 표시 예제는 다음에 다룰 게시판 조회 부분화면 구현할 때 나타내도록 한다.

003. 게시판 조회 및 삭제 처리

1. 게시판 조회 부분화면

게시판 조회는 작성된 게시물을 조회하기 위한 화면으로, 대화형 게시판에서는 게시판 목록 조회 시 게시물 내용도 동시에 조회할 수 있다. 대화형 게시판에서는 일반 게시판과는 다르게 전체 목록을 보여주고 조회 수를 따로 나타내지 않으므로 조회 수에 대한 처리도 수행하지 않는다.

1) 뷰(View) 제작 - BoardCommView

대화형 게시판 조회는 일반 게시판 조회와 동일하게 DetailView로부터 상속받은 BoardCommView 클래스를 정의한 후, URL에서 정의한 게시물 id에 부합한 게시물 정보를 템플릿으로 전송한다. 일반 게시판 조회와는 달리 게시물 조회 수 증가 처리 부분이 없으므로 DetailView의 기능을 그대로 구현하며, 아래와 같이 모델과 템플릿 파일을 지정한다.

■ **파일** – boardapp/views.py

```
01:   class BoardCommView(DetailView):
02:       model = Boards
03:       template_name = 'board_comm_view.html'
```

2) 템플릿 제작 - board_comm_view.html

대화형 게시판 조회는 앞서 설계한 내용을 바탕으로 [표 19-4]의 내용으로 구성한다.

[표 19-4] 대화형 게시판 조회 구성요소

요소	내용	유형 및 파일
제목	게시물 제목	–
작성자	게시판 입력자 정보	–
날짜	게시판 입력 날짜 표시	–
조회 수	게시물 조회 수	–
내용	게시물 내용	–
이미지	게시물에 등록된 모든 이미지 조회	Image
목록 버튼	게시판 목록으로 페이지 이동	Link
게시판 수정	게시판 수정 버튼 링크	Button
게시판 삭제	게시판 삭제 버튼 링크	Button
게시물 ID	게시물 ID 요소	Hidden
게시판 유형	게시판 유형 요소	Hidden

대화형 게시판 조회는 일반 게시판과 동일하게 게시물 정보를 보여주고, 첨부 이미지가 있을 경우 같이 표시하면서 관련된 링크도 제공한다. 하지만 일반 게시판 조회와는 달리, 하나의 독립된 웹페이지 화면이 아닌 게시판 목록 웹페이지의 부분화면으로 제공된다. 그래서 기본 레이아웃과 JS 파일을 불러오지 않고 화면에 표시될 내용 부분만 구현한다.

앞서 대화형 게시판 목록 템플릿에서는 게시판 조회를 위한 영역을 다음과 같이 구성한 바 있었다.

■ **파일** – boardapp/templates/board_comm_list.html

```
01:   ...
02:
```

```
03:    <!-- List Block -->
04:        {% for article in articles %}
05:            <div class="article-view" data-id="{{ article.id }}"></div>
06:
07:    ...
```

게시판 조회 화면은 "〈div class='article-view'〉" 내부의 HTML로 표시되므로, 화면에 대한 템플릿을 작성할 때에도 해당 사항에 유의한다. 템플릿은 다음과 같이 구현한다.

■ **파일** – boardapp/templates/board_comm_list.html

```
01:    <div class="row border-top-line">
02:        <div class="col-12"><h2>{{ object.title }}</h2></div>
03:    </div>
04:    <div class="row border-bottom-line">
05:        <div class="col-6"><h4>
06:            <span style="padding-right: 30px">{{ object.user.last_name }}</span>
07:            <span>{{ object.registered_date|date:"Y-m-d H:i:s" }}</span>
08:        </h4></div>
09:        <div class="col-6 right">
10:            {% if object.user == request.user %}
11:                <form action="{% url 'boarddeleteres' %}" method="POST" data-
    id="{{ object.id }}">
12:                    <input type="hidden" name="article_id" value="{{ object.id }}" />
13:                    <input type="hidden" name="referer" value="comm" />
14:                    {% csrf_token %}
15:                    <p>
16:                        <span style="cursor:pointer" onClick="modifyClick({{ object.id
    }})">수정</span>
17:                        <span style="cursor:pointer" onClick="deleteClick({{ object.id
    }})">삭제</span>
18:                    </p>
19:                </form>
20:            {% endif %}
21:        </div>
22:    </div>
23:    <div class="row">
24:        <div class="col-12 view-content-comm">
25:            <p>{{ object.content }}</p>
26:            {% if object.image %}<img src="{{ object.image.url }}" />{% endif %}
27:        </div>
28:    </div>
```

- 11~19 Line: 게시판 삭제를 위해서 사용되는 Form으로, 일반 게시판과 동일한 형태로 구성한다.
- 13 Line: 일반 게시판 조회에서는 게시판 구분을 위한 referer 변수의 값을 'board'로 지정했다. 그러나 대화형 게시판 조회에서는 referer 변수의 값을 'comm'으로 지정해서 전송하는 웹페이지가 어떤 게시판 유형인지를 구분한다.
- 16 Line: 게시판 수정은 modifyClick() 함수를 사용한다. 일반 게시판 수정은 게시물 정보를 포함한 URL로 이동하는 형태다. 반면에 대화형 게시판 수정은 JS 함수를 사용하여 이동한다. 이는 일반 게시판에서는 게시판 조회, 수정이 하나의 화면으로 구성되어 있지만, 대화형 게시판에서는 게시물을 수정하면 기존의 게시물 조회 영역을 수정 영역으로 변경하게 되기 때문이다. 그래서 Ajax를 사용하여 페이지 화면을 변경해야 하므로 이에 대한 처리를 진행한다.
- 17 Line: 게시판 삭제는 deleteClick() 함수를 사용한다. 일반 게시판 삭제에서 사용하는 boards. js 파일의 deleteClick() 함수와 동일하다. 그러나 대화형 게시판 목록 웹페이지에서는 한 화면에 구성되는 Form이 여러 개이므로, 어떤 Form을 사용할 것인지를 추가로 지정해야 한다. 이에 따라 deleteClick() 함수도 위 사항을 감안하여 함수 내용을 변경한다.

3) Javascript 추가 및 변경

Javascript는 게시판 수정을 위한 modifyClick() 함수를 새로 구현하고, 게시판 삭제를 위한 deleteClick() 함수를 수정한다. 구현은 다음과 같다.

① 게시판 수정(modifyClick() 함수)

게시판 수정은 게시판 조회에서 '수정'을 눌렀을 때 나타나며, 게시판 조회 부분화면을 게시판 수정 부분화면으로 변경되는 형태로 이루어진다. 이에 따라 게시판 수정 화면은 게시판 조회 화면이 위치해 있는 화면을 찾은 후 해당 화면을 변경하는 형태로 진행된다.

■ **파일** – boardapp/static/boadapp/assets/js/boards.js

```
01:  function modifyClick(id) {
02:        $.ajax({
03:           type: "GET",
04:           url: "/boardapp/comm_modify/"+id,
05:           success: function(response) {
06:              $(".article-view[data-id="+id+"]").html(response);
07:           },
08:        });
09:  }
```

modifyClick() 함수는 파라미터로 수정 게시물의 ID를 입력받는다. 그리고 Ajax를 사용하여 게시판 조회 영역(class='article-view', data-id=id)의 내용을 게시물 수정을 위한 템플릿으로 변경

시킨다.

② 게시판 삭제(deleteClick())

게시판 삭제는 일반 게시판 삭제 시 수행되는 deleteClick() 함수를 사용하지만, 대화형 게시판 목록 웹페이지에서는 Form을 사용하는 영역이 다수 존재한다. 그러므로 함수 내용도 이에 맞게 변경한다.

■ **파일** – boardapp/static/boadapp/assets/js/boards.js

```
01:  function deleteClick(id) {
02:      if (confirm("삭제하시겠습니까?"))
03:      {
04:          if (!id)
05:          {
06:              $('#delete_form').submit();
07:          } else {
08:              $("form[data-id="+id+"]").submit();
09:          }
10:      }
11:  }
```

변경된 부분은 4~8 Line으로 다음과 같다.

- **일반 게시판 삭제**: deleteClick() 함수 호출 시 파라미터를 전송하지 않는다. 그러므로 if절 조건 인 '!id' (id가 없는 경우)을 만족시키기 때문에 $('#delete_form')의 Form을 전송한다.
- **대화형 게시판 삭제**: 파라미터를 전송하여 if절 조건을 만족시키기 못하므로, data-id가 파라미 터로 넘어온 게시물의 ID인 Form을 전송한다.

2. 게시판 삭제 처리

대화형 게시판 삭제 처리는 일반 게시판 삭제 처리와 동일한 형태로 이루어진다. 일반 게시판에 서는 게시물 삭제를 위해서 게시물 ID 정보를 삭제 처리 웹페이지로 전송하며, 대화형 게시판 역 시 동일한 형태로 전송한다.

하지만 한 가지 차이가 있다면 삭제 요청을 보내는 웹페이지의 요청 정보 변수값이다. 일반 게 시판 조회화면에서는 referer 변수의 값이 'board'인 반면, 대화형 게시판 조회 부분화면에서는 referer 변수의 값이 'comm'으로 나타난다. 이는 삭제 후 조회할 페이지를 다르게 구성하기 위한 변수이며, 삭제 처리 웹페이지인 board_delete_res() 뷰에서도 해당 부분을 반영하여 다음과 같 이 내용을 변경한다.

```
01:   @login_required
02:   def board_delete_result(request):
03:       if request.method == "POST":
04:           article_id = request.POST['article_id']
05:           referer = request.POST['referer']
06:       else:
07:           article_id = -1
08:
09:       args={}
10:
11:       article = Boards.objects.get(id=article_id)
12:
13:       if request.user == article.user:
14:           article.delete()
15:
16:           if referer == "board":
17:               redirection_page = '/boardapp/board_list/' + article.category.
      category_code + '/'
18:           else:
19:               redirection_page = '/boardapp/comm_list/' + article.category.
      category_code + '/'
20:       else:
21:           redirection_page = '/boardapp/error/'
22:
23:       return redirect(redirection_page)
```

변경된 부분은 16~19 Line이다. 일반 게시판의 삭제 처리에서는 삭제 후 이동할 페이지로 '/boardapp/board_list/'의 특정 카테고리로 지정했지만, 대화형 게시판은 referer 변수를 사용하여 삭제 후 이동할 페이지로 '/boardapp/comm_list/'를 추가하였다. 동일한 웹페이지에서 삭제 처리를 수행하기 때문이다.

3. 게시판 목록 및 조회, 삭제 예제 화면

1) 게시판 목록 및 조회 화면

현재까지 진행된 내용에 따라 대화형 게시판의 목록, 글쓰기, 글쓰기 처리, 조회 및 삭제에 대한 웹페이지를 모두 구현하였으면, 올바르게 나타나는지 예제를 수행한다. 먼저 대화형 게시판 목록 및 조회 화면이 올바르게 나타나는지를 확인한다.

대화형 게시판 목록 화면은 게시판 글쓰기 - 게시물 목록 및 조회 - 페이지 영역 순서로 화면에 표시되며, 게시판 글쓰기 영역은 [그림 19-2]와 같이 나타난다.

[그림 19-2] 대화형 게시판 목록 화면(글쓰기 영역 표시)

게시판 글쓰기 영역은 일반 게시판 글쓰기와 다르게 배경색이 회색으로 설정되어 있지만, 화면 구성요소는 똑같이 표시되어 있음을 확인할 수 있다.

게시물 목록과 페이지 영역은 게시판 글쓰기 영역 하단에 있으며, [그림 19-3]과 같이 나타난다.

[그림 19-3] 대화형 게시판 목록 화면(게시물 목록, 페이지 영역 표시)

게시물 목록 영역은 현재 조회 중인 카테고리의 페이지별로 등록된 게시물의 수만큼을 반복해서 화면에 표시해주며, 게시물 목록에 포함된 게시판 조회 부분화면도 [그림 19-3]과 같이 화면에 표시된 것을 확인할 수 있다.

페이지 표시는 [그림 19-3]의 가장 아래에 '1 2 다음 마지막 〉'으로 표시된 부분으로, 일반 게시판 목록의 페이지 표시와 동일한 형태로 나타난 것을 확인할 수 있다.

2) 게시판 글쓰기 처리

대화형 게시판 목록 웹페이지는 게시판 글쓰기 처리도 같이 수행하므로 게시판 글쓰기 처리가 올바르게 되는지를 확인해야 한다. 게시판 글쓰기는 [그림 19-2]와 같이 나타난다. 글쓰기가 완료된 후에는 게시판 목록 화면을 갱신하여 등록된 게시물을 확인할 수 있다.

[그림 19-4]는 게시판 글쓰기를 위해 입력된 내용과 가장 첫 번째 게시물의 제목을 나타낸다. 게시물 등록 순서는 뷰에서 정의했던 것과 같이, 가장 최신에 작성된 글이 가장 먼저 표시된다. 현재 작성중인 게시물이 정상적으로 글쓰기 등록이 이루어지면 방금 등록한 게시물이 목록의 가장 첫 번째에 조회된다.

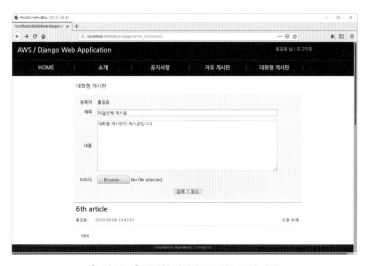

[그림 19-4] 대화형 게시판 목록의 글쓰기 화면

글쓰기가 완료되면 [그림 19-5]와 같이 글쓰기 내용이 반영된 것을 확인할 수 있다.

[그림 19-5] 글쓰기 내용이 반영된 대화형 게시판 목록

3) 게시판 삭제 처리

게시물 조회 구현 시 삭제 처리도 같이 진행했으므로 삭제가 올바르게 진행되는지도 수행한다. 예제는 현재 작성된 게시물 중 하나를 대상으로 진행한다.

[그림 19-6] 대화형 게시판 목록

[그림 19-6]과 같은 화면에서 게시물 하나에 대한 삭제를 진행한다. 삭제는 현재 조회된 게시물의 ID를 Form 정보로 구성하여 전송한다.

게시물 삭제가 완료되었으면 게시판 목록이 갱신되며, [그림 19-7]과 같이 해당 게시물이 없는 것을 확인할 수 있다.

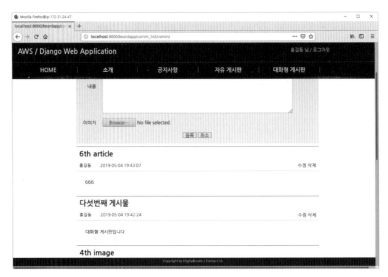

[그림 19-7] 삭제 처리가 반영된 대화형 게시판 목록

004. 게시판 수정 및 처리

1. 게시판 수정 부분화면

게시판 수정은 작성된 게시물의 내용을 변경하기 위한 화면역의 내용이 게시물 수정 템플릿으로 변경된다. 게시물에서 수정할 내용 입력을 완료하면, 게시판 수정 처리 페이지로 수정 내용을 전송한 후 변경된 내용을 반영한 게시물을 조회할 수 있다.

1) 뷰(View) 제작 - BoardCommModifyView

대화형 게시판 수정은 일반 게시판 수정과 달리 부분화면으로 구현되므로 레이아웃은 다르게 구성된다. 하지만 뷰에서 게시판 모델(Boards)의 게시물 ID를 가지고 해당 게시물의 내용을 조회하고 수정하는 화면을 제공하므로, 구성 방식은 일반 게시판 수정과 동일하다. 그러므로 일반 게시판 수정과 마찬가지로 DetailView의 기능을 상속받아서 그대로 구현한다.

```
01:  class BoardCommModifyView(DetailView):
02:      model= Boards
03:      template_name = 'board_comm_modify.html'
```

2) 템플릿 제작 - board_comm_modify.html

게시판 수정은 앞서 설계한 내용을 바탕으로 [표 19-5]의 내용으로 구성한다.

[표 19-5] 대화형 게시판 수정 구성요소

요소	내용	유형 및 파일
작성자	게시판 입력자 정보	–
제목	게시물 제목	Text
내용	게시물 내용	Textarea
현재 이미지	현재 등록된 이미지	–
이미지 첨부	신규 또는 변경할 이미지 첨부	Image
카테고리	현재 카테고리 요소	Hidden
게시판 수정	게시판 수정 버튼	Button
수정 취소	게시판 수정 취소 버튼	Button
게시물 ID	수정 게시물 ID	Hidden
수정 참조	일반/대화형 게시판의 게시물 여부	Hidden

대화형 게시판 수정 부분화면도 일반 게시판 수정 화면과 동일한 요소로 구성되어있으며, 다만 수정 참조 부분의 값이 'board'에서 'comm'으로 변경된다는 차이만 있다. 또한 게시판 조회와 마찬가지로 부분화면으로 구성되어 있어서 기본 레이아웃 및 JS 파일을 불러오는 부분은 제외하고 화면에 표시할 내용으로만 나타낸다.

■ **파일** – boardapp/templates/board_comm_modify.html

```
01: <form action="" method="POST" data-type="modify" data-id="{{ object.id }}"
    enctype="multipart/form-data">
02:     {% csrf_token %}
03:     <input type="hidden" name="id" value="{{ object.id }}" />
04:     <input type="hidden" name="referer" value="comm" />
05:     <div class="row border-top-line">
06:         <div class="col-12">
07:             <input type="text" name="title"class="form-width-90" value="{{
    object.title }}" />
08:         </div>
09:     </div>
10:     <div class="row border-bottom-line">
11:         <div class="col-12"><h4>12:                    <span style="padding-
    right: 30px">{{ object.user.last_name }}</span>
13:             <span>{{ object.registered_date|date:"Y-m-d" }}</span>
14:     </h4></div>
15:     </div>
16:     <div class="row height-200">
17:         <div class="col-12 view-content-comm">
18:             <textarea name="content" class="form-width-90">
19:                 {{ object.content }}
20:             </textarea>
21:         </div>
22:     </div>
23:     <div class="row">
24:         <div class="col-12 view-content-comm">
25:             현재 등록된 파일: {{ object.image.name }}<BR /><BR />
26:             <input type="file" name="img_file" accept="image/gif, image/
    jpeg, image/png"/>
27:         </div>
28:     </div>
29:     <div class="row">
30:         <div class="col-12 center">
31:             <input type="button" onClick="modifyCommSend({{ object.id }})"
    value="수정" />
```

```
32:                    <input type="button" onClick="modifyCancel({{ object.id }})"
     value="취소" />
33:            </div>
34:        </div>
35:  </form>
```

- **1 Line**: 게시판 수정을 위한 Form을 선언하는 부분이지만, 대화형 게시판 수정 웹페이지는 대화형 게시판 목록 웹페이지의 부분화면으로 나타난다. 그러므로 웹페이지에서 조회되는 Form은 여러 개로 구성되어 있다. 그래서 data-type, data-id 속성을 입력하여 어떤 Form을 사용할 것인지를 구분해야 한다.
- **4 Line**: 일반 게시판 수정에서는 referer 변수의 값이 'board'였지만, 대화형 게시판에서는 'comm'으로 입력한다.
- **31 Line**: 게시물 수정정보 전송은 modifyCommSend() 함수를 사용한다. 일반 게시판에서는 modifySend() 함수를 사용한다는 점에서 전송 함수를 다른 함수로 구현한 것을 알 수 있다.
- **32 Line**: 게시물 수정 취소는 modifyCancel() 함수를 사용한다. 일반 게시판에서는 게시물 조회 페이지로 이동하지만, 대화형 게시판에서는 수정을 취소할 경우 현재 영역의 부분화면만 게시판 수정에서 게시판 조회로 다시 변경된다. 그러므로 이에 대한 처리를 modifyCancel() 함수를 통해서 수행한다.

3) Javascript 생성

① 게시판 수정정보 전송 - modifyCommSend()

일반 게시판 수정정보 전송은 제목, 내용에 대한 입력 여부 검증 후 Form을 전송하는 기능이 전부지만, 반면에 대화형 게시판 수정정보 전송은 Ajax로 전송한다. 그래서 Form 전송을 위한 전송 데이터를 결정하고, Ajax를 사용하여 전송 후 반영된 내용을 표시할 영역도 지정해야 한다.

■ **파일** – boardapp/static/boadapp/assets/js/boards.js

```
01:  function modifyCommSend(id) {
02:      var article_div = ".article-view[data-id="+id+"]";
03:      var article_form = "form[data-type=modify][data-id="+id+"]";
04:
05:      if (!$(article_form + ' input[name=title]').val())
06:      {
07:          alert("제목을 입력해 주시기 바랍니다.");
08:          return;
09:      }
10:
```

```
11:        if (!$(article_form + ' textarea[name=content]').val())
12:        {
13:            alert("내용을 입력해 주시기 바랍니다.");
14:            return;
15:        }
16:
17:        var data = new FormData($(article_form)[0]);
18:        data.append("img_file", $(article_form + ' input[type=file]')[0].
    files[0]);
19:
20:        $.ajax({
21:            type: "POST",
22:            url: "/boardapp/board_modify_res/",
23:            processData: false,
24:            contentType: false,
25:            data: data,
26:            success: function(response) {
27:                $(article_div).html(response);
28:            },
29:        });
30:    }
```

- **article_div(2 Line)**: 게시물 수정 처리 완료 후 표시할 부분화면 영역을 지정하기 위한 변수이다. article_div 변수의 값은 class가 'article-view'이고, data-id의 값이 게시물 ID인 태그를 해당 값으로 지정한다.

- **article_form(3 Line)**: 게시물 수정 데이터 전송을 위한 Form을 지정하기 위한 변수다. 〈form〉 태그 중 data-type이 'modify'이고, data-id의 값이 게시물 ID인 태그를 해당 값으로 지정한다.

- **게시물 수정 검증(5~15 Line)**: 게시물 수정 데이터를 검증하는 부분이다. 어떤 Form에서 검증할 것인지를 나타내기 위해서 article_form 변수를 사용한다.

- **data(17 Line)**: article_form에서 입력된 데이터를 입력한다. jQuery에서는 Form 내부의 구성요소 값을 저장할 때 위와 같은 형식의 문법을 사용하니 참고한다.

- **이미지 파일(18 Line)**: 파일, 이미지 등의 첨부파일은 위와 같이 'files[0]'의 속성을 사용하여 첨부파일 내용을 추가한다. 일반 데이터와는 저장 형태가 다르므로 유의한다.

- **Ajax 전송 부분(20~29 Line)**: 전송 경로는 '/boardapp/board_modify_res/'를 사용한다. 첨부파일이 포함된 형태이므로 전송 시 processData, contentType의 값을 false로 선언한다. 수정 처리가 성공적으로 완료될 경우에는 다시 게시물 조회 부분화면을 표시해야 하므로, article_div 변수 값에 해당되는 화면 영역의 HTML로 템플릿을 표시한다.

② 게시판 수정 취소 – modifyCancel()

게시판 수정은 게시판 조회 부분화면에서 '수정'을 클릭했을 때 표시되는 부분화면이므로, 반대로 '수정 취소'는 수정 부분화면에서 조회 부분화면으로 이동하는 기능을 수행한다. 하지만 웹페이지의 이동이 아닌 부분화면의 변경이므로, Ajax를 사용하여 나타낸다.

■ 파일 – boardapp/static/boadapp/assets/js/boards.js

```
01:   function modifyCancel(id) {
02:           $.ajax({
03:                type: "GET",
04:                url: "/boardapp/comm_view/"+id,
05:                success: function(response) {
06:                    $(".article-view[data-id="+id+"]").html(response);
07:                },
08:           });
09:   }
```

위에서 설명한 것과 같이, GET 방식을 사용하여 게시판 조회 웹페이지 주소인 '/boardapp/comm_view/'에 게시물 ID가 포함된 웹페이지를 호출한다. 그리고 호출에 대한 응답으로 class가 'article-view'이고, data-id가 게시물 ID 값인 화면 영역의 HTML로 변경한다. 이와 같이 수행하면, 수정 취소 시 다시 조회 부분화면으로 변경할 수 있다.

게시판 수정 화면 구현이 완료되었으면 수정 처리를 위한 웹페이지를 이어서 구현한다.

2. 게시판 수정 처리

대화형 게시판 수정 처리는 일반 게시판 수정 처리와 동일한 형태로 이루어진다. 하지만 일반 게시판 수정 처리와의 큰 차이는 수정 요청을 보내는 웹페이지의 요청 정보 변수값이다. 일반 게시판 수정화면에서는 referer 변수의 값이 'board'인 반면, 대화형 게시판 수정 부분화면에서는 referer 변수의 값이 'comm'으로 나타난다. 이는 수정 후 조회할 페이지를 다르게 수정하기 위함이다. 앞서 소개했던 대화형 게시판 삭제 처리와 유사한 형태로 웹페이지에 대한 수정사항을 반영하여 나타낸다.

■ 파일 – boardapp/views.py

```
01:   @login_required
02:   def board_modify_result(request):
03:       if request.method == "POST":
04:           title = request.POST['title']
05:           content = request.POST['content']
```

```
06:          article_id = request.POST['id']
07:          referer = request.POST['referer']
08:          try:
09:              img_file = request.FILES['img_file']
10:          except:
11:              img_file = None
12:      else:
13:          title = None
14:
15:      args={}
16:
17:      try:
18:          if request.user and title and content and article_id:
19:              article = Boards.objects.get(id=article_id)
20:
21:              if article.user != request.user:
22:                  redirection_page = '/boardapp/error/'
23:              else:
24:                  article.title=title
25:                  article.content=content
26:                  article.last_update_date=timezone.now()
27:
28:                  if img_file:
29:                      article.image = img_file
30:
31:                  article.save()
32:
33:                  if referer == 'board':
34:                      redirection_page = '/boardapp/board_view/' + article_id + '/'
35:                  else:
36:                      redirection_page = '/boardapp/comm_view/' + article_id + '/'
37:
38:          else:
39:              redirection_page = '/boardapp/error/'
40:      except:
41:          redirection_page = '/boardapp/error/'
42:
43:      return redirect(redirection_page)
```

기존의 board_modify_result() 뷰에서 대화형 게시판 수정 처리를 위해서 변경된 부분은 33~36 Line이다. 일반 게시판의 수정 처리에서는 수정 후 이동할 페이지로 /boardapp/board_view/'의 특정 게시물로 지정한 반면, 대화형 게시판에서는 referer 변수를 사용하여 수정 후 표시할 영역에 대한 템플릿으로 '/boardapp/comm_view/'가 추가되었다. 이는 처리를 진행한 후 게시판 목록 웹페이지 중 특정 게시물에 대한 게시판 조회 부분화면을 반영하기 때문이다.

3. 게시판 수정 예제 화면

1) 게시판 수정 화면

현재까지 진행된 내용에 따라 대화형 게시판의 수정 및 처리 웹페이지를 구현하였으면, 올바르게 나타나는지 예제를 수행한다. 게시판 수정을 위해서는 대화형 게시판 목록 중 하나의 게시물을 대상으로 수정하며, 수정 전 화면의 내용을 먼저 살펴본다.

[그림 19-8] 수정 전 대화형 게시판 조회 부분화면

해당 게시물에 대해서 '수정'을 클릭하면 [그림 19-9]와 같이 화면이 변경된 것을 확인할 수 있다.

[그림 19-9] 대화형 게시판 수정 부분화면

수정 화면으로 변경된 것을 확인하였으면, 수정사항을 [그림 19-10]과 같이 입력한다.

[그림 19-10] 대화형 게시판의 게시물 수정

수정된 게시물 데이터를 전송하면, 수정 부분화면 영역이 다시 조회 부분화면 영역으로 변경된 것을 확인할 수 있다. 수정된 내용에 대한 결과는 [그림 19-11]과 같다.

[그림 19-11] 수정 후 대화형 게시판 조회 부분화면

Chapter 19에서는 대화형 게시판의 게시판 목록 및 글쓰기, 조회 및 삭제, 수정 기능을 다룬 웹페이지를 구현하였다. 대화형 게시판은 대부분의 기능이 실시간으로 결과를 표시하고 내용을 갱신한다는 점에서 Ajax를 활용하여 구현할 수 있다. 또한 Django에서 게시판을 포함한 여러 유형의 웹 애플리케이션을 구축할 때 위의 기능을 활용하여 다양한 웹페이지를 제작할 수 있을 것으로 기대한다.

20 게시판 댓글 및 추천 구현

001. 게시판 댓글 및 추천 구성

1. 게시판 댓글 및 추천 설정

앞 장을 통해서 일반 게시판과 대화형 게시판에 대한 웹페이지를 구성하였으며, 목록 표시, 글쓰기, 조회, 수정, 삭제 등의 게시판의 기본 기능을 중심으로 나타냈다. 이 장에서는 게시판의 게시판의 기본 기능 외에 추가 기능의 형태로 게시판 댓글 및 추천 기능을 추가로 개발하여 나타내고자 한다.

앞서 [표 16-2]에서는 웹페이지명, View 명칭 및 URL을 정의하였으며, 정의된 내용에 따라 게시판 댓글 및 추천과 관련된 설정을 [표 20-1]과 같이 다시 한 번 확인한다.

[표 20-1] 게시판 댓글 웹페이지 설정

구분	웹페이지	웹페이지명	View 명	URL
게시판 댓글	댓글 목록	replylist	reply_list	reply_list/
	댓글 수정	replymodify	**ReplyModifyView**	reply_modify/
	댓글 입력처리	replywriteres	**reply_write_result**	reply_write_res/
	댓글 수정처리	replymodifyres	reply_modify_result	reply_modify_res/
	댓글 삭제처리	replydeleteres	**reply_delete_result**	reply_delete_res/
게시물 추천	게시판 추천	boardlike	board_like	board_like/
	게시판 추천 처리	boardlikeres	board_like_result	board_like_res/

2. 게시판 댓글 및 추천 URL 설정

[표 20-1]과 같이 웹페이지 설정 내용을 확인하였으면, 이에 맞게 urls.py 파일의 URL 설정을 진행한다. URL 설정은 웹페이지별로 한 줄로 간단하게 표현되므로, 구현 기능을 단위로 하여 일괄 제작한다.

■ 파일 – boardapp/urls.py

```
01:  from django.urls import path
02:  from django.contrib.auth import views as auth_views
03:  from boardapp.views import *
```

```
04:
05:    urlpatterns = [
06:        path('', main_page, name='main'),
07:        path('login/', auth_views.LoginView.as_view(template_name='login.
    html'), name='login'),
08:        path('logout/', auth_views.LogoutView.as_view(), name='logout'),
09:        path('password_change/', auth_views.PasswordChangeView.as_view
    (template_name='password_change.html'), name='password_change'),
10:        path('password_change_done/', auth_views.PasswordChangeDoneView.as_view
    (template_name='password_change_done.html'), name='password_change_done'),
11:        path('user_register/', user_register_page, name='register'),
12:        path('user_register_idcheck/', user_register_idcheck, name='registeridcheck'),
13:        path('user_register_res/', user_register_result, name='registerres'),
14:        path('user_register_completed/', user_register_completed, name=
    'registercompleted'),
15:        path('board_list/', board_list_page, name='boardlist'),
16:        path('board_list/<category>/', board_list_page, name='boardlist'),
17:        path('board_write/<category>/', board_write_page, name='boardwrite'),
18:        path('board_write_res/', board_write_result, name='boardwriteres'),
19:        path('board_view/<int:pk>/', BoardView.as_view(), name='boardview'),
20:        path('board_delete_res/', board_delete_result, name='boarddeleteres'),
21:        path('board_modify/<int:pk>/', BoardModifyView.as_view(), name=
    'boardmodify'),
22:        path('board_modify_res/', board_modify_result, name='boardmodifyres'),
23:        path('comm_list/<category>/', board_comm_list_page, name='commlist'),
24:        path('comm_view/<int:pk>/', BoardCommView.as_view(), name='commview'),
25:        path('comm_modify/<int:pk>/', BoardCommModifyView.as_view(), name=
    'commmodify'),
26:        path('reply_list/<int:article>/', reply_list, name='replylist'),
27:        path('reply_modify/<int:pk>/', ReplyModifyView.as_view(), name=
    'replymodify'),
28:        path('reply_write_res/', reply_write_result, name='replywriteres'),
29:        path('reply_modify_res/', reply_modify_result, name='replymodifyres'),
30:        path('reply_delete_res/', reply_delete_result, name='replydeleteres'),
31:        path('board_like/<int:article>/', board_like, name='boardlike'),
32:        path('board_like_res/', board_like_result, name='boardlikeres'),
33:    ]
```

위 파일은 Chapter 17의 회원관리에서 설정했던 urls.py 파일에 댓글 및 추천 URL 설정을 위한
구문을 26~32 Line에 새롭게 추가하였다. 댓글 목록, 수정, 입력/수정/삭제 처리와 추천 정보 및
추천 처리에 대한 웹페이지를 지정한다.

- **26, 31 Line**: 댓글 목록과 추천 정보는 각 게시물별로 댓글 및 추천 정보가 구성되므로, 게시물에 대한 ID를 article 변수로 하여 나타낸다.
- **27 Line**: 댓글 수정을 위해서는 수정할 댓글에 대한 ID를 정보로 하여 수정을 진행해야 하며, DetailView로부터 상속받은 ReplyModifyView를 구현하여 나타낸다.

002. 게시판 댓글

1. 게시판 댓글 구성

게시판 댓글은 다음과 같이 구성된다.

- 현재 조회 중인 게시물에 대한 댓글 목록
- 댓글 목록에 대한 2단계 댓글 입력 영역
- 신규 댓글 입력을 위한 댓글 입력 영역

위 구조에서 댓글 입력, 수정, 삭제 처리를 수행할 때 댓글 표시가 어떻게 되는지를 먼저 파악한다.

1) 게시판 댓글 목록 및 입력

먼저 게시판 댓글은 크게 댓글 목록과 댓글 입력 영역으로 구분된다.

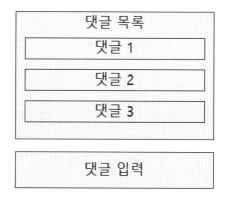

[그림 20-1] 댓글 영역 구분

[그림 20-1]의 댓글 영역은 일반 게시판과 대화형 게시판에서 구현되는 위치가 각각 다르게 배치된다.

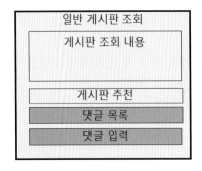

[그림 20-2] 댓글 영역 표시 위치

[그림 20-2]의 왼쪽과 같이 일반 게시판에서는 게시판 조회 화면에 댓글 목록과 댓글 입력 영역이 표시되는 반면 대화형 게시판에서는 게시판 목록 화면의 게시물 목록 내에 댓글 목록과 댓글 입력 영역이 표시된다.

댓글 목록은 부분화면으로 구현되므로 영역 지정만 하고, 댓글 목록 부분화면에서는 뷰와 템플릿을 구현할 수 있다. 하지만 댓글 입력은 일반 게시판 조회화면과 대화형 게시판 목록화면에서 구현되니 실제 구현 시 위 사항에 유의한다.

만약 신규 댓글을 입력하게 되면 댓글 입력 처리 웹페이지에서 처리 완료 후 댓글 목록을 갱신하는 형태로 조회된다. 그러므로 댓글 입력 처리에 대한 응답은 댓글 목록 부분화면에 표시하며, Ajax를 사용하여 구현한다.

2) 게시판 댓글 목록 세부 구성

댓글 목록은 전체 목록에 대한 데이터를 댓글 목록 부분화면에서 나타낸 후, 댓글 내용을 표시하고 각 댓글별로 수정, 삭제, 2차 댓글 입력을 위한 링크를 제공한다.

여기에서 수정, 삭제, 2차 댓글 입력 시 부분 화면 표시는 다음 [그림 20-3]과 같이 구성된다.

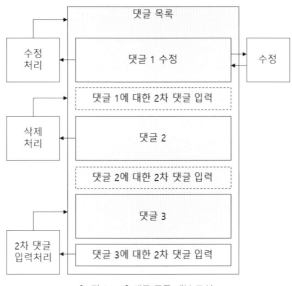

[그림 20-3] 댓글 목록 세부 구성

- **댓글 수정**: 현재 표시된 댓글 영역이 수정 영역으로 표시되며, 수정이 완료될 경우에는 댓글 목록을 갱신한다.
- **댓글 삭제**: 댓글에 대한 삭제를 처리하면 해당 사항을 반영하여 댓글 목록을 갱신한다.
- **2차 댓글 입력**: 2차 댓글 입력 영역은 댓글 목록 조회 시 각 댓글 내용 영역의 바로 아래에 2차 댓글 입력 영역도 사전에 구성한다. 다만 웹페이지를 로드하면 화면에 표시하지 않는다. 그리고 2차 댓글 입력 영역은 1차 댓글에 대한 '댓글'을 클릭할 경우에 화면에 표시하는 것으로 변경하고, 입력이 완료될 경우에는 댓글 목록을 갱신한다.

게시판 구성에 따라 n단계의 댓글을 구성하여 표시하는 방법도 있지만, 이 책에서는 댓글을 총 2단계까지만 한정하여 구현하는 것으로 한다. 2차 댓글에 대한 입력은 댓글 내용별로 동시에 사전 구성하되, 화면상에 보이는지의 여부(Visible)를 통해서 나타낸다. 그리고 2차 댓글은 1차 댓글과 댓글의 단계만 다를 뿐 동일한 댓글이라는 점에서 수정 및 삭제에 대해서는 1차 댓글의 수정 및 삭제 프로세스를 그대로 따르도록 한다.

3) 댓글 단계별 데이터 구성

이 책에서는 댓글 단계를 총 2단계로 구성한다. 게시판에 대한 댓글을 1단계 댓글로 하여 댓글 테이블의 level을 '0'으로 지정하고, 댓글에 대한 댓글을 2단계 댓글로 하여 댓글 테이블의 level을 '1'로 지정한다. 그런데 2단계 댓글을 작성할 때 참고해야 할 부분은 어떤 댓글에 2단계 댓글이 입력되는지에 대한 정보도 구성된다는 점이다. 그 이후에 2단계 댓글 표시가 이루어지므로, 어떤 형태로 데이터가 구성되는지를 알아본다.

[그림 20-4] 댓글 목록 예제

하나의 게시물에 대해서 [그림 20-4]와 같이 댓글이 구성되어 있다고 가정해 보면, [댓글 1]에는 [댓글 1-1]과 [댓글 1-2]가 있고 [댓글 3]에는 [댓글 3-1]이 있는 것으로 나타난다. 여기에서 참고 해야 할 사항은 다음과 같다.

- 2단계 댓글 [댓글 1-1], [댓글 1-2], [댓글 3-1]이 참조하는 댓글
- [댓글 1],[댓글 2], [댓글 3]과 2단계 댓글 [댓글 1-1], [댓글 1-2], [댓글 3-1]이 배치된 순서

2단계 댓글의 참조 댓글은 [그림 20-4]에 나타난 것처럼 [댓글 1-1], [댓글 1-2]는 [댓글 1]을 참조 하고 [댓글 3-1]은 [댓글 3]을 참조하는 것을 확인할 수 있다. 댓글 DB 테이블인 board_replies에 서는 이러한 댓글 참조를 위해서 reference_reply_id 컬럼을 생성하여 어떤 댓글을 참조하는지 에 대한 정보를 구성한다.

[표 20-2] 2단계 댓글에 대한 board_replies 테이블 데이터

ID	level	content	reference_reply_id
4	1	댓글 1-1	1
5	1	댓글 1-2	1
6	1	댓글 3-1	3

다음은 댓글과 2단계 댓글의 배치 순서로, [그림 20-4]와 같이 배치하기 위해서는 배치 순서를 [댓글 1] - [댓글 1-1] - [댓글 1-2] - [댓글 2] - [댓글 3] - [댓글 3-1]로 나타내야 한다. 이와 같이 나 타내기 위해서는 먼저 [댓글 1]과 관련된 2단계 댓글을 먼저 표시하고, [댓글 2]를 표시한 후 [댓 글 3]과 관련된 2단계 댓글을 표시하는 순서로 이루어져야 한다. 이를 DB 테이블에서 조회하기

위해서는 [댓글 1], [댓글 2], [댓글 3]에 대한 자신의 reference_reply_id도 동일한 댓글로 나타낸 후 정렬한다.

[표 20-3] 댓글 배치 순서를 위한 모든 댓글 테이블 데이터

ID	level	content	reference_reply_id
1	0	댓글 1	1
4	1	댓글 1-1	1
5	1	댓글 1-2	1
2	0	댓글 2	2
3	0	댓글 3	3
6	1	댓글 3-1	3

1단계 댓글에 대한 reference_reply_id를 자기 자신의 댓글 ID로 지정한 후, [표 20-2]와 같이 나타내기 위해서는 정렬 순서를 다음과 같이 구성한다.

```
select * from board_replies
order by reference_reply_id, level, id
```

위와 같은 Query 문을 사용하게 되면, 정렬 순서를 reference_reply_id - level - id 순서로 하여 [그림 20-4]와 같은 순서로 댓글을 정렬하여 조회할 수 있다.

게시판 목록의 경우에는 최근 작성된 글 순서로 표시되기 때문에 정렬 기준이 단순한 반면, 댓글의 경우에는 2차 댓글을 감안했을 때 배치되는 순서도 중요하다. 그러니 위 사항을 감안해서 코드를 구현한다.

2. 댓글 목록 및 입력

1) 댓글 목록 및 입력 영역 배치

① 댓글 목록 및 입력 영역 배치 및 구성요소

댓글 목록 부분 화면과 댓글 입력 영역은 [그림 20-2]에서 나타낸 것과 같이 일반 게시판 조회 화면과 대화형 게시판 목록 화면에서 구현한다. 댓글 목록은 부분 화면이므로 목록 표시를 위한 영역 지정만 하고, 댓글 입력은 각 화면에서 직접 구현하는 형태로 진행한다.

댓글 입력 영역은 댓글 전송을 위한 Form을 구성하는 것 외에는 댓글 입력을 위해서 사전에 구현해야 할 기능은 별도로 없다. 또한 일반 게시판 조회 뷰(BoardView)와 대화형 게시판 목록 뷰(board_comm_list_page)웹페이지의 뷰의 내용은 따로 더 추가하지 않는다. 대신 댓글 입력을 위한 각 템플릿 파일(board_view.html / board_comm_list.html)의 내용을 추가하고, 게시판 관리

를 위한 JS 파일의 함수를 추가한다.

댓글 목록 및 입력은 앞서 설계한 내용을 바탕으로 [표 20-3]의 내용으로 구성하며, 댓글 입력 전송은 게시판 유형 상관없이 댓글 입력 처리 웹페이지인 replywriteres 웹페이지로 댓글 데이터를 전송한다.

[표 20-4] 댓글 목록 및 입력 구성요소

요소	내용	유형 및 파일
댓글 목록	게시물별 댓글 구성 요소	(View) replylist
참조 게시물	댓글이 달린 게시물	Hidden
단계	댓글의 단계 표시, 0으로 입력	Hidden
댓글 입력	댓글 입력을 위한 텍스트 상자	Textarea
댓글 입력버튼	댓글 입력을 위한 버튼	Button

② 일반 게시판 댓글 영역 추가 - board_view.html

일반 게시판의 게시판 조회 화면의 댓글 목록과 입력 영역을 표시하기 위해서 board_view.html 파일에 다음의 내용을 추가한다.

■ **파일** – boardapp/templates/board_view.html

```
01: <!-- 게시물 내용 -->
02: ...
03: <div class="row">
04:     <div class="col-12 article-reply" data-id="{{ object.id }}"></div>
05: </div>
06: {% if user.username %}
07:     <div class="write-box">
08:         <form action="" method="POST" data-type="reply" data-id="{{ object.id }}">
09:         <input type="hidden" name="id" value="{{ object.id }}" />
10:         <input type="hidden" name="level" value="0" />
11:         {% csrf_token %}
12:         <div class="row height-080 center">
13:             <div class="col-11">
14:                 <textarea name="content" class="form-width-90"></textarea>
15:             </div>
16:             <div class="col-1">
17:                 <input type="button" onClick="replyWriteSend({{ object.id }})" value="등록" class="form-width-90" />
18:             </div>
```

```
19:            </div>
20:          </form>
21:        </div>
22: {% endif %}
23: <!-- 수정, 삭제, 목록 링크 -->
24: ...
```

- **댓글 부분화면 영역(3~5 Line)**: ⟨div⟩ 태그의 class를 'article-reply'로 지정하고, data-id 속성의 값을 게시물의 ID로 하여 해당 영역에서 게시판 댓글 목록을 나타낸다.
- **댓글 입력 영역(6~22 Line)**: 현재 로그인되어 있을 경우에만 댓글 입력을 할 수 있는 기능을 표시한다.
- **8 Line**: 댓글 입력 Form을 선언하는 부분으로, data-type 속성과 data-id 속성을 사용하여 댓글 입력을 어떤 Form에서 할 것인지를 지정한다.
- **9 Line**: 어떤 게시물의 댓글을 입력할 것인지를 나타내기 위해서 게시물 ID를 Hidden 속성의 변수로 입력한다.
- **10 Line**: 1단계 댓글은 level의 값을 '0'으로 구분한다.
- **17 Line**: 댓글 전송은 replyWriteSend() 함수를 사용하며, 현재 게시물의 ID를 파라미터로 입력한다.

③ 대화형 게시판 댓글 영역 추가 - board_comm_list.html

대화형 게시판의 게시판 목록 화면의 댓글 목록과 입력 영역을 표시하기 위해서 board_comm_list.html 파일에 다음의 내용을 추가한다.

■ **파일** – boardapp/templates/board_comm_list.html

```
01: <!-- 게시판 글쓰기 영역 -->
02: ...
03: {% for article in articles %}
04:     <div class="article-view" data-id="{{ article.id }}"></div>
05:
06:     <!-- Reply Block -->
07:     <div class="row">
08:         <div class="col-12 article-reply" data-id="{{ article.id }}"></div>
09:     </div>
10:
11:     <!-- Reply Write Block -->
12:     {% if user.username %}
13:         <div class="write-box">
14:             <form action="" method="POST" data-type="reply" data-id="{{
```

```
      article.id }}">
15:              <input type="hidden" name="id" value="{{ article.id }}" />
16:              <input type="hidden" name="level" value="0" />
17:              {% csrf_token %}
18:              <div class="row height-080 center">
19:                  <div class="col-11">
20:                      <textarea name="content" class="form-width-90"></
      textarea>
21:                  </div>
22:                  <div class="col-1">
23:                      <input type="button" onClick="replyWriteSend({{
      article.id }})" value="등록" class="form-width-90" />
24:                  </div>
25:              </div>
26:          </form>
27:       </div>
28:     {% endif %}
29: {% empty %}
30:     <div class="row">
31:         <div class="col-12 center">
32:             <p>현재 등록된 게시물이 없습니다.</p>
33:         </div>
34:     </div>
35: {% endfor %}
36: <!-- 페이지 구성 영역 -->
37: ...
```

- **댓글 부분화면 영역(7~9 Line)**: 〈div〉 태그의 class를 'article-reply'로 지정하고, data-id 속성의 값을 게시물의 ID로 하여 해당 영역에서 게시판 댓글 목록을 나타낸다.

- **댓글 입력 영역(12~28 Line)**: 현재 로그인되어 있을 경우에만 댓글 입력을 할 수 있는 기능을 표시한다.

- **14 Line**: 댓글 입력 Form을 선언하는 부분으로, data-type 속성과 data-id 속성을 사용하여 댓글 입력을 어떤 Form에서 할 것인지를 지정한다.

- **15 Line**: 어떤 게시물의 댓글을 입력할 것인지를 나타내기 위해서 게시물 ID를 Hidden 속성의 변수로 입력한다.

- **16 Line**: 1단계 댓글은 level의 값을 '0'으로 구분한다.

- **23 Line**: 댓글 전송은 replyWriteSend() 함수를 사용하며, 현재 게시물의 ID를 파라미터로 입력한다.

위 내용과 같이 일반 게시판과 대화형 게시판의 댓글 목록 및 입력 영역은 표시되는 웹페이지 및 배치는 다르지만, 구현되는 기능은 완전히 동일한 것을 확인할 수 있다.

④ Javascript 생성 - boards.js

입력한 댓글 전송은 replyWriteSend() 함수를 실행하여 전송하며, 다음과 같이 함수를 생성한다.

■ 파일 – boardapp/static/boadapp/assets/js/boards.js

```
01:   function replyWriteSend(id) {
02:       var reply_div = '.article-reply[data-id='+id+']';
03:       var reply_form = 'form[data-type=reply][data-id='+id+']';
04:
05:       if (!$(reply_form + ' textarea').val())
06:       {
07:           alert("내용을 입력해 주시기 바랍니다.");
08:           return;
09:       }
10:
11:       $.ajax({
12:           type: "POST",
13:           url: "/boardapp/reply_write_res/",
14:           data: $(reply_form).serialize(),
15:           success: function(response) {
16:               $(reply_div).html(response);
17:               $(reply_form + ' textarea').val('');
18:           },
19:       });
20:   }
```

- reply_div(2 Line): 댓글 입력 처리 완료 후 표시할 부분화면 영역을 지정하기 위한 변수이다. reply_div 변수의 값은 class가 article_reply이고, data-id의 값이 게시물 ID인 태그를 해당 값으로 지정한다.
- reply_form(3 Line): 댓글 입력 데이터 전송을 위한 Form을 지정하기 위한 변수다. 〈form〉 태그 중 data-type이 'reply'이고, data-id의 값이 게시물 ID인 태그를 해당 값으로 지정한다.
- Ajax 전송 부분(11~19 Line): 전송 경로는 '/boardapp/reply_write_res/'를 사용한다. 댓글 입력 이 성공적으로 완료될 경우에는 다시 댓글 목록 화면을 갱신해야 하므로, reply_div 변수 값에 해당하는 화면 영역의 HTML로 템플릿을 표시한다. 템플릿 표시가 완료된 경우에는 댓글 입력 을 위한 텍스트 상자의 내용도 초기화한다.

2) 댓글 입력 처리

댓글 입력 웹페이지는 views.py 파일의 reply_write_result() 함수에서 구현한다.

① 댓글 입력 요청 정보 처리

댓글 입력을 통해서 등록할 댓글에 대한 정보는 Form을 사용하여 전송받으며, 뷰에서는 request. POST의 형태로 요청 데이터를 전송받는다.

```
01:  if request.method == "POST":
02:      content = request.POST['content']
03:      level = request.POST['level']
04:      id = request.POST['id']
05:  else:
06:      content = None
```

댓글 정보, 댓글 단계, 게시물 ID를 나타내는 content, level, id 변수는 request.POST의 값으로 저장한다. 만약 댓글을 입력하지 않았을 경우에는 content의 값을 None으로 저장한다. 반대로 댓글을 입력하지 않을 경우 댓글 입력을 할 수 없으므로, 이 값은 추후 에러 페이지로 이동하기 위한 조건으로 사용된다.

② 댓글 입력 및 페이지 이동

댓글 입력을 위해서는 현재 로그인 중인 사용자 정보와 댓글, 댓글을 구성하는 게시물이 모두 있어야 한다. 그러므로 이 중에 한 가지라도 없으면 에러가 발생한다. 앞서 나타냈던 것처럼 댓글(content)이 없을 경우(None)에도 에러를 발생시키도록 한다.

```
01:  try:
02:      if request.user and content and id:
03:          article = Boards.objects.get(id=id)
04:          reply = BoardReplies(article=article, user=request.user, level=
     level, content=content)
05:          reply.save()
06:          reply.reference_reply_id=reply.id
07:          reply.save()
08:          redirection_page = '/boardapp/reply_list/' + id + '/'
09:      else:
10:          redirection_page = '/boardapp/error/'
11:
12:  except:
13:      redirection_page = '/boardapp/error/'
14:
15:  return redirect(redirection_page)
```

- **try-catch(1~15 Line)**: 댓글 입력 과정에서 오류가 발생할 경우 예외처리를 수행하며, redirection_page 변수 값을 에러 페이지의 URL로 지정한다.
- **article(3 Line)**: 댓글을 입력하기 위해서는 댓글 정보뿐만 아니라 BoardReplies 모델의 외래키로 사용되는 사용자, 게시물 정보도 같이 저장한다. 사용자에 대한 외래키 정보는 로그인 된 사용자에 해당되는 request.user 변수에 모든 데이터가 있는 반면, 게시물 정보는 article만 존재한다. 그러므로 댓글 입력 페이지로부터 전송받은 article에 일치하는 Boards 모델을 생성한다.
- **reply(4 Line)**: 댓글 입력을 위해서 BoardReplies 모델을 생성하는 부분이다. 게시물은 앞에서 Boards 모델로 생성한 article 변수를 사용하며, 사용자 정보는 로그인 중인 사용자 정보를 나타내는 request.user를 사용한다. 그리고 댓글과 단계 정보도 같이 입력한다.
- **댓글 입력(5 Line)**: reply 변수의 데이터를 저장한다. 이 때 reply 변수에서는 Primary Key인 id를 따로 입력하지 않았으므로, BoardReplies 모델과 연동된 DB 테이블인 board_replies에 데이터를 신규 등록한다.
- **참조 댓글 ID 변경(6 Line)**: 댓글 입력을 하게 되면 참조 댓글(reference_reply_id) 필드의 값은 Null 값으로 저장된다. 하지만 위에서 언급했던 것처럼 댓글 배치 데이터 구성에 따라 참조 댓글의 값도 댓글 자신의 ID를 입력한다. 여기에서 참조 댓글 ID를 댓글 최초 입력 시 선언하지 않은 이유는, 신규 댓글을 입력할 경우에는 댓글 ID가 아직 결정되지 않아서 참조 댓글 ID의 값을 입력할 수 없기 때문이다. 하지만 댓글의 신규 입력이 완료된 후에는 reply 변수의 id 값도 할당이 이루어지므로 참조 댓글 ID의 값도 입력할 수 있다.
- **댓글 재입력(7 Line)**: 참조 댓글 ID의 값을 새로 변경했으므로 해당 사항을 반영한 댓글을 다시 입력한다. 최초 입력 시 ID가 할당이 된 상태이므로, 댓글 재입력 시에는 board_replies 테이블에 삽입(insert)을 하지 않고 갱신(update)을 하게 된다.
- **페이지 이동(redirect)**: 모든 입력이 완료되었으면 댓글 목록 웹페이지로 이동하며, JS 파일의 Ajax를 사용하여 댓글 목록 부분화면에 이동된 웹페이지를 표시한다.

댓글 입력 웹페이지인 reply_write_result() 뷰는 2단계 댓글 등록에도 사용되는 뷰이므로 2단계 댓글 입력 처리까지 완료된 후 전체 코드를 나타낸다. 댓글 입력에 대한 결과는 댓글 목록에서 표시되니 구현 화면 역시 댓글 목록 부분화면까지 구현이 완료된 후 예제를 수행한다.

3. 댓글 목록 부분화면 및 2단계 댓글

댓글 목록은 일반 게시판 조회화면과 대화형 게시판 목록화면에서 각 게시물별로 댓글 목록을 표시한다. 댓글 목록은 부분화면으로 구성되어 있으며, 앞서 댓글 목록을 나타내는 영역을 지정하면 댓글 목록 웹페이지에서는 지정된 영역에서 댓글 목록 표시를 위한 기능 수행 후 템플릿을 나타내는 것으로 한다.

1) 뷰 제작 - reply_list

댓글 목록은 특정 게시물에 대한 댓글 목록을 나타내므로, 게시물 ID를 URL의 article 변수로 가져온다. 그리고 앞서 댓글 배치에서와 같이 reference_reply_id - level - id의 순서로 정렬하여 나타낸다.

```
01:  def reply_list(request, article):
02:      replies = BoardReplies.objects.filter(article__id=article).order_by
      ('reference_reply_id','level','id')
03:      args = {}
04:      args.update({"replies":replies})
05:      return render(request, 'reply_list.html', args)
```

2) 템플릿 제작 - reply_list.html

댓글 목록은 앞서 설계한 내용을 바탕으로 [표 20-5]의 내용으로 구성한다.

[표 20-5] 게시판 댓글 목록 구성요소

요소	내용	유형 및 파일
댓글 수	전체 댓글 수 표시	-
입력자	댓글 입력자 정보	-
날짜	댓글 작성 날짜 표시	-
내용	댓글 내용	-
댓글 단계	댓글 단계	-
2단계 댓글 입력	2단계 댓글 입력을 위한 링크	Link
댓글 수정	댓글 수정 버튼 링크	Link
댓글 삭제	댓글 삭제 버튼 링크	Link

댓글 목록은 전체 댓글 수와 입력자, 날짜, 내용, 댓글 단계에 대한 정보를 나타내며, 앞서 설명했던 부분과 같이 2단계 댓글 입력을 위한 영역도 같이 나타낸다.

위 사항에 맞게 댓글 목록에 대한 템플릿은 다음과 같이 구현한다.

- **파일** – boardapp/templates/reply_list.html

```
01:  <div class="row border-top-line">
02:      <div class="col-12 margin-bottom-10"><h3>댓글 {{ replies.count }}개</
    h3></div>
03:  </div>
```

```
04:
05:    {% for reply in replies %}
06:    <!-- Reply Title Block -->
07:    <div class="row">
08:        {% if reply.level == 0 %}
09:        <div class="col-12 reply-block" data-id="{{ reply.id }}">
10:        {% elif reply.level == 1 %}
11:        <div class="col-1 center">└</div>
12:        <div class="col-11 reply-block" data-id="{{ reply.id }}">
13:        {% endif %}
14:            <div class="row border-top-dotted">
15:                <div class="col-6"><h4>
16:                    <span style="padding-right: 30px">{{ reply.user.last_name
       }}</span>
17:                    <span>{{ reply.registered_date|date:"Y-m-d H:i:s" }}</span>
18:                </h4></div>
19:                <div class="col-6 right">
20:                    <form action="" method="POST" data-type="reply_delete"
       data-id="{{ reply.id }}">
21:                        <input type="hidden" name="reply_id" value="{{ reply.id
       }}" />
22:                        {% csrf_token %}
23:                        <p>
24:                        {% if reply.level == 0 %}
25:                        <span style="cursor:pointer" onClick="replyClick({{
       reply.id }})">댓글</span>
26:                        {% endif %}
27:                        {% if reply.user == request.user %}
28:                        <span style="cursor:pointer"
       onClick="replyModifyClick({{ reply.id }})">수정</span>
29:                        <span style="cursor:pointer" onClick="replyDeleteClick
       ({{ reply.id }}, {{ reply.article.id }})">삭제</span>
30:                        {% endif %}
31:                        </p>
32:                    </form>
33:                </div>
34:            </div>
35:            <!-- Reply Content Block -->
36:            <div class="row border-bottom-dotted">
37:                <div class="col-12 view-content-comm">
38:                {{ reply.content }}
39:                </div>
40:            </div>
```

```
41:        </div>
42:    </div>
43:    <!-- Reply Write Block -->
44:    {% if user.username and reply.level == 0 %}
45:    <div class="reply-reply" data-id="{{ reply.id }}">
46:        <div class="write-box">
47:            <form action="" method="POST" data-type="reply-reply" data-id="{{
    reply.id }}">
48:                <input type="hidden" name="level" value="1" />
49:                <input type="hidden" name="id" value="{{ reply.reference_reply_id
    }}" />
50:                {% csrf_token %}
51:                <div class="row height-080 center">
52:                    <div class="col-11">
53:                        <textarea name="content" class="form-width-90"></textarea>
54:                    </div>
55:                    <div class="col-1">
56:                        <input type="button" onClick="replyReplySend({{ reply.
    reference_reply_id }}, {{ reply.article.id }})" value="등록" class="form-
    width-90" />
57:                    </div>
58:                </div>
59:            </form>
60:        </div>
61:    </div>
62:    {% endif %}
63:    {% endfor %}
```

- 2 Line: 댓글 목록 개수는 replies.count를 사용하여 나타낸다.
- 5~63 Line: 댓글 목록에 대한 반복문을 수행하여 reply 변수로 댓글 데이터를 나타낸다.
- 8~13 Line: 댓글 단계가 1단계(reply.level == 0)일 경우와 2단계(reply.level==1)일 경우의 댓글 블록을 지정하는 부분으로, 2단계 댓글은 앞에 'ㄴ' 기호를 사용하여 나타낸다. 여기에서는 댓글 영역을 reply-block으로 지정하며, 댓글 수정 시에는 해당 영역의 내용을 댓글 수정 부분 화면으로 변경하여 나타낸다.
- 20 Line: 댓글 삭제는 게시판 삭제와 동일한 형태로 POST 방식으로 댓글 삭제 처리를 진행하며, 댓글 삭제 Form을 구분하기 위해서 data-type 속성과 data-id 속성에 각각 'reply_delete', 댓글 ID의 값을 입력한다.
- 21 Line: 댓글 삭제를 위해 전송할 데이터로 댓글 ID를 Hidden 변수로 입력한다.
- 24~26 Line: 1단계 댓글일 경우에는 2단계 댓글을 입력하기 위해서 '댓글' 링크를 추가하며, 클

릭 시 replyClick() 함수를 실행한다.

- 27~30 Line: 댓글 작성자와 로그인한 사용자가 동일할 경우 댓글 수정 및 삭제가 가능하며, replyModifyClick() 함수와 replyDeleteClick() 함수를 사용한다.

- 43~61 Line: 2단계 댓글 입력을 위한 영역으로, 2단계 댓글 입력 영역과 관련해서는 [그림 20-3]에서 나타난 것과 같이 1단계 댓글의 바로 아래에 표시된다. 2단계 댓글 입력을 위해서는 로그인 중이면서 현재 나타내는 댓글이 1단계 댓글일 경우에만 2단계 댓글 입력 창을 띄운다.

- 45 Line: 2단계 댓글 입력 영역은 class로 'reply-reply'를 사용하며, data-id를 1단계 댓글 ID를 사용한다. 'reply-reply' 클래스에 대한 CSS는 아래와 같으며, 초기 페이지를 로딩할 때에는 화면에 표시하지 않도록 한다.

```
.reply-reply {
    display: none;
}
```

- 47 Line: 2단계 댓글 입력을 위한 Form을 선언하는 부분으로, data-type과 data-id 속성 값을 각각 'reply-reply', 댓글 ID로 입력한다.

- 48 Line: 2단계 댓글은 level을 '1'로 입력한다.

- 49 Line: 2단계 댓글에 대한 참조 댓글을 나타내기 위해 id의 값을 reply.reference_reply_id로 입력한다.

- 56 Line: 2단계 댓글을 전송하기 위해서 replyReplySend() 함수를 사용한다.

3) Javascript 생성

게시판 댓글 목록 부분화면은 템플릿에서 살펴본 것과 같이 여러 개의 함수를 사용한다. 각 함수별로 어떻게 구현되는지를 하나씩 살펴본다.

① 2차 댓글 입력 화면 표시 - replyClick() 함수

2차 댓글은 댓글 목록 중 현재의 댓글이 1차 댓글일 경우에 댓글 내용을 보여준 후 2차 댓글 입력 영역도 같이 표시한다. 하지만 페이지 로딩 시에는 댓글 입력 영역 화면을 보이지 않게 구성하며, 1차 댓글에 대한 '댓글'을 누를 경우에만 표시하는 형태로 진행한다. 이에 따라 replyClick() 함수에서는 2차 댓글 화면 표시를 위한 기능을 수행한다.

■ 파일 – boardapp/static/boadapp/assets/js/boards.js

```
01:  function replyClick(reply_id) {
02:      $('.reply-reply').each(function() {
03:          $(this).css('display','none');
```

```
04:        });
05:
06:        $('.reply-reply[data-id='+reply_id+']').css('display','block');
07:    }
```

- 2~4 Line: class가 reply-reply인 모든 태그의 display 속성을 'none'으로 지정한다. 댓글 목록 중 모든 1단계 댓글은 2단계 댓글 입력 영역을 보유하고 있다. 하지만 하나의 댓글에 대해서만 2단계 댓글 입력을 수행하기 위해서는 다른 2단계 댓글 입력 영역은 화면에 표시되지 않게 해야 하므로, 이와 같은 명령을 수행한다.
- 6 Line: class가 reply-reply이면서 data-id가 파라미터로 지정한 reply_id일 경우에만 화면에 표시되도록(display=block) 한다.

② 댓글 수정 부분화면 표시 – replyModifyClick() 함수

댓글 목록을 처음 로딩할 경우에는 댓글 목록에 대한 내용을 조회하지만, '수정'을 누를 경우에는 댓글 목록의 댓글을 수정 부분화면으로 변경해야 한다. replyModifyClick()은 기능을 수행하기 위한 함수이다. 댓글 수정 부분화면은 GET 방식을 사용하여 '/boardapp/reply_modify/' 웹페이지로 이동한다. 웹페이지 요청에 대한 응답으로 댓글 수정 부분화면을 class가 'reply-block'이고, data-id가 '수정'버튼을 눌렀을 때 전달하는 파라미터인 댓글 ID인 댓글 블록의 내용을 표시한다.

■ 파일 – boardapp/static/boadapp/assets/js/boards.js

```
01:    function replyModifyClick(id) {
02:        $.ajax({
03:            type: "GET",
04:            url: "/boardapp/reply_modify/"+id,
05:            success: function(response) {
06:                $(".reply-block[data-id="+id+"]").html(response);
07:            },
08:        });
09:    }
```

③ 댓글 삭제 처리 – replyDeleteClick() 함수

댓글 삭제 처리를 수행하기 위한 함수로, 삭제 여부를 물어본 후, 삭제 데이터를 전송한다.

■ 파일 – boardapp/static/boadapp/assets/js/boards.js

```
01:    function replyDeleteClick(reply_id, article_id) {
02:        if (confirm("삭제하시겠습니까?"))
03:        {
```

```
04:            var reply_div = '.article-reply[data-id='+article_id+']';
05:            var reply_form = 'form[data-type=reply_delete][data-id='+reply_
    id+']';
06:
07:            $.ajax({
08:                type: "POST",
09:                url: "/boardapp/reply_delete_res/",
10:                data: $(reply_form).serialize(),
11:                success: function(response) {
12:                    $(reply_div).html(response);
13:                    $(reply_form + ' textarea').val('');
14:                },
15:            });
16:        }
17:    }
```

- **reply_div(4 Line)**: 댓글 삭제 완료 후 표시할 부분화면 영역을 지정하기 위한 변수이다. reply_
  div 변수의 값은 class가 'article-reply'이고 data-id의 값이 게시물 ID인 태그를 해당 값으로 지
  정한다. 이는 삭제 완료 후에는 댓글 전체 목록 내용을 갱신하는 것으로 볼 수 있다.
- **reply_form(5 Line)**: 댓글 삭제 데이터 전송을 위한 Form을 지정하기 위한 변수다. 〈form〉태
  그 중 data-type이 'reply-delete'이고 data-id의 값이 댓글 ID인 태그를 해당 값으로 지정한다.
- **Ajax 전송 부분(7~15 Line)**: 전송 경로는 '/boardapp/reply_delete_res/'를 사용한다. 삭제 처리
  가 완료될 경우에는 다시 댓글 목록을 표시해야 하므로, reply_div 변수 값에 해당되는 화면 영
  역의 HTML로 템플릿을 표시한다. 템플릿 표시가 완료되면 댓글 입력 Form의 텍스트 상자의
  내용도 같이 초기화한다.

④ 2단계 댓글 입력 처리 – replyReplySend() 함수

화면에 2단계 댓글이 표시되고 내용을 입력하여 전송할 때 사용하는 함수다. 전송 웹페이지는 1
단계 댓글 입력 처리와 동일하며, 웹페이지 요청에 대한 응답 처리대상 화면 영역도 동일하게 댓
글 목록을 갱신하는 형태로 이루어진다.

■ **파일** – boardapp/static/boadapp/assets/js/boards.js

```
01:    function replyReplySend(id, article_id) {
02:        var reply_div = '.article-reply[data-id='+article_id+']';
03:        var reply_form = 'form[data-type=reply-reply][data-id='+id+']';
04:
05:        if (!$(reply_form + ' textarea').val())
06:        {
```

```
07:            alert("내용을 입력해 주시기 바랍니다.");
08:            return;
09:        }
10:
11:        $.ajax({
12:            type: "POST",
13:            url: "/boardapp/reply_write_res/",
14:            data: $(reply_form).serialize(),
15:            success: function(response) {
16:                $(reply_div).html(response);
17:                $(reply_form + ' textarea').val('');
18:                $('.reply-reply[data-id='+id+']').css('display','none');
19:            },
20:        });
21:    }
```

- reply_div(2 Line): 댓글 입력 완료 후 표시할 부분화면 영역을 지정하기 위한 변수이다. reply_div 변수의 값은 class가 'article-reply'이고 data-id의 값이 게시물 ID인 태그를 해당 값으로 지정한다. 이는 입력 완료 후에는 댓글 전체 목록 내용을 갱신하는 것으로 볼 수 있다.
- reply_form(3 Line): 댓글 입력 데이터 전송을 위한 Form을 지정하기 위한 변수다. 〈form〉태그 중 data-type이 'reply-reply'이고 data-id의 값이 게시물 ID인 태그를 해당 값으로 지정한다.
- **댓글 입력 검증(5~9 Line)**: 댓글 입력 데이터를 검증하는 부분이다.
- Ajax 전송 부분(11~19 Line): 전송 경로는'/boardapp/reply_write_res/'를 사용하며, 1단계 댓글 입력 전송 경로와 동일하다. 댓글 입력이 완료될 경우에는 다시 댓글 목록을 표시해야 하므로, reply_div 변수 값에 해당되는 화면 영역의 HTML로 템플릿을 표시한다. 그리고 2단계 댓글 내용의 값을 모두 초기화하고 입력 화면도 모두 보이지 않게(display=none) 한다.

4) 2단계 댓글 입력 처리

2단계 댓글 입력 웹페이지는 위에서 나타낸 것과 같이 이미 구현된 reply_write_result() 함수를 사용하며, 2단계 댓글 입력을 위해 코드를 수정한다.

① 댓글 입력 요청 정보 처리

2단계 댓글 입력 요청 정보는 level 변수의 값이 1로 변경되는 것을 제외하고는 1단계 댓글과 동일한 형태로 정보를 전달한다.

```
01:  if request.method == "POST":
02:      content = request.POST['content']
03:      level = request.POST['level']
```

```
04:        id = request.POST['id']
05:    else:
06:        content = None
```

위 코드는 기존에 구현되었던 코드로, 변경사항 없이 진행한다. 하지만 일부 변수에 대해서는 사용 용도의 차이가 있다.

먼저 1단계 댓글 입력 Form에서는 Hidden 변수로 'id'가 있으며, 다음과 같이 게시물의 ID를 저장한다.

```
01:    <form action="" method="POST" data-type="reply" data-id="{{ object.id }}">
02:        <input type="hidden" name="id" value="{{ object.id }}" />
03:        <input type="hidden" name="level" value="0" />
```

반면 2단계 댓글 입력 Form에서도 동일하게 Hidden 변수로 'id'가 있지만, 게시물의 ID가 아닌 1단계 댓글의 ID를 저장한다.

```
01:    <form action="" method="POST" data-type="reply-reply" data-id="{{ reply.id }}">
02:        <input type="hidden" name="level" value="1" />
03:        <input type="hidden" name="id" value="{{ reply.reference_reply_id }}" />
```

이에 따라 2단계 댓글 입력 처리도 1단계 댓글 입력과 동일한 변수를 사용하지만, 저장되는 정보가 차이가 있으므로 유의한다.

② 댓글 입력 및 페이지 이동

다음은 댓글 입력 및 페이지 이동 기능을 구현해야 한다. 앞서 언급했던 것처럼 댓글 입력을 위한 정보가 1단계 댓글과 차이가 있으므로, 댓글 입력 역시 이를 감안하여 입력한다.

```
01:  try:
02:      if request.user and content and id:
03:      if level == "0":
04:          article = Boards.objects.get(id=id)
05:          reply = BoardReplies(article=article, user=request.user, level=
     level, content=content)
06:          reply.save()
07:          reply.reference_reply_id=reply.id
08:          reply.save()
09:          redirection_page = '/boardapp/reply_list/' + id + '/'
```

```
10:      else:
11:          article = BoardReplies.objects.get(id=id).article
12:          reply = BoardReplies(article=article, user=request.user, level=
     level, content=content, reference_reply_id=id)
13:          reply.save()
14:          redirection_page = '/boardapp/reply_list/' + str(article.id) + '/'
15:
16:      else:
17:          redirection_page = '/boardapp/error/'
18:
19: except:
20:     redirection_page = '/boardapp/error/'
21:
22: return redirect(redirection_page)
```

- **3 Line**: 1단계 댓글과 2단계 댓글 구분을 위해서 level 변수의 값에 따라서 입력 코드를 구분한다.
- **10~14 Line**: 2단계 댓글 입력을 위한 코드 구현 부분이다.
- **11 Line**: article 변수의 값은 게시물 정보를 저장한다. 하지만 id 변수가 게시물의 ID가 아닌 1차 댓글의 ID이므로, BoardReplies 모델의 1차 댓글 정보 중 Foreign Key로 연결된 article 필드의 값을 저장한다.
- **12 Line**: 2차 댓글 정보를 저장하며, reference_reply_id의 값도 입력하여 신규 댓글로 입력한다.
- **14 Line**: 댓글 입력 완료 후 이동할 페이지를 지정한다. 1차 댓글 입력 완료 후 이동할 페이지와 동일한 페이지이지만, URL에 사용할 변수는 게시물의 ID여야 하므로 문자열 형태로 변환하여 article.id를 입력한다.

5) 댓글 목록 및 입력 예제

현재까지 진행된 내용에 따라 댓글 목록, 입력 영역을 표시하고, 댓글 목록의 구성요소 및 2단계 댓글 입력 영역도 같이 구현하였다. 구현부가 올바르게 나타나는지 확인을 위해서 예제를 수행한다. 댓글은 일반 게시판, 대화형 게시판 모두에서 제공되며, 댓글 목록 및 입력 영역이 각 게시판에서 어떻게 배치되는지를 일반 게시판을 예제로 하여 한번 살펴본다.

일반 게시판의 게시판 조회 화면에서는 본문 내용 밑에 댓글 입력 영역을 다음과 같이 표시한다.

[그림 20-5] 일반 게시판 조회 화면의 댓글 입력 영역

[그림 20-5]와 같이 댓글 전체 개수 및 댓글 입력 영역이 표시된 것을 확인할 수 있으며, 댓글 목록은 현재 입력된 댓글이 없기 때문에 별도로 표시되지 않았다.

[그림 20-6] 일반 게시판 댓글 입력

댓글 입력을 위해서 [그림 20-6]과 같이 댓글을 입력한 후 '등록'을 누르면 댓글이 입력된다. 댓글 입력이 완료되면 [그림 20-7]과 같이 댓글 목록을 갱신하여 전체 댓글이 조회되는 것을 확인할 수 있다.

[그림 20-7] 일반 게시판 댓글 입력 결과 및 목록 표시

다음은 2차 댓글 입력을 위해서 [그림 20-7]의 댓글에 '댓글'을 클릭하여 2차 댓글 입력 영역을 표시하고, 내용을 입력한다.

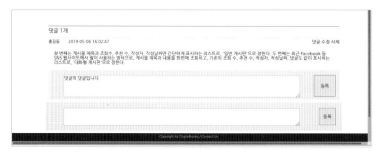

[그림 20-8] 일반 게시판 2차 댓글 입력

2차 댓글 입력이 완료되면 [그림 20-9]와 같이 결과가 나타난 것을 확인할 수 있다.

[그림 20-9] 일반 게시판 2차 댓글 입력 결과

4. 댓글 수정 및 삭제

댓글 수정 및 삭제는 앞서 댓글 목록에서 '수정' 및 '삭제'를 눌렀을 때 수행하는 기능이다. 댓글 수정은 댓글 영역의 내용이 댓글 수정 부분화면으로 변경하며, 댓글 삭제는 댓글을 삭제했을 때 처리하는 것을 뜻한다.

앞서 댓글 목록에서는 댓글 수정 및 삭제 클릭 시 수행하기 위한 JS 함수까지 구현한 바 있었으며, 모두 Ajax를 사용하여 즉시 결과 조회 및 처리가 이루어진다. 이에 따라 여기에서는 댓글 수정 부분화면이 어떤 방식으로 구현되고 처리를 수행하는지와 댓글 삭제 처리가 어떻게 이루어지는지를 다룬다.

1) 댓글 수정 부분화면

① 뷰(View) 제작 – ReplyModifyView

댓글 수정 부분화면은 현재 댓글에 대한 내용을 조회하면서 수정 양식을 제공하는 것 외에는 다른 기능을 제공하지 않는다. 그래서 DetailView에서 상속받은 ReplyModifyView로 나타내며, 댓글 내용을 표시해야 하므로 BoardReplies 모델을 사용한다.

```
01:  class ReplyModifyView(DetailView):
02:      model = BoardReplies
03:      template_name = 'reply_modify.html'
```

② 템플릿 제작 – reply_modify.html

댓글 수정은 앞서 설계한 내용을 바탕으로 [표 20-6]의 내용으로 구성한다.

[표 20-6] 댓글 수정 구성요소

요소	내용	유형 및 파일
내용	댓글 내용	Textarea
참조 게시물	댓글이 달린 게시물	Hidden
참조 댓글	현재 수정중인 댓글	Hidden
댓글 수정	댓글 수정 버튼	Button
수정 취소	댓글 수정 취소 버튼	Button

댓글 수정은 부분화면이므로 기본 레이아웃 및 JS 파일을 불러오는 부분은 제외하고 화면에 표시할 내용으로만 나타낸다.

■ 파일 – boardapp/templates/reply_modify.html

```
01:  {% if user.username %}
02:      <div class="write-box">
03:          <form action="" method="POST" data-type="reply-modify" data-id="{{
     object.id }}">
04:              <input type="hidden" name="id" value="{{ object.id }}" />
05:              {% csrf_token %}
06:              <div class="row height-080 center">
07:                  <div class="col-11">
08:                      <textarea name="content" class="form-width-90">{{ object.
     content }}</textarea>
09:                  </div>
10:                  <div class="col-1">
11:                      <input type="button" onClick="replyModifySend({{ object.id
     }}, {{ object.article.id }})" value="수정" class="form-width-90" />
12:                  </div>
13:              </div>
14:          </form>
15:      </div>
16:  {% endif %}
```

- **1 Line**: 댓글 수정은 로그인한 사용자만 수정할 수 있다.
- **3 Line**: 댓글 수정을 위한 Form을 선언하는 부분이다. 댓글 수정 웹페이지는 부분화면이고 댓글 목록별로 여러 개로 구성되어 있을 수 있으므로, data-type, data-id 속성을 각각 'reply-modify', 댓글 ID로 입력하여 구분한다.
- **11 Line**: 댓글 수정 전송은 replyModifySend() 함수를 사용한다.

③ Javascript 생성

댓글 수정 전송에 사용되는 JS 함수는 replyModifySend()다. 댓글 수정사항에 대한 검증 후 Form을 전송하며, Ajax를 사용하여 전송하므로 수정 완료 후 댓글 목록 갱신도 진행한다.

■ **파일** − boardapp/static/boadapp/assets/js/boards.js

```
01:  function replyModifySend(id, article_id) {
02:      var reply_div = ".article-reply[data-id="+article_id+"]";
03:      var reply_form = "form[data-type=reply-modify][data-id="+id+"]";
04:
05:      if (!$(reply_form + ' textarea').val())
06:      {
07:          alert("내용을 입력해 주시기 바랍니다.");
08:          return;
09:      }
10:
11:      $.ajax({
12:          type: "POST",
13:          url: "/boardapp/reply_modify_res/",
14:          data: $(reply_form).serialize(),
15:          success: function(response) {
16:              $(reply_div).html(response);
17:              $(reply_form + ' textarea').val('');
18:          },
19:      });
20:  }
```

- **reply_div(2 Line)**: 댓글 수정 처리 완료 후 표시할 부분화면 영역을 지정하기 위한 변수이다. reply_div 변수의 값은 class가 article_reply이고 data-id의 값이 게시물 ID(article_id)인 태그를 해당 값으로 지정한다.
- **reply_form(3 Line)**: 댓글 수정 데이터 전송을 위한 Form을 지정하기 위한 변수다. 〈form〉 태그 중 data-type이 'reply-modify'이고 data-id의 값이 e댓글 ID(id)인 태그를 해당 값으로 지정한다.

- **Ajax 전송 부분(11~19 Line):** 전송 경로는 '/boardapp/reply_modify_res/'를 사용한다. 댓글 수정이 성공적으로 완료될 경우에는 다시 댓글 목록 화면을 갱신해야 하므로, reply_div 변수 값에 해당하는 화면 영역의 HTML로 템플릿을 표시한다.

2) 댓글 수정 처리

댓글 수정 웹페이지는 views.py 파일의 reply_modify_result() 함수에서 구현한다.

① 댓글 수정 요청 정보 처리

수정할 댓글에 대한 정보는 Form을 사용하여 전송받으며, 뷰에서는 request.POST의 형태로 요청 데이터를 전송받는다.

```
01:  if request.method == "POST":
02:      content = request.POST['content']
03:      reply_id = request.POST['id']
04:  else:
05:      content = None
```

댓글 정보, 댓글 ID를 나타내는 content, id 변수는 request.POST의 값으로 저장한다. 만약 수정할 댓글의 값이 없을 경우에는 content의 값을 None으로 저장한다. 반대로 수정할 댓글의 내용이 없을 경우 댓글 수정을 할 수 없으므로, 이 값은 추후 에러 페이지로 이동하기 위한 조건으로 사용된다.

② 댓글 수정 및 페이지 이동

댓글 입력을 위해서는 현재 로그인 중인 사용자 정보와 댓글과 댓글의 ID가 모두 있어야 한다. 그러므로 이 중에 한 가지라도 없으면 에러가 발생하며, 앞서 나타냈던 것처럼 댓글(content)이 없을 경우(None)에도 에러를 발생시키도록 한다.

```
01:  try:
02:      if request.user and content and reply_id:
03:          reply = BoardReplies.objects.get(id=reply_id)
04:          reply.content = content
05:          reply.save()
06:          redirection_page = '/boardapp/reply_list/' + str(reply.article.id) + '/'
07:
08:      else:
09:          redirection_page = '/boardapp/error/'
10:  except:
11:      redirection_page = '/boardapp/error/'
12:
```

```
13:    return redirect(redirection_page)
```

- **try-catch(1~13 Line)**: 댓글 수정 과정에서 오류가 발생할 경우 예외처리를 수행하며, redirec-
  tion_page 변수 값을 에러 페이지의 URL로 지정한다.
- **reply(3 Line)**: 수정 전 댓글에 대한 정보를 먼저 저장하기 위한 변수이다.
- **댓글 내용 변경(4 Line)**: 댓글 수정은 댓글 내용을 수정하는 것이 전부이므로, 수정된 댓글에 대
  한 변수인 content의 내용을 reply.content로 저장한다.
- **댓글 수정(5 Line)**: reply 변수의 데이터를 저장한다. 이미 기존의 댓글 정보를 수정하였으므로,
  BoardReplies 모델의 Primary Key인 id를 참조하여 board_replies 테이블의 댓글 내용을 갱신
  한다.
- **페이지 이동(redirect)**: 모든 수정이 완료되었으면 댓글 목록 웹페이지로 이동하고, JS 파일의
  Ajax를 사용하여 댓글 목록 부분화면에 이동된 웹페이지를 표시한다. URL에서 사용되는 변
  수는 댓글 목록을 위한 게시물의 ID로, reply.article.id를 사용하며 문자열 형태로 변환된 결과
  를 전송한다.

3) 댓글 삭제 처리

댓글 삭제 처리는 댓글에서 '삭제'를 눌렀을 때 Form 형태로 전송된 데이터에 대해서 삭제를 처
리하며, views.py 파일의 reply_delete_result() 함수에서 구현한다.

```
01:    @login_required
02:    def reply_delete_result(request):
03:        if request.method == "POST":
04:            reply_id = request.POST['reply_id']
05:        else:
06:            reply_id = -1
07:
08:        reply = BoardReplies.objects.get(id=reply_id)
09:
10:        if request.user == reply.user:
11:            reply.delete();
12:            redirection_page = '/boardapp/reply_list/' + str(reply.article.id) + '/'
13:
14:        else:
15:            redirection_page = '/boardapp/error/'
16:
17:        return redirect(redirection_page)
```

- **댓글 삭제 요청 정보 처리(3~6 Line)**: 댓글 삭제 요청 정보 처리 부분으로, 댓글 ID를 전송받는다. 올바르게 전송되지 않았을 경우에는 -1을 저장한다. -1은 댓글 입력, 수정 등을 통해서는 절대로 저장될 수 없는 값이므로, 실제로는 아무 댓글도 삭제하지 않는다.
- **reply(8 Line)**: 댓글 삭제를 위한 QuerySet을 불러오는 부분으로, reply 변수에 삭제 전 데이터를 저장한다.
- **사용자 검증(10 Line)**: 현재 로그인 중인 사용자와 댓글 입력자가 다를 경우에 redirection_page 변수 값을 에러 페이지의 URL로 저장한다.
- **데이터 삭제(11 Line)**: 사용자 검증이 완료되었으면, delete() 메소드를 사용하여 댓글을 삭제한다. 삭제될 댓글은 BoardReplies 모델의 Primary Key인 id 변수의 값을 찾아서 board_replies 테이블의 값을 삭제한다.
- **이동 페이지 지정(12 Line)**: 댓글 삭제가 완료되었을 경우에는 댓글 목록을 갱신하기 위하여 댓글 목록 웹페이지로 이동한다.

4) 댓글 수정 및 삭제 예제

현재까지 진행된 내용에 따라 댓글 수정, 삭제를 처리하여 댓글 목록이 어떻게 갱신되는지를 일반 게시판을 예제로 하여 한번 살펴본다.

① 댓글 수정

댓글 수정을 위해서 댓글 목록을 [그림 20-10]과 같이 표시한다.

[그림 20-10] 수정 전 댓글 목록

[그림 20-10]에서 세 번째 댓글에 대해서 '수정' 버튼을 클릭하면 [그림 20-11]과 같이 댓글 수정 부분화면으로 변경된 것을 확인할 수 있다.

[그림 20-11] 댓글 수정 부분화면 표시

[그림 20-11]에서 댓글을 수정하여 [그림 20-12]와 같이 나타낸다.

[그림 20-12] 댓글 수정

댓글 수정을 완료하였으면 '수정'을 누르며, 댓글이 수정된 것을 [그림 20-13]과 같이 확인한다.

[그림 20-13] 수정된 댓글이 반영된 댓글 목록

② 댓글 삭제

댓글 삭제를 위해서 삭제 전 댓글 목록을 [그림 20-14]와 같이 표시하며, 바로 위에서 수정했던 댓글에 대한 삭제를 진행한다.

[그림 20-14] 댓글 목록 및 삭제할 댓글 선택

[그림 20-14]에서 표시된 댓글 삭제를 진행하여 댓글이 더 이상 목록에 나타나지 않는지를 확인한다.

[그림 20-15] 댓글 삭제가 반영된 댓글 목록

[그림 20-15]와 같이 선택된 댓글 삭제가 올바르게 이루어진 것을 확인할 수 있다.

003. 추천 부분화면 및 처리

1. 추천 표시

추천은 각 게시물에 따른 추천 수를 나타내는 부분이다. 어떤 사용자가 추천했는지에 대한 정보를 저장하기 위해서 board_likes 테이블을 구성하고, models.py에서는 BoardLikes 모델을 사용하여 구현한다.

추천은 게시물에 대한 추천으로만 구현할 예정이다. 게시물 조회 시 추천 수 및 추천 여부, 추천 처리 등을 구현하며, 이는 모두 게시판 추천 부분화면에서 구현된다.

1) 게시판 추천 프로세스

게시판 추천을 위한 프로세스는 [그림 20-16]과 같다.

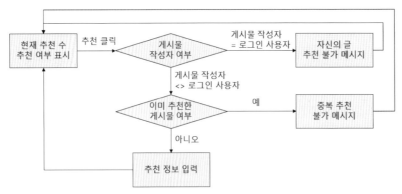

[그림 20-16] 게시판 추천 프로세스

[그림 20-16]에서는 게시물에 대한 현재 추천 수 및 추천 여부를 먼저 표시한다. 이 상태에서 추천 영역을 클릭하게 되면 게시물 작성자 여부 및 이미 추천한 게시물 여부인지를 확인하여, 한 가지라도 해당 사항이 있을 경우에는 에러 메시지 표시 후 다시 원래의 추천 정보로 되돌아간다. 반대로 모두 해당 사항이 없을 경우에는 추천 정보 입력 후 갱신된 추천 정보를 보여준다.

여기에서 구현되는 웹페이지는 현재 추천 정보와 추천 처리 웹페이지 2개를 사용한다. 추천이 실패했을 경우에는 실패 사유에 대한 에러 메시지를 표시하는 부분도 구현되어야 한다.

2) 게시판 추천 웹페이지 이동 구조

앞서 다루었던 게시판의 각 기능별 처리 시 오류가 발생할 경우에는 에러 메시지를 표시한 후 메인화면으로 웹페이지를 이동한다. 반면 게시판 추천은 오류를 발생할 경우 어떤 유형의 오류인지를 표시하고, 오류 여부와는 상관없이 게시판 추천 웹페이지의 내용을 다시 갱신한다. 이는 [표 20-7]과 같다.

[표 20-7] 게시판 추천 웹페이지 이동 구조

요소	처리 오류 발생 결과	이동 웹페이지
게시판 일반 화면	에러 메시지 표시	메인화면
대화형 게시판 부분화면	에러 메시지 표시	메인화면
댓글 부분화면	에러시시 표시	메인화면
게시판 추천 부분화면	**유형별 에러 메시지 표시**	**게시판 추천 부분화면**

[표 20-7]과 같이 게시판 추천 웹페이지가 다른 웹페이지와 구성이 다른 이유는 다음과 같다.

일반 게시판에서 처리되는 웹페이지는 에러 메시지 자체가 일반적인 현상이 아닌 시스템 또는 접근 오류로 인해서 발생한다. 그래서 메인화면으로 강제로 웹페이지를 이동하도록 구성되어 있다. 반면에 게시판 추천에서 처리되는 웹페이지는 특정 조건을 만족하지 못할 경우에 오류가 발생하므로 오류 유형을 표시하는 것에서 끝난다. 그렇기 때문에 메인화면으로 강제로 이동할 필요 없이 현재의 페이지를 그대로 표시하도록 구성되어 있다.

[그림 20-16]에서와 같이 이미 추천한 게시물이나 자신의 게시물을 추천할 수 없는 것은 시스템상의 오류가 아니라 게시물 추천에서 구현할 수 있는 기능 중 하나다. 그래서 다른 게시판 기능과는 다른 형태로 오류를 처리하도록 한다.

위와 같은 오류 처리를 포함한 웹페이지 간 요청-응답 처리 프로세스는 [그림 20-17]과 같이 나타난다.

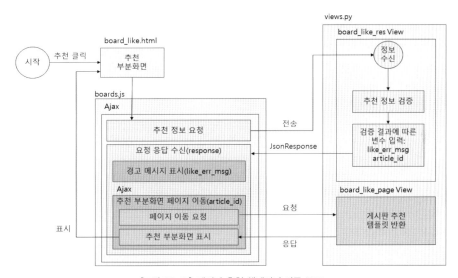

[그림 20-17] 게시판 추천 웹페이지 이동 구조

[그림 20-17]에서와 같이 추천을 클릭했을 때 Ajax는 총 2회를 수행하여 요청-응답을 두 차례 주고받는다. 먼저 JsonResponse 형태로 board_like_res() 뷰에서 반환하여 에러가 발생할 경우 like_err_msg 변수를 사용하여 에러 메시지를 표시한다. 그 이후 에러 여부와는 무관하게 게시판 추천 부분화면을 다시 갱신하기 위해서 다른 변수인 article_id를 사용하여 Ajax를 한 번 더 실행하여 웹페이지 이동 요청 및 응답을 주고받는다.

Chapter 11에서는 웹사이트 응답 방식으로 총 4가지를 소개하는데, 그 중에서 JsonResponse를 사용한 이유는 다음과 같다.

- redirect: 페이지 이동을 위한 함수로 like_err_msg, article_id 등의 데이터를 전달할 수 없는 한계가 있다.
- HttpResponse: 요청에 대한 웹사이트 응답 처리를 전체 화면으로 표시하므로 부분 화면으로 구현할 수 없다.
- render: JsonResponse 응답과 동일하게 구현할 수 있다. 단, 하나의 신규 템플릿 파일을 제작해

야 하며 표시할 내용도 에러 메시지 출력이 전부이다. 그러므로 이러한 경우에는 JsonResponse 를 사용하여 더욱 간단히 구현할 수 있다.

위 사항을 감안하여 게시판 추천 클릭에 따른 웹페이지 이동 구조를 바탕으로 하여 나타낸 게시 판 추천 부분화면의 JS 파일 내 Ajax는 다음과 같이 구현된다.

```
01:  $.ajax({
02:      type: "POST",
03:      url: "/boardapp/board_like_res/",
04:      data: $(like_form).serialize(),
05:      success: function(response) {
06:          if (response.like_err_msg) {
07:              alert(response.like_err_msg);
08:          }
09:          $.ajax({
10:              type: "GET",
11:              url: "/boardapp/board_like/"+response.article_id,
12:              success: function(response) {
13:                  $(".article-like[data-id="+article_id+"]").html(response);
14:              },
15:          });
16:      },
17:  });
```

- 6~8 Line: response.like_err_msg변수는 게시판 처리 웹페이지에서 JsonResponse를 사용하 여 전송한 JSON 형식의 응답 변수로, 해당 값에 대해서 경고 메시지를 표시한다.
- 9~15 Line: Ajax를 사용하여 다시 웹페이지 이동을 수행한다.

웹페이지 이동 시 주의할 사항은 게시물 추천 정보 URL은 게시물 ID도 파라미터로 구성되어 있 기 때문에 어떤 게시물인지에 대한 정보도 JsonResponse를 통해서 전송받는다는 점이다. 그리고 게시판 추천 부분화면의 URL을 입력할 때 response.article_id 변수를 사용한다.

[그림 20-17]에서는 화면 간 이동 프로세스를 설명하기 위하여 다소 복잡한 형태로 나타났지만, Ajax에서는 위와 같이 두 번 호출함으로써 간단하게 웹페이지의 기능을 수행할 수 있다.

2. 게시판 추천 부분화면

1) 뷰(View) 제작 - board_like

게시판 추천 부분화면은 전체 추천 수와 접속 중인 사용자의 추천 수를 표시하며, 이를 위해서 해 당되는 정보를 템플릿으로 전송한다.

```
01:  def board_like(request, article):
02:      args={}
03:
04:      like_count = BoardLikes.objects.filter(article__id=article).count()
05:      user_count = BoardLikes.objects.filter(article__id=article).filter
     (user=request.user).count()
06:
07:      args.update({"like_count": like_count})
08:      args.update({"user_count": user_count})
09:      args.update({"article_id": article})
10:
11:      return render(request, 'board_like.html', args)
```

- like_count(4 Line): 추천 수를 나타내는 부분이다. URL로부터 게시물 ID 정보에 해당되는 ar-ticle 변수를 받아와서 BoardLikes 모델의 추천 수를 저장한다.
- user_count(5 Line): 현재 접속 중인 사용자의 추천 수를 나타내는 부분이다. 사용자 정보에 해당되는 request.user 변수를 조건으로 하여 추천 수를 가져온다. 추천을 했을 경우에는 1을 저장하며, 추천을 하지 않았을 경우에는 0을 저장한다.

2) 템플릿 제작 - board_like.html

게시판 추천은 앞서 설계한 내용을 바탕으로 [표 20-8]의 내용으로 구성한다.

[표 20-8] 게시물, 댓글 추천 구성요소

요소	내용	유형 및 파일
추천 수	현재 추천 수 표시 및 링크 연결	Link
추천 버튼	추천 링크 연결	Link
추천 게시물	추천 게시물 지정	Hidden
추천 여부 표시	추천 여부 표시(배경색, 마우스 포인터 사용)	–

추천 정보는 뷰에서 구현했던 것과 같이 전체 추천 수 및 본인 추천 여부 정보를 가져온다. 그러나 화면에서는 전체 추천 수를 표시하고, 본인 추천 시에는 배경 색이 들어가고 본인 추천이 없을 경우에는 배경색을 생략하는 형태로 구성한다.

■ 파일 – boardapp/templates/board_like.html

```
01:  <form action="" method="POST" data-type="like" data-id="{{ article_id }}">
02:  <input type="hidden" name="article_id" value="{{ article_id }}" />
03:  {% csrf_token %}
04:  <div class="row">
```

```
05:        <div class="col-12 center">
06:            <div class="like-box {% if user_count == 1 %}like-tag-2{% else %}
    like-tag-1{% endif %}" onClick="likeClick({{ article_id }})">
07:                <div class="row" style="height: 100%">
08:                    <div class="col-6 like-text" style="padding: 0">
09:                        <div class="like-contents">추천</div>
10:                    </div>
11:                    <div class="col-6 like-count" style="padding: 0">
12:                        <div class="like-contents">{{ like_count }}</div>
13:                    </div>
14:                </div>
15:            </div>
16:        </div>
17:    </div>
18: </form>
```

- **1 Line**: 게시판 추천을 위한 Form을 선언하는 부분으로, 게시판 추천 웹페이지는 부분화면이다. 대화형 게시판에서는 추천 Form이 여러 개로 구성되어 있을 수 있으므로, data-type, data-id 속성을 각각 'like', 게시물 ID로 입력하여 구분한다.

- **6 Line**: user_count 변수의 값을 불러와서 해당되는 조건을 수행하는 부분이다. user_count 는 현재 접속 중인 사용자가 추천을 이미 했는지 여부를 나타낸다. 추천을 이미 했을 경우에는 'like-tag-2'라는 CSS 스타일을 적용하고, 추천을 아직 하지 않았을 경우에는 'like-tag-1'이라 는 CSS 스타일을 적용한다. 그리고 추천 정보를 클릭하면 추천 처리를 수행해야 하므로, like-Click() 함수를 수행한다.

위 템플릿과 같이 접속 중인 사용자의 추천 여부에 따라 CSS 스타일을 다르게 적용하며, 각 스타일은 다음과 같이 정의한다.

```
01: .like-tag-1 {
02:     cursor: pointer;
03:     background: transparent;
04: }
05:
06: .like-tag-2 {
07:     cursor: default;
08:     background: #DDDDFF;
09: }
```

3) Javascript 생성

게시판 추천에 사용되는 JS 함수는 likeClick() 함수로, 앞서 언급했던 추천 클릭에 따른 웹페이지 이동을 위한 Ajax 코드를 포함하고 있다. 이에 더하여 한 사람이 여러 번 추천을 하는 경우가 발생할 수 있으므로, 중복 클릭 방지를 위한 기능을 설정한다.

■ **파일** – boardapp/static/boadapp/assets/js/boards.js

```
01:  var inProgress = false;
02:
03:  function likeClick(article_id) {
04:      var like_form = 'form[data-type=like][data-id='+article_id+']';
05:
06:      if(!inProgress) {
07:          inProgress = true;
08:
09:          $.ajax({
10:              type: "POST",
11:              url: "/boardapp/board_like_res/",
12:              data: $(like_form).serialize(),
13:              success: function(response) {
14:                  if (response.like_err_msg) {
15:                      alert(response.like_err_msg);
16:                  }
17:                  $.ajax({
18:                      type: "GET",
19:                      url: "/boardapp/board_like/"+response.article_id,
20:                      success: function(response) {
21:                          $(".article-like[data-id="+article_id+"]").html
    (response);
22:                      },
23:                  });
24:                  inProgress = false;
25:              },
26:          });
27:      }
28:  }
```

- **inProgress 변수(1 Line)**: inProgress 변수는 추천 진행 중 여부를 나타내는 변수로, likeClick() 함수가 아닌 함수 외부에서 선언한다. 만약 inProgress 변수를 likeClick() 함수 내에서 선언하게 되면, likeClick() 함수를 중복 실행했을 때 추천 중복 실행 여부를 올바르게 가지고 올 수 없다. 그러므로 전역 변수로 나타낸다.

- **like_form(4 Line)**: 게시판 추천 데이터 전송을 위한 Form을 지정하기 위한 변수다. 〈form〉 태그 중 data-type이 'like'이고 data-id의 값이 게시물의 ID인 태그를 해당 값으로 지정한다.
- **중복 클릭 여부(6~27 Line)**: 기본값은 False로 선언하며, 추천이 진행 중이 아닐 경우에는 True 로 값을 변경한다. 조건절은 inProgress가 False인지에 대한 여부다. 이미 추천이 진행 중일 경 우에는 inProgress 변수의 값이 True이므로 중복 추천을 방지한다.
- **Ajax 전송 부분(9~26 Line)**: 전송 경로는 '/boardapp/board_like_res/'를 사용하며, 추천이 완료 될 경우에는 추천 수와 추천 여부를 갱신하여 보여준다. 중복 추천 방지 설정도 끝났으므로 추 천 진행에 대한 inProgress 변수의 값도 False로 다시 변경한다.

3. 추천 처리

게시판 추천 처리는 board_like_result() 함수를 사용하여 구현한다. 위에서 설명한 것과 같이, 추 천 여부에 대한 검증을 수행한 후 템플릿 파일이 아닌 JsonResponse 유형으로 결과를 전송한다.

```
01:  def board_like_result(request):
02:      if request.method == "POST":
03:          article_id = request.POST['article_id']
04:      else:
05:          article_id = -1
06:
07:      article = Boards.objects.get(id=article_id)
08:      like_confirm = BoardLikes.objects.filter(article=article)
09:      like_already_chk = like_confirm.filter(user=request.user).count()
10:
11:      args = {}
12:      if article.user == request.user:
13:          args.update({"like_err_msg":"본인의 게시물에는 추천할 수 없습니다."})
14:      elif like_already_chk == 1:
15:          args.update({"like_err_msg":"이미 추천하였습니다."})
16:      else:
17:          boardlike = BoardLikes(article=article, user=request.user)
18:          boardlike.save()
19:
20:      args.update({"article_id":article_id})
21:
22:      return JsonResponse(args)
```

- **추천 요청 정보 처리(2~5 Line)**: 추천 요청 정보 처리 부분이다. 게시물 ID를 전송받으며, 올바 르게 전송되지 않았을 경우에는 -1을 저장한다. -1은 추천과 관련된 어떠한 기능도 수행할 수 없

으며, 에러 페이지로 처리하지는 않지만 추천 정보를 입력하지도 않는다.

- article(7 Line): 게시판 추천 정보를 나타내는 BoardLikes 모델의 Foreign Key다. 게시판 정보를 나타내는 Boards를 사용하므로 전송받은 게시물 정보를 저장한다.

- like_confirm(8 Line): BoardLikes 모델에 추천 게시물에 대한 추천 정보를 저장한다.

- like_already_chk(9 Line): like_confirm에 대한 수량을 저장한다. 만약 추천이 없을 경우에는 0을 저장한다.

- **본인 게시물 추천 검증(12~13 Line)**: 게시물 작성자와 현재 로그인 중인 사용자가 동일하면 게시물 작성자가 본인의 글을 추천할 경우에는 추천을 할 수 없다. 그러므로 args 변수에 {"like_err_msg": "본인의 게시물에는 추천할 수 없습니다"} 값을 추가한다.

- **중복 추천 검증(14~15 Line)**: like_already_chk 변수의 값이 1이면 이미 추천했던 게시물이므로 args 변수에 {"like_err_msg": "이미 추천하였습니다"} 값을 추가한다.

- **추천 정보 저장(16~18 Line)**: 추천 검증에 문제가 없으므로 추천 정보 변수인 boardlike 변수에 추천 게시물 및 사용자 정보를 입력한다. 그리고 BoardLike 모델을 사용하여 board_likes 테이블에 추천 데이터를 입력한다.

- article_id(20 Line): 게시판 추천 처리 웹페이지는 템플릿 파일을 반환하지 않고, JsonResponse를 사용하여 JSON 데이터를 반환한다. 이 때 사용되는 데이터는 에러 발생에 따른 에러 메시지 변수(like_err_msg)와 게시판 추천 부분화면 URL에 입력될 게시물 ID(article_id)를 사용한다. 이에 따라 게시판 추천 부분화면으로의 이동을 위해서 게시물 ID도 같이 args 변수의 값에 추가한다.

- **JsonResponse 반환(22 Line)**: like_err_msg, article_id 키 값을 포함한 args 변수를 반환한다.

4. 추천 예제

게시판 추천은 웹페이지 화면에서는 단순한 버튼 하나로 구성되어 있지만, 추천 조회 및 추천 클릭에 따른 프로세스는 위와 같이 여러 기능을 포함하고 있다. 게시판 추천 기능 구현 예제는 각 프로세스에 따라 어떤 방식으로 화면에 표시되는지를 수행하는 데 중점을 두도록 한다.

1) 게시판 추천 조회

게시판 추천 부분화면은 일반 게시판 조회 화면과 대화형 게시판 목록의 게시판 조회 부분화면의 하단에 표시된다. 예제에서는 일반 게시판을 기준으로 나타낸다.

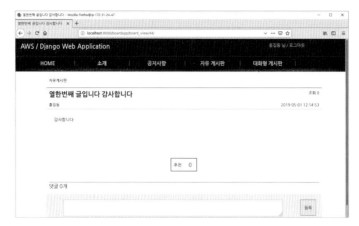

[그림 20-18] 게시판 조회 화면의 추천 부분화면 표시

게시판 추천은 게시판 조회 화면의 게시물 내용 아래에 가운데 정렬로 표시되어 있으며, 추천이 없을 경우에는 [그림 20-18]과 같이 추천 수가 '0'으로 표시된다.

2) 게시판 추천 기능 수행

게시판 추천은 [그림 20-16]에서와 같이 추천 반영, 자신 게시물 추천 오류, 중복 추천 오류로 구분한다. 추천 반영은 두 가지 오류 중 어떤 것도 해당되지 않는 경우로, 게시물 작성자와 로그인된 사용자가 다르고 추천을 하지 않았을 때 추천이 가능하다.

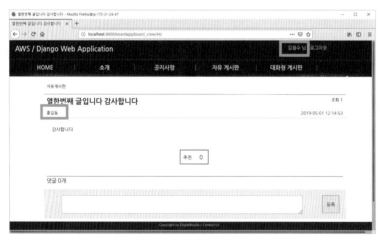

[그림 20-19] 추천 가능한 게시물

[그림 20-19]는 현재 로그인 중인 사용자와 게시물 작성자가 다른 것을 나타내었으며, 현재 추천 수도 '0'이므로 중복 추천이 된 상황도 아니므로 이때는 추천이 가능하다. 추천 버튼을 눌렀을 때의 결과는 [그림 20-20]과 같다.

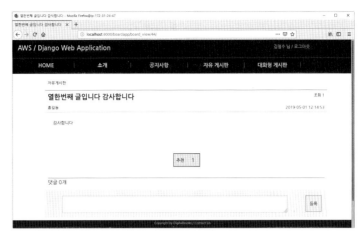

[그림 20-20] 게시판 추천 결과

추천을 완료하게 되면 [그림 20-20]과 같이 추천 숫자가 올라가고, 배경 색상도 변경된 것을 확인할 수 있다. 이미 추천을 하였으므로, 다시 추천을 누르면 [그림 20-21]과 같은 메시지가 나타난다.

[그림 20-21] 중복 추천 오류

다음은 자신의 글에 대한 추천 시도 시 오류를 발생하는 화면으로, [그림 20-22]와 같이 작성자와 로그인된 사용자가 동일한 경우를 나타낸다.

[그림 20-22] 게시물 작성자와 로그인된 사용자가 같은 경우

[그림 20-22]에서 추천 버튼을 누를 경우에는 추천을 할 수 없으므로, [그림 20-23]과 같은 메시지가 나타난다.

[그림 20-23] 게시물 작성자와 로그인된 사용자가 같은 경우 추천 오류

이와 같이 게시판 추천은 접속 중인 사용자, 게시물 작성자, 추천 여부 등을 감안하여 추천 여부를 결정하고, 각 상황에 맞게 메시지 표시 또는 추천 반영 등을 수행한다.

21 홈페이지 개발

CHAPTER

001. 홈페이지 구성

1. 개요

앞서 Chapter 15에서는 웹 애플리케이션 구축을 위해서 홈페이지를 설계하였고, Chapter 16은 이와 관련된 환경설정을 진행하였다. Chapter 17부터 Chapter 20까지는 웹 애플리케이션 구축을 위한 주요 기능을 구축하고 이를 나타내었다. 이 장에서는 앞서 구현했던 기능을 바탕으로 홈페이지를 어떻게 개발할 것인지를 살펴보고 설계한 내용을 바탕으로 진행한다.

2. 웹페이지 개발

앞서 Chapter 15에서는 AWS Django Board 개발을 위한 기능 설계 및 홈페이지 화면을 구성하였다. 홈페이지에서 사용할 메뉴는 [그림 15-2]에 나타난 것처럼 메인화면, 회원관리, 소개, 공지사항, 자유게시판, 대화형 게시판으로 간단하게 메뉴를 구성하였고, Chapter 16에서는 기본 레이아웃을 구현하여 이들 메뉴를 사용할 수 있도록 다음 [그림 21-1]과 같이 나타내었다.

[그림 21-1] 기본 레이아웃을 포함한 홈페이지 빈 화면

[그림 21-1]은 기본 레이아웃을 포함한 메인화면으로, 현재는 빈 화면으로 표시되어 있다. 이 장에서는 앞서 구현한 웹 애플리케이션 기능을 바탕으로 홈페이지의 메뉴를 구현한다. 그리고 회원

관리, 게시판 구현 시 오류가 발생할 경우에는 에러 페이지로 이동하는 부분도 있었지만, 에러 페이지 역시 이 장에서 같이 구현한다.

3. 홈페이지 URL 구성

홈페이지 메뉴는 앞서 언급한 것처럼 메인화면, 소개, 공지사항, 자유게시판, 대화형 게시판, 회원 관리로 구성되어 있으며, 에러 발생에 따른 에러 페이지도 포함하고 있다. 각 메뉴는 기본 레이아웃 구현 시 메뉴에 대한 링크를 표시한 바 있었으며, [표 21-1]과 같이 나타낸다.

[표 21-1] 홈페이지 메뉴 설정

구분	웹페이지	웹페이지명	View 명	URL
회원 관리	로그인	login	LoginView	login/
	로그아웃	logout	LogoutView	logout/
	가입정보 입력	register	user_register_page	user_register/
	회원조회/비밀번호 변경	password_change	PasswordChangeView	password_change/
일반 메뉴	메인화면	main	main_page	/
	소개	introduce	introduce_page	**introduce/**
	공지사항	boardlist	board_list_page	**board_list/notice**
	자유게시판	boardlist	board_list_page	**board_list/free**
	대화형 게시판	commlist	comm_list_page	**comm_list/comm**
기타	에러 페이지	error	error_page	**error**

- 메인화면은 '/boardapp/'의 루트 경로이므로 '/'로만 표시한다.
- 공지사항, 자유게시판은 일반 게시판이므로, 'board_list/notice'의 형태로 동일한 웹페이지를 사용하되, 카테고리명으로 구분한다.
- 대화형 게시판 역시 공지사항, 자유게시판과 동일한 형태로 주소를 구성한다.

[표 21-1]과 같이 웹페이지 설정 내용을 확인하였으면, 이에 맞게 urls.py 파일의 URL 설정을 진행한다. URL 설정은 웹페이지별로 한 줄로 간단하게 표현되므로, 구현 기능을 단위로 하여 일괄 제작한다.

■ 파일 — boardapp/urls.py

```
01:  from django.urls import path
02:  from django.contrib.auth import views as auth_views
03:  from boardapp.views import *
04:
05:  urlpatterns = [
06:      path('', main_page, name='main'),
```

```
07:        path('login/', auth_views.LoginView.as_view(template_name='login.
   html'), name='login'),
08:        path('logout/', auth_views.LogoutView.as_view(), name='logout'),
09:        path('password_change/', auth_views.PasswordChangeView.as_view
   (template_name='password_change.html'), name='password_change'),
10:        path('password_change_completed/', auth_views.PasswordChangeDoneView.
   as_view(template_name='password_change_done.html'), name='password_change_
   done'),
11:        path('user_register/', user_register_page, name='register'),
12:        path('user_register_idcheck/', user_register_idcheck, name='
   registeridcheck'),
13:        path('user_register_res/', user_register_result, name='registerres'),
14:        path('user_register_completed/', user_register_completed, name=
   'registercompleted'),
15:        path('board_list/', board_list_page, name='boardlist'),
16:        path('board_list/<category>/', board_list_page, name='boardlist'),
17:        path('board_write/<category>/', board_write_page, name='boardwrite'),
18:        path('board_write_res/', board_write_result, name='boardwriteres'),
19:        path('board_view/<int:pk>/', BoardView.as_view(), name='boardview'),
20:        path('board_delete_res/', board_delete_result, name='boarddeleteres'),
21:        path('board_modify/<int:pk>/', BoardModifyView.as_view(), name=
   'boardmodify'),
22:        path('board_modify_res/', board_modify_result, name='boardmodifyres'),
23:        path('comm_list/<category>/', board_comm_list_page, name='commlist'),
24:        path('comm_view/<int:pk>/', BoardCommView.as_view(), name='commview'),
25:        path('comm_modify/<int:pk>/', BoardCommModifyView.as_view(), name=
   'commmodify'),
26:        path('reply_list/<article>/', reply_list, name='replylist'),
27:        path('reply_modify/<int:pk>/', ReplyModifyView.as_view(), name=
   'replymodify'),
28:        path('reply_write_res/', reply_write_result, name='replywriteres'),
29:        path('reply_modify_res/', reply_modify_result, name='replymodifyres'),
30:        path('reply_delete_res/', reply_delete_result, name='replydeleteres'),
31:        path('board_like/<int:article>/', board_like, name='boardlike'),
32:        path('board_like_res/', board_like_result, name='boardlikeres'),
33:        path('introduce/', introduce_page, name='introduce'),
34:        path('error/', error_page, name='error'),
35: ]
```

메인화면은 앞서 빈 화면으로 URL을 구성하였으므로 동일하게 표시하고, 소개 및 에러 페이지에
대한 URL 구성을 위와 같이 추가하여 나타내도록 한다.

002. 메인화면 및 소개화면 개발

1. 메인화면 구성

메인화면은 앞서 설계한 내용을 바탕으로 [표 21-2]의 내용으로 구성한다.

[표 21-2] 메인화면 구성요소

요소	내용	위치
대문	대문 형태의 이미지 추가 표시	상단
게시판 목록	카테고리 구분 없이 전체 게시판 목록 조회	본문

메인화면은 간단하게 대문과 게시판 목록으로 구성되어 있다. 대문은 홈페이지를 들어왔을 때 사용되는 이미지를 뜻하며, 게시판 목록은 카테고리 구분 없이 모든 게시물 중 최근에 작성된 10개의 게시물을 뜻한다.

2. 메인화면 대문 이미지

Django 웹 애플리케이션에서는 웹페이지를 구성하기 위해서, 일반적으로 뷰(View)에서 웹페이지를 구현한 후 템플릿에서 표시하는 형태로 이루어진다. 추가 요소를 사용하기 위해서는 정적 파일인 Static 파일을 사용한다.

Static 파일은 CSS, JS, Image 등이 있으며, CSS, JS파일은 앞서 회원가입 및 게시판 기능 구현 시 기본 레이아웃에서 사전에 선언하여 사용한 바 있었다. Image 파일 역시 Static 파일 중 하나로 사용하며, Static 디렉토리 내 특정 위치에 파일을 저장 후, 템플릿 파일에서 사용할 수 있다.

메인화면의 대문 이미지는 main.png 이미지 파일을 사용하며, 이미지 파일은 '/static/boardapp/assets/images/main.png' 파일을 사용한다. 대문 이미지를 반영하기 위해서는 메인화면의 템플릿 파일인 main.html 파일에 이미지를 추가해야 하며, 다음과 같이 구현한다.

■ 파일 – boardapp/templates/main.html

```
01:  {% extends "base.html" %}
02:
03:  {% block title %}Main{% endblock %}
04:
05:  {% block script %}
06:  {% endblock %}
07:
08:  {% block content %}
```

```
09:    <div class="row block-center">
10:        <div class="col-12 center">
11:            {% load static %}<img src="{% static 'boardapp/assets/images/main.
    png' %}" width=600 />
12:        </div>
13:    </div>
14:
15:    {% endblock %}
```

이미지 파일 역시 static 파일이므로, {% load static %}을 사용한 후 이미지 파일 경로를 입력하여 나타낸다. 위 파일에 따라 메인화면을 로드하면 [그림 21-2]와 같이 표시된다.

[그림 21-2] 대문 이미지가 포함된 메인화면

3. 메인화면 게시물 표시

대문 표시까지 완료되었으면, 다음은 게시물을 표시한다. 게시물은 카테고리 구분 없이 최근 10개의 글의 목록을 나타내는 것으로 한다. 카테고리 구분 없이 최근의 글을 조회하는 기능은 Chapter 18에서 일반 게시판 목록에서 구현한 바 있었다. Chapter 18에서 구현한 기능을 토대로 하여, 메인화면의 뷰와 템플릿을 수정한다.

1) 뷰(View) 제작 - main_page

메인화면의 뷰는 다음과 같으며, 일반 게시판 목록 뷰인 board_list_page() 함수에서 필요한 기능만 동일하게 구현한다.

▪ **파일** – boardapp/views.py

```
01:    def main_page(request):
02:        articles = Boards.objects.all()
03:        list_count =10
```

```
04:
05:     articles = articles.annotate(like_count=Count('boardlikes', distinct=
    True) ,reply_count=Count('boardreplies', distinct=True)).order_by('-id')
    [:list_count]
06:
07:     args = {}
08:     args.update({"articles":articles})
09:
10:     return render(request, 'main.html', args)
```

- **2 Line**: 게시판의 모든 게시물을 가져온 후 articles 변수에 저장한다.
- **3 Line**: 게시판에 표시할 게시물의 수를 10개로 지정하여 list_count 변수에 저장한다.
- **5 Line**: 추천 수(like_count), 댓글 수(reply_count) 컬럼을 추가한 후, 게시물 ID의 역순으로 정렬한다. 그리고 Python 문법인 [:list_count]를 입력하여 articles 변수의 값 중 첫 번째 리스트의 값부터 list_count의 값인 10번 인덱스 이전의 리스트를 가져온다. Python 리스트는 0부터 시작하므로 총 10개의 게시물을 가져온다.
- **10 Line**: args 변수에 게시물 정보를 저장한 후, main.html 템플릿 파일에 저장한다.

2) 템플릿 제작 - main_page.html

템플릿은 앞서 구현했던 대문 이미지를 포함하여 게시물 목록을 같이 불러오며, 게시물 목록은 일반 게시판 목록의 템플릿에 사용된 board_list.html 파일을 참조하여 동일하게 구성한다.

■ **파일** – boardapp/templates/main.html

```
01: {% extends "base.html" %}
02:
03: {% block title %}Main{% endblock %}
04:
05: {% block script %}
06: {% endblock %}
07:
08: {% block content %}
09: <div class="row block-center">
10:     <div class="col-12 center">
11:         {% load static %}<img src="{% static 'boardapp/assets/images/main.
    png' %}" width=600 />
12:     </div>
13: </div>
14:
15: <div class="row block-center board">
```

```
16:     <div class="col-11">
17:         <div class="row">
18:             <div class="list-title col-2"><p>카테고리</p></div>
19:             <div class="list-title col-4"><p>제목</p></div>
20:             <div class="list-title col-2"><p>등록자</p></div>
21:             <div class="list-title col-2"><p>등록일</p></div>
22:             <div class="list-title col-1"><p>조회</p></div>
23:             <div class="list-title col-1"><p>추천</p></div>
24:         </div>
25:         {% for article in articles %}
26:         <div class="row">
27:             <div class="list-contents col-2">
28:                 <p>{{ article.category.category_name }}</p>
29:             </div>
30:             <div class="list-contents-title col-4"><p>
31:                 <a href="{% url 'boardview' article.id %}">
32:                     {{ article.title }}
33:                     {% if article.reply_count > 0 %}
34:                     [{{ article.reply_count }}]
35:                     {% endif %}
36:                 </a>
37:             </p></div>
38:             <div class="list-contents col-2"><p>{{ article.user.last_name
    }}</p></div>
39:             <div class="list-contents col-2">
40:                 <p>{{ article.registered_date|date:"Y-m-d" }}</p>41:
    </div>
42:             <div class="list-contents col-1"><p>{{ article.view_count }}</p></div>
43:             <div class="list-contents col-1"><p>{{ article.like_count }}</p></div>
44:         </div>
45:         {% empty %}
46:         <div class="row margin-10 center">
47:             현재 등록된 게시물이 없습니다.
48:         </div>
49:         {% endfor %}
50:     </div>
51: </div>
52: <div class="height-100"></div>
53:
54: {% endblock %}
```

템플릿 파일 중 15~51 Line은 일반 게시판 목록의 카테고리가 없는 게시판 목록을 구현하는 소스 코드로, 게시물 목록을 조회한 후 게시물이 없을 경우에 나타나는 메시지도 같이 표시한다. 메인화면의 게시물 목록은 목록 외에 다른 부가 기능이 없으므로, JS를 별도로 사용하지 않는다.

3) 메인화면 표시

뷰와 템플릿까지 모두 완성되었으면, 메인화면 웹페이지의 제작은 모두 마쳤으며, [그림 21-3]과 같이 나타낸다.

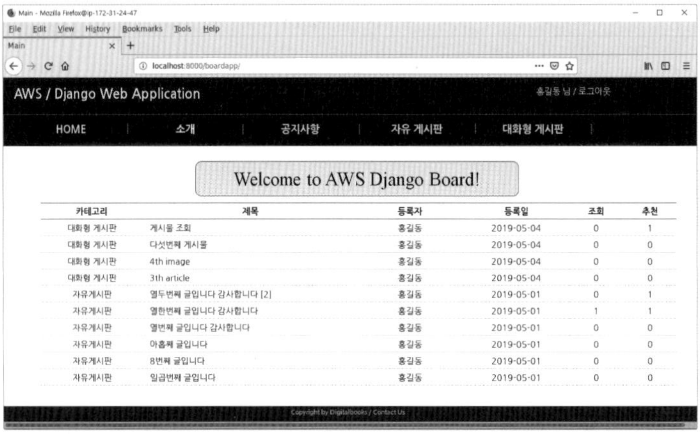

[그림 21-3] 메인화면 표시

[그림 21-3]과 같이 메인화면에는 대문 이미지와 최근 게시물 10개가 표시되며, 각 게시물을 클릭할 때 게시판 조회를 할 수 있다.

4) 소개 화면 개발

소개 화면은 홈페이지를 소개하기 위한 웹페이지로, 현재 접속 중인 홈페이지가 어떤 홈페이지인지를 설명하는 웹페이지이다. 소개 화면은 홈페이지 소개 문구가 들어가며, Chapter 15에서 설계했던 내용을 바탕으로 구현한다.

소개 화면은 템플릿 파일에 문구만 들어가서 간단히 구현하므로, [그림 21-4]와 같이 나타낸다.

■ 파일 – boardapp/templates/introduce.html

```
01:  {% extends "base.html" %}
02:
03:  {% block title %}Main{% endblock %}
04:
05:  {% block script %}
06:  {% endblock %}
07:
```

```
08:    {% block content %}
09:    <div style="height: 70px;"></div>
10:    <div class="row block-center">
11:        <div class="card-box col-7 content-box">
12:    AWS Django Board에 오신 것을 환영합니다.
13:
14:    이 홈페이지는 'AWS 기반의 Django 웹 애플리케이션 구축' 책에서 구현하기 위한
15:    웹 애플리케이션으로, 회원관리 및 여러 유형의 게시판 기능이 포함되어 있습니다.
16:
17:    홈페이지 및 책 관련 문의사항이 있을 경우에는 oniamano@gmail.com 연락 바랍니다.
18:
19:    많은 분들의 성원에 항상 감사드립니다.
20:        </div>
21:    </div>
22:    {% endblock %}
```

위와 같이 소개 화면 웹페이지를 제작하였으면 화면 출력 결과를 [그림 21-4]와 같이 표시한다.

[그림 21-4] 소개 화면 표시

소개 화면 표시까지 완료됐다면 각 메뉴에 따른 모든 웹페이지 구성은 완성됐다. 공지사항, 자유 게시판, 대화형 게시판은 URL 구성에서와 같이 앞서 구현된 일반 게시판 및 대화형 게시판을 사용하여 표시하며, 각 게시판은 카테고리로 구분하여 나타낸다.

003. 관리자 페이지

1. 개요

Django 웹 애플리케이션은 MTV 모델을 사용하여 DB에 저장된 데이터를 뷰에서 사용하고, 템플

릿을 사용하여 화면에 원하는 형태로 표시하는 형태로 구성되어 있다.

앞서 구현했던 회원관리 및 게시판에서는 Django의 환경 설정에서 연결된 DB 테이블을 사용하여 모델 형태로 데이터를 입력, 조회, 수정, 삭제 등의 기능을 수행하였다. 하지만 웹페이지에서는 정해진 형태의 기능만 수행하기 때문에 모델의 모든 데이터를 관리하는 데에는 한계가 있다.

게시판의 경우를 예로 들면 다수의 사용자가 게시물을 작성하는 과정에서 특정 사용자가 작성한 게시물이 원칙에 위배되는 게시물을 등록하는 경우도 있고, 카테고리를 잘못 선택해서 등록하는 경우가 발생할 수도 있다. 그럴 때 모든 권한을 가진 관리자가 있어야 게시판의 모든 글을 관리할 수 있다.

즉, 홈페이지 상에 한정된 기능 외에 웹 애플리케이션에서 사용하는 모든 모델을 관리할 수 있는 관리자 기능은 웹 애플리케이션 관리를 위해서 반드시 필요하다.

Django에서는 이러한 DB 데이터 및 홈페이지의 관리를 위해서 관리자 페이지를 기본으로 제공하고 있다. 관리자 페이지에서는 웹 애플리케이션에서 사용하는 모든 모델에 대한 데이터를 관리할 수 있다.

2. 관리자 페이지 사용

1) 관리자 페이지 설정 및 접속 Django에서 사용하는 관리자 페이지는 settings.py에서 사용하는 기본 앱 중 'django.contrib.admin'을 사용한다.

■ 파일 — awsdjangoproj/settings.py

```
01:   INSTALLED_APPS = [
02:       'django.contrib.admin',
03:       'django.contrib.auth',
04:       'django.contrib.contenttypes',
05:       'django.contrib.sessions',
06:       'django.contrib.messages',
07:       'django.contrib.staticfiles',
08:       'boardapp.apps.BoardappConfig',
09:   ]
```

관리자 페이지 접속은 관리자 페이지 역시 하나의 웹페이지로 구성되어 있으며, Django 앱의 URL이 아닌 Django 프로젝트의 URL에서 다음과 같이 설정한다.

■ 파일 — awsdjangoproj/urls.py

```
01:   from django.contrib import admin
```

```
02:  from django.urls import path, include
03:  from django.conf.urls.static import static
04:  from django.conf import settings
05:
06:  urlpatterns = [
07:      path('admin/', admin.site.urls),
08:      path('boardapp/', include('boardapp.urls')),
09:  ] + static(settings.MEDIA_URL, document_root=settings.MEDIA_ROOT)
```

관리자를 생성하기 위해서는 Django의 manage.py 스크립트를 사용하여 'python manage.py createsuperuser' 명령어를 실행하여 생성한다. 관리자 정보는 회원정보 테이블인 auth_user를 참조하여 Chapter 17에서 정의한 User 모델과 인스턴스를 정의한 UserManager 클래스를 사용한다. 관리자 계정 생성은 UserManager 클랫의 create_superuser() 메소드를 사용하여 생성한다.

```
(ve) ubuntu@ip-172-31-24-47:~/awsdjangoproj$ python manage.py createsuperuser
Username: admin
Last name: administrator
Phone: 010-000-0000
Email: admin@admin.com
Date of birth: 2000-01-01
Password:
Password (again):
/home/ubuntu/ve/lib/python3.6/site-packages/django/db/models/fields/__init__.py:1421
: RuntimeWarning: DateTimeField User.date_of_birth received a naive datetime (2000-0
1-01 00:00:00) while time zone support is active.
  RuntimeWarning)
Superuser created successfully.
(ve) ubuntu@ip-172-31-24-47:~/awsdjangoproj$
```

[그림 21-5] 관리자 계정 생성

[그림 21-5]에서 usernane, email, password는 기본 입력 시 사용되는 필드이지만, 이 책에서는 회원정보 모델 구성 시 phone, date_of_birth 컬럼도 사용함에 따라 해당 정보도 입력할 수 있도록 구성하였다.

관리자 페이지를 위한 모든 설정이 완료되었으면, URL에서 지정한 '/admin/' 주소로 들어간 후 관리자 계정을 사용하여 접속한다.

[그림 21-6] 관리자 페이지 접속

[그림 21-6]과 같이 관리자 페이지의 첫 페이지는 로그인을 위한 페이지이며, 위에서 생성한 관리자 계정을 사용하여 접속을 시도한다. 관리자 계정으로 접속에 성공하였을 경우에는 관리자 초기 화면이 [그림 21-7]과 같이 조회된 것을 확인할 수 있다.

[그림 21-7] 관리자 초기 화면

2) 관리자 페이지 등록

[그림 21-7]에서의 관리자 초기 화면을 살펴보면, '사이트' 관리의 내용에 '그룹' 하나만 있는 것을 확인할 수 있다. 하지만 AWS Django Board 웹 애플리케이션에서 관리자 페이지를 사용하는 이유는 애플리케이션 구축에 사용된 모든 데이터를 원활하게 관리하는 것이 목적이다. 그러므로 boardapp 앱에 등록된 모든 모델을 관리자 페이지에 등록해야 한다.

이러한 Django 앱에서 사용되는 모델을 등록하기 위해서 Django에서는 앱을 생성할 때 admin.py 파일도 기본으로 생성한다. 기본 생성된 admin.py 파일은 django.contrib 패키지의 admin 모듈을 사용한다.

■ **파일** – boardapp/admin.py

```
01:  from django.contrib import admin
02:
03:  # Register your models here.
04:
```

모델 등록은 다음과 같이 간단하게 추가한다.

```
01:  from django.contrib import admin
02:  from boardapp.models import *
03:
04:  # Register your models here.
05:  admin.site.register(Boards)
06:  admin.site.register(BoardCateogires)
```

```
07:    admin.site.register(BoardReplies)
08:    admin.site.register(BoardLikes)
```

admin.py 파일은 위와 같이 admin.site.register()를 사용하여 모델을 등록하도록 되어 있지만, 관리자 페이지용으로 모델을 관리하는 용도로 주로 사용된다.

```
01:    from django.contrib import admin
02:    from boardapp.models import *
03:
04:    # Register your models here.
05:    class BoardsAdmin(admin.ModelAdmin):
06:        list_display = ('id', 'title')
07:        fields = ('title', 'content')
08:
09:    admin.site.register(Boards, BoardsAdmin)
```

위 예제는 Boards 모델을 관리자 페이지용으로 사용하기 위해서 ModelAdmin로부터 상속받은 BoardsAdmin 클래스를 선언한 부분이다. admin.site.register() 메소드에서 Boards 모델의 관리자용 클래스롤 BoardsAdmin을 사용한다는 구문을 의미한다.

관리자 페이지는 위의 예제를 포함해서 모델 관리를 위한 기본 라이브러리를 제공하지만, 이 장에서는 전체 데이터를 관리하는 데 중점을 둘 예정이므로 일부 기능에 대해서만 설명한다.

3) 관리자 페이지 구성

AWS Django Board의 관리자 페이지에서는 회원정보 모델(User)을 제외한 나머지 모델을 모두 아래와 같이 등록한다.

```
01:    from django.contrib import admin
02:    from boardapp.models import *
03:
04:    # Register your models here.
05:    admin.site.register(Boards)
06:    admin.site.register(BoardCateogires)
07:    admin.site.register(BoardReplies)
08:    admin.site.register(BoardLikes)
```

등록 후 관리자 초기 화면으로 접속하면 [그림 21-8]과 같이 등록된 모델명을 확인할 수 있다. 모델명을 그대로 사용하게 되면 접미사로 's'가 추가로 붙으니 사용시 참고한다.

[그림 21-8] 모델 등록이 완료된 관리자 페이지

[그림 21-8]에서는 '추가'와 '변경'이 있다. '추가'는 신규 데이터를 추가하는 것을 뜻하지만, '변경'은 기존에 등록된 데이터를 변경하는 것을 뜻한다.

신규 데이터 추가를 위해서 '추가'를 누르면 [그림 21-9]와 같이 모든 필드를 입력할 수 있는 화면이 조회되며, 해당 내용을 저장하면 신규 데이터를 추가할 수 있다.

[그림 21-9] 신규 데이터 추가 화면

'변경'을 누르거나 모델명을 클릭하게 되면, 현재 등록된 모든 데이터를 [그림 21-10]과 같이 목록 형태로 조회할 수 있다.

[그림 21-10] 모델 전체 목록 조회

그리고 모델 목록 중 하나를 클릭하면 기존에 등록된 데이터를 조회하고, 그와 동시에 수정할 수 있는 기능을 제공한다.

[그림 21-11] 모델 내 등록된 내용 조회

4) 관리자 페이지 표시

앞서 관리자 페이지 구성에서는 관리자 페이지가 어떻게 표시되고 데이터를 추가하거나 변경하는 방법에 대해서 간단히 다루었다. 하지만 [그림 21-10]과 같이 특정 모델의 목록을 표시할 때 'BoardCategories.object(9)'의 형태로 표시된 것을 확인할 수 있다. 이는 모델을 최초에 정의할 때 해당 모델을 리스트 형태의 QuerySet으로 가져오게 되고, 이 QuerySet을 표현하는 과정에서 위와 같이 나타난 것으로 확인된다.

하지만 위와 같이 표시되면 모델 목록만으로는 어떤 내용인지를 알 수 없기 때문에 관리자 페이지에서 모델을 관리하기에 적합하지 않다. 하지만 Django에서는 관리자 페이지 목록을 가독성 있게 표시하기 위한 방법을 제공하고 있다. 이 장에서는 관리자용 클래스를 생성한 후 필드를 선택하여 나타내는 방식과 모델의 __str__() 메소드를 사용하여 표시하는 방식에 대해서 설명한다.

① 관리자용 클래스 생성 후 표시할 필드 선택

위에서 다루었던 관리자용 클래스를 생성하는 방법으로, model.ModelAdmin을 상속받은 후 list_display 변수를 사용한다.

```
01:  from django.contrib import admin
02:  from boardapp.models import *
03:
04:  # Register your models here.
```

```
05:   class BoardsAdmin(admin.ModelAdmin):
06:       list_display = ('id', 'title')
07:
08:   admin.site.register(Boards, BoardsAdmin)
```

위와 같이 BoardsAdmin 클래스를 생성한 후 list_display 변수의 값에 id와 title을 저장하고 Boards 모델에 연결하면, 관리자 페이지에서는 Boards 모델 목록을 표시할 때 [그림 21-12]와 같이 id, title 필드가 표시된다.

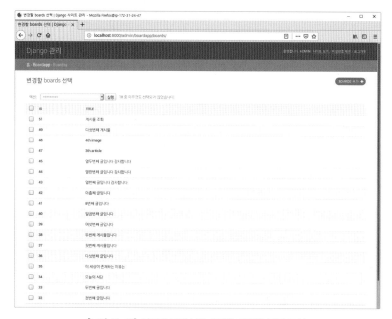

[그림 21-12] 관리자 클래스를 사용한 게시판 목록 표시

② 모델의 __str__() 메소드 사용

models.py에서 정의된 모델을 QuerySet 형태로 화면에 표시하게 되면, 위의 [그림 20-10]에서 나타냈던 것처럼 'Boards.object'의 형태로 표시된다. 하지만 모델에서는 __str__() 메소드를 사용하여 모델을 표시하기 위한 출력 양식을 제공하고 있으며, 선언 방법은 다음과 같다.

```
01:   def __str__(self):
02:       return '[%d] %.40s' % (self.id, self.title)
```

위 코드는 __str__() 메소드를 선언하면 반환 값으로 특정 필드를 지정된 양식(Format)에 맞게 화면에 출력하는 것을 확인할 수 있다. 그래서 Boards 모델에 위 메소드를 추가한 후 관리자 페이지의 Boards 모델 목록을 표시하면 [그림 21-13]과 같다.

[그림 21-13] 모델의 __str__() 메소드를 사용한 목록 표시

[그림 21-13]의 방식을 사용하면, 모델의 목록을 표시하기 위해서 특정 필드를 나열하는 것에 그치지 않고 원하는 형태로 목록을 표시할 수 있다. 이 덕분에 유연성을 갖출 수 있다. 이 책에서는 관리자 페이지에서 각 모델의 목록 표시를 위해서 다음과 같이 __str__() 메소드를 사용하여 관리자 페이지의 모델 목록을 표시한다.

■ 파일 – boardapp/models.py

```
01:    class BoardCategories(models.Model):
02:        category_type = models.CharField(max_length=45)
03:        category_code = models.CharField(max_length=100)
04:        category_name = models.CharField(max_length=100)
05:        category_desc = models.CharField(max_length=100)
06:        list_count = models.IntegerField(blank=True, null=True)
07:        authority = models.IntegerField(blank=True, null=True)
08:        creation_date = models.DateTimeField(default=timezone.now)
09:        last_update_date = models.DateTimeField(default=timezone.now)
10:
11:        def __str__(self):
12:            return '%s (%s)' % (self.category_name, self.category_code)
13:
14:        class Meta:
15:            managed = False
15:            db_table = 'board_categories'
17:
18:
19:    class Boards(models.Model):
20:        category = models.ForeignKey(BoardCategories, models.DO_NOTHING)
21:        user = models.ForeignKey(User, models.DO_NOTHING)
22:        title = models.CharField(max_length=300)
23:        content = models.TextField()
24:        registered_date = models.DateTimeField(default=timezone.now)
```

```
25:        last_update_date = models.DateTimeField(default=timezone.now)
26:        view_count = models.IntegerField(blank=True, default=0)
27:        image = models.ImageField(upload_to="images/%Y/%m/%d")
28:
29:        def __str__(self):
30:            return '[%d] %.40s' % (self.id, self.title)
31:
32:        class Meta:
33:            managed = False
34:            db_table = 'boards'
35:
36:
37:    class BoardReplies(models.Model):
38:        article = models.ForeignKey(Boards, models.DO_NOTHING)
39:        user = models.ForeignKey(User, models.DO_NOTHING)
40:        level = models.IntegerField(blank=True, null=True)
41:        content = models.TextField()
42:        registered_date = models.DateTimeField(default=timezone.now)
43:        last_update_date = models.DateTimeField(default=timezone.now)
44:        reference_reply_id = models.IntegerField(blank=True, null=True)
45:
46:        def __str__(self):
47:            return '[%d] %.40s - [%d] %.40s' % (self.article.id, self.article.
    title, self.id, self.content)
48:
49:        class Meta:
50:            managed = False
51:            db_table = 'board_replies'
52:
53:
54:    class BoardLikes(models.Model):
55:        article = models.ForeignKey(Boards, models.DO_NOTHING)
56:        user = models.ForeignKey(User, models.DO_NOTHING)
57:        registered_date = models.DateTimeField(default=timezone.now)
58:
59:        def __str__(self):
60:            return '[%d] %.40s - %s' % (self.article.id, self.article.title,
    self.user.last_name)
61:
62:        class Meta:
63:            managed = False
64:            db_table = 'board_likes'
```

- **BoardCategories 모델(11~12 Line)**: 'category_name (category_code)' 형태로 표시한다.
- **Boards 모델(29~30 Line)**: '[id] title' 형태로 표시하며, '%.40s'를 사용하여 title 필드의 길이가 40글자 이상일 경우 자동으로 절삭한다.
- **BoardReplies 모델(46~47 Line)**: '[article.id] article.title - [id] content'의 형태로 표시하여 게시물 id, title 필드와 댓글의 id, content 필드를 모두 불러온다. title, content 필드는 모두 40글자 이상일 경우 자동으로 절삭한다.
- **BoardLikes 모델(59~60 Line)**: '[article.id] article.title - user.last_name'의 형태로 표시하며, 게시물과 사용자 정보를 간단하게 표시한다.

위 코드에서는 User 모델에 대한 __str__() 메소드를 정의하지 않았다.

이는 User 모델의 부모 클래스인 AbstractUser에서 __str__() 메소드의 반환 값으로 self.username을 반환해서 모델을 표시할 때 username 필드의 값으로 구분되기 때문이다. 그래서 별도로 선언하지 않는다.

3. 관리자 페이지의 게시판 관리

관리자 페이지에 대한 설정을 모두 마쳤으면, 관리자 페이지를 사용해서 게시판을 관리하기 위한 예제를 실행한다.

1) 신규 등록

첫 번째 예제는 Boards 모델에 신규로 게시물을 등록하는 예제로, 관리자 페이지 메인 화면에 'Boardss'의 '추가'를 클릭한다.

[그림 21-14] 신규 게시물 등록을 위한 Boardss의 '추가' 클릭

게시물 추가 페이지가 나오면 게시물의 내용을 입력한 후 우측 하단의 '저장'을 클릭한다.

[그림 21-15] 신규 게시물 입력

신규 게시물 입력이 완료되었으면 [그림 21-16]과 같이 게시물이 등록된 것을 확인할 수 있다.

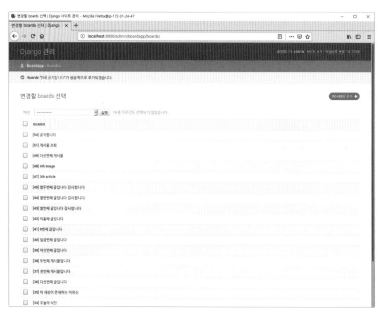

[그림 21-16] 신규 게시물 등록 확인

2) 데이터 수정

두 번째 예제는 Boards 모델에 기존에 등록된 게시물을 수정하는 예제로, 관리자 페이지 메인 화면의 '변경'을 클릭하거나, 모델명으로 표시된 'Boardss'을 클릭한다.

[그림 21-17] 게시물 수정을 위한 'Boardss' 또는 '변경' 클릭

클릭을 하면 게시판의 목록을 조회할 수 있으며, [그림 21-18]에 표시된 게시물을 클릭한다.

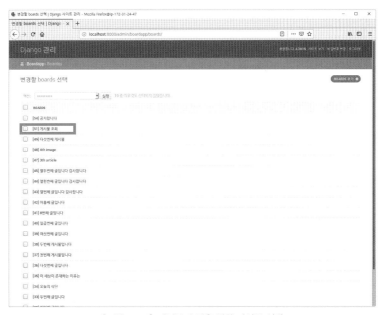

[그림 21-18] 게시물 수정을 위한 게시물 선택

게시물을 선택하면, [그림 21-19]와 같이 게시물 내용을 조회할 수 있다.

[그림 21-19] 게시물 조회

[그림 21-19]에서 카테고리가 현재 '대화형 게시판'으로 지정되어 있지만, 이를 '자유 게시판'으로
변경하고 제목도 일부 수정한 후 저장을 클릭한다.

[그림 21-20] 게시물 카테고리 및 제목 수정

수정이 완료되었으면 [그림 21-21]과 같이 수정된 내용을 확인할 수 있다.

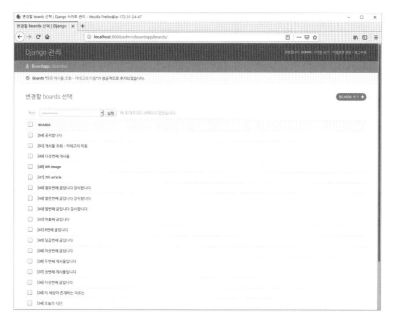

[그림 21-21] 게시물 수정 확인

이와 같이 관리자 페이지는 웹 애플리케이션에서 구현하지 않은 모델 관리를 할 수 있지만, 관리자만 이용할 수 있다는 점에서 권한 및 보안 관리에 유의하도록 한다.

22 Django 웹 애플리케이션 배포
CHAPTER

001. 배포환경 구축

지금까지는 Django 프로젝트 및 앱을 개발하여 웹페이지로 출력하기까지의 절차를 다루었다. 하지만 앞서 개발한 예제 프로그램은 개발 환경의 내부 서버에서 조회한 것에 그친다. 웹 애플리케이션을 특정 사용자 또는 모든 사용자가 사용하기 위해서는 도메인 서버를 구축하고 웹 서버에 현재까지 개발된 애플리케이션을 배포할 수 있어야 한다.

앞서 Chapter 4에서는 Elastic Beanstalk를 사용하여 AWS에서 제공하는 샘플 애플리케이션 배포가 어떤 방식으로 이루어지는가를 간단히 다루었다. 그리고 이 장에서는 실제 개발한 웹 애플리케이션을 어떤 방식으로 배포하고, 웹 애플리케이션을 어떻게 접근하는지를 다룬다.

1. AWS 배포환경 설정

EC2 인스턴스는 AWS에서 제공하는 가상 서버 환경으로, 일반 서버 환경과는 다르게 AWS에서 제공하는 서비스와 쉽게 연동할 수 있다.

일반적인 개발 환경에서는 개발 서버와 웹 서버를 각각 구축하여 웹 애플리케이션을 개발한 후, 산출물을 웹 서버에 등록하고 웹 서버에서 배포를 진행하는 복잡한 절차를 거친다. 하지만 AWS에서는 EC2 인스턴스의 가상 서버 환경에서 웹 애플리케이션을 개발한 후 Elastic Beanstalk에 등록만 하면 별도의 절차를 거치지 않고 즉시 배포가 이루어진다. 그래서 배포가 쉽고 간편하며, CloudWatch를 사용하여 서버 가용성이나 안전성 등의 모니터링도 수행할 수 있어서 개발환경과 배포환경을 아우르는 통합 관리가 가능하다.

EC2 인스턴스에서는 AWS의 다른 서비스를 이용하기 위해서 두 가지를 설치해야 한다. 첫 번째는 AWS CLI(Command Line Interface) 패키지로, EC2 인스턴스에서 AWS의 서비스를 Command 창을 통해서 이용하기 위한 서비스이다. 두 번째는 AWS EB CLI(Elastic Beanstalk Command Line Interface) 패키지로, Elastic Beanstalk 서비스를 이용하기 위한 패키지이다.

이러한 CLI와 EB CLI를 어떻게 설치하는지를 하나씩 살펴본다.

1) AWS CLI 설치

AWS CLI는 Python 언어 기반의 AWS 서비스 실행을 위한 패키지로, Python 패키지 관리자인 pip를 사용한다. CLI는 가상 환경이 아닌 EC2 인스턴스에서의 설치이므로 pip3 명령어를 사용한다.

```
$ pip3 install awscli —upgrade —user
```

[그림 22-1] AWS CLI 설치

CLI가 올바르게 설치되었는지 확인하기 위해서는 AWS 명령어를 통해서 확인하며, 다음과 같이 입력한다.

```
$ aws --version
```

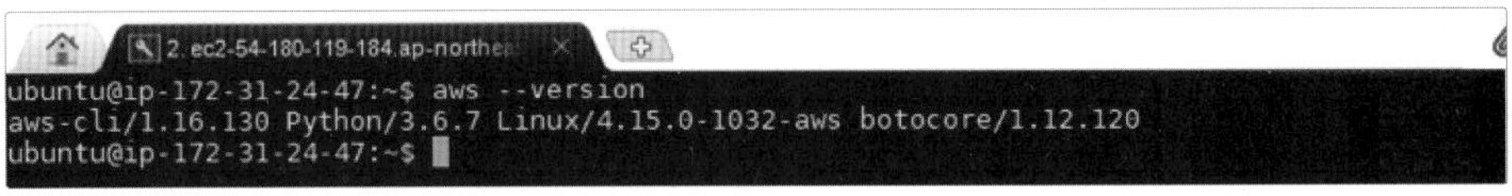

[그림 22-2] AWS CLI 설치 확인 - AWS 명령어

CLI가 정상 설치되었으면 [그림 22-1]과 같이 'aws-cli/1.16.130' 등으로 조회되는 것을 확인할
수 있다.

2) AWS EB CLI 설치

AWS CLI 설치를 완료하였으면, AWS EB CLI도 이어서 설치한다. EB CLI 역시 CLI와 동일하게
pip 패키지 관리자를 사용하며, pip3 명령어로 다음과 같이 진행한다.

```
$ pip3 install awsebcli --upgrade --user
```

[그림 22-3] AWS EB CLI 설치

EB CLI가 올바르게 설치되었는지 확인하기 위해서는 EB 명령어를 통해서 확인하며, 다음과 같
이 입력한다.

```
$ eb --version
```

[그림 22-4] AWS EB CLI 설치 확인 - EB 명령어

3) AWS 보안 키 확인

AWS 배포환경을 설정하기 위해서는 AWS에서 사용 중인 보안 키가 무엇인지를 사전에 미리 확인할 수 있어야 한다. 보안 키는 아래에서 다룰 AWS S3 연동 및 Elastic Beanstalk 애플리케이션 생성 시 사용되므로 참고하도록 한다.

보안 키는 AWS Management Console에서 확인하며, 우측 상단의 내 정보의 '내 보안 자격 증명' 을 선택한다.

[그림 22-5] '내 보안 자격 증명' 선택

'내 보안 자격 증명'을 선택하면 [그림 22-6]과 같은 경고 창이 나타난다. 'Continue to Security Credentials'를 선택한다.

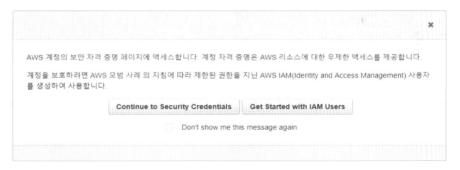

[그림 22-6] 보안 경고 창

다음은 보안 자격 증명에서 '액세스 키(액세스 키 ID 및 비밀 액세스 키)'를 선택한 후, '새 액세스 키 만들기'를 선택한다.

[그림 22-7] 보안 자격 증명 화면

액세스 키 만들기를 선택하면 팝업 창이 하나 뜨면서 액세스 키가 생성되었음을 알려준다.

[그림 22-8] 액세스 키 만들기 창

액세스 키는 다운로드를 받을 수 있으며 웹 브라우저에서 직접 조회한다. '액세스 키 표시'를 눌러서 어떤 키가 생성되었는지를 확인한다.

[그림 22-9] 액세스 키 조회

추후 웹 애플리케이션 개발이나 보안키를 사용 할 때 키 파일을 활용할 수 있으므로 키 파일 다운로드를 권장 한다. 다운로드는 rootkey.csv 파일로 생성되며, [그림 22-10]과 같이 구성되어 있다.

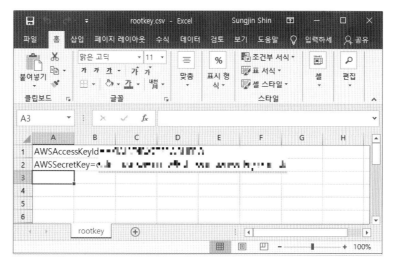

[그림 22-10] 액세스 키 저장

[그림 22-10]의 AWSAccessKeyId와 AWSSecretKey는 이어질 AWS S3 및 Elastic Beanstalk 애플리케이션 생성 시 사용되므로, 환경 설정이 완료되기 전까지는 반드시 보유하도록 한다.

2. Elastic Beanstalk 환경설정

EC2 인스턴스에서 개발한 웹 애플리케이션을 AWS Elastic Beanstalk에 배포하기 위해서는 앞서 설치한 EB CLI를 통해서 배포한다. 하지만 Django 웹 애플리케이션은 수많은 애플리케이션 유형 중 하나일 뿐, Elastic Beanstalk에서는 EC2 인스턴스의 개발 환경을 자동으로 찾아주지 않는다. 그러므로 Elastic Beanstalk 배포에 앞서서 어떤 웹 애플리케이션을 배포할 것인지를 먼저 설정한 후 배포하는 절차로 진행되어야 한다.

1) 배포 환경 설정 - requirements.txt

웹 애플리케이션 배포를 위해서 VirtualEnv 가상 개발환경을 들어간다.

```
$ source ve/bin/activate
(ve)$ cd ~/awsdjangoproj
```

다음은 배포 환경이 어떤 환경에서 개발되었는지 파악하기 위해 설치된 Python 패키지가 무엇인지 확인한 후, 확인 사항을 별도의 파일로 저장한다. 설치된 Python 패키지 확인은 다음과 같다.

```
(ve)$ pip freeze > requirements.txt
```

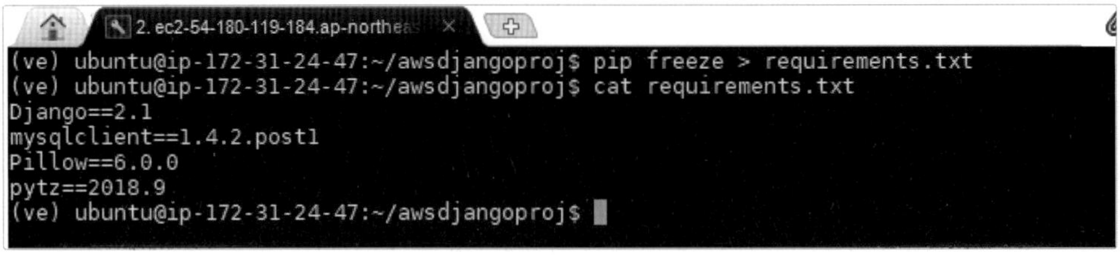

[그림 22-11] 설치된 Python 패키지 확인

[그림 22-11]과 같이 pip freeze를 사용하여 Django, mysqlclient, pytz 패키지가 설치된 것을 확인할 수 있다. 그리고 해당 사항을 requirements.txt 파일로 저장하여 배포 환경 구축 시 어떤 환경에서 개발되었는지를 참고할 수 있다.

2) 웹 서버 통신 설정 - django.config

다음은 .ebextension 디렉토리를 생성하고, 생성된 .ebextension 디렉토리에 django.config 파일을 신규로 작성한다.

```
(ve)$ mkdir .ebextensions
(ve)$ vi .ebextensions/django.config
```

django.config에는 다음의 내용을 입력 후 저장한다.

```
option_settings:
    aws:elasticbeanstalk:container:python:
        WSGIPath: awsdjangoproj/wsgi.py
```

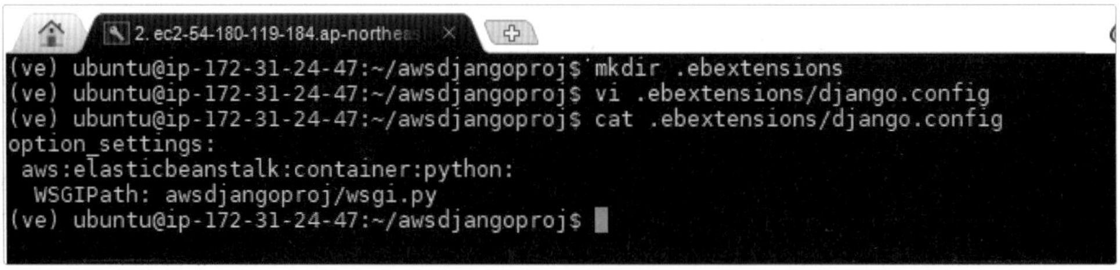

[그림 22-12] django.config 파일 작성

Elastic Beanstalk에서 웹 애플리케이션을 배포할 때에는 .ebextensions 디렉토리의 django.config 파일을 참조하게 되어 있다. Django 프로젝트 디렉토리 내 wsgi.py 파일을 django.config 파일에서 Elastic Beanstalk의 WSGIPath로 입력한다는 내용이다. wsgi.py 파일은 Chapter 8에서 이미 소개했던 것처럼 Django 프로젝트의 웹 서비스를 위한 호환 규격(Web Server Gateway Interface)을 나타낸 파일이다. 이는 Elastic Beanstalk에서도 웹 서버 가동을 위해서 해당 파일

을 사용하겠다는 것을 뜻한다.

3. 스토리지(Storage) 환경설정

AWS에서는 스토리지 관리를 위한 서비스로 S3(Simple Storage Service)를 제공하고 있다. 웹 애플리케이션을 구축하고 운영하기 위해서는 파일을 관리하기 위한 스토리지 관리도 필수적이다.

앞서 EC2 인스턴스에서 구축한 웹 애플리케이션은 개발 환경에서 작업한 것으로, 서비스를 위한 환경 구축 및 코드 작성, 테스트 등을 중심으로 이루어진다. 하지만 웹 서비스를 제공하게 되면 필요에 의해 대용량 파일을 관리하는 경우도 생기며, 로그(Log) 등에 대한 관리도 지속해서 이루어져야 한다. 그래서 파일 관리를 위해서 스토리지 구축도 선행되어야 한다.

S3 스토리지는 버킷(Bucket)을 단위로 구분된다. 웹 애플리케이션에서 관리하게 될 버킷은 크게 배포용 소스 코드 관리를 위한 버킷과 그 외 정적 파일 및 첨부, 이미지 파일을 나타낸 미디어 파일의 관리를 위한 파일 스토리지 버킷으로 구분된다. 각 버킷이 어떤 방식으로 관리되는지 살펴본다.

1) 배포용 소스 코드 버킷

소스 코드는 개발 환경에서 구축한 웹 애플리케이션 파일로, Elastic Beanstalk에 배포하는 코드를 뜻한다. 배포 환경을 구축하게 되면 Elastic Beanstalk에서는 S3 스토리지와 연결하여 버킷(Bucket)을 자동으로 생성한다. 그리고 해당 버킷에서 배포 파일을 압축 파일 형태로 저장하여 버전 관리를 수행한다.

[그림 22-13]은 Elastic Beanstalk 웹 애플리케이션을 생성했을 때 자동으로 생성되는 S3 버킷을 나타낸다.

[그림 22-13] Elastic Beanstalk 애플리케이션 버킷

[그림 22-13]의 버킷은 배포 파일을 관리하기 위한 버킷으로, 버킷 내에는 웹 애플리케이션 명칭별로 디렉토리를 생성하여 [그림 22-14]와 같이 관리한다. 배포가 한 번씩 이루어질 때마다 해당 버킷에 배포 파일을 저장하며, 날짜 형태로 저장된다.

[그림 22-14] Elastic Beanstalk 애플리케이션 버킷 루트 디렉토리

애플리케이션 디렉토리에는 배포 파일을 저장하고 있다. 배포 파일은 배포가 한 번씩 이루어질 때 압축 파일의 형태로 저장되며, 파일 이름을 배포 시간을 기준으로 자동으로 생성된다.

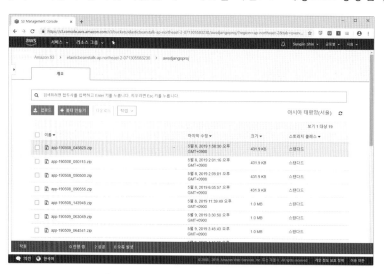

[그림 22-15] Elastic Beanstalk 배포 파일

배포 파일은 추후 롤백(Rollback) 등과 같은 이전 버전을 다시 사용하거나, 버전 관리를 필요로 할 때 활용할 수 있다. 또한 Elastic Beanstalk에서도 S3 버킷에 저장된 배포 파일을 기준으로 버전 관리를 지원한다.

2) 파일 스토리지 버킷

파일 스토리지 버킷은 웹 애플리케이션 소스 코드를 제외한 정적 파일 및 미디어 파일을 저장 및 관리하기 위한 버킷이다. 사용자가 직접 버킷을 생성하여 관리한다.

[그림 22-16] 신규 버킷 생성(adb-bucket)

[그림 22-16]은 'AWS Django Board'를 줄여서 'adb-bucket'이라는 이름으로 생성한 신규 버킷으로, 초기 생성 시에는 빈 버킷 형태로 생성된다.

파일 스토리지 버킷에 저장되는 파일은 크게 정적 파일과 미디어 파일로 구분된다. 정적 파일은 웹 애플리케이션 개발 시 사용되는 파일로, 웹 애플리케이션 배포 시 소스 코드와는 별도의 형태로 배포하여 저장된다. 반면 미디어 파일은 웹 애플리케이션 내에서 특정 파일을 업로드할 때 실시간으로 저장된다. 이들 파일을 Django에서는 서로 STATIC 파일과 MEDIA 파일이라 하며, 각각의 저장 형태 및 위치는 Django 환경설정 시 설정한 형태에 따른다.

소스 코드는 Django 웹 애플리케이션 배포 시 자동으로 스토리지에 저장되기 때문에 별도의 환경설정을 하지 않아도 된다. 그러나 파일 스토리지는 웹 애플리케이션을 배포하기 전에 사전에 구축하여 환경 설정 시 해당 경로에 파일을 저장할 수 있도록 한다.

4. Django 환경설정

Django 프로젝트 세팅은 settings.py 파일에서 관리하고 있으며, 기존에 설정된 항목은 개발 환경에 맞게 설정된 항목으로 볼 수 있다. 하지만 배포 환경에서는 몇 가지 사항을 추가로 고려해야 한다. 다음 settings.py를 통해서 애플리케이션 배포 시 고려 사항을 살펴본다.

1) DEBUG

```
DEBUG = True
```

개발 환경에서는 settings.py의 DEBUG가 True로 설정되어 있다. DEBUG는 개발 과정에서 오류가 발생했을 때 오류 세부 내용을 웹페이지에 나타낼 것인지 여부를 확인하는 구문이다. 개발 환경에서는 웹페이지 오류 발생을 통해서 코드 오류를 찾아내고 개발을 빠르게 진행하는 데 도움이 된다.

[그림 22-17]은 템플릿 파일 경로가 잘못될 때 발생하는 오류로, 개발 환경에서 'DEBUG=True'로 설정하였을 때 나타난 메시지이다.

[그림 22-17] 개발 환경에서 발생하는 오류 화면 (DEBUG=True)

반면 [그림 22-18]은 'DEBUG = False'를 했을 때 나타나는 오류 메시지이다. 'Server Error (500)' 메시지만 표시된 채 어떤 오류인 지에 대한 설명이 명확히 없다.

[그림 22-18] 개발 환경에서 발생하는 오류 화면 (DEBUG = False)

DEBUG 변수는 [그림 22-17], [그림 22-18]과 같이 True일 때와 False일 때 화면 표시 방식이 다르다. Django에서는 개발 환경에서는 'DEBUG=True'를 사용하고, 배포 환경에서는 'DEBUG=False'를 사용하도록 권장한다. 개발 환경은 DEBUG를 수행하여 웹페이지 표시에 따른 오류를 확인하여 개발에 도움을 주지만, 반대로 배포 환경에서는 DEBUG를 수행함으로써 외부에서 접속하는 사용자들로 하여금 보안상 허점이 발생할 수 있기 때문이다. 이에 따라 배포를 하기 위해서는 배포에 앞서서 'DEBUG=False'로 변경 후 진행한다.

2) ALLOWED_HOST

```
ALLOWED_HOST = []
```

ALLOWED_HOST는 Django 웹 애플리케이션 접속을 위한 도메인 주소를 지정하는 부분으로, 개발 환경에서는 빈 값(empty)으로 설정되어 있다.

다음 예제는 도메인이 들어간 예제를 나타낸다.

```
ALLOWED_HOST = ["www.djangotest.com","54.109.42.15"]
```

이 예제에 기재된 도메인 주소는 접속 가능한 도메인 주소를 나타내는 것으로, 외부에서 배포 환경에 접속하고자 할 때 'www.djangotest.com'의 이름 또는 '54.109.42.15'의 주소를 입력해서 접속한다. 하지만 여기에서는 Elastic Beanstalk 환경에 할당된 주소인 'www.elasticbeanstalk.com' 등의 주소는 ALLOWED_HOST에 등록되지 않았으므로 연결할 수 없다.

```
ALLOWED_HOST = ["*"]
```

이 예제는 모든 주소로 접속을 허용한다는 것을 뜻하며, 모든 도메인 및 IP 주소를 사용하여 접근할 수 있다.

첫 번째 예제를 다시 확인하면 ALLOWED_HOST의 값은 빈값으로 지정이 되어 있다. AL-LOWED_HOST가 빈값인 경우에는 허용되는 도메인 주소가 존재하지 않는다는 뜻으로 볼 수 있다. 그러나 Django에서는 'DEBUG=True'로 값이 설정되어 있으면 예외적으로 '127.0.0.1', '[::1]', 'localhost' 주소, 즉 자기 자신 주소에 대해서는 접속을 허용하도록 설정되어 있다.

```
ALLOWED_HOST = []
# ALLOWED_HOST = ["127.0.0.1","[::1]","localhost"]
```

DEBUG = True일 경우에는 위/아래의 값이 동일하다. 이렇게 'DEBUG=True'일 때 자신의 주소에서 접속을 허용하는 이유는 개발 환경에서 Django 웹 애플리케이션을 개발할 때 자신의 PC에서 Django 웹 서버를 가동하여 결과를 조회하기 위한 것이다. 이에 따라 Django 웹 애플리케이션을 설치했을 때 settings.py 파일의 'ALLOWED_HOST=[]' 상태에서도 웹페이지를 조회할 수 있다.

하지만 배포 환경에서는 DEBUG 상태를 False로 변경하는 것을 권장한다. 배포 환경과 EC2 인스턴스는 각각의 주소를 가지고 있어서 ALLOWED_HOST의 값을 변경해야 하기 때문이다. 이에 따라 개발 환경에서는 ALLOWED_HOST를 공백으로 해도 문제가 없지만, 배포 환경에서는 AL-LOWED_HOST를 특정 주소로 하거나 혹은 모든 주소로 설정하여 환경 설정을 변경해야 한다.

3) 스토리지

배포 환경에서는 스토리지에 대한 환경도 설정해야 한다. 스토리지는 앞서 소개한 것과 같이 배포용 소스 코드 버킷과 파일 스토리지 버킷으로 구분한다. settings.py에서는 정적 파일 및 미디어 파일을 저장하기 위한 환경설정을 진행한다.

① 파일 스토리지 서비스 연동 패키지 설치

Django 웹 애플리케이션 배포 시 AWS S3 버킷에 파일을 저장하기 위해서는 Python에서 제공하는 패키지 중 django-storages 패키지와 boto3 패키지가 설치되어 있어야 한다. django-storages는 웹 애플리케이션 배포 시 스토리지를 제공하는 서비스와 연동하기 위한 패키지로, Amazon S3, Apache Libcloud, Azure Storage, Google Cloud Storage 등 총 8가지 유형의 스토리지 서비스를 제공한다. boto3는 AWS에서 Python을 사용하기 위한 API로 django-storages에서 AWS S3와 연동될 때 사용하는 패키지이다.

django-storages와 boto3는 Python 패키지 관리자인 pip에서 설치하며, [그림 22-19]와 같이 설치한다.

```
(ve)$ pip install boto3 django-storages
```

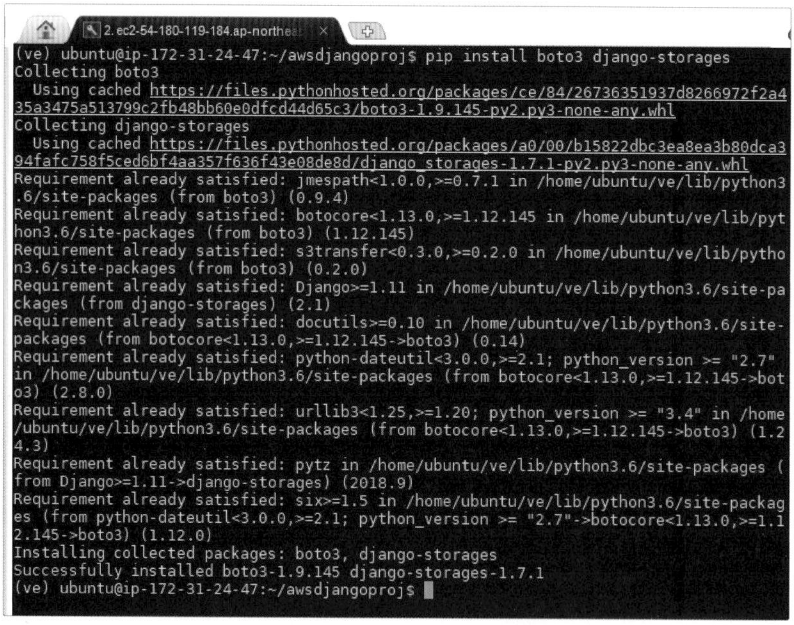

[그림 22-19] django-storages, boto3 패키지 설치

django-storages, boto3 패키지 설치가 완료되었으면 배포 환경에 사용할 Python 패키지도 갱신해야 하므로, Python 배포 환경 설정에 사용되는 requirements.txt 파일을 갱신한다.

```
(ve)$ pip freeze > requirements.txt
```

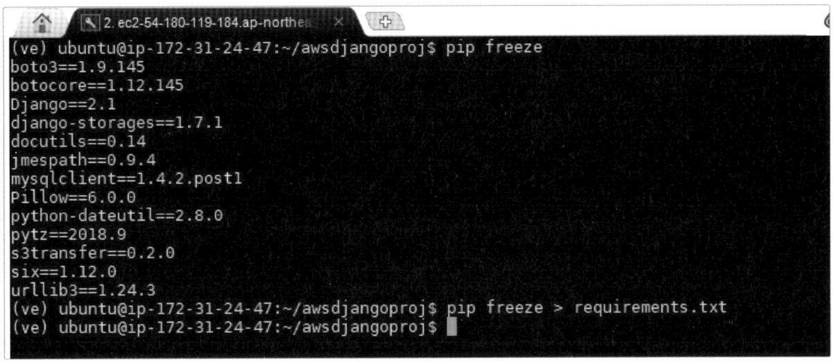

[그림 22-20] django-storages, boto3 설치 사항 반영

② 스토리지 환경 설정

django-storages, boto3 패키지 설치가 완료되었으면, 스토리지에 대한 환경설정을 진행한다. django-storages를 사용하기 위해서는 먼저 사용할 앱 목록에 'storages' 모듈을 등록한다.

■ **파일** – settings.py

```
01:  INSTALLED_APPS = [
02:      'django.contrib.admin',
03:      'django.contrib.auth',
04:      'django.contrib.contenttypes',
05:      'django.contrib.sessions',
06:      'django.contrib.messages',
07:      'django.contrib.staticfiles',
08:      'boardapp.apps.BoardappConfig',
09:      'storages',
10:  ]
```

다음은 정적 파일을 나타내는 Static 파일과 미디어 파일인 Media 파일에 대한 설정을 진행한다. 앞서 개발환경에서는 Static 디렉토리와 Media 디렉토리 및 URL을 지정하였지만, 배포환경에서는 스토리지에 저장해야 하므로 다르게 구성해야 한다.

개발 환경에서는 DEBUG를 True로 설정하는 반면, 배포 환경에서는 DEBUG를 False로 설정하므로 DEBUG 변수의 값을 바탕으로 다음과 같이 구분하여 설정한다.

■ **파일** – settings.py

```
01:  if DEBUG:
02:      STATIC_URL = '/static/'
03:      #STATIC_ROOT = 'static'
04:      MEDIA_URL = '/media/'
05:      MEDIA_ROOT = os.path.join(BASE_DIR, 'media')
```

```
06:
07:  else:
08:      AWS_ACCESS_KEY_ID = 'XXXXXXXXXX'
09:      AWS_SECRET_ACCESS_KEY = 'XXXXXXXXXX'
10:      AWS_STORAGE_BUCKET_NAME = 'adb-bucket'
11:      AWS_DEFAULT_ACL = None
12:      AWS_S3_REGION_NAME = 'ap-northeast-2'
13:      AWS_S3_HOST = 's3.ap-northeast-2.amazonaws.com'
14:      AWS_S3_OBJECT_PARAMETERS = {
15:          'CacheControl': 'max-age=86400',
16:      }
17:
18:      DEFAULT_FILE_STORAGE = 'awsdjangoproj.storage_backends.MediaStorage'
19:      STATICFILES_STORAGE = 'awsdjangoproj.storage_backends.StaticStorage'
20:
21:      STATIC_URL = 'https://%s/%s/static/' % (AWS_S3_HOST, AWS_STORAGE_
    BUCKET_NAME)
22:      MEDIA_URL = 'https://%s/%s/media/' % (AWS_S3_HOST, AWS_STORAGE_BUCKET_
    NAME)
```

- 1~5 Line: DEBUG=True일 경우 설정되는 값이다. 이 부분은 개발 환경에서 설정했던 내용을 입력한다.

- 7~22 Line: DEBUG=False 일 경우 설정되는 값으로, 각 변수에 대한 부분은 [표 22-1]과 같이 나타낸다.

[표 22-1] 배포 환경에 사용되는 스토리지 관련 변수

구분	변수명	설명
S3 기본 설정	AWS_ACCESS_KEY_ID:	AWS 접속을 위한 Key 값이다. 앞서 AWS 보안 키 확인에서 사용된 AWSAccessKeyId의 값을 입력한다.
	AWS_SECRET_ACCESS_KEY:	AWS 접속을 위한 암호 Key 값이다. 앞서 AWS 보안키 확인에서 사용된 AWSSecretKey의 값을 입력한다.
	AWS_STORAGE_BUCKET_NAME:	파일 스토리지로 생성했던 버킷 이름인 'adb-bucket'을 입력한다.
	AWS_DEFAULT_ACL:	ACL은 Access Control List의 줄임말로, AWS S3에 대한 접근 통제 권한을 나타내는 값이다. 별도의 통제 없이 사용하므로 None으로 입력한다.
	AWS_S3_REGION_NAME:	리전을 입력하는 부분으로, 서울 리전에 해당되는 'ap-northeast-2'를 입력한다.
	AWS_S3_HOST:	S3 리전을 입력하는 부분으로, 's3.ap-northeast-2.amazonaws.com'을 입력한다.
	AWS_S3_OBJECT_PARAMETERS:	S3에 대한 파라미터 변수를 입력하는 부분이다. 위 설정에서는 HTTP 프로토콜을 사용한 응답에 대한 캐시 유지시간을 제어하는 'CacheControl' 변수 하나에 대해서만 값을 입력하며, 최대 시간을 86400초, 즉 1일로 입력한다.

구분	변수명	설명
미디어 환경 설정	DEFAULT_FILE_STORAGE	storage_backends.py 파일의 MediaStorage 클래스를 사용한다.
	MEDIA_URL	미디어 파일에 대한 URL을 지정하는 부분이다. 위 설정에 따르면, 'https://s3.ap-northeast-2.amazonaws.com/adb-bucket/media/' 경로로 지정된다.
정적 파일 환경 설정	STATICFILES_STORAGE	storage_backends.py 파일의 StaticStorage 클래스를 사용한다.
	STATIC_URL	정적 파일에 대한 URL을 지정하는 부분이다. 위 설정에 따르면, 'https://s3.ap-northeast-2.amazonaws.com/adb-bucket/static/' 경로로 지정된다.

여기에서 DEFAULT_FILE_STORAGE, STATICFILES_STORAGE에 지정된 클래스는 S3Boto-3Storage 클래스를 상속받아 사용자가 임의로 생성한 클래스로, 프로젝트 디렉토리인 '/awsd-jango/'에 storage_backends.py 파일을 생성하여 다음과 같이 입력한다.

■ **파일** – /awsdjango/storage_backends.py

```
01:  from django.conf import settings
02:  from storages.backends.s3boto3 import S3Boto3Storage
03:
04:  class StaticStorage(S3Boto3Storage):
05:      location = 'static'
06:
07:  class MediaStorage(S3Boto3Storage):
08:      location = 'media'
09:      file_overwrite = False
```

- **StaticStorage 클래스**: 정적 파일이 저장되는 위치를 지정하는 내용을 포함하고 있다. 'static'으로 선언할 경우, AWS S3 버킷 내에 'static' 디렉토리를 생성한 후 해당 경로에 파일을 저장한다.
- **MediaStorage 클래스**: 미디어 파일이 저장되는 위치와 파일 덮어쓰기 여부를 나타낸다. 'media'로 선언할 경우, AWS S3 버킷 내에 'media' 디렉토리를 생성한 후 해당 경로에 파일을 저장한다.

4) 정적(Static) 파일 배포

AWS S3 버킷까지 settings.py의 배포 환경에서의 작동을 위한 모든 환경설정을 마쳤으면, 정적 파일에 대한 배포를 진행한다. 정적 파일은 Elastic Beanstalk 설정과는 상관없이 파일 스토리지로 직접 저장하므로, 순서 상관없이 다음과 같이 진행한다.

```
$ python manage.py collectstatic
```

실행했을 때의 결과는 [그림 22-20]과 같으며, 배포된 파일의 전체 개수도 같이 나타낸다.

```
(ve) ubuntu@ip-172-31-24-47:~/awsdjangoproj$ python manage.py collectstatic

You have requested to collect static files at the destination
location as specified in your settings.

This will overwrite existing files!
Are you sure you want to do this?

Type 'yes' to continue, or 'no' to cancel: yes

128 static files copied.
(ve) ubuntu@ip-172-31-24-47:~/awsdjangoproj$
```

[그림 22-21] collectstatic 명령어 사용

django.config 파일 작성까지 완료되었으면 Elastic Beanstalk에 배포하기 위한 기본 환경 설정을 모두 마쳤다. 다음 내용부터 Elastic Beanstalk의 배포 환경을 구축하는 단계를 실행한다.

002. Elastic Beanstalk 배포

1. Elastic Beanstalk 애플리케이션 생성

Elastic Beanstalk의 애플리케이션을 생성하기 위해서는 먼저 Elastic Beanstalk를 초기화하여 배포 환경을 선택한 후, 애플리케이션을 생성하는 순서로 진행한다.

1) eb init

앞서 생성한 requirements.txt와 django.config 파일은 개발 환경에 대한 정보를 참조하는 파일이다. 하지만 이들 파일은 개발 환경을 알려주는 역할을 할 뿐, Elastic Beanstalk의 애플리케이션이 어떤 환경인 지를 나타내지는 못한다. eb init는 Elastic Beanstalk를 초기화하는 명령어로, 배포할 애플리케이션이 어떤 환경인 지를 설정하는 명령어로 볼 수 있다.

eb init를 간단히 입력한다.

```
(ve)$ eb init
```

[그림 22-22] eb init 실행 - region 선택

[그림 22-22]과 같이 첫 번째 화면은 리전(region)을 선택하는 화면이다. EC2 인스턴스는 ap-northeast-2(Seoul)리전에 위치해 있지만, 반드시 같은 리전에 배포하지는 않는다. 특히 전 세계에 공통으로 배포될 웹 애플리케이션이라면 여러 리전에 걸쳐서 배포를 해야 하므로, 이 부분은 반드시 선택해야 한다. 이 책에서는 배포 환경 역시 서울 리전으로 할 예정이므로, 10번의 ap-northeast-2를 선택한다.

다음은 보안 키를 입력하는 부분이다.

[그림 22-23] eb init 실행 - 보안 키 입력

보안 키는 [그림 22-23]와 같이 aws-access-id를 입력하는 부분이다. 처음 배포할 때에는 보안 키 설정이 별도로 되어 있지 않기 때문에 나타나는 메시지이므로 보안 키를 입력한다. aws-access-id는 앞서 보안 키에서 확인했던 AWSAccesKeyId 값을 입력하고, 이어서 나오는 aws-secret-key는 AWSSecretKey 값을 입력한다.

[그림 22-24] 액세스 키 입력

다음은 Elastic Beanstalk 애플리케이션 선택 화면이다. 'test'라고 나온 것은 이미 Chapter 8에서 Elastic Beanstalk에서 샘플 애플리케이션 생성을 위해서 만든 애플리케이션 이름이다. 이렇게 기존의 애플리케이션을 선택하거나 신규 애플리케이션을 선택할 수 있다. 이 책에서는 2번의

'Create new Application'을 선택한다.

```
Select an application to use
1) test
2) [ Create new Application ]
(default is 2): 
```

[그림 22-25] Elastic Beanstalk 애플리케이션 선택

신규 애플리케이션을 선택할 경우에는 이름을 입력해야 하며, 기본값은 Django 프로젝트 이름으로 생성된다.

```
Enter Application Name
(default is "awsdjangoproj"): awsdjangoproj
```

[그림 22-26] Elastic Beanstalk 애플리케이션 이름 입력

다음은 배포 환경의 프로그래밍 언어를 나타내는 부분이다. Python 언어 기반 애플리케이션이라는 것을 Elastic Beanstalk에서는 자동으로 인식하고, 어떤 버전인지 물어보는 부분이다. Python 3.6으로 개발했으므로 1번을 선택한다.

```
It appears you are using Python. Is this correct?
(Y/n): y

Select a platform version.
1) Python 3.6
2) Python 3.4
3) Python 3.4 (Preconfigured - Docker)
4) Python 2.7
5) Python
(default is 1): 1
```

[그림 22-27] Python 버전 입력

다음은 SSH 설정 부분이다. SSH를 사용하는지를 물어본 후 키 페어를 선택한다. AWS에서 EC2 인스턴스 생성 시 'books'라는 이름의 키 페어를 생성했으므로 1번을 선택한다.

```
Cannot setup CodeCommit because there is no Source Control setup, continuing with initiali
zation
Do you want to set up SSH for your instances?
(Y/n): y

Select a keypair.
1) books
2) [ Create new KeyPair ]
(default is 1): 1
```

[그림 22-28] SSH 사용 여부 및 키페어 파일 입력

이 부분까지 설정되면 Elastic Beanstalk에 배포할 애플리케이션의 설정은 모두 끝났으며, eb init 명령어는 배포 애플리케이션의 환경 설정을 변경하지 않는 한 지속적으로 유지된다.

2) eb create

Elastic Beanstalk의 애플리케이션을 생성 및 설정하였으면 다음은 애플리케이션 내 환경을 생성

해야한다. 하나의 애플리케이션에는 여러 환경을 배포할 수 있다. AWS에서는 각 환경별로 도메인 주소를 제공하며, Django 프로젝트 하나 당 한 개의 애플리케이션 환경이 설정된다. 환경을 생성하게 되면 현재 사용 중인 Django 프로젝트에 대한 배포 환경이 생성된다.

환경 생성은 eb create 명령어를 사용하여 생성되고, 생성에 걸리는 시간은 5~10분가량 소모된다. 환경 이름은 [그림 22-29]와 같이 'awsdjango'라는 이름으로 생성되며, Django 프로젝트는 'awsdjangoproj'이지만, 환경 이름에는 '_'와 같은 특수문자의 생성이 불가능하므로 환경명 생성시 이에 유의한다.

```
(ve)$ eb create awsdjango
```

[그림 22-29] Elastic Beanstalk 애플리케이션 생성

환경은 'app-190508_050115'과 같이 현재 시간을 이름으로 한 압축파일이 생성되며, 압축파일에는 Django 프로젝트에 대한 모든 소스를 포함하고 있다.

3) eb deploy

환경 생성이 완료되면 배포 환경에서 웹 애플리케이션을 가동한다. 이 때 주의해야 할 사항으로는 배포를 수행하기 앞서서 Django에서 관리하는 모든 정적(Static) 파일을 배치시키는 작업을 선행해야 한다. 정적 파일 배치는 배포는 'eb deploy'를 사용하여 간단하게 배포가 된다.

```
(ve)$ eb deploy
```

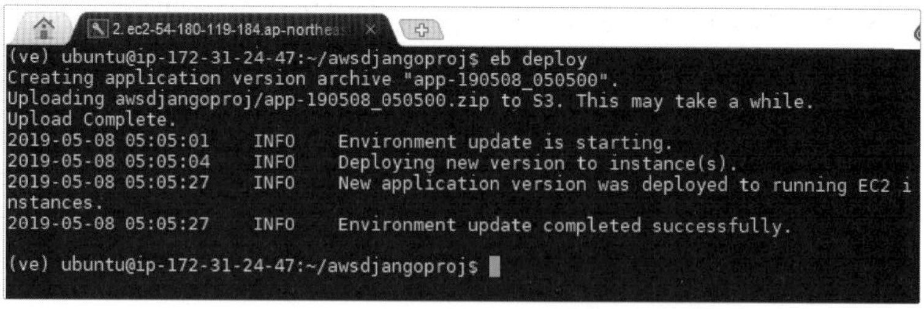

[그림 22-30] Elastic Beanstalk 애플리케이션 배포

현재 사용 중인 EC2 인스턴스의 가상환경에서는 Elastic Beanstalk의 환경 설정을 모두 마친 상태이다. 추후 배포 환경에 애플리케이션을 업로드 하게 되면 어떤 애플리케이션의 환경인지 이미 구성이 되어 있다. 그러므로 Elastic Beanstalk의 애플리케이션 및 환경에 대한 변경사항은 없고, 웹 애플리케이션 소스 코드에 대한 변경사항만 생기면 'eb deploy'를 사용하여 업로드를 진행한다. 웹 애플리케이션을 배포할 때에는 환경 생성과 마찬가지로 현재 시간을 이름으로 한 압축파일이 생성된다.

2. Elastic Beanstalk 애플리케이션 확인

1) 접속 주소 확인

Django 웹 애플리케이션 배포가 완료되었으면, 장소 및 사용자와 상관없이 누구나 웹페이지를 들어가서 웹 애플리케이션을 사용할 수 있다. 하지만 웹페이지 접속을 위해서는 주소를 필요로 한다. Elastic Beanstalk에서는 배포 즉시 환경 단위별로 도메인 주소를 자동으로 발급하며, 이의 확인을 위해서는 AWS Management Console에서 확인해야 한다.

[그림 22-31] AWS Management Console - Elastic Beanstalk 생성 확인

애플리케이션을 선택한 후 환경을 선택하면 대시보드를 통해서 웹페이지 주소를 확인할 수 있으며, [그림 22-32]와 같이 상단의 URL을 통해서 확인할 수 있다.

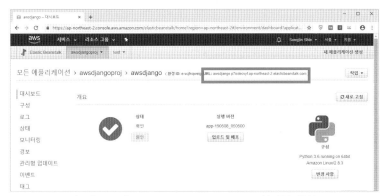

[그림 22-32] AWS Management Console - 접속 주소 확인

2) 배포 환경 애플리케이션 접속

[그림 22-32]에 나타난 접속 주소를 확인하고 Django 웹 애플리케이션에서 생성한 주소로 들어가면, [그림 22-33]과 같이 올바르게 결과가 출력됨을 확인할 수 있다.

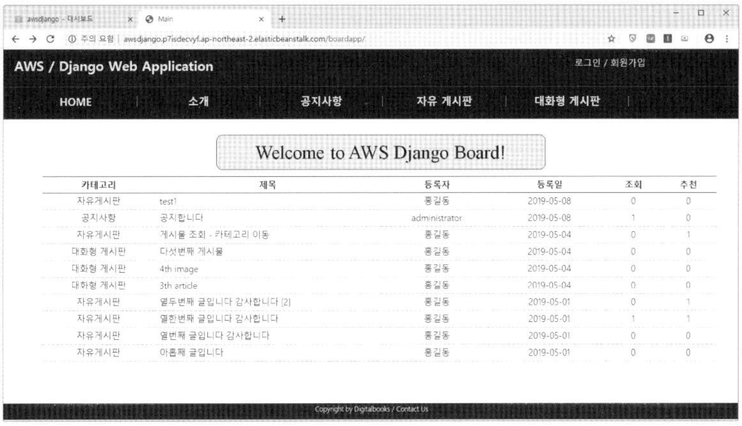

[그림 22-33] 배포 환경에서의 Django 웹 애플리케이션

배포까지 모두 마치면 Django 웹 애플리케이션의 배포는 모두 완료 되었으며, 추후에도 웹 애플리케이션의 유지보수 또는 개선이 필요할 경우에도 Elastic Beanstalk에 등록하여 빠른 반영을 할 수 있다.

3) 미디어 파일 등록 확인

앞서 다루었던 스토리지 환경설정에서 나타낸 바와 같이, S3에서 관리하는 버킷은 소스 코드 배포 파일을 저장하는 버킷과 정적 파일, 미디어 파일 등을 저장하는 파일 스토리지 버킷으로 나누어진다.

소스 코드는 웹 애플리케이션 배포 시 S3 버킷에 자동으로 저장되며, 정적 파일은 스크립트를 사용하여 파일 스토리지 버킷에 역시 저장할 수 있다. 하지만 미디어 파일은 현재 배포 중인 웹 페이지에서 직접 등록하여 저장되는 형태이므로 올바르게 저장되는지에 대한 확인이 필요하다.

미디어 파일 등록 테스트를 위해서 배포 환경에서 게시판 글쓰기를 들어가서 게시물을 [그림 22-34]와 같이 작성한다.

[그림 22-34] 배포 환경에서의 Django 게시판 글쓰기

[그림 22-34]에서와 같이 첨부 파일로는 'book_15-01.png' 파일을 사용하겠다. 게시판 글쓰기를 완료한 후 게시판 조회를 통해서 첨부한 이미지가 올바르게 등록되었는지 확인한다.

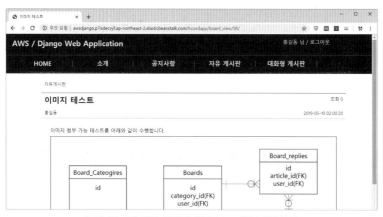

[그림 22-35] 배포 환경에서의 Django 첨부파일 확인

[그림 22-35]와 같이 첨부파일이 올바르게 등록된 것을 확인할 수 있다. 이를 통해서 배포 환경에서 사용되는 모든 파일은 AWS S3 버킷을 통해서 올바르게 관리되어 있음을 알 수 있다.

003. 웹 애플리케이션 도메인 설정

1. 개요

웹 애플리케이션 배포가 모두 완료되었으면 제한 사항이 없다면 누구나 URL을 입력하고 웹 애플리케이션을 이용할 수 있다. 웹 애플리케이션의 URL은 Elastic Beanstalk에서 생성된 앱의 주소를 앞서 제시한 [그림 22-31]과 같이 사용한다.

하지만 Elastic Beanstalk에서 제공하는 URL은 가독성이 매우 떨어진다. 'http://awsdjango.p7isdecvyf.ap-northeast-2.elasticbeanstalk.com/'과 같은 주소를 가지고 웹 애플리케이션을 배포한다면 특정 링크나 배너를 통해서 들어온 사용자는 다음에도 다시 이용할 수 있지만, 그렇지 않고 직접 주소를 입력하는 사용자는 위 주소를 기억할 수 있는 사람은 아마도 없을 것이다.

AWS에서는 웹 애플리케이션에 대한 도메인 관리를 위한 서비스로 Route 53을 제공하고 있다. Route 53을 통해 이미 보유 중인 도메인을 등록하거나 또는 직접 도메인 호스팅을 수행하여 특정 도메인을 사용할 수 있다. 이 장에서는 AWS의 도메인 호스팅이 아닌, 기존에 보유하고 있는 도메인을 AWS에 등록하는 방법을 중심으로 설명한다.

2. Route 53 도메인 등록 및 네임서버 설정

AWS Management Console의 Route 53을 이용한 후, 도메인 등록을 위해서 'DNS 관리'를 선택한다.

[그림 22-36] Route 53 초기화면

'DNS 관리'를 클릭하면 [그림 22-37]과 같이 '호스팅 생성'이 표시된 화면이 나타난다.

[그림 22-37] Route 53 도메인 등록을 위한 호스팅 영역 생성 화면

좌측 상단의 '호스팅 영역 생성'을 누른 후 [그림 22-38]과 같이 기존에 보유 하고 있는 도메인 주소인 'awsdjango.com'을 입력한다.

[그림 22-38] 기존 보유 중인 도메인 등록을 위한 호스팅 영역 생성

생성이 완료되었으면 Route 53에는 [그림 22-39]와 같이 총 4개의 네임서버(Name Server: NS) 가 생성된 것을 확인할 수 있다.

[그림 22-39] 네임서버(NS) 생성 내용 확인

3. Route 53 도메인 사용

AWS에서 보유 중인 도메인을 사용하기 위해서 도메인 등록 업체의 주소를 [그림 22-39]에 표시된 NS 주소로 변경해야 한다. NS 변경은 업체별로 등록 방법이 다르므로 이 장에서는 해당 부분은 생략하며, 이미 NS 변경이 완료되었다는 것을 전제로 한다.

도메인을 사용하기 위해서는 '레코드 세트 생성'을 눌러서 신규 도메인을 등록하며, 각 절차에 대해서 설명한다.

1) 호스트(Host) 입력

호스트는 등록된 도메인에 대한 하나의 영역을 지정하는 부분으로, 대표적으로 사용되는 방식인 'www' 주소를 먼저 등록하는 순서로 진행한다.

[그림 22-40] 호스팅 입력 부분

유형은 'A - IPv4 주소'를 포함하여 CNAME(정식 이름), AAAA(IPv6 주소), NS(네임서버), SOA(권한 시작) 등 총 12가지 유형이 제공되고 있다. 그러나 일반적으로는 IPv4 주소에 해당되는 'A' 유형을 선택하며, 이 장에서도 'A'를 선택한다.

2) 별칭 및 대상 호스트 선택

별칭(Alias)은 AWS의 다른 서비스를 대상으로 할 것인지 여부를 나타내며, 기본값은 '아니오'로 구성되어 있다. 별칭을 사용하지 않을 경우에는 IPv4 주소를 직접 입력하여 대상 호스트를 지정하고, 별칭을 사용할 경우에는 AWS 다른 서비스에 대한 호스트 목록을 조회할 수 있다. 이는 [그림 22-41]과 같이 나타난다.

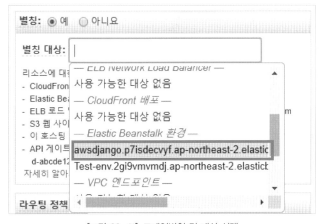

[그림 22-41] 도메인별칭 및 대상 선택

[그림 22-41]과 같이, 'Elastic Beanstalk 환경'을 선택하면 현재 배포 중인 애플리케이션 주소가 조회된다. 일단 앞서 배포했던 웹 애플리케이션 주소인 'http://awsdjango.p7isdecvyf.ap-north-east-2.elasticbeanstalk.com/'를 선택한다.

3) 추가 입력 및 생성

해당 항목은 고급 관리자를 위한 기능이므로 기본값으로 지정하며, 모든 입력사항이 완료되었으면 '생성'을 클릭한다.

[그림 22-42] 레코드 세트 생성

모든 생성이 완료되었으면, [그림 22-43]과 같이 생성된 결과를 확인할 수 있다.

[그림 22-43] 레코드 세트 생성 결과

4) 도메인 등록 결과 확인

Route 53에서 등록한 도메인에 대한 설정을 모두 마쳤으면, 등록한 URL로 접속을 시도한다.

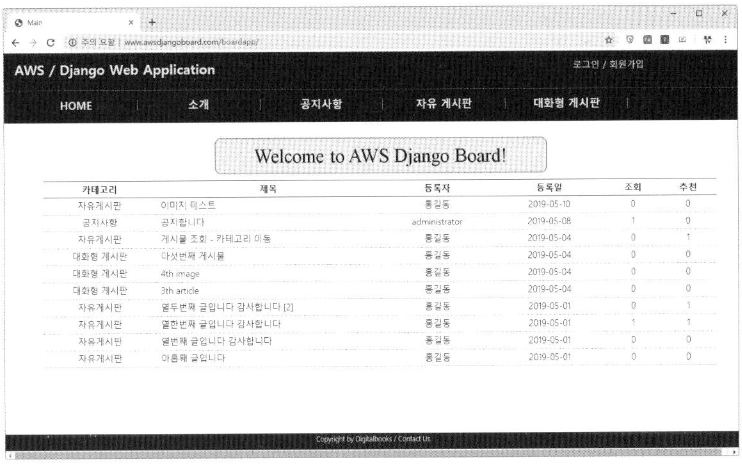

[그림 22-44] 등록 도메인을 사용한 웹 애플리케이션 접속

[그림 22-44]와 같이 올바르게 접속이 되는 것을 확인할 수 있고, 다른 페이지를 접속했을 때에도 [그림 22-45]와 같이 등록된 도메인을 유지할 수 있다.

[그림 22-45] 등록 도메인을 사용한 웹 애플리케이션 이동

도메인 설정 및 연결까지 진행되었으면 Elastic Beanstalk를 사용한 Django 웹 애플리케이션 배포는 모두 완료하였다.

웹 애플리케이션 배포는 개발 환경과는 달리 Elastic Beanstalk에 배포하는 형태로 이루어지므로, 스토리지를 포함하여 웹 서버 및 도메인 주소 등 종합적인 부분을 고려해서 배포 관리를 수행한다.

AWS 클라우드 기반의
DJANGO
웹 애플리케이션

1판 1쇄 인쇄 2019년 9월 10일
1판 1쇄 발행 2019년 9월 15일
—
지 은 이 신성진
발 행 인 이미옥
발 행 처 디지털북스
정   가 28,000원
등 록 일 1999년 9월 3일
등록번호 220-90-18139
주   소 (03979) 서울 마포구 성미산로 23길 72 (연남동)
전화번호 (02) 447-3157~8
팩스번호 (02) 447-3159
—
ISBN 978-89-6088-272-0 (93000)
D-19-20

DIGITAL BOOKS
디지털북스